STORIA e Storie settoriali 2
Da Augusto all'Alto Medioevo

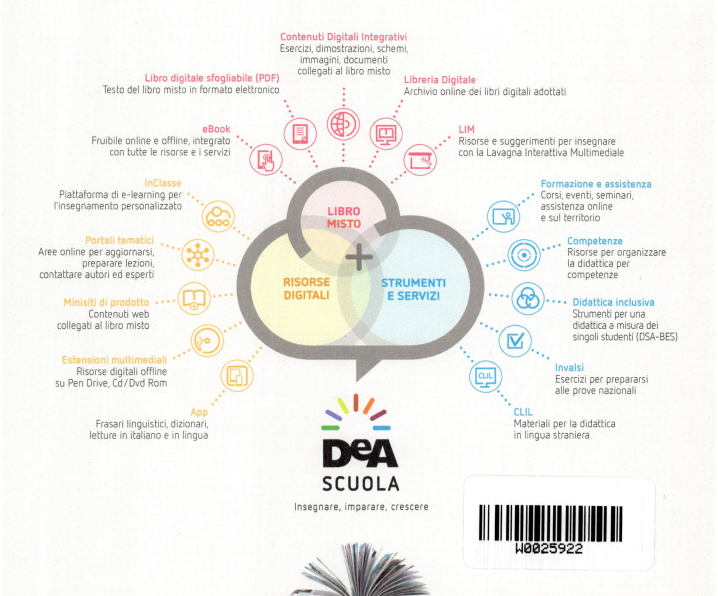

eBook. Cos'è

La versione digitale amplifica la proposta formativa del corso, grazie a una serie di rimandi che portano dal testo a risorse multimediali interattive fruibili online e offline.

Multidevice
Utilizzabile ovunque, su **tutti i tipi di dispositivo**: PC/Mac, netbook, tablet, LIM, con **impaginazione ottimizzata** per la lettura su ogni device.

Online e offline
La fruizione dei contenuti è disponibile online, ma anche offline grazie alla funzione di **download integrale** o **parziale** del corso.

Personalizzabile in sincronia
Ogni **intervento** di modifica e personalizzazione viene **memorizzato**, si ritrova **sui device in uso** e si può condividere con la classe.

Facile da studiare
La funzione di **ingrandimento carattere**, le **mappe concettuali** e **alcune parti del testo** anche in versione **audio** facilitano la lettura, andando incontro alle specifiche esigenze di apprendimento dei singoli alunni.

Semplice da usare
Intuitivo e immediato, consente di **consultare**, **organizzare** e **condividere** contenuti e risorse digitali con facilità.

Fulcro dell'aula virtuale
Facilitando la **comunicazione** e la **condivisione di materiali** fra docenti e studenti, permette di controllare il livello di apprendimento e di preparazione, in tempo reale, attraverso lo svolgimento di esercizi interattivi.

COME SI ATTIVA (guarda il video tutorial su deascuola.it)

1 Vai su deascuola.it, registrati o accedi per attivare il tuo eBook

2 Clicca su "Attiva eBook" e inserisci il codice* nell'apposito campo

* Trovi il tuo codice sulla seconda di copertina del libro o puoi acquistarlo su deascuola.it

eBook. Come si usa

L'eBook, una volta attivato, si può leggere, consultare e personalizzare utilizzando l'App di lettura bSmart, che mette a disposizione un kit di funzioni tecnologicamente avanzate.

L'App di lettura bSmart, fruibile online o installata sul tuo device, ti mostrerà una scrivania comprensiva di:

❶ **Libreria Digitale:** qui potrai conservare i tuoi corsi e scegliere se **consultarli online o scaricarli**, anche un capitolo alla volta, e usarli senza connetterti

❷ **Classi:** qui potrai entrare a far parte di una **classe virtuale** e tenerti in contatto con compagni e docenti anche oltre l'orario di lezione.

L'App di lettura bSmart, inoltre, ti permette di usare l'eBook come un quaderno, grazie a queste barre degli strumenti di **personalizzazione**:

Strumenti — Ritaglio, Glossario, Mappe, Crea lezione

consente di **preparare la lezione** ritagliando parti di testo e/o immagini e creando **mappe concettuali** interattive

Annotazioni

consente di **evidenziare**, aggiungere **note testuali** e inserire forme e/o frecce utili a dare rilievo a concetti e nozioni particolarmente significativi di una pagina

Aggiungi — File, Link, Registrazione, Appunto

consente di rendere l'eBook ancora più tuo grazie all'inserimento di **link a siti esterni** e di altri contenuti: dal semplice testo alla foto fino ai video.

L'eBook, completando e integrando sul digitale il libro di testo, diventerà per te uno strumento più stimolante e coinvolgente di studio, approfondimento ed esercitazione interattiva.

3 Inserito il codice, vai su bSmart.it, registrati o accedi per iniziare a usare il tuo eBook

4 Consulta l'eBook online nella tua Libreria Digitale o scarica l'App di lettura offline sui tuoi device**

** Da **bSmart.it** per PC/Mac - Da **iTunes** per iPad - Da **Google Play** per Android.

Indice

Unità 1 L'impero romano — 2

Il problema L'instabilità politica e istituzionale dell'impero — 2

Capitolo 1 Il principato di Augusto — 4
1. Dalla repubblica al principato — 4
   - Il documento Augusto parla di sé — 7
2. Il governo di Augusto — 8
   - Il documento Augusto riceve il titolo di «Padre della patria» — 12
   - Come facciamo a sapere — 13

Sintesi — 14

Capitolo 2 Il primo secolo dell'impero — 15
1. Roma dopo la morte di Augusto — 15
2. La dinastia Giulio-Claudia — 18
   - Il documento L'imperatore Claudio a favore della cittadinanza ai Galli — 21
3. La dinastia Flavia — 23
   - Il documento Libertà contro servitù — 24
   - Come facciamo a sapere — 26

Sintesi — 27

Capitolo 3 L'apogeo dell'impero — 28
1. Il secolo d'oro — 28
   - Il documento L'universalismo dell'impero e il diritto di cittadinanza — 29
2. Gli imperatori adottivi — 30
3. La nascita del Cristianesimo — 33
   - Il documento I cristiani visti da Plinio e da Traiano — 34
   - Come facciamo a sapere — 35

Sintesi — 36
Il problema Tiriamo le fila — 37
Verso le competenze I Romani visti dai popoli conquistati — 38

- Linea del tempo
- Cartine interattive
- Video: Il Colosseo; Pompei ed Ercolano; I Fori imperiali; Villa Adriana
- Disegni ricostruttivi: Il Colosseo
- Audiosintesi

Indice V

Unità 2 — La crisi del III secolo — 42

Il problema L'impero verso la disgregazione 42

Capitolo 1 Dalla crisi alla divisione dell'impero 42
    1. Le cause del declino 44
    2. La dinastia dei Severi 47
    3. L'anarchia militare e la pressione dei barbari 50
    4. Diocleziano e il tentativo di salvare l'impero 51
    Come facciamo a sapere 55
Sintesi 56

Capitolo 2 Il Cristianesimo e l'impero 57
    1. La diffusione della nuova religione e le persecuzioni 57
    Il documento Un vescovo sostiene i cristiani contro le persecuzioni 59
    2. Costantino e l'affermazione del Cristianesimo 61
    Il documento L'editto di Costantino 62
    3. Chiesa e impero dopo Costantino 65
    Il documento L'editto di Tessalonica 66
    Come facciamo a sapere 67
Sintesi 68
Il problema Tiriamo le fila 69
Verso le competenze La crisi dell'impero romano 70

▣ Linea del tempo   ▣ Cartine interattive   ▣ Audiosintesi

Storia settoriale 1 — 75

Produzione, macchine, energia 76
    1. L'artigianato nell'età imperiale 76
        La produzione manifatturiera in Italia e nelle province 76
        La struttura delle imprese 77
    Il documento La produzione della ceramica in epoca imperiale 77
        Il lavoro artigiano 78
    2. Produzione e tecnologia nell'impero romano 80
        Una tecnologia poco sviluppata 80
        Le principali innovazioni tecnologiche 80
        La produzione energetica 81

Mercati, capitali, imprese 82
    1. L'impero romano e il commercio 82
        Il commercio in Italia 82

Il commercio a lunga distanza	82
Il commercio in città: le *tabernae* e gli ambulanti	83
La crisi delle attività commerciali nel tardo impero	84

Video: Pompei ed Ercolano

2. Moneta e svalutazione nell'impero romano	85
La circolazione monetaria nei primi secoli dell'impero	85
La crisi monetaria del III secolo	85
Il riassetto monetario di Diocleziano	85
Moneta e prezzi nel V secolo	86

Viaggi e trasporti

1. Viaggiando nell'impero	87
Viaggio e ospitalità in età imperiale	87
Il turismo dei Romani	88
La villeggiatura	89
2. Strade e mezzi di trasporto nell'impero romano	90
Le nuove strade nelle province	90
I trasporti via terra	91
Le navi commerciali	91
Le navi da guerra	92

Ambiente e territorio

	93
1. Agricoltura e investimenti fondiari nell'età imperiale	93
La cerealicoltura e le produzioni pregiate	93
Gli investimenti fondiari	94
L'agricoltura nel tardo impero	95
2. L'alimentazione nella Roma imperiale	96
Le nuove abitudini alimentari	96
I banchetti	96
Il vino	97
Il documento Apicius, il più grande tra gli scialacquatori	97
Carne e condimenti	98
3. Città e opere pubbliche nell'impero romano	99
Lo sviluppo urbanistico	99
Anfiteatri e Fori	99
Le terme	101
Gli acquedotti	102
Le tecniche costruttive	102

Video: Il Colosseo; I Fori imperiali   **Disegni ricostruttivi:** Il Colosseo

Unità 3 — L'Occidente nell'Alto Medioevo — 104

Il problema La fine del mondo antico e la nuova civiltà medievale — 104

Capitolo 1 — Le invasioni barbariche e l'inizio del Medioevo — 106
1. Il crollo dell'impero d'Occidente — 106
   - *Il documento* Il sacco di Roma — 109
2. L'inizio del «Medioevo» — 111
3. Crisi economica e sociale — 113
   - Come facciamo a sapere — 115

Sintesi — 116

Capitolo 2 — I barbari in Europa — 117
1. I regni romano-barbarici — 117
2. Gli Ostrogoti e Teodorico — 119
   - *Il documento* Teodorico e il Cristianesimo — 120
3. I Franchi — 122
   - *Il documento* La conversione di Clodoveo — 123
   - Come facciamo a sapere — 125

Sintesi — 126

Capitolo 3 — La Chiesa e il monachesimo — 127
1. La diffusione del Cristianesimo — 127
2. Il ruolo della Chiesa — 128
3. Il monachesimo — 131
   - *Il documento* Preghiera e lavoro — 133
   - Come facciamo a sapere — 134

Sintesi — 135

Capitolo 4 — Bizantini e Longobardi in Italia — 136
1. Giustiniano e la riunificazione dell'impero — 136
   - *Il documento* La Prammatica Sanzione di Giustiniano — 138
2. L'Italia bizantina — 139
3. I Longobardi — 141
4. Il regno longobardo — 142
   - *Il documento* L'editto di Rotari — 144
   - Come facciamo a sapere — 145

Sintesi — 146
Il problema Tiriamo le fila — 147
Verso le competenze Le città nell'Alto Medioevo — 148

Linea del tempo   Cartine interattive   Video: Mausoleo di Galla Placidia; Sant'Apollinare Nuovo   Audiosintesi

| Unità 4 | L'Oriente nell'Alto Medioevo | 152 |

| Il problema | La nuova identità del mondo orientale | 152 |

Capitolo 1 — L'impero bizantino — 154

1. L'impero d'Oriente dopo Giustiniano — 154
2. Il ridimensionamento dell'impero — 156
   - Il documento — Contro il culto delle immagini — 158
3. L'«età dell'oro» dell'impero — 160
   - Il documento — Lo sterminio dei Bulgari — 161
   - Come facciamo a sapere — 162

Sintesi — 163

Capitolo 2 — L'Islam — 164

1. Le origini della civiltà islamica — 164
   - Il documento — Doveri fondamentali e prescrizioni — 168
2. L'espansione araba — 169
3. La frammentazione politica dell'Islam — 173
4. La cultura islamica — 175
   - Come facciamo a sapere — 177

Sintesi — 178
Il problema — Tiriamo le fila — 179
Verso le competenze — L'Occidente incontra l'Islam — 180

- Linea del tempo
- Cartine interattive
- Video: La moschea di Omar
- Audiosintesi

| Unità 5 | L'Europa carolingia | 184 |

| Il problema | Il Sacro romano impero, uno «spazio comune» europeo | 184 |

Capitolo 1 — L'impero di Carlo Magno — 186

1. Dai Merovingi ai Carolingi — 186
   - Il documento — Un vincolo di fedeltà reciproco — 188
2. Carlo Magno — 190
   - Il documento — L'aspetto e le abitudini di Carlo Magno — 191
   - Il documento — L'incoronazione di Carlo Magno — 192
3. Il Sacro romano impero — 193
   - Come facciamo a sapere — 199

Sintesi — 200

Capitolo 2	**Economia, società e cultura nell'età carolingia**	201
	1. Il sistema curtense	201
	Il documento La dotazione delle ville carolinge	204
	2. Società e potere nelle campagne	205
	Il documento Verso la signoria fondiaria	206
	3. La rinascita culturale durante l'impero carolingio	207
	Come facciamo a sapere	209
Sintesi		210
Il problema	Tiriamo le fila	211
Verso le competenze	Il commercio nell'Alto Medioevo	212

Linea del tempo   Cartine interattive   Audiosintesi

Unità 6 — L'età feudale e l'affermazione dei poteri locali — 216

Il problema	La frammentazione del potere	216
Capitolo 1	**La crisi dell'impero**	218
	1. Le invasioni dei secoli IX e X	218
	Il documento I Vichinghi nell'impero carolingio	220
	Il documento Gli Ungari in Italia	221
	2. Francia e Italia nell'età post-carolingia	223
	3. L'impero «tedesco»	225
	Il documento Il «Privilegio di Ottone»	226
	4. I Normanni in Inghilterra e in Italia	229
	Come facciamo a sapere	231
Sintesi		232
Capitolo 2	**IL sistema feudale**	233
	1. L'ordinamento signorile	233
	Il documento Il Capitolare di Quierzy	235
	Il documento La *Constitutio de feudis*	237
	2. La società feudale	239
	Il documento La società dei tre ordini	239
	3. La cavalleria	242
	Come facciamo a sapere	245
Sintesi		246
Il problema	Tiriamo le fila	247
Verso le competenze	Il feudalesimo	248

Linea del tempo   Cartine interattive   Video: I Vichinghi; Basilica di Sant'Ambrogio
Disegni ricostruttivi: Il castello   Audiosintesi

Storia settoriale 2 — 255

Produzione, macchine, energia — 256

1. Le attività artigianali nell'economia curtense — 256
   - Il ruolo dell'artigianato nel sistema curtense — 256
   - L'artigianato nelle signorie laiche — 256
   - L'artigianato nelle signorie ecclesiastiche — 256
   - La scarsa divisione del lavoro artigianale — 257
2. Produzione, energia e tecniche nell'Alto Medioevo — 258
   - La crisi della tecnologia in Occidente — 258
   - **Il documento** La tecnica della follatura — 258
   - La metallurgia — 259
   - Produzione e conservazione dei libri — 259
   - Scienza e tecnica nel mondo islamico — 260

Mercati, capitali, imprese — 262

1. Il commercio nell'Alto Medioevo — 262
   - Il commercio locale — 262
   - Il commercio internazionale con l'Oriente — 262
   - **Il documento** La circolazione dei beni nell'Alto Medioevo — 263
   - Il commercio interregionale in Europa — 264
   - *Portus* e fiere — 264
2. Moneta e credito nell'Alto Medioevo — 266
   - La funzione della moneta nell'alto Medioevo — 266
   - L'affermazione della moneta d'argento — 267
   - La riforma monetaria di Carlo Magno — 267
   - **Il documento** Carlo Magno e la riforma del sistema monetario — 267
   - Rinasce l'economia monetaria? — 268

Viaggi e trasporti — 269

1. Viaggi, pellegrinaggi e percorsi commerciali — 269
   - L'ambiente sfavorevole non impedisce gli spostamenti — 269
   - Migrazioni, viaggi individuali e spedizioni commerciali — 269
   - **Il documento** Le comunicazioni a corto e a lungo raggio — 269
   - I pellegrinaggi — 270
   - I viaggi terrestri e l'accoglienza — 271
   - **Il documento** Il viaggio del monaco Richer (991 d.C.) — 271
   - I viaggi fluviali e marittimi — 272

2. I trasporti nell'Alto Medioevo	273
La crisi dei trasporti stradali	273
I mezzi di trasporto terrestri	273
Navi e trasporti marittimi	274

Ambiente e territorio — 275

1. Terra e lavoro agricolo nelle grandi proprietà medievali	275
L'impiego degli schiavi	275
La concessione dei mansi	275
Le *corvées*	276
Scarsi progressi tecnologici	276
Il documento Il regno della foresta e dell'incolto	277
2. L'alimentazione nel mondo medievale	278
La fame nel Medioevo	278
Un nuovo regime alimentare	278
Diffusione delle tradizioni alimentari barbariche	278
Un'alimentazione differenziata	279
L'aristocrazia e la carne	279
L'alimentazione in età feudale	279
Il documento La carne, la forza e il potere	280
3. Architettura e urbanistica: castelli e monasteri	282
La fortificazione di ville e corti	282
I castelli	282
Chiese e monasteri	282
Materiali da costruzione e manodopera	283

Video: Sant'Ambrogio; Sant'Apollinare Nuovo; Mausoleo di Galla Placidia   **Disegni ricostruttivi:** Il castello

Le parole della storia — 284

Cittadinanza e Costituzione
Approfondimenti in formato pdf — 293

Legenda dei simboli delle risorse multimediali

- Filmato
- Audio Sintesi
- Disegno ricostruttivo
- Cartine interattive
- Linea del tempo
- Approfondimenti in formato pdf

unità 1
L'impero romano

Il problema

L'instabilità politica e istituzionale dell'impero

Con la fine della repubblica e l'ascesa di Ottaviano al governo, a Roma si affermò una nuova forma politica, il principato, caratterizzato dal progressivo accentramento del potere nelle mani di una sola persona. Ciò avvenne all'interno delle tradizionali istituzioni repubblicane, che rimasero formalmente in vigore. Così organizzato, lo Stato romano riuscì nell'opera di unificare territori e popoli tra loro molto diversi e, concedendo a tutti il diritto di cittadinanza, seppe creare un forte senso di appartenenza: si formò un grande impero multinazionale che rappresentò la più salda forma di potere che l'antichità abbia mai conosciuto.

L'evoluzione del modello di governo creato da Augusto, tuttavia, comportò una profonda e costante instabilità negli assetti istituzionali e politici dello Stato.

A momenti di pace interna si alternarono periodi di aspra conflittualità per la conquista del potere tra le componenti principali della società romana: senato, esercito e pretoriani. Il rapporto tra gli imperatori e le istituzioni repubblicane – il senato in particolare – rimase sempre in bilico tra la sostanziale collaborazione caratteristica dell'ordinamento repubblicano e forme di monarchia assoluta di tipo orientale. Numerosi imperatori governarono in maniera autocratica e dispotica, sovente rivolgendosi direttamente alle masse popolari per ottenerne il consenso e imporre la propria autorità su ogni altra magistratura pubblica.

Il nodo del problema

Perché lo Stato romano non fu in grado, tranne che in alcuni periodi, di realizzare pienamente – e di mantenere – un'adeguata compattezza istituzionale, una forma di governo salda e consolidata? Quali fattori contribuirono a determinare questa situazione di profonda instabilità politica?

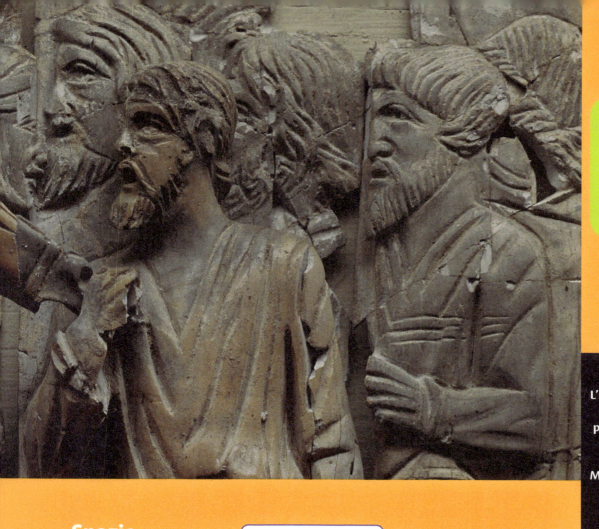

3

Video
Il Colosseo
I Fori imperiali
Villa Adriana
Pompei ed Ercolano

Linea del tempo

L'imperatore Traiano e il suo esercito, particolare di placca in avorio del II secolo d.C. Efeso, Museo Archeologico.

Spazio

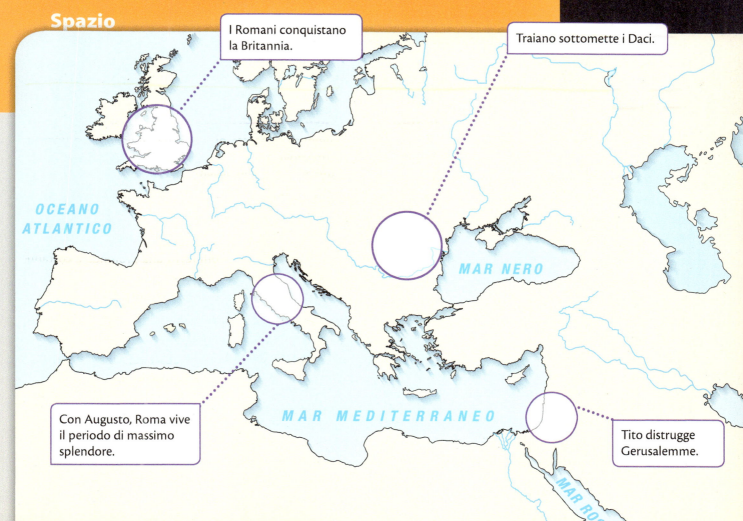

I Romani conquistano la Britannia.

Traiano sottomette i Daci.

OCEANO ATLANTICO

MAR NERO

MAR MEDITERRANEO

Con Augusto, Roma vive il periodo di massimo splendore.

Tito distrugge Gerusalemme.

MAR ROSSO

capitolo 1
L'impero romano
Il principato di Augusto

- **44 a.C.** Uccisione di Cesare
- **43 a.C.** Secondo triumvirato
- **42 a.C.** Sconfitta di Bruto e Cassio a Filippi
- **31 a.C.** Sconfitta di Antonio ad Azio
- **27 a.C.** Ottaviano assume il titolo di «Augusto»
- **13 a.C.** Ottaviano diviene Pontefice massimo
- **14 d.C.** Morte di Augusto

50 a.C. — 20 d.C.

1. Dalla repubblica al principato

La successione a Cesare Nei giorni convulsi che seguirono l'assassinio di Giulio Cesare per mano dei congiurati (44 a.C.), sulla scena politica romana emerse la figura del **console Marco Antonio**, luogotenente del dittatore scomparso, che puntava a prenderne il posto. Forte del controllo dell'esercito, Antonio riuscì a imporre un compromesso tra le posizioni dei sostenitori di Cesare e quelle degli oppositori, evitando la guerra civile: il senato approvò, su proposta di Cicerone, l'**amnistia per i congiurati**, ma dovette impegnarsi a rispettare le ultime volontà del defunto. Il provvedimento suscitò lo sdegno dei cittadini romani e dei veterani, che chiedevano vendetta. Alimentato sapientemente dallo stesso Antonio, che rese nota l'intenzione di Cesare di distribuire parte del suo tesoro alla cittadinanza, l'odio del popolo nei confronti degli assassini crebbe ulteriormente e i congiurati preferirono lasciare Roma e rifugiarsi nelle province.

Il testamento del dittatore, tuttavia, riservò un'amara sorpresa a Marco Antonio: Cesare aveva designato come suo **erede** il **nipote e figlio adottivo Caio Ottaviano**.

Quando questi, che si trovava in Macedonia, rientrò nella capitale, aveva appena diciannove anni, ma dimostrò immediatamente doti di fermezza e sicurezza e decise di impegnarsi nel ruolo che il padre adottivo aveva stabilito per lui. Il senato, ostile ad Antonio e al suo progetto di succedere a Cesare, decise così di appoggiarlo nello scontro con l'avversario.

Nel 43 a.C. ad Antonio, che aveva concluso il consolato, fu affidata la provincia di Macedonia ma egli, che non intendeva allontanarsi troppo da Roma, manovrò per ottenere invece la Gallia Cisalpina, governata da Bruto. Di fronte all'opposizione di quest'ultimo, Antonio si recò con una forza armata nella provincia e per questo motivo **fu dichiarato nemico pubblico dal senato**. Sollecitato dalle veementi orazioni di Cicerone (le *Filippiche*), il senato inviò contro Antonio un esercito, affiancato dalle truppe arruolate personalmente da Ottaviano. **Sconfitto** nello

Testa marmorea di Caio Ottaviano, I secolo a.C. Arles, Musée Lapidaire d'Art Païen.

Testa marmorea di Marco Antonio, I secolo a.C. Roma, Musei Capitolini.

Rilievo raffigurante una bireme da guerra, I secolo a.C. Città del Vaticano, Musei Vaticani.

scontro avvenuto in aprile presso Modena, Antonio si rifugiò nella Gallia Cisalpina. Appoggiandosi ai veterani che attendevano ancora vendetta per la morte di Cesare, Ottaviano chiese per sé il consolato e, davanti al rifiuto del senato, marciò con le sue legioni su Roma. Ottenuto così l'**incarico di console**, come primo atto fece **revocare l'amnistia** concessa ai congiurati e istituì un tribunale che condannò gli uccisori di Cesare, impedendo così ogni possibilità di intesa tra il senato e i suoi avversari politici. La revoca dell'amnistia trasformò gli assassini di Cesare in fuorilegge e vennero compilate **liste di proscrizione**, che diedero inizio a un clima di terrore di cui fu vittima lo stesso **Cicerone**, ucciso mentre stava per fuggire in Grecia.

? Perché Ottaviano fece revocare l'amnistia ai congiurati?

Sul piano politico, poiché in Oriente Bruto e Cassio stavano organizzando un potente esercito con lo scopo di ritornare a Roma e impadronirsi del potere, Ottaviano si accordò con **Antonio e Lepido** – il governatore della Gallia Narbonense, fedele a Cesare – e con loro diede vita, nel 43 a.C., al **secondo triumvirato** (dopo quello stipulato tra Cesare, Crasso e Pompeo), una magistratura della durata di cinque anni che si diede l'obiettivo di elaborare una nuova costituzione capace di portare pace e stabilità.

Nel 42 a.C. **Bruto e Cassio**, che avevano riunito i loro eserciti in Macedonia con l'intenzione di passare in Italia, vennero sconfitti a **Filippi**, dove si suicidarono.

Nonostante la crescente rivalità, Antonio e Ottaviano per alcuni anni mantennero la loro intesa e nel 38 a.C. il triumvirato venne rinnovato, allo scopo di giungere a una spartizione condivisa dei territori dello Stato. Dopo aver eliminato, nel 35 a.C., **Sesto Pompeo**, che controllava l'Italia meridionale, Ottaviano si assicurò il **dominio sull'Occidente** e Antonio ebbe il **controllo dell'Oriente**, che fu riordinato in un sistema di regni vassalli di Roma, come l'Egitto; qui Antonio si stabilì, dopo aver di fatto ripudiato la moglie Ottavia (sorella di Ottaviano) e stretto rapporti personali con la regina **Cleopatra**. Lepido, a cui fu tolta l'Africa, fu espulso dal triumvirato e assunse la carica di pontefice massimo.

La sconfitta di Antonio

Ottaviano, sempre più preoccupato del potere e della popolarità che Antonio andava accumulando in Oriente, prima della nuova scadenza del triumvirato (33 a.C.) decise di **screditare il rivale** e gli rimproverò di aver donato le province orientali dell'impero a Cleopatra e ai tre figli illegittimi avuti con lei (34 a.C., la cosiddetta «donazione di Alessandria»). Presentò quindi **Antonio come un traditore** che, irretito dalla regina egizia, stava tentando di fare dell'Egitto il centro dell'impero ed era dunque diventato un pericolo per Roma e per l'Italia.

? In che modo Ottaviano giustificò la guerra contro Antonio?

Dopo che Ottaviano ebbe reso pubbliche le intenzioni di Antonio, il senato lo proclamò «nemico della patria» e dichiarò guerra all'Egitto, presentando così il conflitto non come una nuova guerra civile bensì come un'inevitabile lotta contro un regno ostile per la salvaguardia degli interessi di Roma. Nel 31 a.C. Antonio e Cleopatra furono sconfitti nella **battaglia navale di Azio**, in Grecia; nel 30 a.C. venne conquistata Alessandria e **l'Egitto**, che fino a quel momento era rimasto indipendente, **fu annesso allo Stato romano**, diventando così la prima provincia imperiale. Dopo la sconfitta Antonio, inseguito dalle truppe di Ottaviano, scelse di suicidarsi. Anche Cleopatra si uccise, per non cadere nelle mani nemiche.

La nascita del principato

Sconfitti tutti i suoi avversari, Ottaviano – pur non essendo ancora stato investito di alcuna carica ufficiale – era divenuto, di fatto, il padrone assoluto dello Stato romano, che tuttavia, formalmente, **era ancora una repubblica**. Stanchi di guerre e lutti, i Romani guardavano con favore all'affermazione di un potere forte e solido, capace di assicurare

? Quale particolare caratteristica assunse il governo di Ottaviano?

Ottaviano Augusto ritratto nelle vesti di comandante vittorioso, 19 a.C. ca. Città del Vaticano, Musei Vaticani.

pace e stabilità, ma nonostante il consenso e la fiducia riscossi da Ottaviano tra il popolo e i senatori, i cittadini romani difficilmente avrebbero accettato di buon grado il ritorno a una forma monarchica di governo. Ottaviano comprese che non doveva ripetere gli errori compiuti da Cesare e che avrebbe dovuto impadronirsi del potere evitando però la dittatura e rispettando, almeno formalmente, le istituzioni repubblicane. In altre parole, il suo obiettivo divenne **governare come un sovrano senza mai dichiararsi tale**, in modo da mantenere il consenso del senato.

Nel 27 a.C. Ottaviano restituì al senato i poteri straordinari che gli erano stati conferiti per combattere Antonio e ricevette in cambio l'incarico di **console** e l'appellativo di «**Augusto**» (degno di venerazione), che stava a indicare la sua superiorità su tutti in autorità e gli riconosceva, dunque, un prestigio che lo poneva al di sopra degli altri, quasi fosse dotato di qualità eccezionali sul piano etico e civile. Assunse inoltre il titolo di *princeps senatus*, ovvero il più autorevole tra i senatori, cui spettava il diritto di votare per primo nell'assemblea. Nel 23 a.C. lasciò la carica di console e si fece assegnare i poteri dell'*imperium* e della *tribunicia potestas*: il primo, caratteristico dei proconsoli, conferiva il potere esecutivo, legislativo e militare nelle province, mentre la *tribunicia potestas*, propria dei tribuni della plebe, consentiva di opporsi alle decisioni del senato e quindi di esercitare un forte controllo sulle sue scelte politiche.

Consapevole che il **senato** rappresentava l'unica istituzione romana in grado di assicurare il corretto funzionamento politico e amministrativo dello Stato, Ottaviano agì in modo da **ristabilirne appieno l'autorità e il prestigio**, pur assicurandosene il controllo. Per mantenere ai senatori un rango distinto ed elevato, raddoppiò l'entità del patrimonio necessario per entrare a far parte dell'assemblea, portandolo a un milione di sesterzi. Accrebbe i poteri del senato **in campo giuridico**, affidandogli il compito di processare i delitti di natura politica e di giudicare le cause penali che riguardavano gli stessi senatori, e riservò ai membri dell'assemblea le cariche più prestigiose, come il governo delle province e il comando delle legioni. Nello stesso tempo, **ridusse il numero dei senatori** da 900 a 600 e si riservò il

> **?** In che modo Ottaviano regolò i rapporti col Senato?

Le parole della storia — Principe / principato

Con riferimento alla storia dell'antica Roma, i termini «principe» e «principato» indicano la prima fase dell'età imperiale, ovvero il particolare tipo di governo che, alla fine del I secolo a.C., Augusto attuò fondendo l'assetto costituzionale tradizionale, proprio della repubblica, con le nuove istanze di tipo monarchico che ne avevano segnato la crisi. Fino alla seconda metà del III secolo d.C., dunque, Roma fu retta da un *princeps* che, pur lasciando formalmente intatte le istituzioni del passato, si sovrappose ad esse fino quasi a svuotarle della loro autorità effettiva, governando di fatto lo Stato in prima persona. Nel Medioevo il principe diviene il signore che rivestiva il potere sovrano all'interno del proprio dominio territoriale (il feudo) ed era sottoposto soltanto all'imperatore, mentre in Italia – nel Basso Medioevo – il termine «principato» venne a indicare la costruzione, da parte delle signorie cittadine, di organismi politici che andavano al di là del semplice territorio urbano e che successivamente si trasformarono in veri e propri Stati regionali. In epoca moderna, il titolo di principe designa i membri di una casa reale, a partire dal principe ereditario. In Europa la forma di governo monarchica è presente ancora oggi in numerosi Paesi (Gran Bretagna, Spagna, Danimarca, Belgio, Lussemburgo, Andorra, Monaco, Liechtenstein, Paesi Bassi, Svezia e Norvegia), ma si tratta di monarchie costituzionali, ovvero di forme di governo nelle quali il potere del re è fortemente limitato dalla presenza di un parlamento e di una costituzione, fino a rendere in alcuni casi il sovrano una figura puramente rappresentativa. Nel resto del mondo vi sono altri quaranta Stati monarchici circa, la maggior parte dei quali situati in Asia (ad esempio il Giappone, in cui il potere appartiene a un imperatore) e in Africa.

Il documento

Augusto parla di sé

Augusto, *Imprese del divo Augusto*

Ottaviano scrisse una storia delle sue imprese, lasciandoci una testimonianza diretta delle azioni da lui compiute. L'opera è per noi importante perché ci fa capire le intenzioni del protagonista e, soprattutto, l'immagine che egli voleva lasciare di sé. Nel passo che riportiamo l'autore racconta un momento importante della sua vita politica, quando nel 27 a.C., durante una seduta del senato, trasferì la repubblica dalla sua potestà a quella dell'assemblea senatoria. In questa stessa seduta gli venne conferito il nome di Augusto.

Dopo che ebbi messo termine alle guerre civili godendo di pieni poteri per il consenso di tutti gli uomini, nel sesto e nel settimo consolato trasferii la repubblica dalla mia potestà all'arbitrio del senato e del popolo romano. Per questo mio merito, su decreto del senato fui chiamato Augusto, gli stipiti della mia casa furono rivestiti pubblicamente d'alloro e una corona civica fu affissa sopra la mia porta, e nella curia Giulia fu apposto uno scudo d'oro con un'iscrizione dove si proclamava che il senato e il popolo romano mi conferivano quello scudo a motivo della mia virtù, della mia clemenza, della mia giustizia e della mia pietà. Dopo quel tempo fui superiore a tutti in *auctoritas*, ma di *potestas* non ne ebbi più degli altri che mi furono colleghi in ciascuna magistratura.

(*Imprese del divo Augusto*, Paravia, Torino 1969)

---

diritto di nominare propri candidati e di approvare o rifiutare le candidature alle elezioni senatoriali. Nonostante il ruolo che ancora rivestiva e il riconoscimento del suo prestigio, il senato perse la funzione di elaborare autonomamente scelte politiche e ogni forma di dibattito venne annullata. In definitiva, **Augusto decideva e i senatori approvavano**, paghi della loro posizione e della loro reputazione sociale.
Alla morte di Lepido, nel 13 a.C., Augusto assunse anche la carica di **pontefice massimo**, diventando il supremo responsabile dei culti pubblici a Roma e, nello stesso anno, avviò la costruzione dell'*Ara Pacis Augustae*, l'altare della Pace che doveva simboleggiare la pacificazione dello Stato romano compiuta da Ottaviano.

I provvedimenti assunti da Augusto diedero vita a una nuova forma di governo che, pur mantenendo l'assetto repubblicano, di fatto prefigurava una differente realtà politica, quella dell'**impero**. Questa forma di governo prese il nome di **principato**, derivante dal titolo con il quale Ottaviano definiva se stesso e il proprio ruolo politico: *princeps*. Questo termine, in epoca repubblicana, indicava i cittadini migliori per qualità civili o meriti militari, quindi egli intendeva affermare che governava, per unanime consenso, in quanto migliore tra i cittadini.

Verifica immediata

1. L'amnistia per i congiurati, uccisori di Cesare, viene prima concessa e poi revocata. Individua i fautori e chiarisci gli obiettivi di questi due opposti provvedimenti.

2. Quale differenza fondamentale distingue il primo triumvirato dal secondo?

3. Ripercorri i rapporti fra Ottaviano e Antonio seguendo la linea cronologica delle seguenti date: 43 a.C.; 35 a.C.; 34 a.C.; 31 a.C.

4. Spiega quali prerogative spettavano a Ottaviano grazie al titolo di *princeps senatus* e all'esercizio dell'*imperium* e della *tribunicia potestas*.

5. Completa la seguente asserzione.
   Col titolo di *princeps* Ottaviano intendeva affermare che ....

2. Il governo di Augusto

In che modo Augusto riformò l'amministrazione dello Stato romano?

La riforma amministrativa Dopo aver consolidato il proprio potere, il primo compito che Augusto affrontò fu la **riforma del sistema amministrativo** romano, che nei decenni precedenti era stato caratterizzato da inefficienze e corruzione.
Innanzitutto riorganizzò il governo di Roma, istituendo nuovi organi amministrativi, le **prefetture**, che furono affidati a funzionari esperti di sua fiducia, scelti perlopiù all'interno del ceto dei cavalieri. Il **prefetto urbano** fu incaricato di garantire l'ordine pubblico e la gestione dell'urbe in assenza del principe, il **prefetto dell'annona** provvedeva al rifornimento alimentare della città; altri magistrati dovevano sovrintendere all'approvvigionamento idrico, alla cura degli edifici, delle reti fognarie e degli argini del Tevere, e fu creato un **corpo di vigili**, formato essenzialmente da liberti, deputato alla vigilanza notturna, a funzioni di polizia e allo spegnimento degli incendi.
Augusto promosse inoltre un'**intensa attività edilizia**: fra i lavori più importanti vi fu la costruzione di un **foro**, che prese il suo nome, di **terme**, **acquedotti** e del tempio di Marte Vendicatore. Per lo splendore dei monumenti, la bellezza e la grandiosità degli edifici pubblici e privati, Roma – che aveva raggiunto ormai una popolazione di un milione di abitanti – divenne una capitale unica al mondo.
Anche l'**Italia** fu riorganizzata dal punto di vista amministrativo e venne divisa in **undici regioni**, numerate progressivamente dal Lazio all'Italia nord-occidentale, mentre **i municipi vennero distinti dalle colonie**, che furono aumentate di numero e assunsero nomi che avessero un riferimento all'appellativo «Augusto» (come *Augusta Taurinorum*, Torino) o alla *gens Iulia*, cui Ottaviano apparteneva. La riorganizzazione del territorio richiese anche la **costruzione di infrastrutture** quali **vie di comunicazione** e **porti**: furono tracciate nuove strade e altre, come la via Appia, l'Emilia, la Flaminia, vennero rifatte.
Per quanto riguarda l'**impero**, Augusto lo estese al Nord della Spagna, oltre l'arco alpino con la Rezia e il Norico, fino all'Illiria e la Pannonia, a nord della Macedonia fino al Danubio e in Asia Minore inglobando una parte del Ponto, la Cilicia e parte della Giudea. Anche la provincia d'Africa fu ampliata verso est e verso sud.
Per governare questi vasti territori, Augusto divise le province, che erano rette da governatori e pagavano regolari tributi a Roma – a differenza dall'Italia, che era esente dalle tasse – in due categorie: le **province senatorie**, affidate a proconsoli nominati dal senato e le **province imperiali**, poste sotto il diretto controllo del principe e amministrate da ex consoli ed ex pretori scelti personalmente da Augusto. Queste ultime province si trovavano perlopiù lungo i confini e non erano del tutto pacificate; inoltre, i tributi che esse versavano finivano direttamente nelle **casse del principe** e non in quelle dello Stato. Differente da tutti gli altri territori era l'assetto dell'**Egitto**, che era considerato un possedimento personale di Augusto ed era governato da un prefetto scelto da lui.

Tempio di Marte Ultore («Vendicatore») nel Foro di Augusto a Roma, I secolo a.C.

Le province romane durante l'impero di Augusto.

Economia e società La nascita dell'impero e la fine delle guerre civili consentirono un forte **sviluppo delle attività economiche**, che Augusto favorì adottando una politica di tipo **liberista**, evitando che lo Stato intervenisse a regolare le attività produttive e i traffici commerciali. A beneficiarne furono tutte le province dell'impero, molte delle quali si **specializzarono** in determinati settori: l'Africa settentrionale e la Spagna, ad esempio, si indirizzarono alla produzione di grano, mentre le regioni dell'Asia Minore divennero grandi produttrici di legname. Grazie all'espansione dei mercati e al miglioramento delle infrastrutture di comunicazione, le **attività di importazione e di esportazione** divennero il fulcro dell'economia romana: l'Italia incrementò l'esportazione di vino e olio, mentre nella penisola affluivano ricchezze immense. Sovente gli ingenti capitali guadagnati dagli Italici venivano reinvestiti nell'acquisto di terre e numerosi esponenti del ceto mercantile accumularono enormi patrimoni.

In campo sociale, Augusto mise in atto una serie di interventi diretti a **restaurare le antiche virtù tradizionali** dei Romani, i **valori familiari** e la **moralità religiosa** del passato, persuaso che proprio l'allontanamento dai valori della tradizione fosse alla base del progressivo decadimento dei costumi e dei mali che affliggevano la società.

? A quali princìpi Augusto ispirò il proprio governo?

Frammento di rilievo funerario di epoca augustea con scena di alaggio di una nave commerciale. Avignone, Musée Lapidaire.

Ripristinò le leggi contro il lusso e, per favorire l'istituto matrimoniale, varò le **leges Iuliae**, dirette a **combattere il celibato** e a **incrementare la natalità**: queste leggi prevedevano infatti forti incentivi per coloro che avevano figli, come premi in denaro ai nuclei familiari numerosi, maggiore facilità di accedere alle cariche pubbliche, maggiori libertà giuridiche ed economiche per le donne che avessero almeno tre figli. L'adulterio fu severamente punito con l'esilio e la confisca parziale dei beni. Vittime di tale rigore furono il poeta Ovidio, relegato fino alla morte in una sperduta località sul mar Nero, e la stessa figlia di Augusto, Giulia, esiliata a Ventotene.

? In che modo Augusto utilizzò la cultura per rafforzare la sua immagine?

La politica culturale

Augusto non sottovalutò l'**importanza della cultura** e dell'**uso demagogico della letteratura e delle arti**, indirizzate alla celebrazione dell'impero. Questo compito fu affidato a **Gaio Mecenate**, personaggio politico e intelligente uomo di cultura che formò un **circolo**, raccogliendo intorno a sé i più grandi scrittori del tempo come **Virgilio**, **Orazio** e **Ovidio**.
Virgilio nelle *Bucoliche* esaltò la vita pastorale e nelle *Georgiche* il lavoro dei campi, elogiando la bellezza e la ricchezza della Penisola, caldeggiando la restaurazione dei valori dell'antico mondo rurale che avevano fatto la grandezza di Roma e che Augusto voleva non fossero dimenticati. Mecenate aveva suggerito il tema a Virgilio, consapevole dell'importanza che Ottaviano attribuiva alla celebrazione del lavoro agricolo, dopo tanti anni di guerre civili. Questo ritorno alla terra esprimeva anche il proposito di ricostituire quella classe media agricola su cui si era fondata l'ascesa di Roma. L'*Eneide*, il poema epico che fu l'ultima impresa letteraria di Virgilio, nacque da un suggerimento pare dello stesso Augusto, che intendeva celebrare la *gens Iulia* alla quale egli apparteneva. Virgilio affrontò in modo molto libero il compito affidatogli, seguendo la sua ispirazione, che lo portava a collegare mito e storia. Scelse come protagonista l'**eroe troiano Enea**, già noto ai Romani attraverso la leggenda dell'origine di Roma. Enea venne visto come il progenitore della *gens Iulia* e la storia romana apparve come l'attuazione di un destino il cui coronamento era costituito dall'avvento di Augusto, artefice di pace e di prosperità nell'impero.
Grande amico di Mecenate fu **Orazio**, autore, tra le altre opere, di un *Carmen saeculare* che gli era stato commissionato dallo stesso Augusto per la cerimonia ufficiale dei ludi secolari del 17 a.C. Il *Carmen*

Affresco funerario con una donna e i suoi figli in processione, I secolo a.C. Parigi, Museo del Louvre.

celebrava la **pace augustea**, uno dei valori fondamentali che caratterizzarono i temi della politica culturale del principato.

In questo clima anche la storia di Roma doveva essere ripensata come la realizzazione di un destino. Questo fu il compito dello storico **Tito Livio**. Esterno rispetto al circolo di Mecenate, ma amico di Augusto, nonostante le sue idee repubblicane, nelle sue *Storie* celebrò la **grandezza di Roma**. Anche Livio fu sostanzialmente d'accordo con la vasta opera riformatrice tesa a restaurare le stesse virtù repubblicane che lo storico ammirava e che erano state il cemento della costruzione dell'impero.

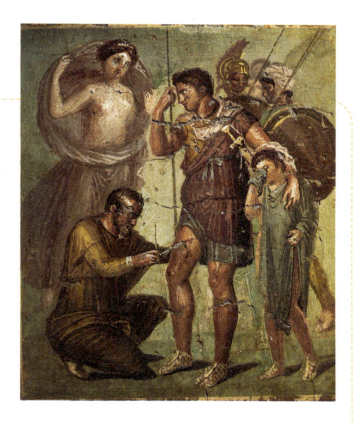

Enea ferito, ritratto in un affresco di Ercolano del I secolo d.C.

? In che cosa consistette la riforma dell'esercito operata da Augusto e in che modo consolidò il suo potere?

La riforma dell'esercito

Augusto, consapevole di quanto fosse importante garantirsi l'appoggio dei militari, attuò anche una **riforma dell'esercito**, il cui aspetto più importante fu il nuovo sistema di arruolamento, che assunse un **carattere volontario**. Si creò così un **esercito permanente professionale** dove, al posto del servizio militare a rotazione, aperto a tutti, subentrava un servizio continuato di alcuni anni (fino a vent'anni per la fanteria e a dieci per la cavalleria). I **soldati erano reclutati anche nelle province**, conciliando l'arruolamento volontario con il principio di selezione di uomini fisicamente adatti al ruolo. Alla fine del servizio militare, i veterani venivano ricompensati con appezzamenti di terreno e i soldati provenienti dalle province acquisivano la **cittadinanza romana**.

Seguendo la tradizione, Augusto conservò la riserva dei comandi alle classi superiori, insieme a una posizione di favore per l'Italia, che continuava a fornire i quadri delle legioni (ridotte da cinquanta a venticinque).

Le parole della storia — Mecenate / mecenatismo

Il termine «mecenatismo» deriva dal nobile romano Gaio Mecenate (65-8 a.C.), amico e consigliere di Augusto, che svolse un'importante opera di protezione e di stimolo degli intellettuali dell'età augustea, e indica la promozione e il sostegno dell'arte e della cultura svolta da un individuo, da un'istituzione o dallo stesso Stato. Nell'antichità il mecenatismo fu esercitato sovente da membri del potere politico, allo scopo di ottenere consenso o di celebrare se stessi. Nel Medioevo furono mecenati gli imperatori, la Chiesa e i suoi membri di rango elevato, i principi, i signori e anche le autorità cittadine e i ricchi privati, mentre a partire dall'età industriale la funzione iniziò a essere svolta dai membri della grande industria e dell'alta borghesia. Oggi il termine è riferito anche all'attività di finanziamento che alcune imprese private, sovente a scopi pubblicitari, svolgono a favore di iniziative artistiche o culturali di alto livello (spettacoli teatrali e musicali, esposizioni, ricerche scientifiche, restauri di opere d'arte). Si parla inoltre di «mecenatismo di Stato» quando sono gli enti governativi e le istituzioni politiche a sovvenzionare, con denaro pubblico, programmi culturali, artistici o di intrattenimento. In Italia dal 1985 esiste il Fondo Unico per lo Spettacolo (FUS), un apposito capitolo di spesa impiegato dal governo per regolare il finanziamento pubblico a enti, istituzioni, associazioni e imprese operanti nei settori del cinema, della musica, della danza, del teatro e per promuovere iniziative artistiche e culturali di rilevanza nazionale in Italia o all'estero. Nell'anno 2013 la dotazione finanziaria di questo fondo è stata fissata a 390 milioni di euro circa.

Rilievo con ufficiali e pretoriani, II secolo d.C.
Parigi, Museo del Louvre.

Mentre in riferimento al periodo repubblicano si può parlare di **cittadini-soldati**, dal momento che tutti i cittadini romani avevano l'obbligo di combattere, per quanto riguarda l'epoca di Augusto si può parlare di **soldati-cittadini**, nel senso che era il ruolo stabile di soldato che permetteva a molti l'accesso alla cittadinanza.
Un'importante riforma in ambito militare operata da Augusto fu l'**istituzione delle coorti pretorie**, un **corpo speciale** costituito da novemila soldati scelti, che avevano lo scopo principale di proteggere la persona dell'imperatore. I **pretoriani** percepivano un salario doppio rispetto a quello dei legionari ed erano comandati da un prefetto di rango equestre di nomina imperiale. I pretoriani assunsero ben presto il ruolo di **strumento di potere personale nelle mani dell'imperatore** e in seguito finirono per condizionare la politica degli imperatori e la loro elezione.
Augusto era convinto della necessità di fondare le legioni su un tipo di soldato capace di identificare la difesa dell'impero con la fedeltà al servizio, consapevole della necessità di garantire la sopravvivenza di una società di cui egli stesso si sentiva parte integrante. Augusto trasformò l'esercito repubblicano, costituito fondamentalmente da razziatori pronti a gettarsi sulle città vinte per saccheggiarle (dal momento che il bottino era parte del loro premio) in un **esercito regolarmente amministrato e retribuito**.
Questa trasformazione comportò un cambiamento di mentalità a cui contribuirono gli incentivi che Augusto volle istituire per creare un **nuovo modello di soldato**: la variazione del salario a seconda dei gradi militari; un premio di arruolamento e uno al momento del congedo; le esenzioni fiscali; le elargizioni periodiche. Le nuove fonti di finanziamento di un impero che attraversava una straordinaria fase di progresso e di prosperità resero possibile questo trattamento, che fece delle legioni un forte baluardo della sicurezza.

Il documento

Augusto riceve il titolo di «Padre della patria»

Svetonio, *Vita dei Cesari*

Svetonio, autore della Vita dei Cesari *e vissuto tra il 70 e il 120 d.C. circa, descrive così un episodio importante della vita di Augusto.*

Il titolo di Padre della patria gli fu conferito con improvviso e universale consenso. Fu prima la plebe, che gli mandò un'ambasceria ad Anzio; poi, dato che non accettava, gli si affollò attorno, con rami di alloro, a Roma, quando entrò in teatro. Quindi glielo conferì il senato, nella Curia, ma non per decreto né per acclamazione, ma per bocca di Valerio Messalla, il quale, a nome di tutti, disse: «Che ciò sia di lieto augurio a te e alla tua casa, o Cesare Augusto! Così infatti noi riteniamo di invocare perpetua felicità alla repubblica e letizia a questa città: il senato, in accordo con il popolo romano, ti saluta Padre della patria».
Piangendo, Augusto gli rispose con queste parole, che cito testualmente, come già quelle di Messalla: «Soddisfatto in ogni mio desiderio… che cosa altro posso chiedere agli dèi immortali, se non che mi sia concesso di conservare, fino all'estremo limite della mia vita, questo vostro consenso?»

(Svetonio, *Vita dei Cesari*, Garzanti, Milano 2004)

Verifica immediata

1 **Indica per ciascun nuovo organo amministrativo creato da Augusto le rispettive funzioni.**
   1. Prefetto urbano: ....
   2. Altri magistrati: ....
   3. Corpo dei vigili: ....

2 **Scegli l'alternativa corretta.**
   Le province imperiali erano:
   a affidate a proconsoli nominati dal senato.
   b amministrate da ex senatori.
   c posizionate lontano dai confini.
   d poste sotto il controllo di Augusto.

3 **Fra i seguenti princìpi scegli quelli che maggiormente ispirarono le scelte di Augusto in materia di governo.**
   a Ripristino dei valori tradizionali.
   b Ammodernamento delle consuetudini antiche.
   c Rettitudine morale ispirata alla religione.
   d Validità dell'istituto della famiglia.
   e Tolleranza delle trasgressioni in materia morale.

4 **Quali attività e quali valori furono celebrati dal poeta Virgilio nelle sue opere?**

5 **In riferimento alla riforma dell'esercito, spiega la trasformazione da cittadini soldati dell'età repubblicana a soldati cittadini dell'epoca di Augusto.**

Come facciamo a sapere

Lo storico Tito Livio
Uno degli scrittori dell'epoca del principato augusteo fu lo storico Tito Livio (59 a.C.-17 d.C.). Di tendenze conservatrici e repubblicane, non volle mai partecipare alla politica attiva; è considerato l'ultimo annalista, perché racconta la storia degli eventi secondo un ordine cronologico. La parte relativa all'età di Augusto è andata perduta e ne rimangono solo i riassunti, che venivano usati soprattutto nelle scuole.
La glorificazione del passato di Roma, l'intonazione moralistica, il rimpianto dei sani costumi degli antenati di fronte alla corruzione presente incontravano il gusto di Ottaviano e rispondevano alla sua volontà restauratrice. Per Livio era importante raccontare la storia di Roma repubblicana, non solo per amore della gloria antica, ma anche per allontanare gli animi dai ricordi della recente guerra civile e per fornire esempi utili a correggere la corruzione dei costumi presenti.

Appiano e Cassio Dione
Il tema delle guerre civili fino agli ultimi decenni fu affrontato dallo storico di origine greca Appiano, nato ad Alessandria e vissuto a Roma nella seconda metà del II secolo d.C. Scrisse in greco una *Storia romana* che andava dai tempi antichi fino all'imperatore Vespasiano e che narrava dei popoli che Roma aveva sottomesso.
Il principato di Augusto è ricostruito anche nell'opera di Cassio Dione, autore di una *Storia di Roma* in greco, dall'arrivo nel Lazio di Enea fino al 229 d.C. Dione fu anche uomo politico; di famiglia senatoria della Bitinia, dove nacque intorno al 150 d.C., trasferitosi a Roma ricoprì per due volte il consolato.

Le biografie di Svetonio
Per la conoscenza della vita degli imperatori sono importanti le biografie di Svetonio: la *Vita dei Cesari*. Nato da una famiglia di rango equestre, nel 70 d.C., nella sua qualità di segretario dell'imperatore Adriano, egli poté consultare gli archivi del palazzo e attingere a una serie di documenti. Dopo Cesare, la seconda biografia da lui raccontata è quella di Augusto, ricca di riferimenti alla vita privata e a quella pubblica.

Dalla repubblica al principato

Ottaviano, figlio adottivo ed erede designato da Cesare, appoggiandosi ai veterani e al popolo romano, costituì (43 a.C.) un triumvirato con Marco Antonio e Lepido. Sconfisse poi a Filippi nel 42 d.C. Bruto e Cassio e stilò liste di proscrizione per coloro che avevano appoggiato la congiura contro Cesare. Il triumvirato fu rinnovato dopo cinque anni ed ebbe come oggetto la spartizione dei territori dello Stato: a Ottaviano l'Occidente, ad Antonio l'Oriente, a Lepido l'Africa.

La rivalità fra Ottaviano e Antonio, alleatosi con Cleopatra regina d'Egitto, portò allo scontro nella battaglia navale di Azio (31 a.C.), in cui Antonio fu sconfitto e l'Egitto divenne una provincia romana.

La transizione dalla repubblica all'impero fu attuata da Augusto lasciando sussistere tutte le istituzioni repubblicane e concentrando su di sé il massimo potere. Egli volle mantenere il consenso dei senatori, che gratificò facendone un ceto privilegiato, mentre li privava del potere decisionale. Per indicare il proprio ruolo politico, Ottaviano definì se stesso *princeps* e accettò l'appellativo di «Augusto» attribuitogli dal senato.

Augusto Pontefice massimo, I secolo d.C.
Roma, Galleria Borghese.

Il governo di Augusto

Augusto riordinò l'amministrazione di Roma creando una serie di servizi pubblici. Anche l'Italia fu oggetto dell'attenzione riformatrice del principe, che la divise, sotto il profilo amministrativo, in regioni.
L'impero fu diviso in province senatorie (i territori ormai controllati saldamente dai Romani) e province imperiali (quelle non ancora pacificate, sedi di un gran numero di legioni).
Augusto attuò una legislazione volta a restaurare gli antichi costumi romani e la moralità del passato. Presentò quindi leggi contro il lusso e in favore della famiglia.
Nell'ambito della politica culturale si avvalse dell'opera di Mecenate che radunò intorno a sé i più importanti scrittori del tempo – Orazio, Virgilio e Ovidio – che sostennero con le loro opere i motivi ispiratori del principato augusteo.
Il rinnovamento dell'esercito completò la vasta opera riformatrice di Augusto. Egli creò un esercito professionale permanente, reclutato su base volontaria. Ai veterani che avevano terminato il periodo di servizio veniva concesso un appezzamento di terreno e, se erano abitanti delle province, la cittadinanza romana. Egli inoltre creò il corpo speciale dei pretoriani, guardie del corpo dell'imperatore e strumento di potere nelle sue mani. Alla morte di Augusto (14 d.C.), la transizione dalla repubblica all'impero era ormai un fatto compiuto.

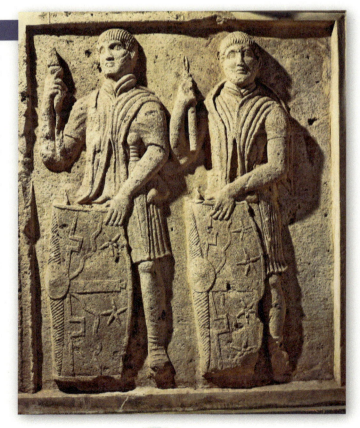

Rilievo con figure di soldati del I secolo d.C. proveniente dalla Turchia.

capitolo 2

Il primo secolo dell'impero

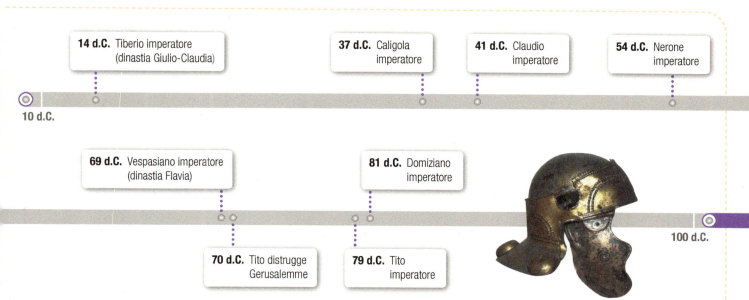

- **14 d.C.** Tiberio imperatore (dinastia Giulio-Claudia)
- **37 d.C.** Caligola imperatore
- **41 d.C.** Claudio imperatore
- **54 d.C.** Nerone imperatore
- **69 d.C.** Vespasiano imperatore (dinastia Flavia)
- **81 d.C.** Domiziano imperatore
- **70 d.C.** Tito distrugge Gerusalemme
- **79 d.C.** Tito imperatore

10 d.C. — 100 d.C.

1. Roma dopo la morte di Augusto

Il modello imperiale Augusto **morì** nel 14 d.C., lasciando in eredità una nuova organizzazione dell'amministrazione pubblica, pace e stabilità politica nei territori dello Stato romano e, soprattutto, una nuova forma di governo destinata a durare per secoli, l'**impero**.

Con Augusto il principato era fondato essenzialmente sul **prestigio personale**, senza una corrispondente legittimazione giuridica; le istituzioni repubblicane erano rimaste in vigore e il potere del principe derivava, almeno ufficialmente, soltanto dal **consenso ricevuto** dal popolo e dal senato. Furono i suoi successori, appartenenti alla sua stessa famiglia, a **consolidare questo modello politico**, che tuttavia continuò a rimanere in bilico tra **due differenti tendenze**: quella **costituzionale**, che legittimava il potere sulla base delle leggi dello Stato e intendeva l'imperatore come una delle istituzioni politiche – seppure la più importante – tra quelle previste dalla costituzione, e quella **assolutistica**, propria delle monarchie orientali, che poneva il principe al di sopra di ogni altra figura e lo elevava a un rango quasi divino.

I successori di Augusto accentuarono sempre più la tendenza assolutistica, circondandosi di corti lussuose e finendo persino per introdurre l'obbligo dell'adorazione dell'imperatore. Ciò fu motivo di numerosi **conflitti con il senato** che, nonostante il controllo

> **?** Quali caratteristiche assunse il modello politico del principato dopo la morte di Augusto?

Frammento di sarcofago raffigurante il senato romano in processione per l'elezione di un console, 270 d.C. Roma, Museo Nazionale Romano.

esercitato sui suoi membri da parte del principe, manteneva al suo interno una fazione fieramente contraria alla cancellazione delle istituzioni repubblicane e alla riduzione della propria autorità.
Gli imperatori che vennero dopo Augusto dovettero sempre fare i conti con le posizioni espresse dal senato: in alcuni casi cercarono un'**intesa** con esso, in altri giunsero a **scontri** feroci con l'aristocrazia senatoria, che comportarono violenze e uccisioni nei confronti degli oppositori.
Per rendere saldo il proprio potere Augusto aveva fatto in modo di garantirsi l'appoggio di due fondamentali componenti del mondo romano: l'**esercito** – che aveva favorito tanto sul piano economico quanto su quello delle opportunità di carriera – e la **plebe urbana**, cui destinò numerose elargizioni di cibo e denaro. Il consenso di queste parti sociali rimase determinante anche per i suoi successori, che continuarono a ingraziarsi le masse popolari attraverso le donazioni e l'organizzazione di giochi e feste pubbliche ma che, sovente, non seppero fare altrettanto con i **militari** i quali, infatti, divennero protagonisti sempre più sovente di **insurrezioni** che segnarono la fine di diversi imperatori e assunsero un ruolo decisivo nella loro nomina.

L'Italia e le province

Alla morte di Augusto l'Italia non godeva più di quei privilegi economici che l'avevano caratterizzata per tutta l'età repubblicana, quando era il centro verso il quale confluivano tutte le risorse economiche provenienti dalle province. Ora alcune di queste, come la **Gallia** e la **Spagna**, avevano raggiunto **livelli economici considerevoli** ed erano in grado di competere con successo proprio in quelle produzioni, come la vite e l'olivo, che costituivano un tempo il vanto della Penisola.
Anche sul piano sociale, l'**Italia aveva perso il suo primato**. In età repubblicana, fino ai primi tempi dell'impero, dall'Italia provenivano i principali quadri delle legioni e della burocrazia, per cui si poteva dire che il ceto dirigente era italico; ora la situazione era cambiata: il personale che governava l'impero proveniva dalle province maggiormente romanizzate. Anche sotto questo profilo, l'Italia aveva perso il suo ruolo guida.
Con l'estendersi dell'impero, la **difesa dei confini** divenne sempre di più un problema: all'inizio fu affidato a «**Stati clienti**» (cioè posti sotto la protezione di Roma), i cui re dovevano garantire l'ordine interno e la difesa delle loro frontiere. L'intervento romano si limitava a mantenere sotto controllo il «re cliente» e a proteggere i propri beni presenti sul territorio. Tale strategia cambiò (soprattutto a partire dalla dinastia Flavia) e gli Stati clienti furono **incorporati nell'impero come province** affidate a un governatore dotato di potere militare, amministrativo e giudiziario. Questo mutamento strategico va posto in relazione con la **scarsa affidabilità di alcuni regni orientali**. Le province situate ai confini dell'impero – chiamate «**province imperiali**» – e, in genere, quelle dove era-

Scena di combattimento nel circo proveniente dai territori romani in Spagna. Merida, Museo di Arte Romana.

Un uomo anziano e una giovane donna in abiti romani provenienti dall'Egitto, I-III secolo d.C. Il Cairo, Museo Nazionale Egizio; Berlino, Altes Museum.

no dislocate le legioni, trovarono validi difensori dei loro interessi nei soldati dell'esercito romano che erano stati arruolati localmente per far fronte con tempestività a rivolte o aggressioni esterne. I legionari, che avevano le famiglie nei luoghi stessi in cui prestavano servizio militare, si sentivano integrati con la realtà locale piuttosto che dipendenti da Roma, realtà lontana e ignota. Da ciò derivava un pericolo per lo Stato romano: le legioni e i loro comandanti tendevano sempre più a **proteggere gli interessi delle province**, piuttosto che quelli di Roma.

? Che cosa si intende per «romanizzazione»?

La romanizzazione delle province e il ruolo delle città Con il termine «**romanizzazione**» si indica un **processo di assimilazione** delle province **ai costumi e al modo di pensare e di vivere dei Romani**. Si tratta della diffusione non solo della lingua latina, ma di un **modello culturale** di cui la lingua è parte integrante, costituito da un sistema di valori e di abitudini espressi attraverso la struttura della città, l'organizzazione della vita municipale, l'abbigliamento, il patrimonio di idee, lo sport. Alcune province furono profondamente romanizzate, in altre la romanizzazione non impedì la **sopravvivenza dei costumi tradizionali** che rimasero come **sostrato** della nuova cultura comune. Si andò incontro a notevoli **resistenze** là dove esisteva una civiltà ricca e sedimentata nel tempo, come quella ellenistica in Oriente, tanto è vero che in queste parti dell'impero la lingua parlata continuò a essere il greco.

Al vertice di questo processo di romanizzazione stava la **concessione della cittadinanza romana**, che conferiva **parità di diritti civili e politici alle popolazioni dell'impero**. Non sempre però la cittadinanza era il risultato di un'assimilazione culturale; in Grecia, ad esempio, furono molti coloro che ebbero la cittadinanza romana, ma non si lasciarono integrare e anzi mantennero la coscienza della propria superiorità culturale. A Roma giungevano numerosi **intellettuali greci** e, viceversa, molti aristocratici latini andavano a compiere i loro studi in Oriente. Alcuni tra i principali esponenti della cultura che vissero dopo Augusto provenivano dalle province romanizzate: il filosofo **Seneca** (4 a.C.- 65 d.C.) era originario di Cordoba, in Spagna; il poeta epico **Lucano** (39-65 d.C.), nipote di Seneca era come lui originario di Cordoba, ma venne condotto a Roma giovanissimo; lo scrittore **Apuleio** (125-170 d.C. ca) era nato in Africa ma visse ad Atene, Roma, Alessandria e morì a Cartagine.

Al centro del processo di romanizzazione vi erano le **città**. Nell'impero romano, infatti, la città costituiva l'**unità elementare del territorio** e godeva di un'**amministrazione autonoma**. Si è calcolato che, nell'era del principato, su un territorio di tre milioni e mezzo di chilometri quadrati, con circa 50-60 milioni di abitanti, le città fossero 2000. Nell'Oriente greco erano modellate sull'esempio della *pólis*; nell'Occidente romano su quello dei municipi e delle colonie romane. I **magistrati** e i membri dei **consigli cittadini** provenivano dal ceto dei ricchi e svolgevano una serie di compiti per conto dell'impero come la riscossione delle imposte e l'imposizione agli abitanti di prestazioni gratuite di servizi. Le città erano un indispensabile strumento di controllo e riducevano i costi del mantenimento dell'organizzazione imperiale e dell'amministrazione.

La **fondazione di nuove città** significava quindi l'**integrazione di nuovi spazi nel dominio romano** e costituiva un compito e un titolo di merito per l'imperatore, così come la difesa dei confini.
Le città delle province germaniche e danubiane, dove non esistevano precedenti inserimenti stabili erano, in genere, modeste e scarsamente abitate; i centri dell'area mediterranea e del Vicino Oriente, al contrario, vedevano un continuo incremento della popolazione.

Verifica immediata

1 Individua le due opposte tendenze che caratterizzarono il modello politico dopo la morte di Augusto e puntualizzane le caratteristiche.

2 Scegli nel seguente elenco i motivi che causarono la perdita del primato dell'Italia.
- **a** Scarso controllo delle province.
- **b** Competizione delle province in campo economico.
- **c** Persistenza del modello degli Stati clienti.
- **d** Ceto dirigente proveniente dalle province romanizzate.
- **e** Integrazione dei legionari nella realtà locale delle province imperiali.

3 Spiega il significato delle seguenti espressioni.
1. Modello culturale: ....
2. Costumi tradizionali: ....
3. Assimilazione culturale: ....

2. La dinastia Giulio-Claudia

? Quali fattori divennero decisivi per il consolidamento dell'autorità imperiale?

Il principato di Tiberio

I rapporti con il senato, con l'esercito e con la plebe cittadina ebbero un ruolo determinante per le sorti dei principi della **dinastia Giulio-Claudia**, iniziata proprio con l'acclamazione a imperatore da parte dell'assemblea senatoria di **Tiberio** (14 d.C.). Nato dalle prime nozze della moglie di Augusto, Livia, Tiberio era un esponente della vecchia aristocrazia che apparteneva all'antica e nobile *gens* Claudia ed era stato scelto come successore da Augusto in mancanza di eredi maschi. In un primo momento Tiberio riprese la politica cauta e prudente del predecessore e cercò la **collaborazione del senato**, rifiutando il titolo di imperatore per riservarsi solo quello di *princeps*, mentre sul piano delle riforme si limitò a consolidare il sistema amministrativo varato da Augusto. La sua popolarità, tuttavia, iniziò presto ad essere offuscata dalla figura del nipote **Germanico**, un generale che tra il 14 e il 16 d.C. conseguì numerose vittorie sul Reno contro i Germani e divenne il **beniamino del popolo romano**. Quando, nel 19 d.C., Germanico morì nel corso di una campagna militare in Oriente, tra la popolazione si diffuse il sospetto che **Tiberio** stesso, infastidito dalla sua fama, **l'avesse fatto uccidere** e ciò finì per alienargli le simpatie della plebe.
Divenuto sospettoso e diffidente, anche in seguito all'assassinio del figlio Druso, l'imperatore, su consiglio dell'ambizioso prefetto del pretorio **Seiano**, iniziò a **perseguitare gli oppositori** accusandoli di reati politici, giungendo a infliggere la pena capitale a

Cammeo che celebra l'apoteosi di Tiberio e Germanico, I secolo d.C. Parigi, Bibliothèque Nationale.

numerosi parenti di Germanico (tra cui la moglie Agrippina) e a diversi senatori.
Addolorato per la morte del figlio e contrariato per la crescente ostilità del popolo e del senato, nel 26 d.C. Tiberio decise di lasciare Roma e di ritirarsi a Capri. Della sua assenza approfittò proprio Seiano, che iniziò a tramare per assicurarsi la candidatura alla successione dell'imperatore; tuttavia Tiberio, che non era disposto ad assecondare le mire ambiziose del suo pretoriano, informato della situazione ne ordinò la **condanna a morte** per tradimento (31 d.C.). Sei anni più tardi (37 d.C.) anche lui morì e, a dimostrazione dello scarsissimo seguito di cui aveva goduto, la plebe romana festeggiò la sua scomparsa e distrusse molti dei monumenti e delle statue che lo raffiguravano e ne celebravano le imprese.

L'influenza dei pretoriani La tendenza a trasformare la carica di imperatore in **una forma di monarchia assoluta** iniziò ad emergere con il successore di Tiberio, il figlio di Germanico Gaio Cesare (37-41 d.C.), detto **Caligola** dal nome delle calzature militari che era solito indossare. Acclamato principe dal senato a furor di popolo, a causa dell'enorme popolarità di cui ancora godeva il padre tra i cittadini romani, Caligola adottò ben presto **comportamenti tirannici e assolutistici** ricalcati sui modelli orientali, fino a pretendere che una propria statua fosse eretta nei luoghi di culto di tutte le religioni dell'impero. Non esitò a far eliminare chiunque minacciasse il suo potere e compì continui **atti di umiliazione nei confronti dei senatori** (giungendo, secondo la tradizione, a nominare senatore il proprio cavallo). Anche **il popolo**, di cui in un primo momento l'imperatore aveva ottenuto il consenso attraverso abbondanti elargizioni, giochi e banchetti, **lo abbandonò** quando decise di imporre nuove tasse. Un colpo di Stato organizzato dai **pretoriani**, che lo assassinarono, pose fine al suo regno a soli ventinove anni.
Gli stessi pretoriani imposero come nuovo imperatore **Claudio** (41-54 d.C.), zio di Caligola, dimostrando in tal modo l'enorme **influenza politica raggiunta dal ceto militare** e inaugurando una pratica destinata a divenire abituale nei secoli successivi: l'acclamazione di un imperatore da parte dell'esercito, scavalcando ogni legittima procedura e ignorando le prerogative del senato. Uomo colto e mite, Claudio mostrò notevoli qualità di governo e riprese la politica moderata e prudente di Augusto: pur impegnandosi a **rafforzare il potere imperiale**, si riconciliò con il senato e si dedicò a **risanare le finanze** statali, dissestate dalle spese folli del predecessore, e a migliorare **l'amministrazione pubblica**. A tale scopo suddivise la burocrazia statale in quattro veri e propri «ministeri» (finanze, giustizia, cultura e rapporti con l'imperatore), che affidò a liberti di origine italica, a lui fedeli, dotati di grande capacità e competenza.
Dopo aver allargato i confini dell'impero conquistando la parte meridionale della **Britannia** (44 d.C.), Claudio creò nuove province e accordò **l'accesso alla carica senatoriale ad alcuni esponenti provinciali della Gallia Narbonense**, favorendo il processo di assimilazione delle popolazioni delle province nello Stato romano. Nella stessa direzione

Sesterzio raffigurante Caligola che arringa i pretoriani, 37-38 d.C. Berlino, Münzkabinett Museen.

andò un altro provvedimento, la concessione della **cittadinanza ai veterani non romani**.
Claudio aveva sposato in terze nozze la giovanissima **Messalina** ma il comportamento della donna risultò altamente scandaloso ed egli, nel 48 d.C., ne ordinò la morte e sposò **Agrippina**, che mirava ad assicurare la successione al figlio Nerone, avuto da un precedente matrimonio. Agrippina non arretrò neppure di fronte al delitto: d'accordo con il **prefetto del pretorio Afranio Burro**, avvelenò il marito (54 d.C.) e subito dopo fece **acclamare Nerone imperatore** dagli stessi pretoriani. La corte, ancora una volta, si era rivelata uno strumento di lotta per il potere, condotta con i metodi della congiura e dell'assassinio.

Nerone Nerone (54-68) giunse al potere appena diciassettenne e per alcuni anni fu sotto l'influenza del **filosofo Seneca**, che era stato suo precettore, e del prefetto del pretorio **Afranio Burro**.

Dopo il periodo passato sotto la tutela del moderato Seneca, Nerone incominciò a voler governare in modo più diretto senza preoccuparsi di mantenere buoni rapporti con il senato. Anche la sua vita privata si caratterizzò per una **volontà dispotica** che non riconosceva limiti. L'**uccisione della madre Agrippina** (59 d.C.), il **ripudio della moglie Ottavia** (figlia di Claudio) e le successive **nozze con Poppea**, donna dissoluta, furono **segnali negativi** di un comportamento che iniziò a preoccupare seriamente l'aristocrazia senatoria. **Assetato di popolarità**, nel 60 d.C. l'imperatore istituì dei giochi che chiamò Giochi di Neronia e costrinse i senatori a parteciparvi, come faceva lui stesso, in qualità di citaredo (cioè recitando versi con l'accompagnamento della lira).
Intanto i generali dell'impero avevano riaffermato l'influenza romana in Armenia, con una **campagna vittoriosa contro i Parti**. Queste imprese colpirono

Le parole della storia — Assolutismo e dittature

L'assolutismo (dal latino *absolutus*: «privo di legami») è una particolare forma politica di tipo monarchico fondata sul principio secondo il quale il potere del sovrano è al di sopra di qualsiasi altra autorità e non può essere sottoposto ad alcun limite o controllo. Il sovrano è libero da ogni vincolo, concentra nella sua persona la pienezza del potere e la sua stessa volontà è legge. L'origine del termine risale al diritto romano del III secolo d.C., quando il giurista Ulpiano teorizzò la figura di un principe collocato per sua natura al di sopra delle leggi e in possesso di un potere assoluto. Durante il Medioevo l'idea di sovranità assoluta si contrappose a quella di sovranità feudale, nella quale l'autorità del re era limitata dai privilegi che egli stesso aveva concesso ai feudatari. In seguito, la scienza giuridica del tardo Medioevo elaborò in maniera articolata il concetto di assolutismo affermando l'autonomia dello Stato di fronte ai poteri universalistici (Chiesa e Impero) e il diritto del sovrano, in quanto rappresentante di Dio in terra, a esercitare con pienezza il governo. Il termine tra la fine del Settecento e i primi decenni dell'Ottocento venne quindi utilizzato per indicare le monarchie europee dell'età moderna (in particolare la Francia di Luigi XIV nella seconda metà del Seicento), contrapponendosi al concetto di monarchia parlamentare, dove l'operato del re viene controllato dal Parlamento (che rappresenta una parte dei cittadini). Nell'età contemporanea il modello politico assolutistico si è presentato in varie parti del mondo sotto forma di dittatura, un tipo di governo autoritario in cui il potere è accentrato in un solo organo o nelle mani di un unico dittatore, che si impone con la forza e non è limitato da leggi o costituzioni. I regimi autoritari contemporanei hanno assunto molteplici forme, che gli storici hanno classificato in dittature autoritarie, cesaristiche e totalitarie. Le prime si fondano sul controllo dell'esercito, della polizia e della magistratura e sul loro impiego come strumenti di repressione del dissenso; le seconde gravitano intorno alla figura di un capo carismatico, che governa con il consenso e il sostegno di gran parte del popolo, mentre le dittature totalitarie (tra le quali i casi più noti nel Novecento sono stati quelli della Germania nazista, dell'Italia fascista e dell'Unione Sovietica stalinista) sono caratterizzate sia dal controllo esercitato sui tradizionali apparati di potere sia dal culto del capo carismatico e, inoltre, dall'impiego capillare della propaganda per indottrinare le masse all'ideologia del regime e dal ricorso generalizzato alla violenza e al terrore contro gli avversari politici. In questa forma di dittatura non vi è alcun pluralismo politico e la vita della nazione è dominata da un partito unico.

la plebe romana, che vide in Nerone l'artefice di un'ulteriore espansione dell'impero.
Nel 62 d.C. Burro morì e **Seneca** si ritirò dalla vita di corte. Tre anni dopo, il filosofo, accusato da Nerone di aver partecipato alla congiura capeggiata dall'autorevole senatore Calpurnio Pisone, fu **spinto al suicidio**. Con la stessa accusa Nerone mandò a morte grandi uomini di cultura, fra i quali lo scrittore Petronio e il poeta Lucano.
Un nuovo episodio ben presto venne a offuscare il suo regno: l'**incendio di Roma** del 64 d.C. Probabilmente si trattò di un incendio non doloso ma acci-

Il documento

L'imperatore Claudio a favore della cittadinanza ai Galli

Tacito, *Annali*

Tacito negli Annali *riporta un celebre discorso tenuto da Claudio al senato nel 48 d.C. L'imperatore affronta il tema dell'allargamento della cittadinanza romana alle persone più nobili della Gallia che sono state così profondamente romanizzate da non distinguersi più dai Romani stessi. Accompagna questa richiesta con una serie di argomenti di carattere storico e politico, dando prova di grande conoscenza della storia di Roma e di lungimiranza politica. Un provvedimento del genere veniva subìto piuttosto che sostenuto dal senato, preoccupato di dover condividere con altri il potere e i privilegi.*

I miei maggiori[1], al più antico dei quali, Clauso, venuto dalla Sabina, furono conferiti insieme la cittadinanza romana e il patriziato, mi esortano ad adottare gli stessi criteri nel governare lo Stato, con il far venire in Roma quanto di pregevole vi sia altrove. Non ignoro, infatti, che i Giulii furono chiamati da Alba, i Coruncanii da Camerio, i Porcii da Tuscolo e, per non risalire a epoche più antiche, dall'Etruria, dalla Lucania e da tutta l'Italia furono chiamati uomini al Senato romano[2]. L'Italia stessa portò i suoi confini alle Alpi, in modo che non solo i singoli individui, ma le terre e le genti si congiunsero strettamente in nostro nome. Allora in patria fiorì pace duratura e noi toccammo il massimo della potenza nei rapporti con le altre genti, quando, accolti come cittadini i Transpadani, si poté risollevare l'indebolito impero, assimilando i migliori elementi provinciali, col pretesto di fondare colonie militari. È il caso, forse, di pentirsi che dalla Spagna siano venuti i Balbi e dalla Gallia Narbonense uomini non meno famosi? Rimangono i loro discendenti, che non sono a noi secondi nell'amore verso questa patria. A quale altra cagione fu da attribuirsi la rovina degli Spartani e degli Ateniesi, se non al fatto ch'essi, per quanto prevalessero militarmente, tenevano i vinti in conto di stranieri? Romolo, fondatore della nostra città, fu invece così saggio che ebbe a considerare parecchi popoli in uno stesso giorno prima nemici e subito dopo cittadini. Stranieri ebbero presso di noi il regno, e l'affidare a figli di liberti uffici pubblici, non è, come molti falsamente credono, cosa di questi tempi, ma già era stato fatto nella precedente costituzione. È pur vero che noi combattemmo contro i Senoni, ma non si sono forse mai schierati contro di noi in campo aperto i Volsci e gli Equi? Fummo sottomessi ai Galli, ma abbiamo anche consegnato ostaggi ai Tusci e abbiamo subìto dai Sanniti l'umiliazione del giogo. Pur tuttavia, se esaminiamo tutte le guerre, vediamo che nessuna si concluse in più breve tempo che quella contro i Galli, coi quali in seguito fu pace continua e sicura. Ormai essi si sono assimilati a noi nei costumi, nelle arti, nei vincoli di sangue; ci portino anche il loro oro, piuttosto che tenerlo per sé. O padri coscritti[3], tutte le cose che si credono ora antichissime, furono nuove un tempo: dopo i magistrati patrizi vennero i plebei, dopo i plebei i Latini, dopo i Latini quelli degli altri popoli italici. Anche questa nostra deliberazione invecchierà, e quello che oggi noi giustifichiamo con antichi esempi, sarà un giorno citato fra gli esempi.

(Tacito, *Annali*, trad. B. Ceva, Rizzoli, Milano 1997)

1 **maggiori:** antenati.
2 **per non… romano:** Claudio allude alla cittadinanza romana concessa progressivamente agli abitanti d'Italia che risiedevano nei municipi.
3 **padri coscritti:** i senatori che erano stati aggiunti, scritti in una lista, all'originario nucleo dei patrizi quando anche i plebei ebbero accesso al senato. L'espressione fu usata anche in seguito per indicare i senatori in modo ufficiale, come in questo caso.

NERONE: UNA FAMA IMMERITATA?

La storiografia moderna ha in parte modificato la rappresentazione di Nerone come di un tiranno folle e sanguinario, derivata dalle testimonianze degli storici romani Tacito e Svetonio. In particolare è stato sottolineato che, soprattutto durante i suoi primi anni di governo, l'imperatore adottò una politica tollerante e clemente, promosse opere sociali e pubbliche di grande valore e avviò una riforma fiscale – poi bocciata dal senato – che avrebbe dovuto favorire i ceti meno abbienti. Gli studiosi Carlo Pascal, agli inizi del Novecento e, più di recente, Massimo Fini, hanno messo in dubbio che Nerone fosse responsabile dell'incendio di Roma e numerosi altri studiosi hanno spiegato alcuni suoi comportamenti sospettosi e tirannici attribuendoli all'influenza negativa esercitata su di lui da Tigellino, il capo dei pretoriani. Secondo tali interpretazioni, la fine del suo governo sarebbe stata causata esclusivamente dalla rivolta in Gallia e non, invece, dai crimini commessi in patria, dove il popolo non gli avrebbe mai fatto mancare il proprio sostegno, mentre gli uomini di cultura lo apprezzarono per il suo amore verso l'arte e per l'apertura verso la cultura greca.

Agrippina incorona il figlio Nerone con una corona di alloro. Afrodisia (Turchia), Museo Archeologico.

dentale, date le numerose abitazioni di legno della città, ma la colpa fu attribuita a Nerone, accusato di aver distrutto la capitale per poterne attuare la ricostruzione secondo i suoi piani grandiosi. Egli infatti fece edificare un **fastoso palazzo imperiale** che si estese dal Palatino fino a valle, nell'area dove sarebbe poi sorto il Colosseo. Su una delle cime del Palatino, la Velia, innalzò una statua enorme, dedicata al Sole, ma riproducente le sue fattezze. Per liberarsi dai sospetti di essere autore dell'incendio, ne **addossò la responsabilità ai cristiani**, seguaci della nuova religione fondata in Palestina da Gesù Cristo e oggetto della diffidenza della plebe romana.
Ma la situazione era già compromessa sul piano po-

litico e aggravata dalle **ribellioni di alcune province romane**, come la Britannia e la Giudea.
Il timore che la politica neroniana fosse troppo sbilanciata a favore dell'Oriente aveva creato solidarietà tra soldati, popolazione civile delle province e comandanti. Quando Nerone si decise a tornare a Roma nel 68 d.C., mancava ormai solo l'ultimo atto della tragedia. Il senato stava già trattando con **Sulpicio Galba**, governatore della Spagna Tarraconese (centro-settentrionale), dove c'era stato un **pronunciamento**, ossia un'insurrezione militare, **dell'esercito** a favore del suo comandante.
La sommossa si estese a Roma e Nerone, abbandonato anche dai pretoriani, **si fece uccidere** da uno schiavo.

Verifica immediata

1 **Precisa la condotta degli imperatori della famiglia Giulio-Claudia nei confronti del senato individuando i comportamenti e i fatti che la testimoniano.**

2 **Leggi il testo *Nerone: una fama immeritata?* riportato in questa pagina. Sulla base di quanto ci tramanda la storia e tenendo conto di quanto hai letto nel brano, stendi un profilo di Nerone (non più di dieci righe) nel quale emerga la contraddizione fra i pareri del tutto negativi della tradizione e quelli almeno in parte positivi degli storici odierni intorno a questa controversa figura.**

3. La dinastia Flavia

Moneta commemorativa della costruzione del Colosseo, 80-81 d.C. Londra, British Museum.

? Quale ruolo assunsero le legioni e le province nella politica imperiale?

Il potere degli eserciti

Alla morte di Nerone, le **legioni romane dislocate nelle province** diventarono **protagoniste nell'elezione dell'imperatore**. Pochi mesi dopo l'insediamento a Roma di **Sulpicio Galba**, che venne subito riconosciuto dal senato per le sue maggiori garanzie di fedeltà e di cooperazione con l'ordine senatorio, le truppe del Reno acclamarono imperatore **Aulo Vitellio**, mentre i pretoriani a loro volta si pronunciarono a favore di **Otone**. In tal modo, nel 69 d.C., vennero **eletti contemporaneamente quattro imperatori**. Galba fu ucciso e le province si divisero in due schieramenti: l'Africa e l'Oriente per Otone, l'Occidente per Vitellio. Nella battaglia fra i due eserciti vinse Vitellio e Otone si uccise, ma le legioni orientali non accettarono l'esito della lotta e acclamarono imperatore **Flavio Vespasiano**, un generale che Nerone aveva inviato in Giudea a reprimere una ribellione.

? Quale politica attuarono gli imperatori della dinastia Flavia?

Sconfitto anche Vitellio, **Vespasiano** (69-79) ebbe via libera al trono imperiale. Egli non apparteneva alla vecchia aristocrazia romana, ma al **ceto dei cavalieri**; il padre deteneva l'appalto per la riscossione delle tasse a Rieti e aveva fatto carriera politica durante il principato. Anche per questo favorì con ogni mezzo l'ingresso nella vita politica romana di individui provenienti dalle province ed estese la **cittadinanza** a tutta la Spagna.

Nella sua politica Vespasiano volle richiamarsi all'orientamento di Augusto, affermando una **linea di restaurazione dei valori tradizionali** in ogni campo, punendo gli scandali e il lusso eccessivo. Per dare piena legalità alla carica imperiale egli fece approvare dai vecchi comizi curiati una legge, la *Lex de imperio Vespasiani*, che conteneva una **definizione dei poteri dell'imperatore**, quali la facoltà di firmare trattati internazionali, di far eleggere i candidati da lui prescelti, di non essere vincolato dalle delibere del senato e dei comizi.

Migliorò le finanze dell'impero, dissestate dalla cattiva amministrazione di Nerone; **organizzò un catasto** e incoraggiò lo **sfruttamento delle terre incolte**; favorì le opere pubbliche dando inizio all'**edificazione del Colosseo**, mise un freno al lusso della corte e perseguì una politica di **spesa a favore della plebe urbana**. Associò al governo il figlio **Tito** e nominò successore il secondo figlio **Domiziano**.

L'accentuazione delle tendenze autoritarie

Tito successe al padre nel 79 d.C. Fu celebrato per la sua **clemenza** e la sua **generosità**, tanto da essere definito «delizia del genere umano». La brevità del suo regno (79-81 d.C.) e le due occasioni in cui diede prova di grande sollecitudine e di liberalità verso i sudditi, l'**eruzione del Vesuvio** del 79 d.C. e l'**incendio di Roma** dell'80 d.C., spiegano questo appellativo, al di là degli intenti propagandistici.

Tito viene ricordato fondamentalmente per la sua azione militare in Giudea volta alla **repressione della sollevazione ebraica**, di cui era stato incaricato dal padre Vespasiano. La ribellione contro i Romani era stata promossa dagli **Zeloti**, una setta giudaica composta dagli elementi più poveri della società, che univa allo spirito messianico il desiderio di riscatto sociale e la volontà di liberare la Giudea dall'occupazione. Tito represse duramente la ribellione, **distrusse il Tempio di Gerusalemme** e proibì agli Ebrei di risiedere in Giudea, dando così origine alla **diaspora del popolo ebraico**.

Nell'81 d.C., alla morte di Tito, gli successe **Domiziano** (81-96 d.C.) che **governò in modo assolutistico**, senza preoccuparsi di cercare la collaborazione del senato. Fu impegnato nel **consolidamento delle frontiere** dell'impero, combattendo nei settori tra Reno e Danubio, dove istituì delle zone difensive. Affrontò poi il **problema della Dacia**, una regione corrispondente all'odierna Romania, il cui re Decebalo aveva organizzato le tribù spingendole a continue incursioni entro i confini del territorio romano.

La partenza di Domiziano e del suo esercito per una campagna militare, rilievo del I secolo d.C. Città del Vaticano, Musei Vaticani.

Domiziano riuscì a contenere la pressione dei Daci, creando una situazione di relativa tranquillità; scopo di contenimento ebbe anche la **campagna militare** condotta **contro i Sarmati** stanziati nella regione tra il Danubio e il Don.

Abile amministratore, volle **restaurare gli antichi costumi**, allontanando da Roma tutto quanto sembrava un cedimento a modelli culturali estranei. Espulse dalla città filosofi e retori; accentuò il carattere autoritario del suo potere istituendo per sé il consolato decennale e la censura a vita. Pretese di essere chiamato *dominus et deus* («signore e dio»), conferendo così alla sua persona gli attributi che legittimavano un **potere assoluto**.

Il documento

Libertà contro servitù

Tacito, *La vita di Agricola*

Tacito scrisse La vita di Agricola *dopo la morte di Domiziano, quando il governo dell'impero era retto da Traiano. Agricola era suocero dello scrittore, che ne aveva sposato la figlia, e aveva combattuto in Britannia durante il regno di Domiziano riportando importanti vittorie; era stato poi richiamato a Roma dall'imperatore, forse per gelosia della sua gloria militare, secondo Tacito. Nel passo che segue sono descritte le condizioni di vita dei cittadini romani sotto il potere assolutistico di Domiziano.*

[...] e sappiamo che non solo si incrudelì contro gli scrittori, ma persino contro i loro libri, poiché fu dato incarico ai triumviri di bruciare nella zona del comizio, nel foro, le opere di quei chiarissimi ingegni. Si credeva certamente di sopprimere con quelle fiamme la voce del popolo romano, la libertà del Senato, la coscienza morale dell'umanità, e questo, dopo che erano stati cacciati in esilio i maestri di filosofia, nonché tutti coloro che potevano offrire testimonianza di virtù, perché in nessun luogo si potesse più incontrare qualche esempio di dignità morale. Abbiamo data, in verità, una grande prova di sopportazione e, come gli antichi tempi conobbero nella sua più alta espressione la vita degli uomini liberi, così noi abbiamo conosciuto fino in fondo che cosa sia la servitù, dopo che un regime di spie ci sottrasse la possibilità di ogni libero scambio di parole e di pensieri. Avremmo perduto persino la memoria, insieme con la voce, se fosse in nostro potere il dimenticare quanto il tacere.

(Tacito, *La vita di Agricola*, trad. B. Ceva, Rizzoli, Milano 1993)

Ciò aumentò il **clima di sfiducia tra senato e imperatore** che si concretizzò in una serie di processi e di persecuzioni nei confronti dei senatori.
Nel 96 d.C. una **congiura** ordita da senatori e pretoriani pose termine alla sua vita. La sua morte fu accolta con indifferenza dal popolo romano, con rabbia dai soldati che si sentivano da lui rappresentati, con gioia sfrenata dai senatori che ne decretarono la condanna all'oblio, abbattendo le sue statue, distruggendo i suoi ritratti, cancellando ogni iscrizione che si riferisse al suo regno.
I congiurati si accordarono su un successore ben accolto dall'aristocrazia senatoria, **Cocceio Nerva**, un vecchio senatore che, come primo atto di governo, si impegnò con un giuramento a non infliggere condanne a senatori. Questi governò dal 96 al 98 d.C. e designò come successore il generale **Ulpio Traiano**.

GLI IMPERATORI DEL I SECOLO d.C.		
Ottaviano	27 a.C.-14 d.C.	Creazione del principato. Restano in vigore le istituzioni repubblicane.
Tiberio	14-37	Collaborazione col senato. Consolidamento del sistema amministrativo augusteo.
Caligola	37-41	Tentativo di trasformare il principato in monarchia assoluta.
Claudio	41-54	Risanamento delle finanze e apertura del senato a esponenti delle province.
Nerone	54-68	Tendenze dispotiche e politica fortemente sbilanciata verso le province.
Galba, Otone, Vitellio	68-69	Gli eserciti impongono gli imperatori.
Vespasiano	69-79	Restaurazione dei valori tradizionali e precisa definizione dei poteri dell'imperatore.
Tito	79-81	Repressione della rivolta ebraica in Giudea.
Domiziano	81-96	Governo assolutistico e difesa della tradizione culturale romana.

Verifica immediata

1 **Scegli l'alternativa corretta e spiega i motivi della scelta.**
   La *Lex de imperio Vespasiani*:
   a diminuisce il potere dell'imperatore.
   b non influenza il potere dell'imperatore.
   c aumenta il potere dell'imperatore.
   d annulla il potere dell'imperatore.

2 **In quali occasioni Tito manifesta generosità e liberalità? In quale, invece, attua una politica repressiva?**

3 **Spiega le differenti reazioni del popolo romano, dei soldati e dei senatori in occasione della morte di Domiziano.**

4 **Gli atti persecutori contro il popolo ebraico non furono prerogativa solo delle civiltà antiche, ma hanno avuto luogo anche in tempi recenti. Esegui una ricerca tramite Internet sulle leggi di Norimberga contro gli ebrei «per la protezione del sangue e dell'onore tedesco», varate il 15 settembre 1935 dalla Germania nazista. Scrivi infine un testo ben argomentato sui provvedimenti che ti hanno più impressionato.**

Come facciamo a sapere

L'impero dopo Augusto

Lo storico più importante della storia dell'impero è Cornelio Tacito (54-120 a.C. ca). Egli rappresenta il punto di vista della classe senatoria e disegna il profilo degli imperatori quasi sempre con caratteri negativi, scorgendo in loro corruzione, malafede, crudeltà gratuita, ambizione smodata. Le sue opere più importanti sono gli *Annali*, che vanno dalla morte di Augusto fino a quella di Nerone, e le *Storie*, che raccontano il periodo dalla morte di Nerone a quella di Domiziano. Ai costumi dei Germani Tacito dedicò un'altra monografia, *La Germania*, dove la coesione sociale e la semplicità di vita di quei popoli vengono contrapposte alla disgregazione e alla corruzione dell'impero di Roma.

Possiamo leggere la storia degli imperatori anche nelle opere del letterato Gaio Svetonio Tranquillo, di cui abbiamo già parlato, autore della serie di biografie *Vita dei Cesari* (121 d.C.), che parte dal racconto della vita di Cesare per giungere fino ai Flavi.

Ma non sono soltanto le opere storiografiche le fonti storiche importanti: la nostra conoscenza si arricchisce soprattutto attraverso le fonti epigrafiche, che sono numerosissime nei primi due secoli dell'impero, più che in altri periodi. I nuovi ceti di governo, i funzionari equestri, i governatori municipali, i liberti divenuti ricchi e importanti, ricorsero alle iscrizioni su pietra sia in epigrafi onorarie, sia in lapidi funerarie per documentare la loro posizione nella comunità. Oltre a questi documenti diffusi in tutto l'impero, possiamo utilizzare come fonti iscrizioni di soldati o di altri appartenenti alle classi più umili che attestano fedeltà ai vari imperatori.

La dinastia Flavia

Per l'età dei Flavi sono da tenere presenti due scrittori greci, vissuti in quell'epoca e in quella di Traiano: Plutarco e Dione di Prusa. Plutarco (46-126 d.C. ca), autore delle famose *Vite parallele* scrive, fra le altre numerose opere, i *Consigli politici*, in cui indica ai Greci come affrontare il loro rapporto con Roma. Considerando ormai insuperabile l'egemonia imperialistica di Roma, consiglia ai cittadini greci di non sfidare la potenza romana, di amministrare la propria città e di non chiamare in aiuto i Romani per risolvere i propri problemi.

Dione di Prusa (o Dione Crisostomo, 40-120 d.C. ca), oratore greco, fu coinvolto nella politica di repressione attuata da Domiziano; come retore sofista, si occupò spesso di problemi cittadini con intelligenza e spirito critico, dedicando poi a Traiano le orazioni *Sul re*, in cui sviluppò l'ideale etico del sovrano.

La repressione antiebraica

Storico ebraico fu Giuseppe Flavio (37-103 d.C. ca), autore di una *Guerra giudaica* e delle *Antichità giudaiche*. Fu testimone della repressione antiebraica attuata nel 70 d.C. da Tito e portato da questi a Roma. Appartenente al ceto elevato del mondo giudaico, era convinto della necessità di collaborare con i Romani, sempre però mantenendo la propria individualità.

Altro storico giudaico, di lingua greca, è il filosofo Filone Ebreo, nato ad Alessandria d'Egitto intorno al 20 d.C. Egli ci fornisce notizie dei conflitti razziali e culturali della sua città natale.

Il culto dell'imperatore

Una documentazione particolare del culto imperiale – da Cesare agli imperatori giulio-claudii – è costituita dalle monete, che spesso contengono il richiamo a virtù come la clemenza, il sentimento religioso verso gli dei, il valore e il coraggio ed esaltano in tal modo l'ideologia imperiale.

SINTESI

Alcune divinità siriane rappresentate con abbigliamento militare romano, III secolo d.C. Roma, Museo della Civiltà Romana.

Roma dopo la morte di Augusto

Con i successori di Augusto, morto nel 14 d.C., il modello politico imperiale si consolidò e assunse progressivamente una connotazione assolutistica, che poneva il principe al di sopra di ogni altra figura. Gli imperatori dovettero comunque misurarsi con le posizioni del senato, dell'esercito e della plebe urbana: il consenso di queste parti sociali rimase una condizione necessaria per giungere al trono e per mantenere il potere.
Nel primo secolo dell'impero l'Italia perse via via il suo primato in ambito economico e politico a vantaggio delle province che, grazie a un continuo processo di romanizzazione e alla costante diffusione della cittadinanza, entrarono a far parte a pieno titolo del mondo romano e iniziarono a esprimere una classe dirigente che col tempo si inserì pienamente nel governo dell'impero.

La dinastia Giulio-Claudia

Tiberio, primo successore di Augusto, governò dal 14 al 37 d.C. Egli cercò inizialmente di governare in accordo con il senato, ma l'ultimo periodo della sua vita fu offuscato da una politica di repressione che gli procurò fama di principe crudele e corrotto.
Caligola, succeduto a Tiberio, governò in modo tirannico, ponendosi contro il senato e la plebe urbana finché fu assassinato in una congiura (41 d.C.).
I pretoriani – a dispetto della procedura legale – acclamarono imperatore Claudio, il cui governo si distinse in campo amministrativo e militare: conquistò la Britannia e concesse la cittadinanza romana alla parte colta e romanizzata degli abitanti della Gallia. Morì avvelenato dalla moglie Agrippina (54 d.C.).
Nerone, il suo successore, governò secondo il modello delle monarchie assolutistiche, divinizzando la propria persona e imponendo in modo autoritario la sua volontà, senza arretrare neppure di fronte al delitto, che lo portò a liberarsi perfino della madre. Abbandonato da tutti, nel 68 d.C., mentre il senato stava già trattando con Sulpicio Galba, che le legioni della Spagna avevano acclamato imperatore, Nerone si fece uccidere.

L'effigie di Nerone sul *recto* di una moneta d'oro, I secolo d.C.

L'arco di Tito a Roma, I secolo d.C.

La dinastia Flavia

Vespasiano, acclamato imperatore nel 69 d.C. dalle legioni orientali, prese il potere dopo un periodo di anarchia in cui si arrivò alla nomina contemporanea da parte delle legioni di quattro diversi imperatori. Ebbe inizio con lui la dinastia Flavia, che segnò per l'impero un periodo di equilibrio. Vespasiano, di origine equestre, attuò una politica di restaurazione e fece approvare una legge sui poteri dell'imperatore che diede un'impronta di legalità formale al suo governo.
Con il figlio Tito, che governò dal 79 all'81 d.C., si ebbe nel 70 d.C. la repressione di una rivolta in Giudea, con la distruzione del Tempio di Gerusalemme e l'inizio della diaspora ebraica.
A Tito successe il secondo figlio di Vespasiano, Domiziano, che governò in modo assolutistico; combatté contro i Daci e i Sarmati, rafforzando i confini dell'impero. Volle essere chiamato *dominus et deus* («signore e dio») e assunse un atteggiamento persecutorio nei confronti del senato, finché cadde vittima di una congiura, nel 96 d.C. Il successore Cocceio Nerva venne scelto tra i senatori.

capitolo 3
L'impero romano
L'apogeo dell'impero

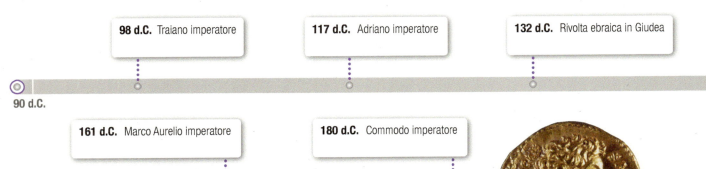

- 90 d.C.
- 98 d.C. Traiano imperatore
- 117 d.C. Adriano imperatore
- 132 d.C. Rivolta ebraica in Giudea
- 161 d.C. Marco Aurelio imperatore
- 180 d.C. Commodo imperatore
- 200 d.C.

1. Il secolo d'oro

? Quali fattori determinarono la stabilità politica ed economica del II secolo d.C.?

Un'epoca di pace e prosperità Il II secolo d.C. fu per l'impero romano un periodo di **stabilità**, di **pace** e di notevole **sviluppo economico**, tanto da essere definito dagli storici antichi e moderni come *beatissimum saeculum*. Gli imperatori di questo periodo, che provenivano tutti dalla nobiltà delle **province** più romanizzate (Gallia e Spagna soprattutto), seppero **governare con moderazione e saggezza**, mantennero una stretta **collaborazione con il senato** e poterono dedicarsi al risanamento dell'economia, al potenziamento delle infrastrutture e al consolidamento territoriale dello Stato mediante un'intensa politica espansionistica.
I confini dell'impero raggiunsero la loro massima estensione, vennero fondate numerose **nuove città** e in tutti i municipi gli amministratori si preoccuparono di erigere nuovi edifici, di realizzare **opere pubbliche** (come teatri, acquedotti, mercati, terme) e di gestire con oculatezza le finanze, investendo in iniziative capaci di favorire l'attività economica, la qualità della vita e lo sviluppo della cultura.

Il processo di romanizzazione dei territori imperiali giunse a pieno compimento e ovunque i cittadini cominciarono a percepire di far parte davvero di un unico mondo omogeneo nei valori, nelle idee, negli stili di vita.

La successione per adozione Questa fase di sviluppo e di prosperità fu senza dubbio favorita da un importante cambiamento maturato in ambito politico, dopo l'esaurimento della dinastia Flavia, che riguardò il meccanismo di trasmissione del potere. Per tutto il I secolo la scelta dell'imperatore era avvenuta in base al criterio della **successione ereditaria**, ma ciò aveva determinato **gravi inconvenienti**: alcuni principi, ad esempio, non si erano rivelati all'altezza della carica, mentre in molti altri casi la mancanza di un erede diretto aveva scatenato congiure e lotte intestine per il potere.
A partire dal 97 d.C. si affermò, invece, una nuova mentalità, secondo cui il titolo imperiale doveva essere trasmesso non più in virtù del diritto di nascita bensì **sulla base delle effettive capacità** del futuro principe; la carica imperiale, insomma, doveva giungere

Il porto di Terracina, qui raffigurato su una lucerna, fece parte delle grandi opere realizzate nel corso del II secolo d.C.

Il documento

L'universalismo dell'impero e il diritto di cittadinanza

Elio Aristide, *Elogio di Roma*

Elio Aristide (117-181 d.C.) era un conferenziere che viaggiava per l'impero tenendo pubbliche declamazioni molto gradite al pubblico, incline ad ammirare in questi discorsi soprattutto l'abilità dell'oratore. Il testo che segue è tratto da un discorso pronunciato a Roma nel 143 e si intitola Elogio di Roma. *Pur tenendo conto dell'intento retorico dell'opera, in cui Elio Aristide dice quello che il suo pubblico ama sentirsi dire, possiamo ritenere che questo scritto abbia il valore di un documento che attesta l'adesione di un greco ai valori della civiltà romana.*

Ma vi è qualcosa che, decisamente, merita altrettanta attenzione e ammirazione di tutto il resto: voglio dire la vostra generosa e magnifica cittadinanza, o Romani, con la sua grandiosa concezione poiché non vi è nulla di uguale in tutta la storia dell'umanità. Voi avete fatto due parti di coloro che vivono sotto il vostro impero – e cioè in tutta la terra abitata – e voi avete dappertutto dato la cittadinanza, come una sorta di diritto di parentela con voi, a coloro che rappresentano il meglio per talento, coraggio e influenza, mentre gli altri li avete sottomessi come sudditi. Né i mari né le terre sono un ostacolo sulla strada della cittadinanza, l'Europa e l'Asia non sono trattate diversamente. Tutti i diritti vengono riconosciuti a tutti. Nessuno di coloro che meritano potere o fiducia ne è escluso, ma al contrario una libera comunità è stata creata in tutta la terra, sotto la direzione di un responsabile unico, garante dell'ordine del mondo, che è il migliore possibile; e tutti si volgono, perché ciascuno riceva ciò che gli spetta, verso la vostra cittadinanza, come verso una comune agorà[1]. E come le altre città hanno le loro frontiere e il loro territorio, questa città (la vostra) ha per frontiere e per territorio l'intero mondo abitato.

(Elio Aristide, *Elogio di Roma*, trad. L. A. Stella, Edizioni Roma, Roma 1940)

1 **agorà:** in Grecia indicava la piazza dove si teneva il mercato e l'assemblea di tutti i cittadini.

---

a uomini meritevoli, capaci di svolgere efficacemente i loro compiti. Toccava dunque all'imperatore scegliere, per i suoi meriti, il successore, indipendentemente dalla sua provenienza familiare: per questo motivo all'istituzione imperiale, nel II secolo, è stato dato il nome di «**principato per adozione**». Questo meccanismo di successione – reso possibile anche dal fatto che, casualmente, nessuno degli imperatori di questo secolo ebbe discendenti diretti – incontrò il favore dell'aristocrazia senatoria e dell'opinione pubblica, perché eliminò il pericolo del dispotismo e consentì ai principi, liberati dalla costante preoccupazione di difendersi da congiure e colpi di Stato, di occuparsi con profitto degli affari pubblici e fece venire meno quell'atmosfera di costante tensione tra imperatore, senatori e pretoriani che aveva caratterizzato l'età precedente rendendo precaria e incerta la situazione politica.

Un'economia fragile

Il benessere economico raggiunto dallo Stato romano, tuttavia, **non possedeva fondamenta davvero stabili** e nel II secolo gli imperatori dovettero affrontare rilevanti problemi in questo ambito. In primo luogo, il forte sviluppo degli scambi non poggiava su un settore produttivo altrettanto evoluto: l'artigianato romano non forniva un elevato numero di prodotti e le importazioni superavano di gran lunga le esportazioni, per cui la **bilancia commerciale** risultava **in passivo**. In secondo luogo, l'**agricoltura** – che rimaneva di gran lunga l'attività più diffusa – **era scarsamente produttiva**, sia perché le tecniche di lavorazione erano ancora piuttosto rudimentali, sia per la crescente diffusione dei latifondi. Nelle grandi proprietà la coltivazione era affidata agli schiavi oppure a contadini poveri che non possedevano la terra su cui lavoravano e i proprietari limitavano fortemente gli investimenti produttivi. Alcuni imperatori vararono leggi che favorissero lo sviluppo della produzione agricola, tutelando i coltivatori nei confronti dei latifondisti, abbassando le tasse e fornendo loro mezzi e capitali per vivere e lavorare le terre, ma il problema non trovò una vera soluzione e continuò a pesare in misura notevole sui destini dell'economia romana.

Verifica immediata

1. Nel II secolo d.C. nell'impero romano si rilevano luci e ombre. Segnala gli elementi positivi nelle modalità di governo e nella successione al trono e i segni di debolezza in ambito economico.

2. Leggi il documento *L'universalismo dell'impero e il diritto di cittadinanza* a p. 29. Oggi nel nostro Paese si discute sulla concessione della cittadinanza italiana agli emigrati. Rifletti sulla questione e, in un testo argomentato, esponi la tua opinione sulle circostanze, i tempi e i modi che ti sembrano idonei per concedere questo diritto.

2. Gli imperatori adottivi

L'impero di Traiano Dopo il breve regno di **Nerva**, nel 98 d.C. divenne imperatore il più prestigioso generale dell'epoca, che il vecchio senatore divenuto principe aveva nominato quale suo successore: **Ulpio Traiano** (98-117 d.C.). Questi, che era di origine spagnola, fu il primo imperatore **proveniente dalle province** e si impegnò in una vigorosa **politica espansionistica**. Durante il suo governo, l'impero raggiunse la sua massima estensione con la conquista della **Dacia**, sottomessa e trasformata in provincia nel 106 d.C., dell'**Arabia Petrea** (un vasto territorio situato tra Egitto e Siria, importante perché consentiva il controllo di alcune delle più importanti strade carovaniere verso l'Oriente) e della **Mesopotamia**, strappata ai Parti nel 117 d.C. ma abbandonata poco dopo in seguito alla ribellione delle popolazioni locali. Proprio durante il tentativo di sedare queste rivolte, Traiano morì, dopo aver trascorso ben diciannove anni alla guida dello Stato romano.

Anche in **politica interna** Traiano lasciò la sua impronta. Egli era particolarmente **preoccupato della perdita d'importanza dell'Italia rispetto alle province** e affrontò questo problema con una logica inconsueta nei metodi di governo di Roma: con gli interessi pagati da piccoli proprietari a cui aveva concesso dei prestiti, creò una **struttura assistenziale**, detta *alimenta*, che doveva servire a far studiare in comunità italiche orfani e bambini poveri, con l'intento di preparare i quadri più bassi della società municipale; stabilì poi che i senatori **investissero** la terza parte del loro patrimonio **in beni fondiari in Italia**.

Traiano promosse inoltre la realizzazione di numerose **opere pubbliche**, che accrebbero ulteriormente la bellezza della capitale. Inaugurato nel 112-113 d.C., il **Foro di Traiano** è l'ultimo dei Fori imperiali. Nella piazza campeggiava la statua equestre dell'imperatore;

La Colonna traiana, eretta a Roma nel 113 d.C. per celebrare la vittoria dell'imperatore sui Daci.

capitolo 3 L'apogeo dell'impero

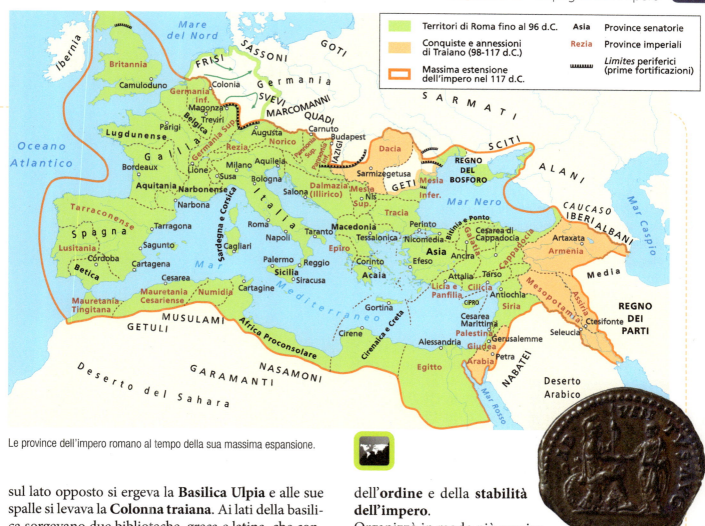

Le province dell'impero romano al tempo della sua massima espansione.

L'imperatore Adriano ricevuto dalla dea Roma, moneta aurea del 134-138 d.C.

sul lato opposto si ergeva la **Basilica Ulpia** e alle sue spalle si levava la **Colonna traiana**. Ai lati della basilica sorgevano due biblioteche, greca e latina, che contenevano le opere più significative di tutta la classicità. Per rispondere alle necessità concrete della Roma imperiale, Traiano fece costruire accanto al Foro il **Mercato**, una sorta di centro commerciale del tempo, con botteghe disposte su due piani, a semicerchio. Qui si poteva reperire qualsiasi genere di merce importata dalle diverse parti dell'impero e vi si svolgeva ogni sorta di attività commerciale e artigianale.

Adriano Adriano (117-138), anch'egli di origine spagnola, divenne imperatore su designazione del cugino Traiano nel 117 d.C. e trascorse ben 12 anni in viaggio, rimanendo spesso lontano da Roma. Visitò prima le province occidentali, poi quelle orientali, fermandosi ad Atene per lunghi periodi. Qui si fece nominare arconte, magistrato cittadino, in segno di omaggio alla civiltà greca di cui si sentiva partecipe. L'adesione ai valori estetici della cultura ellenistica è testimoniata da **Villa Adriana**, la residenza che si fece costruire a Tivoli, in cui volle riprodurre gli edifici più caratteristici di quel mondo greco che egli vedeva come modello culturale insuperabile. L'amore per la bellezza nell'arte non gli impedì di essere un **buon amministratore** e di preoccuparsi dell'**ordine** e della **stabilità dell'impero**.

Organizzò in modo più preciso la carriera dei funzionari amministrativi dell'impero, definendone funzioni e competenze, secondo una struttura gerarchica a cui corrispondeva una differenza salariale. In campo militare, si preoccupò di consolidare i confini dell'impero e di mantenere l'ordine. Per questo **fece costruire** in Britannia una struttura difensiva, il cosiddetto **Vallo di Adriano**, e **represse duramente una rivolta ebraica in Giudea** (132-135 d.C.). Sulle rovine di Gerusalemme, fece costruire la **colonia di Elia Capitolina**, con l'intento di creare un centro di controllo in quella regione in continua rivolta.

Con l'aiuto di esperti giuristi, elaborò il cosiddetto **editto perpetuo**, una raccolta e risistemazione di tutti gli editti precedenti, che aveva lo scopo di **unificare la legislazione dell'impero**.

La dinastia antonina Nel 138 d.C., anno della sua morte, Adriano adottò un senatore di origini galliche, **Antonino** (138-161 d.C.), che per le sue **doti di umanità e di clemenza** venne detto «**Pio**» e con cui iniziò la dinastia degli Antonini. Egli seguì gli indi-

Gruppo marmoreo raffigurante, da sinistra, Marco Aurelio, Antonino il Pio, Lucio Vero e Adriano. Particolare di rilievo del II secolo d.C. proveniente da Efeso.

rizzi di Adriano nella politica di rafforzamento dei confini e nell'amministrazione dell'impero; incrementò la spesa pubblica e diminuì la pressione fiscale, giungendo a creare vere e proprie istituzioni benefiche. Il suo **interesse per le province** fu profondo e costante, migliorò le comunicazioni, continuò l'edificazione di opere pubbliche, riservando particolare attenzione ai restauri e ai lavori di manutenzione.
Morì nel 161 d.C. e, secondo la prevista adozione, gli successe **Marco Aurelio** (161-180 d.C.), che associò al governo il fratello **Lucio Vero**, condividendo con lui tutte le cariche.
Uomo di **grande cultura**, venne definito «**imperatore filosofo**»; fu autore di un significativo libro di pensieri e meditazioni, intitolato *Colloqui con se stesso*. Durante il governo di Marco Aurelio, che fu particolarmente attento a mantenere il **rispetto dell'autorità del senato**, la relativa pace di cui aveva goduto l'impero sotto i due predecessori si spezzò e il nuovo imperatore dovette affrontare **una serie di guerre**.
Il primo conflitto fu **contro i Parti** e, anche se terminò con una vittoria dei Romani, ebbe conseguenze disastrose: l'esercito dall'Oriente portò la **peste bubbonica**, una grave malattia epidemica che devastò l'impero. Inoltre l'indebolimento del confine settentrionale, da dove erano state dislocate delle legioni per inviarle contro i Parti, aveva permesso alle **tribù stanziate oltre il Danubio** di aprire un **varco nei confini** e di invadere il territorio romano. Le **tribù dei Quadi e dei Marcomanni** si spinsero fino **in Italia**, ponendo l'assedio ad Aquileia, e solo nel 177 d.C. Marco Aurelio riuscì ad averne ragione.
Marco Aurelio morì di peste nel 180 d.C. e lasciò il potere al figlio **Commodo** (180-192 d.C.), abbandonando, dopo quasi un secolo, il metodo dell'adozione e tornando a quello dinastico. Con Commodo si aprì una **nuova fase dell'impero** romano: le numerose **guerre** intraprese da Marco Aurelio avevano impoverito l'erario e la **pressione dei barbari** ai confini dell'impero si faceva sempre più minacciosa. Le guerre e le pestilenze avevano danneggiato gravemente l'agricoltura, mentre la decadenza delle città aveva messo in crisi anche le attività artigianali e commerciali. Nel complesso l'economia romana, dopo un secolo di intenso sviluppo, cominciò a manifestare i **primi segni di crisi**. Commodo salì al trono appena diciannovenne, dimostrando una personalità molto diversa dal padre; piuttosto che alla cultura amava dedicarsi ai giochi equestri, che provvide a sostenere e a potenziare, sperperando il denaro pubblico. Alla corte imperiale tornò il **clima di sospetti e congiure**. Alienatosi ogni sostegno, sia del senato sia dell'esercito, Commodo cadde vittima di un complotto nel 192 d.C.

GLI IMPERATORI DEL II SECOLO d.C.		
Traiano	98-117	Primo imperatore provinciale. Massima espansione dell'impero e tentativo di frenare la decadenza dell'Italia e della sua agricoltura.
Adriano	117-138	Riorganizzazione dell'amministrazione pubblica. Unificazione in un solo codice di tutte le leggi dell'impero.
Antonino Pio	138-161	Opere pubbliche e diminuzione delle tasse.
Marco Aurelio (co-imperatore Lucio Vero)	161-180	Costante collaborazione col senato. Guerre difensive contro le prime incursioni barbariche.
Commodo	180-192	Fine del principato adottivo e ritorno della successione dinastica.

Verifica immediata

1 Osserva la cartina a p. 31. In quali continenti erano situate le terre conquistate da Traiano?

2 Indica per ciascuno dei seguenti punti le corrispondenti realizzazioni operate da Adriano.
   1 Adesione alla cultura greca: ....
   2 Difesa dei territori: ....
   3 Controllo della Giudea: ....
   4 Riordino del sistema legislativo: ....

3 Scegli l'alternativa corretta.
Durante il principato di Marco Aurelio:
a la pace durò ininterrottamente.
b si verificarono guerre ed epidemie.
c l'economia fu fiorente.
d vi furono alcuni conflitti di poco conto.

3. La nascita del Cristianesimo

? Perché il messaggio cristiano educava a un comportamento diverso da quello richiesto ai cittadini romani?

Gesù di Nazareth e il suo messaggio rivoluzionario Durante il principato di Augusto nacque in **Palestina** – provincia dell'impero romano – **Gesù di Nazareth**. Egli iniziò a predicare intorno ai 30 anni, presentandosi come il «figlio di Dio», il salvatore atteso dagli Ebrei. La sua predicazione, inizialmente confusa con quella di altri predicatori ebraici che si opponevano alla dominazione romana, non aveva obiettivi politici, ma essenzialmente religiosi. Gesù insegnava a **onorare l'unico Dio** della tradizione ebraica e nel suo nome ad **amare e rispettare il prossimo**, senza distinzioni di sesso, di provenienza, di condizione sociale. Privilegiando piuttosto gli umili che i potenti e **rispondendo alla violenza con il perdono**, il messaggio di Cristo educava a un **comportamento assai lontano da quello richiesto dallo Stato romano** ai suoi cittadini ed era **difficilmente accettabile anche per la religione ebraica**. Le folle che ascoltavano il suo messaggio e la fama delle sue parole che si diffondeva in tutta la Giudea preoccupavano i sacerdoti ebraici. Essi vedevano in lui un pericolo che avrebbe messo in crisi il loro potere di unici custodi dei princìpi della religione. Perciò lo fecero catturare e portare di fronte a **Ponzio Pilato, governatore romano della Giudea**, perché lo processasse e lo condannasse a morte. Il **sinedrio**, infatti, che era la somma assemblea sacerdotale ebraica, aveva il potere di istruire processi, ma non quello di infliggere condanne a morte, potere che spettava all'autorità romana responsabile del governo della provincia giudaica. Pilato, benché restio a esercitare in questo caso la sua funzione di giudice, aderì alle richieste del sinedrio per non scontentare la potente autorità ebraica. Gesù fu così condannato alla pena capitale e, non essendo cittadino romano, gli fu inflitta la morte attraverso **crocefissione** (probabilmente intorno al 30 d.C., durante il regno di Tiberio). L'appellativo di «Cristo» (che significa «unto», ossia «consacrato»), attribuito a Gesù, diede origine al termine «**cristiano**», per indicare i suoi seguaci.

Le comunità dei primi cristiani Il **Cristianesimo** fece proseliti grazie alla predicazione degli **apostoli**, i discepoli inviati da Gesù a diffondere il suo messaggio (raccolto nel **Vangelo**), che portarono il Cristianesimo al di fuori del mondo ebraico e lo diffusero **in tutto l'impero**.
I **primi cristiani** formavano delle **comunità** che si organizzavano secondo proprie regole e princìpi; viste da un non cristiano, apparivano come gruppi tendenti a isolarsi e a vivere in segretezza. La loro assemblea (in greco *ecclesìa*, da cui deriva la parola «**Chiesa**») riuniva tutti coloro che avevano ricevuto

Cristo diffonde il suo messaggio tra gli umili e i puri di cuore.

il battesimo, inteso non come un semplice rito purificatorio già in uso presso gli Ebrei, ma come rinascita a una nuova vita, quella cristiana appunto.
I cristiani, che si riunivano per pregare e per portare aiuto a quanti si trovassero in difficoltà, erano posti sotto la guida di un **vescovo** (dal greco *epìskopos*, «sorvegliante») eletto dai membri stessi della comunità. I contributi versati dai fedeli e le elemosine servivano al mantenimento dei vescovi e a costituire una base economica necessaria per l'aiuto reciproco, non solo tra i membri di una stessa comunità, ma anche tra comunità diverse e lontane. Questa **struttura organizzativa** che, con il tempo, poté contare anche su notevoli risorse finanziarie, rappresentava una **realtà totalmente nuova** sia rispetto alla società ebraica, sia rispetto a quella romana.
Le altre religioni dell'antichità erano strettamente intrecciate al potere politico, di cui spesso erano uno strumento, come accadeva a Roma. Le **comunità cristiane** invece **nascevano e si moltiplicavano al di**

Il documento

I cristiani visti da Plinio e da Traiano

Plinio il Giovane, *Lettere*

Plinio Cecilio Secondo, detto il Giovane (61-112 d.C.), fu scienziato, scrittore e uomo politico romano. Fece carriera politica durante l'impero di Domiziano e raggiunse il consolato con Traiano, che lo inviò come governatore in Bitinia. Le lettere che da qui scrisse all'imperatore trattano problemi di carattere vario. Uno di questi riguarda i cristiani. Esistevano numerose comunità cristiane nel Ponto e di solito l'autorità romana si trovava ad affrontare il problema in termini giudiziari, in occasione di denunce che partivano da privati cittadini e che costringevano il governatore a istruire processi e a emettere sentenze. Plinio dichiara di avere già condannato alcuni cristiani, ma di avere dei dubbi sul proprio operato rispetto alle motivazioni delle sentenze, alla eventuale differenziazione delle pene, all'alto numero di condannati: i cristiani vanno condannati in quanto tali o perché hanno commesso reati specifici? Alla lettera di Plinio segue la risposta di Traiano.

Lettera di Plinio il Giovane

Non ho mai partecipato a inchieste sui cristiani: non so pertanto quali fatti, e in quale misura, si debbano punire o perseguire. E con non piccola esitazione (mi sono chiesto) se non vi siano discriminazioni a cagione dell'età, o se la tenera età non debba essere trattata diversamente dall'adulta; se si deve perdonare a chi si pente, oppure se a colui che è stato comunque cristiano nulla giova abiurare[1]; se viene punito il solo nome (di cristiano), anche se mancano atti nefandi, o le nefandezze connesse a quel nome. [...] Perciò, sospendendo l'inchiesta, ricorro a te per consiglio. L'affare mi è parso degno di tale consultazione, soprattutto per il gran numero dei denunciati: son molti, infatti, di ogni età, di ogni ceto, di ambedue i sessi, coloro che sono o saranno posti in pericolo. Non è soltanto nelle città, ma anche nelle borgate e nelle campagne, che si è propagato il contagio di questa superstizione. Mi sembra però che si possa contenerla e farla cessare.

Risposta di Traiano

Mio caro Secondo, tu hai seguito la condotta che dovevi nell'esame delle cause di coloro che a te furono denunciati come cristiani. Perché non si può istituire una regola generale, che abbia per così dire valore di norma fissa. Non devono essere perseguiti d'ufficio. Se sono stati denunciati e riconosciuti colpevoli, devono essere condannati, però in questo modo: chi negherà di essere cristiano, e ne avrà dato prova manifesta, cioè sacrificando ai nostri dèi, anche se sia sospetto circa il passato, sia perdonato per il suo pentimento. Quanto alle denunce anonime, esse non devono aver valore in nessuna accusa; perché detestabile esempio e non degno del nostro tempo.

(Plinio il Giovane, *Lettere*, Libro X, 96, 97, in *Opere*, a cura di F. Trisoglio, Utet, Torino 1996)

1 **abiurare:** rinnegare la propria fede religiosa.

fuori della vita pubblica dello Stato, a cui contrapponevano **diversi sistemi di valori e stili di vita**, come la solidarietà, la fratellanza, la povertà, la fede nella salvezza eterna e la pace.

> **?** Quale fu l'atteggiamento di Roma verso la religione cristiana?

I cristiani e l'impero
I Romani avevano sempre mostrato **tolleranza** nei confronti dei culti presenti a Roma e nelle province dell'impero, almeno finché questi non esprimevano una dissidenza politica.
Nei confronti dei cristiani, invece, l'atteggiamento fu diverso: i Romani si trovarono di fronte a una situazione nuova che faceva apparire le **comunità cristiane come uno Stato nello Stato**, come gruppi che si sottraevano alle regole comuni per darsi propri ordinamenti.

Da qui nasceva un forte **senso di diffidenza** che presto si tramutò in **intolleranza**. Tale atteggiamento delle autorità era favorito dalle masse popolari inclini a interpretare l'isolamento delle comunità cristiane come dovuto a comportamenti riprovevoli e immorali.
La «diversità» dei cristiani ne faceva il naturale capro espiatorio in occasione di eventi infausti di cui si voleva cercare un responsabile: **Nerone**, ad esempio, incolpò i cristiani dell'**incendio di Roma**, pur sapendoli innocenti (vedi p. 22).
Altri motivi di opposizione delle autorità romane nei confronti dei cristiani furono il rifiuto di venerare l'imperatore come dio, per cui erano **considerati traditori e ribelli all'autorità costituita**, e il fatto che, in nome dei loro ideali pacifisti, rifiutassero di militare nell'esercito e di combattere.

Verifica immediata

1 Definisci il significato dei seguenti termini ed espressioni.
1. Sinedrio: ....
2. Apostoli: ....
3. Crocifissione: ....
4. Comunità cristiane: ....
5. Vangeli: ....
6. Vescovo: ....

2 Completa la seguente asserzione scegliendo l'alternativa corretta.
I Romani, di norma *tolleranti / intolleranti* verso tutti i culti, furono *diffidenti / fiduciosi* verso il Cristianesimo perché i cristiani *rifiutavano / accettavano* di adorare l'imperatore e di combattere nell'esercito.

Come facciamo a sapere

L'impero nel II secolo
Una fonte significativa del periodo degli imperatori adottivi è l'opera di Marco Aurelio, *A se stesso*, scritta in greco, importante per farci capire le idee e le convinzioni morali di questo imperatore filosofo.
Le lettere tra l'imperatore e il suo tutore Frontone ci offrono uno squarcio della vita della famiglia imperiale. Un'opera storiografica di cui si è molto discusso, e della cui veridicità spesso qualcuno ha dubitato, è la *Storia Augusta*, costituita da biografie di imperatori da Adriano in poi. Inizialmente l'opera sembrava fosse stata compilata da autori diversi, vissuti sotto Diocleziano e Costantino: oggi si pensa piuttosto che sia opera di un solo autore che visse nel IV secolo.

Le prime fonti storiche sul Cristianesimo
Per il Cristianesimo le più importanti testimonianze storiche sono le *Lettere* dell'apostolo Paolo e i *Vangeli*, risalenti circa allo stesso periodo, tranne quello di Giovanni, composto intorno al 100 d.C. Una fonte storica importante è costituita dalle *Antichità giudaiche* dello scrittore ebreo Giuseppe Flavio (seconda metà del I secolo). Per comprendere il punto di vista dei Romani intorno alla «questione cristiana», è utile quanto scrive lo storico Tacito, che negli *Annali* commenta la decisione di Nerone di attribuire ai cristiani la colpa dell'incendio di Roma, e il carteggio tra Plinio il Giovane e Traiano, che attesta la diffusione delle comunità cristiane e i rapporti di queste con l'impero.

Il secolo d'oro

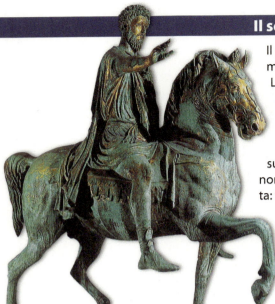

Il periodo che va dall'assunzione al potere da parte di Adriano (117 d.C.) alla morte di Marco Aurelio (180 d.C.) è considerato l'età d'oro dell'impero. Le condizioni economiche particolarmente favorevoli, infatti, permisero all'impero di raggiungere la sua massima espansione e la realizzazione di imponenti opere pubbliche. Anche l'istituto della successione per adozione contribuì a questa fase di sviluppo e di stabilità politica poiché, a partire dal 97 d.C., l'erede al trono imperiale venne designato in base alle sue reali capacità e non più per diritto di nascita. Tuttavia, il benessere economico rivelò, a partire dal II secolo d.C., la poca solidità delle sue fondamenta: tecniche di coltivazione rudimentali e una scarsa redditività agricola iniziarono a minare il benessere raggiunto dallo Stato romano.

Monumento equestre di Marco Aurelio, 161-180 d.C. Roma, Musei Capitolini.

Gli imperatori adottivi

L'ascesa al potere di Traiano nel 98 d.C., militare di origine spagnola, rappresentò una conferma evidente dell'importanza assunta dalle province. Egli riprese una politica di espansione combattendo contro i Daci ai confini del Danubio e in Oriente contro i Parti, giungendo fino al Golfo Persico. Durante il suo governo, l'impero raggiunse la massima estensione.
Adriano governò con saggezza e si preoccupò della sicurezza e dell'ordine dell'impero: fece costruire in Inghilterra un sistema di fortificazioni (Vallo di Adriano) e represse la rivolta ebraica in Giudea. Migliorò l'amministrazione e unificò la legislazione dell'impero.
Antonino Pio, succeduto ad Adriano (138 d.C.), continuò a interessarsi delle province, migliorando le comunicazioni e favorendo la costruzione di opere pubbliche.

Scena di sacrificio prima della partenza per la campagna contro i Daci, particolare della colonna traiana a Roma, 113 d.C.

Nel 161 d.C. gli successe Marco Aurelio, che fu costretto ad affrontare una serie di guerre difensive: contro i Parti in Oriente e contro i Quadi e i Marcomanni lungo il corso del Danubio. Morì nel 180 d.C. dopo aver affidato il potere al figlio Commodo, abbandonando la pratica dell'adozione e lasciando l'impero in una difficile situazione, a causa della peste che si era diffusa dall'Oriente e delle sempre più frequenti guerre.

La nascita del Cristianesimo

Durante il I secolo d.C. lo Stato romano si trovò ad affrontare il problema del rapporto con i cristiani, i seguaci di una nuova religione sorta in Palestina per opera di Gesù Cristo (nato durante l'impero di Augusto). Dopo la crocifissione di Gesù, si erano formate le prime comunità cristiane per iniziativa degli apostoli, che presto si erano diffuse nelle varie parti dell'impero. Motivi profondi di contrasto con l'autorità imperiale furono il rifiuto da parte dei cristiani di sacrificare alla divinità dell'imperatore, e il loro pacifismo, che li portò a rifiutare di prestare il servizio militare nell'esercito romano.

Il buon pastore, affresco dalle Catacombe di Priscilla a Roma, II-V secolo d.C.

Il problema: tiriamo le fila

Il nodo del problema

Perché lo Stato romano non fu in grado, tranne che in alcuni periodi, di realizzare pienamente – e di mantenere – un'adeguata compattezza istituzionale, una forma di governo salda e consolidata? Quali fattori contribuirono a determinare questa situazione di profonda instabilità politica?

Conclusioni

Il modello politico del principato, nella forma inaugurata da Ottaviano, presentava alcuni **fattori di debolezza** destinati a influenzare in maniera decisiva l'evoluzione politica dello Stato romano.

Innanzitutto, le modalità di **successione** al trono. Dal punto di vista giuridico, Roma non era diventata una monarchia e non era prevista la trasmissione ereditaria della carica di imperatore; il meccanismo di avvicendamento non era definito da alcuna legge e, inoltre, il nuovo imperatore doveva essere approvato dal senato. Ciò rese molto incerta e delicata la fase della successione, che spesso inaugurava un periodo di conflitti e di scontri.

Inoltre, l'**esercito** e il corpo scelto dei **pretoriani** divennero sempre più potenti e influenti, fino a condizionare in maniera decisiva l'elezione degli stessi **imperatori**, la cui autorità e il cui prestigio finirono di conseguenza per indebolirsi sempre di più, fino a non poter più esercitare un potere pieno ed efficace.

Alcuni successori di Augusto, come Caligola, Nerone e Domiziano, tentarono di trasformare l'impero in una monarchia ereditaria, ma furono bloccati dall'opposizione del senato. La fase del **principato adottivo** (96-180 d.C.), durante la quale gli imperatori in carica sceglievano i successori tra i senatori sulla base delle loro qualità, attenuò per alcuni decenni le tensioni fra le componenti più autorevoli della società romana e la precarietà dei governi, ma a partire dalla nomina a principe di Commodo il sistema dell'adozione venne accantonato e l'instabilità politica tornò a investire le istituzioni pubbliche.

- Permanenza delle istituzioni repubblicane e mancanza di precise modalità di successione
- Forte influenza di senato, esercito e pretoriani sulla nomina degli imperatori

→ Instabilità di governo e conflittualità politica nell'impero romano

VERSO LE COMPETENZE

Competenze

▶ Discutere e confrontare diverse interpretazioni di fatti e fenomeni storici, sociali ed economici anche in riferimento alla realtà contemporanea.

▶ Utilizzare semplici strumenti della ricerca storica a partire dalle fonti e dai documenti accessibili agli studenti.

I Romani visti dai popoli conquistati

Fatti e fenomeni

L'autorappresentazione dei Romani Il tentativo di **motivare l'ascesa di Roma**, di giustificare la costruzione del suo grande impero e la sua supremazia è un compito che si assunsero, a partire già dal II secolo a.C., molti **intellettuali del mondo antico**, perlopiù di origine romana ma anche appartenenti ad altre stirpi. Nei documenti, dal racconto delle imprese compiute da questo popolo, emerge una profonda ammirazione per una stirpe che appare dotata di virtù superiori e investita di una missione voluta dagli dei e dal fato: portare l'ordine e la pace al mondo intero.
Tra i motivi che i Romani adducevano per spiegare

Particolare del cosiddetto "sarcofago di Portonaccio" che raffigura l'atto di sottomissione di un barbaro ad un ignoto generale romano, 180 d.C. ca.

la loro **superiorità** vi era innanzitutto la realizzazione di una costituzione politica capace di garantire stabilità nel governo dello Stato e i necessari equilibri fra le forze che lo componevano, mentre in età imperiale la giustificazione delle numerose conquiste si fondò sull'idea che a Roma fosse stata affidata la missione di estendere la sua civiltà, le sue leggi, i suoi princìpi etici e le sue istituzioni al mondo intero.

I Romani visti dai popoli vinti Ben diversa era la rappresentazione dei Romani fornita dai popoli conquistati. La costruzione dell'impero aveva comportato la **sottomissione di intere popolazioni** che avevano cercato, con tutte le loro forze, di resistere alla potenza romana. Non abbiamo testimonianze dirette di quello che i popoli sottomessi pensavano dei conquistatori poiché la loro storia fu scritta dai vincitori, se si escludono alcune iscrizioni di origine africana e alcuni documenti provenienti dall'area greca, zona fortemente romanizzata, le cui classi dirigenti erano, di fatto, integrate nel sistema di governo romano attraverso l'acquisizione della cittadinanza. Per comprendere, dunque, le opinioni delle popolazioni conquistate è necessario prendere in esame quanto viene riportato dalle **fonti romane**, soprattutto lettere e discorsi, fittizi nella forma, ma sostanzialmente attendibili nel contenuto.

Attività

1 Inserisci nel seguente schema i motivi che secondo i Romani spiegavano la loro superiorità e la legittimità delle loro conquiste.

[ ] ⟶ Superiorità dei Romani e legittimità delle loro conquiste

[ ] ⟶

VERSO LE COMPETENZE

unità 1 L'impero romano

2 Rispondi alla seguente domanda, poi confronta la tua ipotesi con la successiva spiegazione.

In che cosa poteva differire la visione che dei Romani avevano i popoli conquistati, rispetto alla rappresentazione che i Romani davano di se stessi?

....

....

SPIEGAZIONE

Mentre **i Romani** motivavano la loro azione di conquista affermando che il loro obiettivo era di portare la pace e la propria superiore civiltà al mondo intero, **i popoli sottomessi** ne sottolineavano la volontà di dominio e mettevano in luce la brutalità dell'occupazione, tesa a stroncare ogni forma di resistenza.

3 Analizza i seguenti documenti, svolgi le attività richieste e infine rispondi a questa domanda:

In che modo i popoli conquistati rappresentavano i Romani?

DOCUMENTO 1. I Romani visti da Mitridate   Sallustio, *Storie*

In questa lettera Mitridate, re del Ponto, cerca di convincere il re dei Parti a stringere un'alleanza contro i Romani per limitarne l'espansione.

I Romani hanno una sola e antica causa di far guerra a tutte le nazioni, a tutti i popoli, a tutti i re: il desiderio sfrenato di impero e di ricchezze. [...] Erano una volta profughi, senza patria, senza famiglia e si unirono a danno del genere umano: nessuna legge né umana né divina può distoglierli dal predare e trascinare a rovina alleati e amici, prossimi e lontani, poveri e potenti, e dal considerare con occhio ostile tutto ciò che non è sotto la loro schiavitù. [...] I Romani tengon le armi puntate contro tutti, ma combattono più aspramente coloro che, se vinti, possono offrire laute spoglie di guerra; con l'audacia e gli inganni, in un seguito ininterrotto di guerre sono diventati grandi.

(Sallustio, *Storie*, Rizzoli, Milano 1998)

---

1 Quali argomenti sono utilizzati da Mitridate per spiegare l'espansione di Roma?

....

2 Come vengono rappresentati i Romani?

....

DOCUMENTO 2. Il discorso di Critognato   Cesare, *De bello Gallico*

Il nobile arverno Critognato, durante l'assedio della città di Alesia ad opera dei Romani guidati da Cesare, incita i suoi a combattere e a resistere per difendere la libertà di tutta la Gallia.

«[...] Non abbattete e non consegnate a una perpetua servitù tutta la Gallia solo o per la vostra stoltezza o per la vostra debolezza d'animo. Ritenete che i Romani lavorino ogni giorno alle fortificazioni esterne solo per divertimento? [...] Servitevi dei Romani come testimoni che il loro arrivo[1] è vicino: lavorano giorno e notte proprio per la paura di questo evento. Qual è dunque il mio consiglio? Fare ciò che i nostri avi fecero nella guerra, molto meno grave, contro i Cimbri e i Teutoni[2]: [...] non si arresero ai nemici. [...] I Cimbri, devastata la Gallia e arrecatole un gran danno, uscirono però dalle nostre terre e si diressero altrove; ci lasciarono diritti, leggi, proprietà, libertà. Ma i Romani, gelosi di coloro che sanno nobili per fama e potenti in guerra, che altro chiedono o vogliono se non stabilirsi nelle loro campagne e città e infliggere loro un'eterna schiavitù? Né infatti fecero mai guerre ad altre condizioni. Se ignorate ciò che essi fecero nei paesi lontani, guardate la Gallia limitrofa, ridotta a provincia, priva dei suoi diritti e delle sue leggi. Soggetta alle scuri romane, oppressa da una servitù senza fine».

(Cesare, *De bello Gallico*, VII, 77-78, trad. di G. Zecchini, Laterza, Roma-Bari 2002)

---

1 **il loro arrivo:** gli eserciti gallici, inviati in aiuto agli assediati.
2 **i Cimbri e i Teutoni:** popolazioni germaniche che combatterono contro i Galli.

3 Con quali argomenti Critognato cerca di convincere gli abitanti di Alesia a resistere all'assedio?

....

> **DOCUMENTO 3.** **I Romani in Britannia** — Tacito, *La vita di Agricola*
>
> *Anche il nobile britanno Calgaco esorta i Caledoni (abitanti dell'attuale Scozia) a opporre resistenza all'occupazione romana.*
>
> In questo momento si vengono a scoprire i confini ultimi della Bretagna, ormai al di là non v'è più altra gente, non ci sono che gli scogli e le onde e, flagello ancor più grande, i Romani, alla prepotenza dei quali invano tenterete di sottrarvi con la sottomissione e l'obbedienza. Rapinatori del mondo, i Romani, dopo aver tutto devastato, non avendo più terre da saccheggiare, vanno a frugare anche il mare; avidi se il nemico è ricco, smaniosi di dominio se è povero; tali da non essere saziati né dall'Oriente né dall'Occidente, sono gli unici che desiderano con pari veemenza di possedere tutto, e ricchezza e miseria. Rubare, massacrare, rapinare, questo essi, con falso nome, chiamano Impero e là dove hanno fatto il deserto dicono d'aver portato la pace.
>
> (Tacito, *La vita di Agricola*, trad. di B. Ceva, Rizzoli, Milano 1998)

4 Quali motivazioni, secondo Calgaco, spingono i Romani alla conquista?

....

5 Come giudica il nobile britanno la tesi secondo cui i Romani sono animati dalla volontà di portare nel mondo la pace e la civiltà?

....

> **DOCUMENTO 4.** **I Greci, un'opinione discordante** — Elio Aristide, *Elogio di Roma*
>
> *Elio Aristide, intellettuale greco dell'Asia Minore del II secolo d.C., elogia i Romani per l'efficienza e l'efficacia delle loro istituzioni.*
>
> Voi avete fatto due parti di coloro che vivono sotto il vostro impero – e cioè in tutta la terra abitata – e voi avete dappertutto dato la cittadinanza, come una sorta di diritto di parentela con voi a coloro che rappresentano il meglio per talento, coraggio e influenza, mentre gli altri li avete sottomessi come sudditi. Né i mari né le terre sono un ostacolo sulla strada della cittadinanza, l'Europa e l'Asia non sono trattate diversamente. Tutti i diritti vengono riconosciuti a tutti. Nessuno di coloro che meritano potere o fiducia ne è escluso, ma al contrario una libera comunità è stata creata in tutta la terra, sotto la direzione di un responsabile unico, garante dell'ordine del mondo, che è il migliore possibile.
>
> (Elio Aristide, *Elogio di Roma*, in C. Nicolet, *Il mestiere del cittadino nell'antica Roma*, Editori Riuniti, Roma 1999)

6 Secondo Aristide, in che modo i Romani avevano diviso gli abitanti dell'impero e a chi avevano concesso la cittadinanza?

....

Conclusioni

Imperialismo e volontà di dominio Nelle parole di Mitridate emerge che di fronte ai Romani **non esistono alternative alla guerra**, se non si vuole diventare oggetto di ogni sorta di prevaricazione, poiché a spingere questo popolo è un'avidità senza limiti, che esso possiede sin dalle origini. Il re del Ponto condanna apertamente l'azione militare dei Romani in Oriente in quanto determinata da motivi puramente imperialistici e si pone in netto contrasto con la propaganda ufficiale, che riteneva la potenza romana fondata su una **missione civilizzatrice e pacificatrice** e giustificava le guerre per motivi difensivi (di se stessi o dei loro alleati) e pertanto legittime. Il discorso di Critognato contrappone nettamente lo spirito indipendente e orgoglioso della propria libertà che caratterizza il popolo dei Galli e il desiderio dei Romani di soffocare ogni autonomia e ogni diritto dei vinti per pura volontà di sopraffazione e brama di potere.

VERSO LE COMPETENZE ✱ unità 1 L'impero romano

Anche il nobile britanno Calgaco ribadisce la **condanna dell'imperialismo romano**, le cui cause sono da annoverarsi nell'insaziabile desiderio dei Romani di possedere ogni cosa e nella loro sete di potere. I Romani sono avidi, smaniosi di dominio, prepotenti. Calgaco smaschera con parole durissime uno dei princìpi fondamentali della propaganda ufficiale romana: la missione pacificatrice e civilizzatrice di cui Roma si sentiva investita e che giustificava la sua ascesa e le sue conquiste. Altrettanto dura è la condanna, da parte dei popoli conquistati, del malgoverno dei Romani nelle province: caratterizzato da un clima di oppressione, di violenza e di sfruttamento.

L'opinione delle classi elevate Soltanto nelle regioni maggiormente romanizzate, come la Grecia, l'**opinione sui Romani è più positiva**. Molti Greci, per lo più appartenenti a un ceto sociale elevato, non si sentivano schiacciati dal dominio di Roma, ma cittadini romani perfettamente integrati in una comunità universale fondata su leggi e princìpi giusti. Nelle province alcuni gruppi ristretti di intellettuali e di famiglie privilegiate, dall'estensione della cittadinanza romana e dall'espansione dell'impero poterono trarre benefici analoghi a quelli dei Romani e l'acquisizione della cittadinanza fu vissuta come il riconoscimento del valore di chi ne faceva parte: tutti gli altri erano semplici sudditi. Per questo essi parlavano come Romani e sentivano di appartenere ad un popolo superiore per civiltà, forza e ordinamenti.

Verifica

1 Completa la seguente tabella relativa alle opinioni espresse sui Romani dai popoli da essi conquistati.

AUTORE	GIUDIZI ESPRESSI SUI ROMANI
Mitridate	
Critognato	
Calgaco	

2 Spiega perché numerosi intellettuali greci ebbero un'opinione positiva dei Romani.

....
....
....
....

3 Indica se le seguenti affermazioni sono vere o false.
  a Mitridate riconosce che tra le motivazioni della conquista romana vi è una volontà pacificatrice. Ⓥ Ⓕ
  b I popoli conquistati criticavano l'imperialismo romano ma ne riconoscevano il buon governo. Ⓥ Ⓕ
  c I Greci si ritenevano a tutti gli effetti cittadini romani. Ⓥ Ⓕ

unità 2
La crisi del III secolo

Il problema

L'impero verso la disgregazione

A partire dal III secolo d.C., nello Stato romano l'instabilità e le difficoltà economiche che già avevano segnato gli ultimi decenni del secolo precedente emersero con intensità ancora maggiore e l'impero fu travolto da una grave e profonda crisi che ne minacciò la stessa sopravvivenza.

Tale crisi toccò innanzitutto l'ambito politico: la costante conflittualità che caratterizzò la formazione dei governi e la precarietà della loro durata (tra il 238 e il 284, a Roma si susseguirono ben ventuno imperatori) determinarono una progressiva perdita di autorità e di prestigio della carica imperiale e una crescente sfiducia nelle istituzioni. Nello stesso tempo, l'integrità territoriale dell'impero iniziò ad essere messa a rischio tanto a Oriente quanto a Settentrione, poiché le incursioni dei barbari nel cuore dell'impero divennero sempre più frequenti, estese e difficili da arginare.

Nel settore produttivo si manifestò una progressiva decadenza dell'agricoltura e delle attività artigianali e commerciali, mentre sul piano finanziario si verificò un grave dissesto delle casse statali e del bilancio pubblico. Molte terre coltivabili vennero abbandonate, le campagne si spopolarono e la produzione agricola conobbe un crollo che mise in difficoltà l'approvvigionamento delle stesse città. Una spesa pubblica enorme e fuori controllo determinò una pesante inflazione e l'aumento dei prezzi mise in ulteriore difficoltà le attività produttive e contribuì al peggioramento delle condizioni di vita della popolazione.

? Il nodo del problema

Quali furono le principali cause della crisi politica ed economica che colpì l'impero romano a partire dal III secolo d.C.?

Linea del tempo

Particolare della colonna di Antonino il Pio con pretoriani e cavalieri, 162 d.C. Città del Vaticano, Musei Vaticani.

Spazio

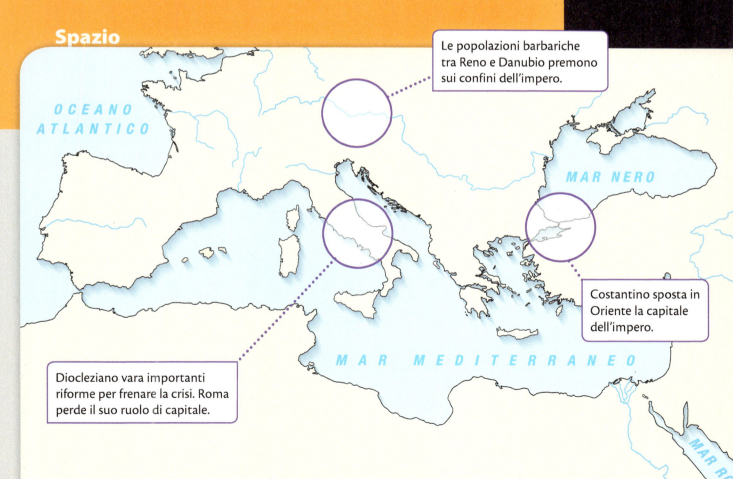

Le popolazioni barbariche tra Reno e Danubio premono sui confini dell'impero.

Costantino sposta in Oriente la capitale dell'impero.

Diocleziano vara importanti riforme per frenare la crisi. Roma perde il suo ruolo di capitale.

capitolo 1
La crisi del III secolo
Dalla crisi alla divisione dell'impero

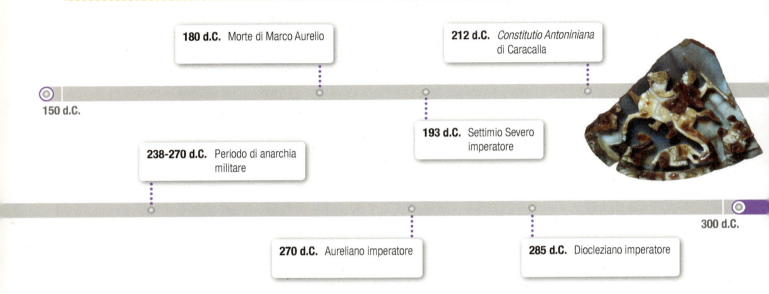

- **180 d.C.** Morte di Marco Aurelio
- **212 d.C.** *Constitutio Antoniniana* di Caracalla
- **193 d.C.** Settimio Severo imperatore
- **238-270 d.C.** Periodo di anarchia militare
- **270 d.C.** Aureliano imperatore
- **285 d.C.** Diocleziano imperatore

1. Le cause del declino

? Quali furono le cause della crisi dell'impero?

L'indebolimento del potere imperiale Il III secolo d.C. segnò una **svolta decisiva** nella storia di Roma poiché quegli **elementi di debolezza** che avevano contraddistinto fin dagli inizi l'impero romano, minandone la compattezza e la stabilità, emersero in maniera sempre più evidente e innescarono una crisi politica ed economica destinata a condurlo alla dissoluzione.
Con la morte di Marco Aurelio, nel 180 d.C., si spezzò definitivamente l'equilibrio di potere tra esercito, Senato e corte che aveva caratterizzato l'età degli imperatori adottivi. Augusto e i suoi successori avevano cercato di **arginare** il **ruolo** sempre più importante e **decisivo dei pretoriani**, le truppe fedelissime che fungevano da guardia del corpo dell'imperatore, ma la loro forza divenne così preponderante da riuscire a condizionare in modo sempre più decisivo la successione al trono imperiale.
Gli imperatori, inoltre, erano costretti a combattere su più fronti per la difesa dei confini dell'impero: lungo il Reno, il Danubio, l'Eufrate. Questo fatto decentrò le forze militari là dove era imminente il pericolo e conferì sempre **maggiore importanza all'esercito,** costituito da legioni reclutate sul posto.

I soldati, appartenenti a popolazioni semibarbare stanziate nelle regioni di confine, desideravano ottenere gli stessi privilegi detenuti dalle classi dominanti ed erano pronti ad appoggiare, nella scalata al trono imperiale, i loro comandanti.
Soprattutto a partire dalla seconda metà del III secolo d.C., **il potere imperiale si indebolì** fortemente, come dimostra la breve durata del governo dei singoli imperatori: in quasi 50 anni a Roma si susségui-

Rilievo in marmo di un barbaro che combatte contro un soldato romano, II secolo d.C. Parigi, Museo del Louvre.

Copia del fregio di Igel con contadini che offrono tributi al loro padrone, III secolo d.C. Roma, Museo della Civiltà Romana.

rono una ventina di imperatori, rimasti in carica meno di 3 anni ciascuno. Molti di essi, infatti, furono **uccisi in congiure** e **attentati** ad opera di quegli stessi soldati che avrebbero dovuto tutelare la loro incolumità.

? Quali furono le conseguenze dell'instabilità politica?

La mancanza di sicurezza
L'**instabilità politica** e la confusione dovuta anche, in alcuni momenti, alla contemporanea elezione di più imperatori, furono cause di **incertezza** e generarono **sfiducia nelle istituzioni**, che persero credito di fronte all'opinione pubblica.
Tra la popolazione cresceva la percezione del pericolo proveniente da diversi fronti.
Le **province** erano sempre più **insofferenti nei confronti di Roma** e il malumore sovente sfociava in **rivolte** mirate a conquistare maggiore autonomia.
La minaccia veniva soprattutto dalle **popolazioni stanziate lungo i confini**, in particolare quelli nord-orientali, segnati dal Reno e dal Danubio. Tra queste genti si distinguevano i **Germani**, a loro volta costretti a spingersi verso occidente perché altre popolazioni dall'Europa centro-settentrionale si stavano spostando verso i confini dell'impero. I **Goti**, in particolare, avevano iniziato una migrazione dal mar Baltico determinata dalle condizioni di vita durissime e dai miraggi delle favolose ricchezze delle città romane. Continue erano le **incursioni** di queste popolazioni, che spesso riuscivano a penetrare anche profondamente **nelle terre dell'impero**. Gli sforzi e le risorse imperiali dovettero essere concentrati su queste aree di confine: la conseguenza fu la **perdita di importanza di Roma**. L'imperatore vi risiedeva sempre più raramente, impegnato in continue campagne di contenimento, e preferiva dimorare nei centri del Nord, vicino alle frontiere in pericolo, come ad esempio nella città tedesca di **Treviri**.

La crisi economica e finanziaria
Parallelamente alla crisi politica si diffuse una **grave crisi economica**, che trovava le sue radici nella **rottura dell'equilibrio su cui si reggeva l'economia romana: la complementarietà tra città e campagna**. La città concepì

? Come si manifestò la crisi economica e finanziaria?

Un falegname al lavoro nella sua bottega, affresco pompeiano del I secolo d.C.

Stele funeraria raffigurante il pagamento delle tasse nelle province, III secolo d.C. Treviri, Rheinisches Landesmuseum.

sempre più la campagna come un settore da sfruttare per trarne il proprio nutrimento, per imporvi ulteriori tasse, per reclutare forze destinate all'esercito. Le **condizioni dei contadini** si fecero **insostenibili**: non riuscendo più a vivere con il proprio lavoro, spesso abbandonavano i campi per darsi al **brigantaggio**, che divenne una vera e propria emergenza e contribuì ad accrescere il senso di precarietà. Il diffondersi della povertà determinò il peggioramento delle condizioni igienico sanitarie, con la conseguente propagazione di **carestie e pestilenze** che decimavano la popolazione.
Lo **spopolamento delle campagne** determinò la **diminuzione della produzione agricola** e l'**innalzamento dei prezzi** dei generi alimentari.
Il volume del **commercio internazionale diminuì** a causa dell'insicurezza delle strade e della diffusione della pirateria. Anche l'**artigianato subì un declino**: in molti casi gli artigiani chiusero le loro botteghe per mancanza di clienti e si trasferirono nelle grandi città, dove andarono ad aumentare la massa dei poveri a cui le autorità cittadine dovevano provvedere.
A tutto questo si aggiungeva il grave **dissesto finanziario in cui versavano i conti pubblici**. Le necessità militari legate alla difesa portarono gli imperatori a imporre **nuove tasse**, e il **fisco divenne sempre più oppressivo**. Le spese per il mantenimento dell'impero (opere pubbliche, salari dei soldati e dei funzionari…) erano ogni giorno più elevate, mentre sempre più scarse erano le possibilità di rifornirsi di metalli preziosi (oro e argento) per coniare nuove monete. Nell'antichità il valore delle monete era dato dalla quantità di metallo prezioso che contenevano, pertanto il valore nominale attribuito coincideva con il valore reale della moneta stessa. La penuria di metalli preziosi spinse gli imperatori a coniare **monete adulterate** che contenevano una parte soltanto di oro e argento, cosicché il valore reale era inferiore al valore nominale. Si arrivò a coniare monete di rame argentato che valevano soltanto lo 0,5% del valore dichiarato.
La conseguenza fu l'**innalzamento** a dismisura **dei prezzi** e l'**aumento** rovinoso **dell'inflazione**. Si innescò un processo economico e finanziario perverso per cui lo Stato era obbligato a coniare una quantità sempre maggiore di monete di scarso valore. Chi possedeva oro e argento lo conservava come «bene rifugio» e di conseguenza i metalli preziosi sparirono o diventarono introvabili. La **moneta fu così svalutata** che non venne più accettata nelle transazioni commerciali e **si tornò alla forma rudimentale del baratto**.

Le parole della storia — Fisco

È l'insieme delle norme e degli strumenti utilizzati per reperire e riscuotere le pubbliche entrate. Durante la crisi dell'impero il sistema fiscale romano divenne più repressivo perché, terminate le guerre di conquista, non era più possibile contare su nuove entrate, derivanti dai popoli sottomessi.
Inoltre, essendo diminuiti i redditi delle attività produttive, come agricoltura e artigianato, e aumentate le spese di mantenimento dell'esercito e dei funzionari imperiali, era sempre più urgente provvedere a introiti sicuri e sufficienti. Nella tradizione romana il fisco era distinto dall'erario: il primo era la cassa pubblica gestita direttamente dall'imperatore mentre il secondo costituiva la cassa dello Stato. Oggi il fisco ha tra i suoi fini principali il sostegno delle politiche sociali e il mantenimento delle strutture stesse dello Stato.

Verifica immediata

1 Indica gli effetti derivanti dalle cause di seguito elencate.
1. Decentramento dell'esercito a difesa dei confini: ....
2. Indebolimento del potere imperiale: ....
3. Spostamento dell'imperatore in località di confine in pericolo: ....

2 Indica le conseguenze delle condizioni socio-economiche di seguito elencate.
1. Condizioni insostenibili dei contadini: ....
2. Spopolamento delle campagne: ....
3. Maggiori spese per la difesa: ....

3 Scegli l'alternativa corretta e motiva la tua scelta.
Il ritorno al baratto fu provocato:
a dalla carenza di denaro corrente.
b dall'adulterazione della moneta.
c dalla svalutazione della moneta.
d dai salari bassi.

2. La dinastia dei Severi

Settimio Severo: la monarchia militare La crisi politica iniziò a manifestarsi alla fine del II secolo con la **dinastia dei Severi**, che dette inizio alla serie dei cosiddetti **imperatori soldati**, imposti con la forza dall'esercito. Alla morte di Commodo (192 d.C.) la degenerazione della vita politica romana era giunta a tale punto che i pretoriani, dopo aver ucciso il successore designato Pertinace, misero all'asta la carica imperiale al miglior offerente. Gli eserciti in varie province si ribellarono e **Settimio Severo** (193-211 d.C.) fu eletto imperatore dalle legioni della Pannonia, dove governava come console. Settimio Severo modificò il rapporto tra Senato ed esercito a favore di quest'ultimo, tanto che il suo governo fu definito una **monarchia militare**. Accordò infatti terre, denaro e particolari **privilegi alle legioni** e, per far fronte alle ulteriori spese militari, impose nuovi **tributi ai possidenti**. Per mezzo delle confische ai rivali creò un enorme patrimonio, che venne impiegato per l'amministrazione finanziaria dell'impero. Con Settimio Severo l'**Italia** venne **equiparata al resto dell'impero** e il potere fu accentrato nelle mani dell'imperatore anche in campo giudiziario. Condusse una serie di **campagne vittoriose** soprattutto in **Oriente**, dove creò la **nuova provincia di Mesopotamia** e in **Britannia** (208 d.C.). Alla sua morte, nel 211 d.C., le lotte per la successione mostrarono il carattere irreversibile della crisi istituzionale.

Pittura su tavola raffigurante Settimio Severo con la moglie ed il figlio Caracalla. Il volto del fratello di quest'ultimo, Geta, è stato cancellato dopo il suo assassinio, II secolo d.C. Berlino, Altes Museum.

Sesterzio con l'effigie di Massimino il Trace 236 d.C. ca.

Caracalla e la *Constitutio Antoniniana* Settimio Severo cercò di fondare una dinastia, lasciando il potere ai figli Marco – detto **Caracalla** per l'abitudine a indossare una particolare tunica gallica – e **Geta**. Caracalla (211-217 d.C.) assassinò il fratello Geta per rimanere da solo al potere e sterminò i suoi seguaci. Per accaparrarsi la simpatia dell'esercito, **aumentò il salario ai militari** imponendo un **ulteriore inasprimento fiscale**, in particolare nei confronti dei senatori. Ricorse anche all'emissione di una moneta, detta *antoninianus*, il cui valore era però ancora superiore a quello reale: in tal modo diede una forte spinta alla svalutazione monetaria e dunque all'**inflazione**. Nel 212 d.C. emanò un provvedimento, la cosiddetta ***Constitutio Antoniniana*** che, con alcune eccezioni, estendeva la **cittadinanza romana a tutti gli abitanti dell'impero**. L'iniziativa, attribuita all'intenzione di imporre il carico fiscale più elevato possibile al maggior numero di persone, prese atto di una situazione di fatto già esistente nell'esercito, dove la distinzione tra legionari cittadini e ausiliari stranieri da tempo era stata superata. Questo provvedimento, noto anche come **Editto di Caracalla**, riveste un valore storico notevole perché favorì il **processo di unificazione dei popoli** appartenenti all'impero. In campo giuridico, inoltre, il provvedimento ebbe come conseguenza il progressivo **adeguamento** delle varie leggi locali **al diritto romano**. Per quanto riguarda le attività militari, nel 213 d.C. Caracalla intraprese una campagna contro gli Alamanni in Germania e poi organizzò una sfortunata **spedizione contro i Parti**. Perso l'appoggio dell'esercito, nel 217 d.C. **fu ucciso** dal prefetto del pretorio Macrino, il quale si fece eleggere imperatore e, a sua volta, venne eliminato dopo pochi mesi da una congiura militare. Alla morte di Macrino fu acclamato imperatore **Eliogabalo** (218-222 d.C.), il quattordicenne nipote di Settimio Severo, così chiamato perché riprese e sostenne il **culto orientale del dio Sole**, Elagabal; tale culto divenne un tassello importante nel processo in atto di **orientalizzazione dell'impero**. La scelta del nuovo imperatore, che si presentava come rappresentante in terra del dio stesso, suscitò una profonda opposizione nel Senato che vedeva con diffidenza i privilegi concessi agli Orientali. Il suo assassinio, frutto di una congiura di pretoriani nel 222 d.C., portò al potere imperiale il cugino **Alessandro Severo**.

? Quali furono gli effetti dell'Editto di Caracalla?

LA POLITICA MONETARIA

La crisi manifestò i suoi segni evidenti soprattutto in campo monetario e nel processo inflazionistico. La moneta più usata a Roma era il *denarius* d'argento. Per poterne coniare una quantità sufficiente a far fronte alle cresciute esigenze (tra le quali gli stipendi sempre più alti dei militari e dei burocrati dell'impero), Settimio Severo tra il 194 e il 195 d.C. abbassò il valore del *denarius*, che scese in media del 50%. Durante il regno di Caracalla (186-217 d.C.) fu emessa una nuova moneta, l'*antoninianus*, che conteneva una quantità quasi doppia di argento rispetto al *denarius*. Caracalla introdusse questa moneta perché quella vecchia stava perdendo credito, ma gli effetti di tale rimedio non durarono a lungo. Negli anni successivi si procedette a un'ulteriore riduzione della percentuale d'argento e questo processo raggiunse il suo culmine sotto Claudio II il Gotico (268-270 d.C.) quando la quantità di argento nelle monete si limitò a piccole tracce.

Alessandro Severo Acclamato imperatore dai pretoriani, **Alessandro Severo** (222-235 d.C.) subì la tutela della madre e della nonna Giulia Mesa, che di fatto avevano già avuto nelle loro mani il potere durante il regno del nipote Eliogabalo. Il suo governo fu caratterizzato da un **periodo di relativa pace**, in cui venne anche favorita la cultura.

Assistito da ottimi consiglieri, egli cercò di recuperare un **buon rapporto con il senato** limitando lo strapotere dell'esercito; per questo motivo scoppiarono numerosi **ammutinamenti** in diverse parti dell'impero. Per sedare le ribellioni dovette lasciare Roma e recarsi in Persia e in Gallia. Nel 235 d.C. venne ucciso insieme alla madre

Ritratto di Eliogabalo, 221 d.C. ca. Roma, Musei Capitolini.

L'arco di trionfo di Caracalla a Volubilis (Marocco), III secolo d.C.

durante un ammutinamento organizzato da **Massimino il Trace**, che gli subentrò sul trono.

Massimino il Trace: un imperatore barbaro

Ormai era chiaro che il ruolo dell'esercito nell'elezione dell'imperatore era davvero decisivo e per ottenere l'approvazione dei militari si rendeva necessario soprattutto essere un comandante capace di farsi onore in battaglia. **Massimino il Trace** (235-238 d.C.) rispondeva pienamente a queste caratteristiche, avendo compiuto tutta la sua carriera nell'esercito. Di famiglia modesta originaria della Tracia (tra la Macedonia e il mar Nero) egli fu il **primo imperatore barbaro** nella storia di Roma e fu anche **il primo a non trasferirsi a Roma** dopo la sua elezione. Combatté contro i Germani, i Sarmati e i Daci in Pannonia.

Lo sforzo militare lo costrinse ad **aumentare la pressione fiscale** e a ricorrere a requisizioni forzate per alimentare le truppe, mentre il suo esercito devastava le campagne e distruggeva le città per accumulare bottino. La **reazione senatoria** non si fece attendere e Massimino non restò a lungo sul trono: nel 238 d.C. durante l'assedio di Aquileia, al ritorno in Italia, venne ucciso dai suoi stessi soldati, ormai stanchi di combattere e rimasti senza viveri.

Verifica immediata

1 **Indica a quali imperatori dell'epoca dei Severi si riferiscono i fatti di seguito elencati.**
   1 *Constitutio Antoniniana*: ....
   2 Primo imperatore barbaro: ....
   3 Orientalizzazione dell'impero: ....
   4 Buoni rapporti con il senato: ....
   5 Equiparazione dell'Italia alle altre province dell'impero: ....

2 **Caracalla, Eliogabalo, Alessandro Severo e Massimino il Trace morirono di morte violenta. In quali mani era dunque caduto il potere?** ....

Decorazione bronzea di balteo, la cintura di cuoio indossata dai soldati, raffigurante uno scontro tra Romani e barbari. Aosta, Museo Archeologico Regionale.

3. L'anarchia militare e la pressione dei barbari

Cinquant'anni di anarchia Dopo la morte di Massimino il Trace, l'aristocrazia senatoria fece un tentativo per riprendere il controllo del potere ma il **disordine politico e sociale**, ormai, era giunto a un punto di non ritorno. Il senato e l'esercito continuarono a contendersi la supremazia nella più totale instabilità della vita politica, dando vita a un periodo di circa **50 anni di anarchia**, durante il quale il potere venne assunto di volta in volta da chi aveva la forza per imporsi.

In questo periodo furono essenzialmente i militari a determinare la scelta degli imperatori e l'impero giunse alle soglie del tracollo, tanto dal punto di vista della compattezza territoriale quanto da quello economico. Ai confini del Reno e del Danubio la pressione di **enormi masse di barbari**, spinte a migrare verso l'impero dal bisogno e dall'arrivo, nei loro territori, di altre popolazioni (come i **Goti**, provenienti dalla Scandinavia meridionale), costrinse le truppe romane a una difficile e dispendiosa guerra difensiva.

Anche l'Oriente divenne teatro di frequenti insurrezioni guidate dai **Parti**, che con la nuova dinastia dei Sassanidi misero insieme un forte esercito e attaccarono l'impero, spingendosi sino in Siria.

Sul piano economico, la forte **crescita delle spese militari** ebbe conseguenze disastrose: gli imperatori furono costretti ad **aumentare ulteriormente le tasse**, che già gravavano pesantemente sulla popolazione contadina, e a diminuire ancora la quantità di metallo prezioso presente nelle monete, provocando nuova **inflazione**. Molte terre vennero abbandonate e le campagne **si spopolarono**.

Verso la divisione dell'impero Tra il 238 e il 284 d.C. si susseguirono ben **ventuno imperatori** (il primo dei quali fu **Filippo**, detto «l'Arabo» per la sua provenienza) che dovettero misurarsi con ripetute incursioni dei Goti i quali, dopo aver varcato il Danubio, a partire dal 248 penetrarono più volte nei territori dell'impero, devastandoli.

Nel 253 salì al trono l'anziano senatore **Valeriano** (253-260 d.C.), che per primo introdusse la **divisione dell'impero** tra **Occidente** e **Oriente**, affidando al figlio Gallieno il governo delle regioni occidentali. Sconfitto dai Persiani, Valeriano fu fatto prigioniero; contemporaneamente i Goti occuparono la Grecia e distrussero Atene e Sparta. Rimasto unico imperatore, **Gallieno** (253-268 d.C.) riuscì a malapena a fermare un'**invasione di Germani** ed emanò un provvedimento che **escludeva i senatori dal comando dell'esercito**, riservandolo ai soli militari di carriera: in questo modo, di fatto, consegnò il controllo delle legioni a comandanti di origine barbarica.

> ### Le parole della storia — Anarchia
>
> Termine di derivazione greca che indica una condizione di assenza di comando e di governo, di grande debolezza delle istituzioni politiche e spesso anche di disordine e caos.
>
> A partire dall'Ottocento, indicherà anche una dottrina politico-sociale mirante a sostituire il potere dello Stato, e in genere ogni principio di autorità costituita, con una forma di associazione basata sulla libertà degli individui.

L'imperatore Valeriano viene fatto prigioniero dal re dei Sassanidi, cammeo del IV secolo d.C. Parigi, Cabinet des Médailles.

capitolo 1 Dalla crisi alla divisione dell'impero

Negli stessi anni le province di **Gallia**, **Spagna e Britannia** si ribellarono e – dopo aver arrestato con le loro sole forze nuove invasioni germaniche sui confini del Reno – **si proclamarono autonome**, creando il cosiddetto «impero delle Gallie», affidato alla guida del generale Postumo.
Furono proprio le vittorie contro i Germani e, a Oriente, sui Goti, a permettere all'impero di ricomporsi con **Aureliano** (270-275 d.C.) che, acclamato imperatore dalle sue truppe stanziate in Illiria, riunì nuovamente sotto il suo dominio i territori imperiali. Aureliano provvide anche a rafforzare le difese della capitale facendo erigere delle mura, dette **mura aureliane**, i cui resti sono visibili ancora oggi.

Testa bronzea dell'imperatore Aureliano, III secolo d.C. Brescia, Museo della Città.

Verifica immediata

1 Indica a quale popolazione barbara si riferiscono le imprese di seguito elencate.
  1 Invasione dell'impero fino alla Siria: ....
  2 Invasione dell'impero oltre il Danubio: ....
  3 Occupazione della Grecia: ....
  4 Distruzione di Atene e Sparta: ....

2 Quale imperatore divise l'impero? Quale invece lo riunificò? ....

4. Diocleziano e il tentativo di salvare l'impero

? Quali obiettivi aveva la riorganizzazione dell'impero attuata da Diocleziano?

Il rafforzamento del potere imperiale Il lungo periodo di anarchia militare si concluse con la nomina a imperatore di **Diocleziano** (284-305 d.C.), un militare nato in Dalmazia, in una famiglia di umili origini, che giunto al potere pose mano a una serie di importanti **riforme** finalizzate a **ripristinare la stabilità dell'impero**. Diocleziano comprese che per ristabilire l'ordine nello Stato romano era necessario rafforzare l'autorità dell'imperatore e sottrarlo all'influenza dell'esercito, che negli ultimi decenni aveva assunto un potere e un ruolo politico enormi. Per conseguire questo obiettivo era indispensabile trasformare la carica imperiale in **una forma di monarchia assoluta**, che potesse concentrare nelle mani del principe ogni facoltà e ogni decisione; inoltre era necessario **riorganizzare il sistema amministrativo**, ponendolo alle dirette dipendenze dell'imperatore attraverso la nomina di funzionari efficienti e fedeli; infine, era opportuno **riordinare l'esercito** affinché nessun comandante potesse più assumere così tanto potere da influenzare le scelte politiche dello Stato.

Moneta d'oro con il ritratto di Diocleziano.

Scultura di porfido raffigurante i tetrarchi, III-IV secolo. Venezia, Basilica di San Marco.

La divisione dell'impero e il decentramento amministrativo Per governare in maniera più efficace le varie regioni dell'impero, difendere meglio i confini dai barbari e garantire un sicuro e regolare meccanismo di successione al trono, Diocleziano suddivise il territorio in **dodici diocesi**, ciascuna delle quali riuniva più province, e le affidò a governatori chiamati *vicarii*. Le diocesi furono a loro volta raggruppate in quattro regioni più grandi, le **prefetture**, per governare le quali l'imperatore chiamò al potere accanto a sé altre tre figure, che furono insignite della dignità imperiale: **Massimiano**, che come Diocleziano ebbe il titolo di «**augusto**», cui furono affidate Italia, Spagna e Africa settentrionale; **Galerio** e **Costanzo Cloro**, che furono nominati «**cesari**» e ottennero, rispettivamente, il governo delle province balcaniche e delle regioni comprese tra Gallia e Britannia. Diocleziano, il cui potere rimaneva superiore ad ogni altro, riservò per sé i territori delle province dell'Oriente e dell'Egitto, ovvero quelle più ricche e politicamente sicure. In questo modo il governo dello Stato romano divenne collegiale e fu chiamato **tetrarchia** (cioè «governo di quattro persone», dal greco *tetra*, «quattro», e *archia*, «comando»).

I vantaggi di questo sistema divennero presto evidenti. Innanzitutto, la presenza diretta di un tetrarca all'interno di un'area meno estesa rendeva più agevole e tempestivo ogni processo decisionale. In secondo luogo, anche la **trasmissione del potere** veniva regolata e programmata senza ambiguità, poiché era previsto che ogni cesare, dopo vent'anni di governo o in caso di morte del rispettivo augusto, gli sarebbe subentrato sul trono e avrebbe nominato a sua volta il proprio successore, un nuovo cesare. Il meccanismo di successione, così stabilito, avrebbe impedito a qualunque generale di impossessarsi del potere con la forza.
In ciascuna parte dell'impero fu istituita una **capitale**, posta nei pressi dei confini delle quattro prefetture per ragioni strategiche: Milano, Treviri (sul Reno), Sirmia

La *Porta nigra*, una delle porte di ingresso della città di Treviri in Germania, II-III secolo d.C.

capitolo 1 Dalla crisi alla divisione dell'impero

Stendardo romano appartenente a una legione stanziata in Pannonia, II secolo d.C. Budapest, Magyar Nemzeti Múzeum.

(nell'attuale Serbia) e Nicomedia, in Asia minore, dove andò a risiedere Diocleziano. Roma perse gran parte della sua importanza politica e sempre più l'impero si trovò a gravitare al di fuori dell'Italia, verso Nord e verso l'Oriente.

La riforma dell'esercito

Diocleziano **riformò l'esercito** diminuendo il numero dei soldati assegnati a ciascuna legione e rinnovò la tecnica militare, accogliendo alcuni cambiamenti mutuati dai barbari e dai Persiani. A difesa delle frontiere pose le truppe meno preparate e omogenee (i cosiddetti «**limitanei**», da disporre cioè lungo le frontiere fortificate, i *limes*), nelle quali furono ammessi anche contingenti barbari. Tenne al suo diretto comando delle truppe scelte che formavano un esercito mobile, detto **comitatus**, stanziato nelle retrovie e pronto a intervenire in caso di necessità.

Poiché ogni augusto e ogni cesare disponeva di un proprio esercito, Diocleziano pensò di avere risolto il problema del presidio delle frontiere, che furono munite di grandiose fortificazioni e videro quasi quadruplicato il numero dei soldati posti a loro difesa; la suddivisione del comando, inoltre, rese più rapido l'intervento nei casi di emergenza. La riforma rese più efficiente l'esercito, ma comportò un enorme **aumento delle spese militari** che già gravavano pesantemente sulle finanze pubbliche.

Le riforme economiche

Sul piano economico Diocleziano intervenne con una **riforma del sistema fiscale**, al fine di garantire alle casse pubbliche proventi fissi e stabili. Furono introdotte due tipi di imposte: la *capitatio*, calcolata sul reddito dell'individuo, e la *jugatio*, un'imposta fondiaria calcolata sull'estensione dei terreni. La base di questa tassazione era fornita da un **catasto**, aggiornato ogni 5 o 10 anni.

Diocleziano realizzò anche una **riforma monetaria**, imponendo la moneta d'argento, ma il tentativo non ebbe successo, perché presto la nuova moneta pregiata sparì dalla circolazione in quanto si preferiva conservarla come bene-rifugio.

Per far fronte agli aspetti sociali della crisi l'imperatore impose, nel 301 d.C. l'*Edictum de pretiis*, un **calmiere** che avrebbe dovuto frenare i prezzi dei prodotti ma anche il livello dei salari. L'unico risultato di questo provvedimento, tuttavia, fu la diffusione della «borsa nera», cioè la vendita delle merci di nascosto a prezzi maggiori di quelli fissati dal calmiere.

Per evitare che i lavoratori, abbandonando la propria attività, apportassero minori tributi al fisco, Diocleziano vietò a contadini, artigiani e commercianti di lasciare la propria residenza e li **obbligò a continuare a svolgere la loro attività lavorativa**, legandoli alla propria casta. Anche ai figli fu imposto di proseguire il mestiere dei padri in modo che, morto un contribuente, ne subentrasse un altro e le entrate fiscali non

Le parole della storia — Casta

Il termine «casta» indica un gruppo di persone che hanno in comune un'attività oppure la razza, l'origine, la nascita, la religione, a cui appartengono per discendenza ereditaria. Inoltre questa espressione, riferita originariamente alla società indiana, in senso più esteso designa oggi un gruppo sociale chiuso che ha come scopo la difesa dei propri interessi e privilegi: in questo senso si parla, ad esempio, di casta religiosa, casta politica, casta professionale. In Italia negli ultimi anni il termine ha assunto, nel dibattito politico, un significato dispregiativo riferito a gruppi di persone che godono di privilegi ingiustificati ed è usato sovente per connotare, in senso critico e polemico, l'insieme degli esponenti del mondo politico.

unità 2 La crisi del III secolo

Frammento marmoreo dell'*Edictum de pretiis* emanato da Diocleziano nel 301 d.C.

variassero. Questo provvedimento non ebbe l'esito sperato e si verificarono numerose ribellioni, soprattutto di agricoltori, represse sovente nel sangue. Molti contadini, incapaci di far fronte alle nuove ed esose tasse, preferivano vendere i loro poderi ai ricchi proprietari e divenire loro dipendenti; in tal modo si estesero i **latifondi**. Il provvedimento contribuì a creare classi privilegiate dal fatto di svolgere attività remunerative, e classi penalizzate da lavori umili e non redditizi e determinò la formazione di **caste chiuse**, fino ad allora estranee alla tradizione romana.

Riforme in ambito religioso Per **consolidare il rispetto del potere imperiale**, Diocleziano tentò di **rafforzare il culto dell'imperatore come dio**, secondo l'usanza che si stava imponendo a Roma grazie ai precedenti imperatori. Il suo intervento non mirava tanto all'ulteriore affermazione del potere personale, ma derivava dalla convinzione che la decadenza dell'impero fosse dovuta all'abbandono dell'antico spirito religioso. Per rafforzare il potere politico bisognava rinvigorire il **culto tradizionale degli dei**. In quest'ottica promosse severe **persecuzioni contro i cristiani** e fece chiudere gli edifici di culto delle religioni che non appartenevano alla tradizione romana. Durante gli anni del suo governo Diocleziano non era mai stato a Roma, dove giunse solo nel 303 d.C.; nel 305 d.C. decise di abdicare e di tornare alla vita privata obbligando l'altro augusto, Massimiano, a compiere la stessa scelta. Diventarono così augusti Costanzo e Galerio.

L'EDITTO SUI PREZZI

L'imperatore Diocleziano credette di poter combattere la crisi economica dell'impero fissando per legge i prezzi massimi delle merci con l'editto del 301 d.C. in cui si stabilivano anche le tariffe massime per il lavoro dei professionisti e dei commercianti:

*Conformemente all'attesa del genere umano che ci supplica di intervenire, abbiamo deciso di fissare non i prezzi delle merci – ciò che potrebbe apparire ingiusto dato che molte province fruiscono di prezzi bassi [...] – ma un limite massimo, in maniera che in caso di deprecato aumento
la cupidigia, la quale non potrebbe essere contenuta, sia frenata dai limiti imposti dal nostro decreto o con i divieti di una legge moderatrice.
Stabiliamo pertanto che in ogni parte del nostro impero siano rispettati i prezzi elencati nel testo sotto riportato. Si sappia tuttavia che se è tolta la facoltà di superarli, non è vietato di fruire, là dove ci sia abbondanza di merci, di prezzi bassi.*

Il calmiere dei prezzi esisteva già in precedenza, ad esempio per i cereali, ma in quello di Diocleziano i prezzi furono fissati in modo dettagliato. I trasgressori erano colpiti con la pena capitale.
L'editto non raggiunse gli scopi: l'inflazione continuò a salire, anche perché i prezzi stabiliti erano troppo bassi. Molte merci sparirono dalla circolazione o perché non erano più convenienti, o perché si vendevano illegalmente al mercato nero. Il commercio, in ogni caso, subì un duro contraccolpo e diminuì in modo significativo. Di conseguenza, divenne molto difficile reperire i beni alimentari di prima necessità.
Il calo della produzione e del commercio dipendeva anche dal fatto che i grandi proprietari terrieri decidevano di ritirarsi nelle residenze di campagna, che avevano provveduto a far fortificare per difendersi da aggressioni e invasioni, e cercavano di produrre in proprio anche quei beni che prima acquistavano sul mercato.
Il blocco dei salari, dal canto suo, fece sì che il potere di acquisto reale non fosse garantito e quindi coloro che avevano uno stipendio fisso (i militari in primo luogo) videro abbassarsi molto il loro tenore di vita. Diocleziano fece anche un tentativo organico di ripristinare l'uso della moneta ma si concentrò solo sulla moneta d'oro e d'argento, lasciando circolare una grande quantità di monete di basso valore, tra le quali il *follis*, il cui valore reale era decisamente inferiore a quello nominale.

GLI IMPERATORI DEL III SECOLO d.C.

Settimio Severo	193-211	Monarchia militare, numerosi privilegi concessi alle legioni.
Caracalla	211-217	Estensione della cittadinanza romana a tutti gli abitanti dell'impero.
Eliogabalo	218-222	Tentativo di trasformare il principato in una monarchia di tipo orientale.
Alessandro Severo	222-235	Accordo col senato e tentativo di limitare il potere dell'esercito.
Massimino il Trace	235-238	Primo imperatore di origine barbara.
Anarchia militare	238-284	Cinquant'anni di anarchia, nel corso dei quali sono gli eserciti a nominare gli imperatori.
Diocleziano	284-305	Restaurazione dell'unità imperiale. Tetrarchia. Riforma dell'esercito e riforme economiche (catasto, calmiere dei prezzi, riforma fiscale)

Verifica immediata

1 **Definisci i seguenti termini.**

1 Diocesi: ....
2 *Vicarii*: ....
3 Prefettura: ....
4 Tetrarchia: ....

Scrivi un breve testo sull'organizzazione amministrativa operata da Diocleziano che contenga tutti i termini precedenti.

2 **Precisa le conseguenze positive e negative dei seguenti interventi di Diocleziano.**

1 Riforma dell'esercito – **2** Riforma monetaria – **3** *Edictum de pretiis* – **4** Divieto di cambiare lavoro – **5** Ripristino del culto degli dei

3 **Diocleziano manifesta intolleranza nei confronti del Cristianesimo e delle altre religioni non romane. Alla luce della realtà odierna elabora un testo in cui compaiano esempi o episodi di tolleranza o intolleranza in uno dei seguenti campi a tua scelta: sociale, religioso, politico, razziale.**

Come facciamo a sapere

La *Historia Augusta*

Nella società romana del III e IV secolo d.C. coesistevano pagani e cristiani; pertanto anche nella storiografia di questo periodo e di quello dell'inizio del V secolo, vi sono due modi di pensare la storia.
La storiografia pagana riflette le idee dell'aristocrazia senatoria e si rifà ai valori e alla gloria dell'antica Roma; quella cristiana elabora una concezione provvidenzialistica della storia all'interno della quale inserisce gli avvenimenti interpretati alla luce delle vicende religiose più importanti.
In campo pagano va ricordata la *Historia Augusta* (*Storia degli Imperatori*) attribuita a 6 autori diversi. Contiene una serie di biografie che si estendono, con diverse lacune, fino all'inizio del IV secolo d.C. e raccontano episodi particolari della vita privata degli imperatori, spesso con il tono di vivace pettegolezzo.

Ammiano Marcellino

Di diversa impostazione sono le *Storie* di Ammiano Marcellino, greco di origine siriana (Antiochia 330-Roma 400 d.C.) che si rifà alle tradizioni di Tacito di cui vuole continuare l'opera e che è considerato l'ultimo grande storico di lingua latina. Come Tacito, si interessa delle cause e delle conseguenze degli avvenimenti; mette a fuoco quindi il significato politico delle vicende imperiali, ricostruendo il clima di un'epoca nei suoi vari aspetti.
Le sue *Storie* vanno dalla morte di Domiziano, punto in cui Tacito aveva interrotto gli *Annali*, fino al 378 d.C., poco prima dell'avvento di Teodosio.
A noi sono rimasti solo gli ultimi 18 libri, corrispondenti al periodo che va dal 353 al 378 d.C.
Certi aspetti del presente sono descritti a tinte fosche; tra questi la corruzione della corte e di molti senatori, i vizi della plebe romana, l'incapacità dei generali. Da qui la necessità di guardare al passato, quando la virtù romana si ispirava ancora a valori che ne avevano fatto la grandezza, una grandezza che Ammiano Marcellino vorrebbe eterna.

SINTESI

Le cause del declino

Nel III secolo d.C. si manifestò una profonda crisi dell'impero romano che ebbe molteplici cause. Nonostante le resistenze degli imperatori la forza dei pretoriani era divenuta così grande da risultare decisiva nell'elezione dell'imperatore stesso. Analogamente era cresciuta l'importanza dell'esercito mentre si era ridimensionato il prestigio dell'imperatore, spesso vittima di congiure e attentati. Ai confini settentrionali e in particolare tra il Reno e il Danubio, erano stanziate popolazioni barbariche, soprattutto Germani e Goti, che costituivano un serio pericolo per l'incolumità stessa di Roma. La crisi ebbe anche motivazioni economiche e finanziarie. Le condizioni dei contadini peggiorarono e si assistette al lento spopolamento della campagna con la conseguente diminuzione della produzione agricola. Anche l'artigianato e il commercio subirono un declino. Gli imperatori cercarono di fronteggiare il dissesto della finanza pubblica con l'inasprimento delle tasse ma non riuscirono a frenare l'inflazione e la svalutazione della moneta.

Bronzetto romano di cavaliere barbaro ferito, V secolo d.C. Vienna, Kunsthistorisches Museum.

La dinastia dei Severi e l'anarchia militare

Settimio Severo (146-211 d.C.), imperatore di origine africana, attuò una serie di riforme che privilegiavano l'esercito a scapito del Senato. Gli succedette il figlio Caracalla (211-217 d.C.) che nel 212 d.C. emanò la *Constitutio Antoniniana*, che estendeva a tutto l'impero la cittadinanza romana. I Severi non riuscirono a costituire una dinastia e, dopo Eliogabalo e Alessandro Severo, si ebbe una svolta: venne eletto dall'esercito il primo imperatore soldato, Massimino il Trace, ucciso dopo soli 3 anni di governo dai suoi stessi soldati (238 d.C.). La fine della dinastia dei Severi coincise con 50 anni di anarchia militare, in cui furono le legioni a stabilire l'elezione e il destino degli imperatori. La pressione dei barbari si stava facendo sempre maggiore e anche in Oriente si verificavano frequenti rivolte, soprattutto per opera dei Parti. Con l'imperatore Valeriano (253-260 d.C.) si arrivò alla divisione dell'impero tra Occidente e Oriente. Intanto i Goti riuscirono a occupare la Grecia. La debolezza dell'impero consentì che le province di Gallia, Spagna e Britannia proclamassero la loro autonomia da Roma. Le sorti di Roma sembrarono risollevarsi con l'imperatore Aureliano (270-275 d.C.) che fece erigere mura difensive a Roma e riuscì a fermare i Germani che si erano spinti fino alla Pianura Padana.

Busto dell'imperatore Caracalla, 215-217 d.C. Roma, Musei Capitolini.

Diocleziano e il tentativo di salvare l'impero

Il più notevole tentativo di soluzione della crisi si ebbe con Diocleziano, eletto imperatore nel 285 d.C. che suddivise l'impero in quattro parti, affidate a due augusti e a due cesari, inaugurando il sistema di governo chiamato «tetrarchia». Diocleziano riformò inoltre l'esercito, articolandolo in truppe di frontiera e legioni scelte stanziate sulle retrovie. Importanti furono le riforme che riguardavano il fisco: per frenare l'inflazione impose il calmiere dei prezzi. Per garantire continuità alle entrate tributarie, vietò a contadini e artigiani di cambiare attività lavorativa e costrinse i figli a continuare il mestiere dei padri.
Nel tentativo di rafforzare ancora il potere imperiale, favorì il culto dell'imperatore come dio e iniziò dure persecuzioni contro i cristiani. Abdicò nel 305 d.C.

Verso di argenteo di Diocleziano con l'effigie dei tetrarchi che compiono un sacrificio, inizi del IV secolo d.C. Bologna, Museo Archeologico.

Il Cristianesimo e l'impero

capitolo 2

- 303-304 d.C. Editti di Diocleziano contro i cristiani
- 312 d.C. Battaglia del Ponte Milvio
- 313 d.C. Editto di Milano di Costantino
- 378 d.C. L'impero è sconfitto dai Goti ad Adrianopoli
- 380 d.C. Editto di Tessalonica di Teodosio

1. La diffusione della nuova religione e le persecuzioni

? Perché il Cristianesimo trovò una forte opposizione nel mondo romano?

L'opposizione al Cristianesimo Fra il I e il II secolo d.C. i **cristiani** godevano, tra le classi colte di Roma, di una **pessima fama** ed erano sospettati di compiere i più gravi delitti nel chiuso delle loro **comunità**. Questi sospetti erano alimentati dalla vita separata che conducevano le comunità cristiane **nei confronti della società romana**, che suscitava diffidenza e pregiudizi. Secondo i Romani, inoltre, i cristiani adoravano come dio un semplice uomo, Gesù Cristo, che tanto gli ebrei quanto i «pagani» consideravano soltanto uno dei tanti profeti periodicamente apparsi tra le masse popolari in tutti i tempi. Essi rifiutavano sia le divinità pagane sia la religione di Israele, formalmente riconosciuta e liberamente praticata nei territori appartenenti all'impero romano. Per questo i cristiani vennero perseguitati da una società in genere molto tollerante in fatto di religione.
La dottrina e le pratiche cristiane, inoltre, erano **«sovversive» sul piano sociale**: i loro ideali di uguaglianza tra tutti gli uomini mettevano in discussione il rapporto liberi-schiavi e il rapporto uomo-donna, che da sempre erano considerati rapporti di «naturale» subordinazione. I cristiani **rifiutavano anche di venerare gli imperatori** che, con il passare dei decenni, erano stati sempre più assimilati a divinità: negando il culto dell'imperatore, che contribuiva a mantenere l'unità dell'impero, essi erano **politicamente «disobbedienti»**, in quanto si collocavano automaticamente fra i nemici dello Stato. Insomma, di ragioni per accusare, processare e condannare i cristiani ne esistevano in abbondanza e le masse non

Gesù Cristo rappresentato nelle vesti di legislatore, IV secolo d.C. Cracovia, Czartoryski Museum.

La diffusione del Cristianesimo dalle origini al V secolo d.C.

erano affatto contrarie a queste condanne. Anzi, pare che le sollecitassero, anche perché i cristiani condannati venivano spesso utilizzati come vittime designate per i sanguinosi, ma seguitissimi, spettacoli circensi dell'epoca.

? **Perché il Cristianesimo si diffuse all'interno delle classi colte?**

Il Cristianesimo penetra nelle classi colte

Durante il III secolo d.C. il Cristianesimo iniziò a diffondersi tra le **classi colte**, sempre più insoddisfatte del politeismo tradizionale dell'impero e poco interessate a culti basati sui sortilegi e sulla magia, assai diffusi in un'età di crisi e di disorientamento.
La tradizionale religione romana, politeistica e integrata nella vita politica dell'impero, era sempre meno in grado di fornire risposte alle crisi e ai problemi esistenziali dell'individuo. Essa aveva svolto un ruolo positivo nel passato, quando i numerosi successi politici e militari potevano anche essere attribuiti alla protezione dei suoi dei.
Ma ora l'impero era in crisi, era assediato da ogni parte dai barbari, costretto a difendersi; la stessa autorità imperiale, soggetta al consenso interessato dei soldati, non era più quella di un tempo.
Inoltre la crisi economica e l'insostenibile fiscalismo degli imperatori, che pesava anche sulle classi ricche e privilegiate, portarono a un progressivo **distacco tra l'impero e il ceto dominante** che ne era stato il sostegno per secoli, poiché l'autorità imperiale non era più in grado di garantire quei benefici di carriera e di ascesa sociale che erano stati il fondamento

Le parole della storia · Comunità

La comunità è costituita da gruppi di persone legate da vincoli di solidarietà. In una comunità vi è coincidenza tra fine individuale e fine collettivo: il bene dell'individuo è lo stesso del bene del gruppo nel suo complesso. Le comunità cristiane, prima dell'inserimento dei cristiani nelle strutture dell'impero, hanno queste caratteristiche. Sono infatti tenute insieme dalla fede in Dio e dalla partecipazione a comuni valori. Il termine che viene contrapposto a comunità è società, che è costituita da individui e gruppi che si associano per comuni interessi, in modo stabile o temporaneo.

capitolo 2 Il Cristianesimo e l'impero

Particolare di bassorilievo con alcuni cristiani condannati a morire sbranati dai leoni nell'arena, I secolo d.C. Roma, Museo della Civiltà Romana.

dei buoni rapporti tra l'impero e i gruppi dirigenti. In questa situazione vi furono coloro che trovarono nel Cristianesimo, che si andava rafforzando anche sul piano dottrinale, un punto di riferimento essenziale, capace di **dare alla vita un significato nuovo**, impostato sull'amore per il prossimo e sulla fede in Dio.

> ? Quale svolta impresse l'imperatore Messio Decio alla politica verso i cristiani?

Le persecuzioni La diffidenza e i processi contro i cristiani erano presenti nella società imperiale fin dal I secolo, ma fu soltanto con l'imperatore **Messio Decio** (201-251 d.C.) che si passò a una **persecuzione attiva da parte dello Stato**. Decio ordinò agli abitanti dell'impero, a eccezione degli ebrei, di compiere sacrifici in onore dell'imperatore e di farsi rilasciare un certificato di tale pratica. Anche se l'editto riguardava tutte le fedi religiose, in realtà era diretto contro i cristiani che erano così costretti a venire allo scoperto, rifiutando di obbedire o accettando l'imposizione. Decio, formulando l'editto, aveva capito bene che il principio maggiormente in contrasto con la fede cristiana era la **divinizzazione dell'imperatore**.

La persecuzione continuò con **Valeriano** (253-260 d.C.). Egli chiese che i senatori, i cavalieri, gli alti funzionari dell'impero e le donne appartenenti all'aristocrazia facessero sacrifici all'imperatore e minacciò, in caso di rifiuto, di applicare la pena di morte, la confisca dei patrimoni, oppure l'esilio e i lavori forzati. Furono poi proibite, sotto la minaccia della pena capitale, le assemblee per la celebrazione dei riti e le visite ai cimiteri cristiani.

Il documento

Un vescovo sostiene i cristiani contro le persecuzioni (Cipriano, *Epistolario*)

Con gli imperatori Decio e Valeriano si intensificarono le persecuzioni contro i cristiani; nel 257 d.C. la persecuzione colpì sia il papa Stefano sia il vescovo e scrittore di origine africana Cipriano. Quest'ultimo così scrive nel suo epistolario a proposito dei cristiani che sceglievano il martirio per testimoniare la loro fede.

Gioisco e mi congratulo con voi, fratelli straordinariamente coraggiosi e santi. Ho saputo della vostra fede e del vostro coraggio. La Chiesa se ne vanta. [...] La battaglia è diventata più aspra, ma è aumentata anche la gloria di quelli che combattono. La paura delle sofferenze non vi ha ritardato nella lotta, anzi gli stessi tormenti vi hanno maggiormente incitati ad accettare il combattimento. Vi siete mostrati forti e stabili e vi siete votati prontamente a sostenere il più grande combattimento. So che alcuni hanno già ricevuto la corona[1], altri ne sono molto vicini. So che tutti gli altri che sono stati chiusi nel carcere insieme alla gloriosa schiera sono animati da un uguale zelo nel sostenere la lotta, proprio come devono comportarsi i soldati di Cristo nei loro accampamenti.

(Cipriano, *Epistolario* 10,1, in *Opere* a cura di G. Toso, Utet, Torino 1980)

1 **la corona:** il martirio.

? Che cosa stabilivano gli editti di Diocleziano contro i cristiani?

Gli editti di Diocleziano contro i cristiani La sconfitta e la prigionia di Valeriano misero fine alle persecuzioni da lui promosse, che ripresero in modo più mirato con **Diocleziano** (285-305 d.C.). Questi, dal 303 al 304 d.C. emanò **quattro editti**, che colpivano i cristiani con la confisca dei beni, la distruzione delle chiese, la proibizione di riunirsi e di celebrare i riti, la reclusione del clero, l'esclusione dalle cariche pubbliche. Le persecuzioni diventavano più sistematiche man mano che progrediva la concezione assolutistica del potere imperiale che si manifestava attraverso cerimonie adatte a suggerire un'immagine sacra dell'imperatore.

Il progetto di Diocleziano nasceva dalla **volontà di controllare ogni aspetto della vita privata e pubblica**, nell'illusione che una sua rigida regolamentazione avrebbe potuto risolvere i problemi dell'impero e impedirne la dissoluzione.

I cristiani costituivano una società dentro la società, una comunità separata che aveva proprie regole di vita e si dava propri ordinamenti. Erano quindi incompatibili con il proposito di Diocleziano che intendeva impedire ogni frattura interna alla società romana, che avrebbe indebolito la saldezza e l'unità dell'impero.

Fedeli in preghiera, affresco proveniente dalle Catacombe di Priscilla a Roma, III secolo.

Diocleziano non aveva considerato, come del resto molti uomini del suo tempo, che i cristiani possedevano una forza che li portava a resistere alle persecuzioni, alla tortura (che era stata estesa ai cittadini più influenti e importanti) e alla pena di morte. L'ondata di arresti e di condanne a morte che fecero seguito ai decreti non minarono la Chiesa cristiana, anzi, ne aumentarono la capacità di **proselitismo**.

Verifica immediata

1 Rifletti sulle accuse indirizzate ai cristiani e inseriscile nei seguenti settori di competenza, dopo averne individuato la tipologia.

   1 Ambito religioso: ....
   2 Ambito sociale: ....
   3 Ambito politico: ....

2 Elenca i motivi fondamentali che determinarono l'adesione al Cristianesimo da parte dei rappresentanti delle classi colte.

3 Qual era lo scopo che Diocleziano intendeva perseguire con gli editti contro i cristiani? Quale risultato ne conseguì?

4 Leggi il documento *Un vescovo sostiene i cristiani contro le persecuzioni* a p. 59. Rifletti sul fatto che ancora oggi nel mondo si praticano violenti atti persecutori contro i seguaci del Cristianesimo. Esegui una ricerca tramite internet su questo fenomeno e stendi un breve saggio sugli autori, le cause, i fatti e le modalità di questa realtà.

2. Costantino e l'affermazione del Cristianesimo

La presa del potere e le prime riforme Dopo l'impero di Diocleziano, le persecuzioni contro i cristiani cessarono e in pochi anni **la situazione si capovolse**: il Cristianesimo divenne, da religione clandestina, una religione non solo tollerata ma addirittura favorita dal potere politico e praticata dall'imperatore. Questo mutamento fu dovuto all'imperatore **Costantino** (306-337 d.C.).
La tetrarchia, il sistema di governo a quattro progettato da Diocleziano per controllare più direttamente l'impero e per garantire la successione, aveva mostrato le sue debolezze già dopo l'abdicazione di Diocleziano stesso nel 305 d.C.: i nuovi augusti **Galerio** e **Costanzo Cloro** avevano nominato cesari Massimino Daia e Flavio Severo, ma la morte improvvisa di Costanzo Cloro scatenò nuovamente la **lotta per il potere**. Nel 306 d.C. **Costantino**, figlio di Costanzo Cloro, fu acclamato imperatore dai soldati mentre si trovava in Britannia. Nel frattempo a Roma era stato nominato imperatore **Massenzio**, figlio di Massimiano. Per uscire da questa situazione di conflitto, si cercò di restaurare il sistema della tetrarchia, ma senza successo. Lo scontro continuò e in Occidente si affrontarono le truppe di Costantino e Massenzio, mentre in Oriente i due pretendenti al trono erano il generale Licinio e Massimino Daia. Nel 312 d.C. **Costantino** giunse in Italia e sconfisse nella **battaglia del Ponte Milvio** (uno dei più antichi di Roma) **il rivale Massenzio**.
In Oriente intanto, grazie alla vittoria nei Balcani contro Massimino Daia, prevalse **Licinio**, che strinse **alleanza con Costantino**, rafforzandola anche tramite il matrimonio con la sorella Costanza.
Il nuovo imperatore realizzò alcune **importanti riforme** quali il rafforzamento dell'**esercito**

Testa dell'imperatore Costantino. Belgrado, Museo Nazionale.

LA RIFORMA MONETARIA DI COSTANTINO

In campo monetario Costantino introdusse una nuova moneta d'oro, il *solidus*, che rispetto al precedente *aureus* era molto più leggero; il *solidus* rimase la moneta circolante fino alla caduta dell'impero bizantino nel 1453. La riforma di Costantino abbandonava definitivamente la difesa del *denarius* tutelando soltanto la moneta in oro (*solidus*) e in argento (*argenteus* o *siliqua*). Il *denarius* era però la moneta in uso presso la gente umile. La moneta aurea avvantaggiava le classi ricche e gli appartenenti alla burocrazia, che ricevevano le retribuzioni in oro. Sotto Costantino dunque si realizzò una sostanziale stabilità dei prezzi legati alla moneta pregiata (oro e argento), mentre i prezzi in *denarii* subirono forti e veloci aumenti, causando un ulteriore impoverimento delle classi inferiori. Un anonimo scrittore della metà del V secolo d.C. ci ha lasciato un'acuta interpretazione della situazione sociale ed economica causata dalle scelte di Costantino in favore dei ceti privilegiati:

Cominciò sotto Costantino l'emissione abbondante di oro; ne seguì che, anche per acquisti di poca importanza, base della transazione fosse la moneta d'oro anziché quella di bronzo. [...] Una così grande circolazione aurea riempì di ricchezze la classe dei potenti, divenuta così più illustre, a danno dei meno abbienti; il popolo soccombeva sotto la violenza. Pertanto la classe dei poveri, afflitta dalle ristrettezze, perdette ogni rispetto del diritto e ogni nobile sentimento: affidò alle male arti la sua vendetta devastando le campagne, abbandonandosi al brigantaggio, propagandando l'odio, colpì gravemente lo Stato.

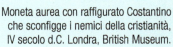

Moneta aurea con raffigurato Costantino che sconfigge i nemici della cristianità, IV secolo d.C. Londra, British Museum.

unità 2 La crisi del III secolo

Rilievo celebrativo della vittoria di Costantino nella battaglia del Ponte Milvio, IV secolo d.C. Algeri, Musée National des Antiquités.

mobile (comandato da ufficiali professionisti) e la distinzione fra l'esercito campale, meglio retribuito e addestrato, e quello schierato per la difesa sui confini (vedi p. 53). In campo economico Costantino abbandonò la difesa della moneta d'argento, utilizzata dai ceti meno abbienti e soggetta a un continuo deprezzamento, e coniò la **moneta d'oro**, adottata dalle classi più ricche e priviligiate (come l'alta burocrazia, gli ufficiali), che aveva una maggiore stabilità.

L'editto di Milano Intenzionato a rafforzare lo Stato e persuaso che, per raggiungere questo obiettivo, fosse necessario creare una nuova classe dirigente fedele all'imperatore, Costantino decise di reclutare i cristiani, che erano penetrati profondamente nel tessuto sociale romano, erano ben organizzati e occupavano ruoli di rilievo nella struttura amministrativa ed economica. Così, nel 313 d.C., Costantino emanò l'**editto di Milano**, con il quale si autorizzava la **libertà di culto dei cristiani** insieme a quella di tutte le religioni diffuse nell'impero. Per la prima volta i cristiani non solo potevano professare liberamente la propria fede, ma trovavano nell'imperatore anche un valido sostegno politico.

? Quale importanza ebbe per i cristiani l'editto di Milano del 313 d.C.?

La **Chiesa cristiana** (cioè la comunità dei fedeli e la gerarchia ad essa preposta) prese allora il nome di «**cattolica**», che vuol dire **universale**, come universale era l'impero romano. Si creò dunque un'**alleanza tra impero e Chiesa** con indubbi vantaggi per entrambi: i cristiani ottenevano la possibilità di estendere il loro proselitismo e di inserirsi nella stessa

Il documento

L'editto di Costantino

Lattanzio, *De mortibus persecutorum*

Lo scrittore latino di origine africana Lattanzio (250-325 d.C. ca) si convertì al Cristianesimo e fu il precettore del figlio di Costantino. Nel De mortibus persecutorum *(Sulla morte dei persecutori) egli narra la fine di tutti i persecutori del Cristianesimo, da Nerone agli ultimi imperatori. Nella sua opera egli riporta anche il testo dell'editto di Costantino che concede la libertà di culto ai cristiani.*

Tra le altre disposizioni che sapevamo avrebbero giovato alla maggioranza degli uomini, abbiamo creduto necessario emanare in primo luogo queste su cui si fonda il rispetto della divinità, cioè di dare sia ai cristiani sia a tutti gli altri la libera facoltà di seguire ciascuno la religione che ha scelta, affinché tutto ciò che v'è di divino nella sede celeste sia ben disposto e propizio verso noi e verso tutti quelli che sono posti sotto il nostro potere. Perciò con ragionamento salutare e giustissimo abbiamo creduto di dover prendere questa decisione, di non negare assolutamente a nessuno la facoltà di dedicare la sua mente al culto cristiano o a quella religione che senta più adatta a sé, affinché la somma divinità, alla cui venerazione ci dedichiamo spontaneamente possa mostrarci in tutte le cose il suo solito favore e la sua solita benevolenza.

(Lattanzio, *De mortibus persecutorum*, 34, Edizioni Paoline, Milano 1986)

Miniatura del X secolo del concilio di Nicea; in basso è ritratto Ario, il prete che negò la natura divina di Cristo. Città del Vaticano, Biblioteca Apostolica Vaticana.

struttura dell'impero; Costantino trovava nella Chiesa un valido alleato per sostenere il suo progetto di potere assoluto.

L'imperatore partecipò sempre più direttamente alle **dispute religiose** che avevano incominciato a caratterizzare la vita delle comunità cristiane. Era infatti suo interesse cercare di salvare l'unità dell'impero, che aveva ormai come condizione l'unità del Cristianesimo.

Il primo atto importante di questa politica fu il **concilio di Nicea** (presso Nicomedia, in Bitinia) del 325 d.C., in cui vennero convocati tutti i vescovi provenienti da ogni parte dell'impero, riuniti nel palazzo imperiale alla presenza dello stesso Costantino. La causa di questo primo concilio ecumenico riguardò un caso di **eresia**. La controversia sorse tra il vescovo di Alessandria d'Egitto e un prete della stessa città, **Ario**, che negava la natura divina di Cristo,

Le parole della storia — Eresia / ortodossia

Il termine eresia (dal greco *haìresis*, «scelta») indica una posizione in campo dottrinale contraria a quella espressa dalla Chiesa cattolica e, per estensione, a qualsiasi sistema religioso (o ideologico) ufficiale e si contrappone all'ortodossia (dal greco *òrthos*, «corretto» e *dòxa*, «opinione»), ovvero la totale adesione a tali dottrine e credenze. Secondo la teologia cristiana, l'eresia consiste nella negazione di un dogma ma anche soltanto in un dubbio, se esso è tale da ridurre la certezza delle affermazioni della Chiesa a una semplice opinione. Le prime eresie si manifestarono sin dalle origini del Cristianesimo ma fu soprattutto nel Medioevo, tra XII e XIV secolo, che si diffusero, assumendo anche i connotati di un'aspra critica al modo di vita del clero, lontano dalla povertà e dalla semplicità predicate dal Vangelo. Queste posizioni si affermarono anche tra le masse popolari, mettendo in grave pericolo l'autorità e l'influenza della Chiesa, che le affrontò con dure e violente persecuzioni. Nel XVI secolo in Germania e in Svizzera sorse il movimento protestante, che diede origine a un cristianesimo non cattolico che si separò dalla Chiesa romana ed è oggi diffuso soprattutto nell'Europa centrale e settentrionale. Nell'età contemporanea il concetto di eresia è andato progressivamente perdendo il proprio significato originario, in particolare perché la progressiva espansione di una mentalità e di una cultura laiche hanno fatto sì che ampi settori della società siano giunti a non porsi neppure la questione dell'autorità della Chiesa, o a respingerla integralmente. L'ultimo conflitto dottrinario in seno al cattolicesimo è emerso negli anni Sessanta del Novecento quando, in contrasto con la decisione del Concilio Vaticano II (1962-1965) di riconoscere la legittimità di ogni religione e di rinnovare profondamente la pratica liturgica, il vescovo francese Marcel Lefebvre fondò il movimento della «Fraternità sacerdotale San Pio X» allo scopo di mantenere i riti tradizionali cattolici. Nel 1976 fu sospeso *a divinis* (ovvero gli fu imposto il divieto di celebrare i sacramenti) e nel 1988, quando Lefebvre ordinò di propria iniziativa quattro vescovi, fu scomunicato (tale provvedimento è stato annullato da papa Benedetto XVI nel 2009).

Dittico in avorio del IV secolo d.C. con le allegorie delle città di Costantinopoli e di Roma. Vienna, Kunsthistorisches Museum.

considerandolo solo un intermediario tra Dio e gli uomini. Costantino stesso propose una mediazione ai vescovi presenti, basata sull'idea che Padre e Figlio fossero della stessa sostanza: da qui derivava la divinità di entrambi. I vescovi seguaci della teoria di Ario (detta **arianesimo**), che non accettarono la proposta furono mandati in esilio, lontano dalle loro diocesi e l'arianesimo venne ufficialmente condannato come eresia senza tuttavia scomparire (si diffuse ampiamente tra i barbari, Germani e Goti).

In seguito a questa condanna apparve chiaro quali fossero gli svantaggi che potevano derivare al Cristianesimo dal **cesaropapismo**, cioè dall'**ingerenza del potere politico nel campo dottrinale** e nella stessa **vita ecclesiastica**, dove l'imperatore si assumeva il compito di decidere in merito a questioni delicate come l'autonomia dei vescovi.

L'unificazione dell'impero L'**alleanza fra Costantino e Licinio** resse fino a che Costantino, una volta consolidato il suo potere in Occidente decise di eliminare l'ostacolo che ancora si frapponeva alla realizzazione del suo progetto: **diventare unico imperatore**. In ciò fu favorito dallo stesso comportamento di Licinio che, dopo una fase di tolleranza verso i cristiani, nel 320 d.C. era passato a forme di repressione. Costantino riuscì a sconfiggere il suo avversario ad Adrianopoli e a Crisopoli (324 d.C.) e rimase unico imperatore, in grado di perseguire una politica di rigoroso **assolutismo**. Dopo queste vittorie cominciarono i lavori per la **fondazione di Costantinopoli**, la «nuova Roma». La città, sviluppatasi dall'antica Bisanzio (attuale Istanbul), venne abbellita con basiliche, palazzi, opere d'arte. Gli abitanti più poveri ricevevano gli stessi benefici della plebe romana: elargizioni e spettacoli del circo. Qui Costantino stabilì la sua residenza, gettando le basi per la creazione dell'impero romano d'Oriente. Costantino governò l'impero fino alla morte, avvenuta nel 337 d.C.

Verifica immediata

1 Indica i principali avvenimenti storici che accaddero nel corso degli anni di seguito elencati.
  1 305 d.C.: ....
  2 312 d.C.: ....
  3 313 d.C.: ....
  4 325 d.C.: ....

2 Definisci i seguenti termini ed espressioni.
  1 Libertà di culto: ....
  2 Concilio: ....
  3 Arianesimo: ....
  4 Cesaropapismo: ....

3 Scrivi un breve testo sui rapporti fra Costantino e la Chiesa che contenga tutti i termini definiti nell'esercizio precedente.

capitolo 2 Il Cristianesimo e l'impero

Basilica cristiana raffigurata in un mosaico del V secolo d.C. Parigi, Museo del Louvre.

3. Chiesa e impero dopo Costantino

? Perché fallì il tentativo dell'imperatore Giuliano di tornare ai princìpi del mondo classico?

Giuliano l'Apostata e la restaurazione del paganesimo La morte di Costantino (337 d.C.) riaprì una dura **lotta per la successione** tra i figli dell'imperatore. Prevalse Costanzo, che salì al trono con il nome di **Costanzo II**, il quale associò al trono il cugino **Giuliano**. Quando morì Costanzo nel 361 d.C., Giuliano restò solo al comando. Egli passò alla storia con il nome di **Giuliano l'Apostata** (361-363 d.C.), perché aveva **ripudiato la religione cattolica** alla quale era stato educato con l'obiettivo di **restaurare il paganesimo** come religione dell'impero.

Giuliano, che intendeva essere un **imperatore-filosofo**, come era stato Marco Aurelio al quale si ispirava, era convinto della **superiorità della filosofia classica** rispetto alla religione cattolica e della bontà di un ideale educativo basato sui grandi scrittori dell'antichità. Per questo emanò un editto che escludeva dall'insegnamento i maestri cattolici, giudicati incompatibili con un modello educativo fondato sui **valori della classicità**.

La sua politica, tuttavia, era destinata al **fallimento**. Non trovò infatti alcun appoggio né tra i ceti ricchi e privilegiati che erano stati favoriti da Costantino, né tra il popolo che era sempre stato estraneo alla cultura delle élites aristocratiche dell'impero.

? Quali furono le conseguenze dell'editto di Tessalonica?

La politica religiosa di Teodosio Un passo decisivo verso l'**integrazione del Cristianesimo nelle strutture dell'impero** fu compiuto da **Teodosio** (369-395 d.C.), uno dei migliori generali del tempo, di origini spagnole. Dapprima al governo dell'Oriente, in seguito alla divisione dell'impero in due parti voluta da **Valentiniano** (364-375 d.C.), dopo la morte dell'imperatore d'Occidente Graziano (383 d.C.), rimase unico titolare del potere imperiale. Teodosio era un **imperatore cristiano** anche per tradizioni familiari e i problemi dei rapporti tra Stato e Chiesa furono al centro dei suoi interessi. Secondo Teodosio la religione pagana andava estirpata dalla società. Per questo promulgò nel 380 d.C. l'**editto di Tessalonica** in cui proclamava il **Cristianesimo religione di Stato**. Nel concilio di Costantinopoli del 381 d.C. sostenne Ambrogio, vescovo di Milano, nella sua lotta contro l'eresia ariana; tra il 392 e il 393 d.C. proibì i riti religiosi pagani, anche se compiuti in forma privata, e i sacrifici di animali. Le resistenze pagane erano tuttavia ancora forti e ciò diede origine a una politica di **persecuzioni** che questa volta colpì coloro che non avevano aderito al Cristianesimo.

Nel mondo pagano si distinguevano diversi ambiti. Esisteva anzitutto il **paganesimo delle campagne**, da cui

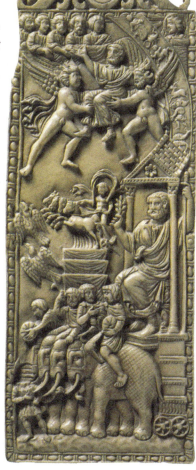

Pannello in avorio che mostra la divinizzazione dell'imperatore Giuliano, 400 d.C. ca. Londra, British Museum.

deriva lo stesso nome di «pagani» (dal latino *pagus*, «villaggio»). Questa forma di paganesimo affondava le sue radici nell'attaccamento contadino alle antiche consuetudini e ai riti legati al mondo rurale.

Un'altra **forma di paganesimo** era quella **professata dall'aristocrazia romana**, che era rimasta fedele alle vecchie tradizioni della grande Roma imperiale di un tempo.

Non era facile per questi aristocratici abbandonare tutto un mondo fatto di ricordi impressi nei monumenti, nei testi antichi, nella memoria collettiva delle famiglie.

Per questo gli imperatori cristiani finirono per autorizzare, tra la fine del IV e l'inizio del V secolo d.C., gli antichi culti pagani, purché professati nelle case private.

Anche il **paganesimo orientale**, diverso perché influenzato soprattutto da concezioni filosofiche, manteneva solide radici nella società. Le tradizioni pagane non potevano essere annullate con la sola forza dei decreti e la diffusione della religione cattolica fu il risultato di un lungo processo che non ebbe ovunque gli stessi risultati.

Il fatto che il Cristianesimo con Teodosio fosse divenuto religione di Stato rese più **stretto** il **vincolo tra religione e politica** e il Cristianesimo dovette rinunciare al rigore di alcuni princìpi originari per accettare gli inevitabili **compromessi con il potere**. La religione cristiana da perseguitata o tollerata divenne la religione ufficiale dell'impero e iniziò a **godere dei privilegi dapprima riservati al paganesimo**. Un evidente segno di questa transizione sono le testimonianze architettoniche e iconografiche. Le prime comunità cristiane si riunivano nelle case private per celebrare i riti del culto o nelle modeste cappelle vicine alle catacombe (cimiteri esterni alla cinta muraria); da Costantino in poi si cominciarono a costruire, con fondi imperiali, **grandiose chiese**. Il **clero cristiano** andò a sostituire la vecchia casta sacerdotale e ne ereditò i privilegi: non era soggetto al pagamento delle tasse, riceveva beni in eredità per la Chiesa, era esonerato da pesanti doveri e responsabilità pubbliche. La conseguenza fu la perdita della semplicità dei costumi che caratterizzava le prime comunità cristiane e il rischio di «**mondanizzazione**», legata al progressivo arricchimento e alla crescita di importanza sociale. Il battesimo, che prima esponeva al rischio di persecuzioni e martirio, divenne un privilegio. Di contro, la Chiesa doveva subire l'**ingerenza dell'imperatore**, che si considerava **arbitro supremo** della nuova religione statale.

Il documento

L'editto di Tessalonica

L'editto di Tessalonica, promulgato da Teodosio nel 380 d.C., è più restrittivo del precedente editto di Costantino del 313 d.C. A meno di 70 anni di distanza, infatti, Teodosio proibisce tutti i culti tranne quello cristiano. L'affermazione della religione cristiana, a lungo perseguitata, si trasforma nella negazione del diritto degli altri a professare liberamente il proprio credo, qualunque esso sia.

Nessuno deve macchiarsi col sangue delle vittime, sacrificare un animale innocente, entrare nei santuari, frequentare i templi e adorare statue scolpite da mano d'uomo, sotto pena di sanzioni divine e umane.
Questa disposizione deve essere ugualmente applicata ai «giudici»[1] perché se uno di loro, devoto a un rito pagano, penetra in un tempio per venerarne gli dei, ovunque sia in viaggio o in città, sarà immediatamente obbligato a versare quindici libbre[2] d'oro.

1 **giudici:** alti funzionari imperiali.
2 **libbre:** presso i Greci e i Romani, una libbra corrispondeva a circa 300 grammi.

GLI IMPERATORI DEL IV SECOLO d.C.

Costantino	306-337	Concessione della libertà di culto. Reclutamento nell'amministrazione pubblica di funzionari cristiani. Fondazione di Costantinopoli.
Costante	337-350	Imperatore d'Occidente.
Costanzo II	337-361	Imperatore d'Oriente, poi imperatore unico alla morte di Costante. Difesa dei confini orientali nelle guerre romano-persiane.
Giuliano l'Apostata	361-363	Tentativo di restaurare il paganesimo e i valori della classicità.
Valentiniano	364-375	Imperatore d'Occidente.
Valente	364-378	Imperatore d'Oriente.
Graziano	375-383	Imperatore d'Occidente.
Teodosio	379-395	Prima imperatore d'Oriente, poi imperatore unico dal 383. Riconoscimento del Cristianesimo come religione di Stato.

Verifica immediata

1 Scegli l'alternativa corretta e motiva la tua scelta.

La politica di Giuliano l'Apostata:

a fallì in breve tempo.
b ebbe pochi seguaci.
c fu un successo.
d fu accettata solo dalle classi colte.

2 Quale provvedimento emanò Teodosio riguardo al Cristianesimo? Qual era il suo contenuto?

3 Chiarisci i mutamenti che avvennero nei seguenti ambiti dopo l'editto di Tessalonica.

1 Mondo pagano – 2 Rapporti religione-politica – 3 Clero cristiano – 4 Costumi dei cristiani

Come facciamo a sapere

Il Cristianesimo delle origini

Oltre alla *Historia Augusta*, alle *Storie* di Ammiano Marcellino, già presentate come importanti fonti nel capitolo precedente, sul Cristianesimo delle origini abbiamo le testimonianze dello storico Eusebio di Cesarea – in Palestina –, dove fu vescovo dal 313 al 340 d.C., anno della morte. La sua opera più importante è la *Storia ecclesiastica*, una storia della Chiesa nei suoi primi tre secoli, corredata da una serie di documenti della Chiesa primitiva. Largo spazio viene dato anche ai concili e alle dispute dottrinali, sempre con riferimento ai testi.

Le persecuzioni contro i cristiani

Sulle persecuzioni contro i cristiani, è una fonte significativa il *De mortibus persecutorum* (318 d.C. ca) dello scrittore Lattanzio (250-325 d.C. ca). Di origine africana, fu un retore di chiara fama. Convertitosi al Cristianesimo, in quest'opera vuol dimostrare come l'ira di Dio si sia sempre abbattuta su tutti gli imperatori che hanno perseguitato i cristiani.

Costantino e l'editto di Milano

Zosimo, uno storico bizantino vissuto fra la seconda metà del V e gli inizi del VI secolo d.C., è autore di un trattato di storia intitolato *Nuova Storia* che parte da Augusto e arriva fino alla caduta dell'impero romano d'Occidente. Negli ultimi cinque libri parla di Costantino e dei suoi successori. Essendo pagano, considera la politica di Costantino e di Teodosio a favore della Chiesa e del Cristianesimo come un grave errore, causa della decadenza di Roma.

Le eresie e i rapporti con la cultura pagana

Nella sua opera *Adversus haereses* (*Contro gli eretici*), il vescovo di Lione Ireneo (130-200 d.C. ca), di origine greca, confuta le maggiori eresie con notevole chiarezza espositiva dogmatica.
Flavio Clemente (noto come Clemente Alessandrino), nato intorno al 150 d.C., nella sua opera, *il Protrettico*, evidenzia i punti di contatto e di contrasto tra le verità cristiane e i principali filosofi greci (Platone, Aristotele, Epitteto, Eraclito…).
Tra gli apologeti (scrittori difensori della fede cristiana), va ricordato Giustino, autore di due *Apologie*. Nato intorno al 100 d.C. in Palestina, egli attraversa le varie scuole filosofiche del tempo (stoica, pitagorica e platonica). Convertitosi al Cristianesimo, diventa un brillante apologeta.

La diffusione della nuova religione nell'impero e le persecuzioni

Fra il I e il II secolo la fede cristiana si era diffusa all'interno della società romana. I cristiani erano però considerati sovversivi, in quanto la loro concezione della vita fondata sull'amore verso il prossimo e il senso di giustizia metteva in discussione i valori fondamentali della tradizione romana. Inoltre, essi erano politicamente disobbedienti, in quanto rifiutavano di venerare l'imperatore.

Nel III secolo ebbero inizio le persecuzioni più violente e sistematiche degli imperatori contro i cristiani, anche se già prima c'erano stati processi e condanne. La svolta si ebbe con Decio, che impose ai cristiani di sacrificare all'imperatore e stabilì pene severe per coloro che si fossero rifiutati. Nel 303-304 d.C., Diocleziano emanò quattro editti che prevedevano la confisca dei beni dei cristiani e la loro esclusione dalle cariche pubbliche, la reclusione del clero, la distruzione delle chiese, la proibizione delle riunioni e dei riti. Né le condanne a morte, né le torture e il rogo riuscirono, tuttavia, a fermare i cristiani che seppero resistere a ogni persecuzione.

Particolare di affresco dalle catacombe dei Santi Marcellino e Pietro a Roma, IV secolo d.C.

Costantino e l'affermazione del Cristianesimo

Diventato imperatore nel 306 d.C., Costantino riuscì a sconfiggere il rivale Massenzio nella battaglia al Ponte Milvio (312 d.C.). Durante il suo regno (durato fino al 337 d.C.) realizzò importanti riforme, quali il rafforzamento dell'esercito, il conio della moneta aurea e l'edificazione di Costantinopoli, che scelse come sua residenza. Un netto cambiamento nei rapporti tra impero e Cristianesimo fu segnato dall'editto del 313 d.C. con il quale l'imperatore riconosceva libertà di culto a tutte le religioni dell'impero, compresa dunque quella cristiana. Con Costantino si realizzò una vera e propria alleanza tra l'impero e la Chiesa cristiana: egli trovò nella Chiesa un sostegno per la sua politica di governo assoluto e la Chiesa poté sviluppare in piena sicurezza la sua opera di proselitismo. Costantino vedeva nell'unità del cattolicesimo le condizioni per l'unità dell'impero e per questo si impegnò a combattere le eresie come quella di Ario, sconfessata nel Concilio di Nicea del 325 d.C.

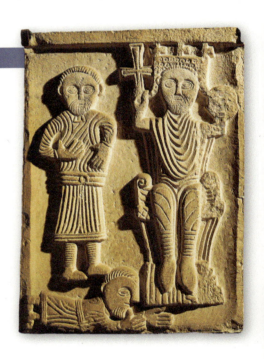

Costantino in trono con i simboli della regalità, bassorilievo del IV secolo d.C. Spalato, Museo Archeologico.

Chiesa e impero dopo Costantino

Un tentativo di ripristinare il paganesimo fu compiuto dall'imperatore Giuliano l'Apostata che, rinnegata la religione cristiana alla quale era stato educato, restaurò il culto delle antiche divinità, scelse come modello educativo quello della classicità greco-romana e proibì l'insegnamento ai maestri cattolici. Il tentativo non ebbe successo e, alla sua morte, l'impero tornò alla politica costantiniana.

Quando divenne imperatore Teodosio, cristiano per tradizione familiare, i rapporti tra Chiesa e impero ebbero una svolta importante: con l'editto di Tessalonica del 380 il cattolicesimo fu proclamato religione di Stato e tutti i culti pagani vennero proibiti.

Stele tombale proveniente da Tabarka (Tunisia), V secolo d.C. Tunisi, Musée National du Bardo.

Il problema: tiriamo le fila

Il nodo del problema

Quali furono le principali cause della crisi politica ed economica che colpì l'impero romano a partire dal III secolo d.C.?

Conclusioni

Tra i motivi della grave crisi che l'impero romano conobbe nel III secolo vi furono innanzitutto le sempre più frequenti **invasioni barbariche**, che in primo luogo portarono l'**esercito** ad assumere un potere sempre più grande e decisivo, sempre più capace di influenzare in maniera determinante le scelte politiche di Roma. Inoltre, le spese necessarie per mantenere la struttura militare – oltre a contribuire in modo notevole al dissesto del bilancio pubblico – costrinse Roma a un gravoso **inasprimento della pressione fiscale**, che mise in grande difficoltà il **settore agricolo** ma toccò anche le capacità produttive dell'**artigianato** e del **commercio**.

La crisi della produzione innescò l'aumento incontrollato dei prezzi e l'**inflazione** fu aggravata dalla **politica monetaria** adottata dagli imperatori, che incrementarono la massa di denaro circolante battendo nuova moneta di scarso pregio (priva di metallo prezioso o con quantità limitate di esso): ne derivò una forte **svalutazione** che incise negativamente sul potere d'acquisto della popolazione.

Un altro elemento destinato a mettere in difficoltà l'assetto dello Stato romano fu il progressivo distacco da Roma delle **province**. Proprio mentre l'Italia perdeva a poco a poco il ruolo centrale che aveva a lungo rivestito nell'impero, le province, che avevano conosciuto un forte sviluppo negli ultimi secoli e rappresentavano ormai la parte più vitale dello Stato romano, cominciarono a pretendere maggiore autonomia e diedero vita a numerose **rivolte** che indebolirono l'unità e la compattezza politica e territoriale dell'impero.

La crisi dell'impero romano

Fatti e fenomeni

La debolezza dell'impero Il modello politico creato da Augusto presentava un punto di debolezza: la **successione**. Sul piano istituzionale, Roma non era diventata una vera monarchia e non era prevista la trasmissione ereditaria della carica di imperatore; inoltre, il nuovo imperatore doveva essere approvato dal senato. Ciò rese molto delicata la fase della successione, che spesso inaugurava un periodo di conflitti e di scontri. Alcuni successori di Augusto, come Caligola, Nerone e Domiziano, tentarono di trasformare l'impero in una monarchia ereditaria, ma furono bloccati dall'opposizione del senato. Si inaugurò così la fase del **principato adottivo** (dal 96 al 180 d.C.), durante la quale gli imperatori in carica sceglievano i successori tra i senatori sulla base del merito, per le loro qualità.

Scena di battaglia tra Romani e barbari, particolare, III secolo d.C. Roma, Musei Capitolini.

La crisi Nel 166 d.C., durante il principato di Marco Aurelio, cominciò a profilarsi il pericolo delle invasioni barbariche e, a partire dal III secolo d.C., iniziò la vera e propria **crisi dell'impero**. Tale crisi toccò innanzitutto l'ambito **politico**: una forte instabilità di governo (tra il 238 e il 284 d.C. a Roma si susseguirono ben ventuno imperatori) determinò una progressiva perdita di autorità e di prestigio della carica imperiale e una progressiva sfiducia nelle istituzioni da parte della popolazione. La crisi ebbe inoltre un risvolto **economico**, con un dissesto finanziario che determinò una pesante inflazione e, di conseguenza, la progressiva decadenza dell'agricoltura e delle attività commerciali. I tentativi di risolvere la crisi, compiuti da imperatori quali Diocleziano e Costantino, non ebbero successo e, tra il IV e il V secolo, la bufera scatenata da nuove **invasioni barbariche** – Ostrogoti, Visigoti, Alani, Vandali, Svevi e Unni varcarono ripetutamente i confini del Reno e del Danubio devastando i territori dell'impero – diede la spinta finale verso il **crollo** definitivo dell'impero romano d'Occidente.

Attività

1 Inserisci nella seguente tabella gli sviluppi politico-istituzionali attraverso i quali, nelle epoche indicate, si tentò di risolvere il problema della successione.

EPOCA	SVILUPPI POLITICO-ISTITUZIONALI
I secolo d.C.	
96-180 d.C.	

2 Completa la seguente tabella relativa ai principali aspetti della crisi dell'impero romano.

	AMBITO	ASPETTI DELLA CRISI
Crisi dell'impero romano		

VERSO LE COMPETENZE

unità 2 — La crisi del III secolo

3 Rispondi alla seguente domanda, poi confronta la tua ipotesi con la successiva spiegazione.

Quali conseguenze politiche ebbe l'intensificazione degli scontri armati con i barbari?

....

....

....

SPIEGAZIONE

Le difficoltà militari create dalle popolazioni barbariche, che iniziarono a premere sulle frontiere dell'impero, cominciarono a determinare una **forte instabilità** che condusse, sotto la dinastia dei Severi (dal 192 al 235 d.C.), a profonde trasformazioni politiche. La crisi portò l'**esercito** ad assumere un potere sempre più grande e a influenzare le scelte politiche di Roma. Alla morte di Alessandro Severo si aprì un periodo di anarchia militare, che durò cinquant'anni e sconvolse economia e istituzioni. Gli eserciti proclamavano e deponevano di continuo, con la forza, gli imperatori che, di fatto, non avevano più alcun potere.

4 Analizza i seguenti documenti, svolgi le attività richieste e infine rispondi a questa domanda:

Quali furono le principali cause della crisi che colpì l'impero romano dal III secolo d.C.?

DOCUMENTO 1.   I barbari   H. Pirenne, *Storia d'Europa*

Nel seguente brano lo storico francese Henri Pirenne evidenzia come, alla fine del IV secolo, le migrazioni verso occidente delle popolazioni barbariche rappresentarono un grave problema per la stabilità dell'impero romano.

L'invasione degli Unni in Europa (375) pose bruscamente in risalto tutta la sua gravità. [...] Davanti ad essi gli Ostrogoti rifluirono in disordine; i Visigoti, premuti dal loro arretramento, furono spinti verso la frontiera del Danubio e chiesero di passare. L'avvenimento era stato così improvviso che non si era potuto prendere nessun provvedimento. Non era stato previsto nulla. Il terrore stesso dei Visigoti dimostrava che essi non avrebbero esitato a ricorrere alla forza se la loro richiesta fosse stata respinta. Così fu loro permesso di passare, ed essi transitarono per giorni e giorni sotto gli occhi stupefatti delle guardie romane. [...] Era tutto un popolo che emigrava, condotto dal suo re. Ma proprio in questo stava il pericolo della situazione. Che fare di questi nuovi venuti? Ci si trovava di fronte a una nazione che aveva lasciato definitivamente il suo territorio per occupare una patria nuova. Questa patria bisognava dunque trovarla nell'impero e ammettere a vivere sotto la sovranità romana un popolo che avrebbe conservato le proprie istituzioni e il suo re. [...] La prima conseguenza fu che la ribellione dei Visigoti, scoppiata poco dopo (378), assunse un carattere sconcertante. Era in realtà la sollevazione di un popolo straniero che nel seno stesso dell'Impero esigeva delle terre e una sistemazione stabile.

(H. Pirenne, *Storia d'Europa dalle invasioni al XVI secolo*, Sansoni, Firenze 1956)

---

1 Perché l'emigrazione dei Visigoti rappresentò un grave problema per l'impero romano?

....

DOCUMENTO 2.   La decadenza di Roma   Cipriano, *Epistulae*

Lo scrittore cristiano Cipriano (200-258 d.C.), nel suo epistolario, descrive con efficacia la crisi economica e sociale che colpì il mondo romano a partire dal III secolo.

In minore quantità escono lastre di marmo dai monti scavati e impoveriti, le miniere esaurite danno minore quantità di oro e di argento e le vene impoverite si esauriscono giorno per giorno. Diminuisce il numero dei contadini nei campi, dei naviganti sui mari. È scomparsa l'onestà del foro, la giustizia nei tribunali, la concordia nell'amicizia. Ti lamenti perché il nemico preme, come se, qualora mancasse il nemico, potesse esserci la tranquillità in tempo di pace; come se, una volta allontanate le armi e i pericoli dei barbari, all'interno non infurierebbero più feroci e più gravi le lotte civili per le calunnie e le violenze dei potenti.

(Cipriano, *Epistulae*, I, 23)

2 Quali problemi economici e sociali affliggono l'impero, secondo lo scrittore romano Cipriano?

....

> **DOCUMENTO 3.** **L'editto dei prezzi (301 d.C.)**
>
> *Per far fronte alla grave crisi economica e finanziaria che si era abbattuta sull'impero romano, nel 301 l'imperatore Diocleziano emanò la seguente legge.*
>
> È dunque volontà nostra che i prezzi segnati nella seguente tabella non siano aumentati in nessuna parte del nostro impero, senza tuttavia vietare che essi possano diminuire laddove si abbia abbondanza dei vari generi. E poiché risulta che anche i nostri antenati emanavano leggi repressive per contenere l'audacia con la paura, si ordina che chiunque violi questa legge sia punito con la pena di morte. La stessa pena colpirà gli accaparratori, come pure coloro che imboscheranno le merci necessarie all'alimentazione.
>
> (dall'*Editto dei prezzi* di Diocleziano)

3 Quali gravi problemi economici Diocleziano cerca di risolvere con questo editto?

....

> **DOCUMENTO 4.** **Le tasse e i problemi sociali**   A. Bachini, *Gli antichi Romani*
>
> *Diocleziano, così come avevano fatto altri imperatori prima di lui, fu costretto ad aumentare le tasse per pagare le crescenti spese militari, vista la necessità di combattere contro i barbari, con gravi conseguenze anche in campo sociale.*
>
> La condizione dei contadini liberi peggiorò in modo drastico. L'imperatore Diocleziano, per assicurare allo Stato regolari tasse in natura, vietò di fatto ai contadini di abbandonare la terra che lavoravano. Fissati alla terra, i contadini, che erano il novanta per cento della popolazione dell'impero, caddero di fatto in uno stato semi-servile, anticipando così la figura medievale del servo della gleba: stava finendo l'era del cittadini libero, tipica del mondo antico.
>
> (A. Bachini, *Gli antichi Romani*, Giunti, Firenze, 2007)

4 A che cosa era dovuto il continuo aumento delle tasse, e quali conseguenze provocò?

....
....

Conclusioni

Le cause della decadenza A partire dal III secolo d.C. iniziò un progressivo decadimento dell'impero dovuto a una serie di cause. Sul piano politico, l'**esercito** aveva raggiunto un potere enorme e influenzava in maniera decisiva l'elezione degli stessi **imperatori**, il cui ruolo era quindi sempre più debole (molti imperatori furono uccisi in congiure e attentati): la confusione e l'instabilità politica determinarono fra la popolazione un forte senso di insicurezza e di sfiducia nel governo. Le **province** diventarono sempre più insofferenti nei confronti del dominio romano: il malumore iniziò a sfociare in violente rivolte tese ad ottenere maggiore autonomia. La **pressione dei barbari**, stanziati ai confini nord-orientali dell'impero, era diventata sempre più forte e costituiva una seria minaccia per la stabilità di Roma: sempre più numerose divennero le incursioni dei barbari nel cuore dell'impero. Sul piano economico, lo sforzo militare necessario per difendere i confini dell'impero aveva costretto Roma a un costante **aumento delle tasse**, che pesò soprattutto sui contadini e sull'agricoltura (le campagne si spopolarono), ma toccò anche l'**artigianato** e il **commercio**, che entrarono in crisi. L'**inflazione** e la **svalutazione** della moneta peggiorarono ulteriormente le condizioni di vita dei cittadini.

VERSO LE COMPETENZE ✳   unità 2   La crisi del III secolo

Le misure per affrontare la crisi Diocleziano (285-305 d.C.) cercò di fronteggiare la crisi, ma non riuscì a eliminare le tensioni per la successione, che sfociarono in ancora più violente lotte tra i candidati, e non riuscì a migliorare l'economia. Il successore Costantino nel 331 fondò **Costantinopoli**, la nuova capitale dell'impero, sia per sottrarre potere alle vecchie aristocrazie romane sia per ragioni strategiche, essendo ormai l'Oriente la parte più stabile ed economicamente sviluppata dell'impero. Successivamente, Teodosio sancì la divisione dell'impero in due parti, Oriente e Occidente, assegnando la parte orientale al figlio maggiore Arcadio e la parte occidentale al figlio minore Onorio. Da questo momento l'evoluzione economica e politica delle due parti seguì percorsi indipendenti: l'Oriente, ricco di città dedite ai commerci e con una cultura fiorente si contrapponeva a un Occidente colpito da invasioni barbariche, crisi agricola, spopolamento, decadenza delle città.

Verifica

1 Completa il seguente schema inserendo le principali cause della crisi dell'impero romano.

2 Definisci brevemente le seguenti espressioni.
  1 Inflazione: ....
  ....
  2 Svalutazione della moneta: ....
  ....

3 Spiega perché Costantino e Teodosio divisero l'impero romano tra Oriente e Occidente.
....
....
....
....
....
....
....

Storia settoriale 1

Produzione, macchine, energia
1. L'artigianato nell'età imperiale
2. Produzione e tecnologia nell'impero romano

Mercati, capitali, imprese
1. L'impero romano e il commercio
2. Moneta e svalutazione nell'impero romano

Viaggi e trasporti
1. Viaggiando nell'impero
2. Strade e mezzi di trasporto nell'impero romano

Ambiente e territorio
1. Agricoltura e investimenti fondiari nell'età imperiale
2. L'alimentazione nella Roma imperiale
3. Città e opere pubbliche nell'impero romano

1. L'artigianato nell'età imperiale

La produzione manifatturiera in Italia e nelle province

La formazione dell'impero romano favorì lo **sviluppo delle attività artigianali**, in Italia e nelle province, poiché l'aumento della popolazione, la diffusione di un più elevato tenore di vita e la costruzione di grandi opere, pubbliche e private, fecero sì che fiorissero nello Stato romano numerose manifatture, destinate a soddisfare le ragguardevoli **esigenze di consumo** della capitale e delle altre città.

Roma raggiunse un primato assoluto nella fabbricazione degli **oggetti di lusso**, in particolar modo oggetti in metalli preziosi come gioielli e coppe cesellate, ma anche nel resto della penisola numerosi laboratori artigiani si specializzarono nella fabbricazione di manufatti pregiati come oggetti in bronzo, in terracotta e in vetro, attività che raggiunse livelli di assoluta eccellenza in Campania, Puglia e Sicilia. Altri importanti centri di produzione di **ceramiche** e **vetri** furono Arezzo in Toscana, Aquileia in Friuli, Pola nella regione istriana.

La produzione artigiana si sviluppò anche **nelle province**, dove la conquista romana innalzò il livello di civiltà e rese così possibile la nascita di **manifatture locali**, agevolate nella loro attività dalla costante richiesta di merci proveniente dall'Italia e dalla significativa espansione dei trasporti e delle vie di comunicazione. I manufatti provenienti dalle province orientali – merci rare e ricercate, prodotte nelle fabbriche locali o giunte ai loro porti dalle regioni più interne – giunsero sovente a fare **concorrenza ai prodotti fabbricati dai laboratori artigianali italici**: fu questo il caso degli oggetti preziosi in avorio e vetro e dei tessuti fabbricati in Egitto, dei tappeti e dei tessuti in lana provenienti dall'Asia Minore, dei profumi e degli aromi importati dall'Arabia.

In Occidente le regioni in cui l'attività artigianale era più evoluta erano la **Gallia** e la **Spagna**. La provincia transalpina, un'area ricca di minerali, divenne nota in particolare per la lavorazione del bronzo e dei metalli preziosi e, inoltre, per la realizzazione di vasi d'argilla, tessuti in lana (soprattutto mantelli e stoffe) e calzature – le cosiddette *gallicae* – che si diffusero in tutto il mondo romano. In Spagna vi erano rinomate fabbriche di ferro e importanti centri di produzione laniera. Altre regioni note per i loro prodotti artigianali furono infine il Norico (regione corrispondente all'attuale Austria), dove si fabbricavano armi, la regione del Reno per il vasellame, la Batavia (l'attuale Olanda) per una particolare tintura rossa per i capelli (la spuma batava), composta di sego e cenere.

Ritratto di donna con indosso raffinati gioielli proveniente da El Fayum (Egitto), IV secolo d.C. Parigi, Museo del Louvre.

Bracciale in oro a forma di serpente rinvenuto a Pompei, I secolo d.C. Napoli, Museo Archeologico Nazionale.

Orecchini in oro e smeraldi di fattura gallica, III-IV secolo d.C. Lione, Musée de la Civilisation Gallo-Romaine.

La struttura delle imprese

Le attività artigianali romane non giunsero mai ad avere delle **strutture produttive** di alto livello tecnologico e organizzativo. La limitatezza delle fonti di energia – essenzialmente umane e animali – e l'inadeguatezza dei trasporti, lenti e scomodi, inoltre, non consentirono alle fabbriche di epoca imperiale di assumere dimensioni particolarmente grandi.

Concentrazioni produttive di una certa ampiezza si ebbero soltanto in due settori, quello dell'**edilizia** e quello delle **cave di marmo**.

Nel **campo delle costruzioni** di grandi edifici monumentali e di abitazioni private si formarono **grandi imprese** che davano lavoro a migliaia di operai, alcuni dei quali altamente specializzati (muratori, falegnami, demolitori), e alimentavano una serie di attività complementari come la realizzazione di impianti idraulici e la decorazione degli interni. **Abili artigiani** erano richiesti infatti per abbellire i pavimenti, eseguire mosaici, applicare vetri e lastre di talco alle pareti, decorare di motivi ornamentali gli stucchi delle pareti.

Vaso in argilla rossa proveniente dalla Gallia. Alessandria d'Egitto, Museo Greco-Romano.

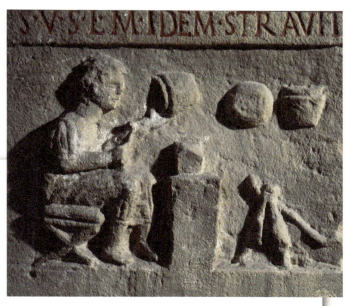

Un vasaio ritratto nella sua bottega, bassorilievo del I secolo d.C. Roma, Museo della Civiltà Romana.

Il documento

La produzione della ceramica in epoca imperiale

S. Pallecchi, *Le grandi manifatture di anfore tra tarda repubblica e impero*

Il seguente brano dello studioso S. Pallecchi ricostruisce le varie fasi della produzione della ceramica nell'età imperiale romana.

Prima di poter essere tornita, l'argilla doveva essere sottoposta a una serie di operazioni di depurazione e di stagionatura, che la trasformassero in un impasto omogeneo e stabile. [ ] Si può ipotizzare che la depurazione e la stagionatura dell'argilla avessero luogo in locali non troppo distanti dalla cava o, comunque, posti nelle immediate vicinanze di uno degli accessi allo stabilimento, in maniera da abbreviare il più possibile distanze e tempi nei percorsi dell'argilla e dell'acqua. All'interno di questi ambienti possiamo immaginare la presenza di piani, vasche o fosse per la battitura e la stagionatura dell'argilla e di vasche di decantazione. [ ] Una volta depurata e adeguatamente miscelata con gli smagranti necessari a garantirne la stabilità e la resistenza al calore della cottura, l'argilla veniva verosimilmente trasportata all'interno dei locali per la tornitura. […] I locali adibiti allo svolgimento di queste operazioni possono forse essere immaginati come grandi corti porticate all'interno delle quali, a distanza regolare, potevano essere posizionate le postazioni degli artigiani tornitori. In questi locali, le varie parti delle anfore venivano lavorate al tornio, probabilmente in serie, e poste ad asciugare all'ombra. […] In sequenza con la corte dei torni e con l'area della prima essiccatura si trovava forse un locale in cui le varie parti dell'anfora venivano assemblate, ancora una volta sul tornio, con l'utilizzo di argilla fresca. Se si ipotizza che la struttura degli impianti fosse organizzata in maniera da accogliere una linea di produzione continua, per lo svolgimento di queste operazioni si deve forse immaginare l'esistenza di una seconda corte di tornitura, di dimensioni inferiori rispetto alla prima e, come quella, dotata di un'area coperta in cui l'essiccazione delle anfore veniva completata.

(S. Pallecchi, *Le grandi manifatture di anfore tra tarda repubblica e impero*, in *Rei Cretariae Romanae Fautorum Acta* 41, Atti del Convegno, 2010)

1. L'artigianato nell'età imperiale

PRODUZIONE, MACCHINE, ENERGIA

Falegnami al lavoro, affresco del I secolo d.C. rinvenuto a Pompei.

Una significativa articolazione e un buon livello qualitativo delle attività furono raggiunti, infine, dal **settore dell'abbigliamento**, stimolato da una costante richiesta di abiti di qualità da parte delle classi più agiate. L'intensa domanda favorì infatti la specializzazione dei lavoratori, tra i quali si divisero i compiti della fabbricazione dei tessuti, la cucitura delle vesti e la loro decorazione. In questo ambito grande sviluppo fra le manifatture romane ebbe anche l'**arte dei tintori**, in particolare quando fu introdotta in Italia la lavorazione della porpora, già da tempo nota presso i Fenici. Le tintorie italiche producevano una porpora di bassa qualità, ma erano molto attive e i tessuti tinti di porpora in Italia divennero di uso comune e furono impiegati per produrre abiti, tappezzerie, coperte.

A queste imprese, attive soprattutto nel Lazio e in altre regioni dell'Italia centrale, si affiancarono quelle destinate alla **produzione di laterizi** e altri **materiali da costruzione**, concentrate nel territorio della capitale e nella pianura Padana.
L'organizzazione imprenditoriale più moderna riguardò però l'**attività estrattiva del marmo a Carrara**. Il marmo, che iniziò a essere impiegato a Roma ai tempi di Cesare, divenne il più prezioso e ricercato materiale per la costruzione di edifici pubblici e privati, tanto che le cave passarono presto sotto la diretta amministrazione dello Stato. Si è calcolato che gli operai adibiti alle cave, in epoca imperiale, fossero circa 6000, per lo più schiavi. Organizzazioni lavorative di una certa ampiezza caratterizzarono anche altre miniere, come quelle destinate all'**estrazione del rame** presenti in Toscana.

Il lavoro artigiano

La maggior parte degli artigiani lavoravano nella propria **bottega**, coadiuvati da alcuni **dipendenti**, in gran parte schiavi. Le botteghe sorgevano perlopiù nei quartieri di periferia delle città, al pianterreno dei grandi palazzi popolari (le *insulae*) oppure in casupole e miseri tuguri.
La **manodopera servile**, largamente diffusa nelle manifatture romane, era solitamente divisa in squa-

Stele raffigurante gli strumenti del tintore.
Roma, Museo della Civiltà Romana.

PRODUZIONE, MACCHINE, ENERGIA

1. L'artigianato nell'età imperiale

dre, poste sotto la direzione di un capo-tecnico, che costituivano delle unità di lavoro indivisibili chiamate *officinae*. Ciascun lavoratore era assegnato a una squadra sulla base delle proprie capacità individuali, cosicché queste unità di lavoro assumevano le caratteristiche di **gruppi chiusi di lavoratori specializzati**, il cui lavoro si combinava con quello di altre squadre.

La presenza della manodopera servile, tuttavia, non ostacolò l'attività degli **operai liberi**, le cui prestazioni rimasero assai richieste a Roma e nelle altre città dell'impero. A Roma i lavoratori indipendenti, così come gli apprendisti o garzoni, che attendevano al lavoro nella bottega degli artigiani, lavoravano per una **salario** a cottimo o a giornata; la giornata di lavoro durava fino al tramonto.

Bassorilievo raffigurante un calzolaio, II secolo d.C. Roma, Museo della Civiltà Romana.

Verifica immediata

1 Completa lo schema indicando le cause all'origine dei fenomeni indicati.

[..] → Sviluppo dell'artigianato in Italia

[..] → Sviluppo dell'artigianato nelle province

2 Scegli l'alternativa corretta.
Dalle province Roma importava:
- **a** solo generi voluttuari.
- **b** oggetti utili.
- **c** prevalentemente armi.
- **d** vari tipi di manufatti.

3 Completa la seguente asserzione scegliendo l'alternativa corretta.
A Roma le grandi imprese si affermarono soprattutto nel campo *edilizio / alimentare*, che diede lavoro a moltissimi *contadini / operai* e favorì *l'artigianato / l'agricoltura* e la produzione di *generi alimentari / materiale da costruzione*.

4 Da che cosa dipese la specializzazione dei lavoratori del settore dell'abbigliamento?
....

5 Scegli l'alternativa corretta.
La manodopera impiegata nelle botteghe artigiane era costituita da:
- **a** schiavi.
- **b** operai liberi.
- **c** schiavi e operai liberi.
- **d** lavoratori stranieri.

2. Produzione e tecnologia nell'impero romano

Una tecnologia poco sviluppata

La civiltà romana, nonostante avesse raggiunto notevoli livelli qualitativi in numerosi campi, **non conobbe un particolare sviluppo delle tecnologie produttive** e della meccanica, né in età repubblicana né in epoca imperiale. La tecnologia romana non ricevette impulsi tali da elevarne i progressi e ciò fu dovuto, probabilmente, al **carattere marcatamente locale delle manifatture**. L'elevato costo dei trasporti, unito a una diffusa presenza di manodopera e delle materie prime impiegate nei processi produttivi dalle fabbriche provinciali, fece sì che molti procedimenti tecnici restassero confinati nelle regioni in cui si erano sviluppati e, mancando la circolazione delle conoscenze tecniche, fu scoraggiata l'innovazione.

Secondo alcuni studiosi, inoltre, la consapevolezza della superiorità politico-militare dei Romani e l'orgoglio nazionale si estendevano anche in campo tecnologico, rendendo il mondo romano **scarsamente ricettivo a idee e stimoli esterni**; le attività tecniche, per di più, erano svalutate poiché non erano ritenute un mezzo di promozione sociale e la tecnologia non era percepita come uno strumento di progresso economico.

I Romani usavano varie **macchine** per sollevare carichi, ma parte di esse provenivano probabilmente dalla Grecia: nelle costruzioni venivano impiegate carrucole, verricelli e paranchi, mentre in campo militare costruirono arieti e torri mobili per assaltare le città fortificate.

Le principali innovazioni tecnologiche

Gli sviluppi tecnologici più innovativi avvennero nelle **tecniche di fabbricazione del vetro**, che nel II secolo d.C. giunsero in Italia dall'Egitto e si diffusero in tutta l'Europa occidentale. In particolare, gli artigiani dell'età imperiale si specializzarono nella **soffiatura**, che sostituì laboriosi e costosi procedimenti di colatura e formatura a caldo: riscaldando la pasta di vetro, il tecnico specializzato poteva soffiarla, ruotarla e farle assumere qualsiasi forma per realizzare oggetti come bicchieri, piatti, coppe e brocche. In questo periodo iniziò anche a essere prodotto **vetro incolore**, assai ricercato per realizzare oggetti di migliore qualità. In breve tempo il vetro si trasformò da bene di lusso a **merce molto comune** per i Romani, tanto che si diffusero oggetti semplici, prodotti da numerose manifatture regionali.

Alcuni recipienti in vetro di epoca imperiale. Vercelli, Museo Camillo Leone.

Innovazioni rilevanti avvennero inoltre in **campo metallurgico**, un settore particolarmente fiorente dell'economia imperiale romana, dove intorno al I secolo d.C. venne introdotto l'**uso del mercurio per estrarre l'oro** dal minerale grezzo: poiché l'oro si amalgamava col mercurio, trattando le rocce aurifere – dopo averle frantumate – con questo elemento, si otteneva una miscela dalla quale era agevole distillare oro puro.

Durante l'impero la metallurgia ebbe il suo centro più vitale **in Spagna**, dove venne messo a punto il cosiddetto **forno catalano** per produrre il ferro: dotato di due coppie di mantici, usati alternativamente per mantenere una fiamma costante, questo forno consentiva di produrre un ferro assai malleabile e facilmente lavorabile dai fabbri.

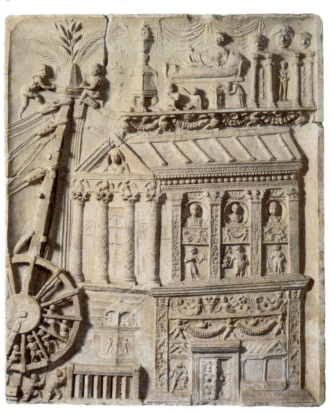

Nella parte sinistra di questo rilievo del II secolo d.C. è ben visibile una macchina utilizzata per la costruzione di edifici. Città del Vaticano, Musei Vaticani.

LE MINIERE D'ORO ROMANE

Nella Roma imperiale l'oro veniva estratto con mezzi molto rudimentali, come picconi di pietra o di bronzo, e il lavoro era solitamente compiuto da schiavi al servizio dello Stato, in quanto le miniere e i giacimenti erano generalmente monopolio statale. Lo Stato romano in alcuni casi concesse a privati alcuni appezzamenti sul fiume Po, dove si trovava oro alluvionale, ma in tali siti le quantità erano talmente scarse che nessun imprenditore riuscì mai ad arricchirsi. L'amministrazione delle miniere era affidata dallo Stato a vari *procuratores aurarium*, scelti tra i liberti e gli schiavi imperiali, che provvedevano alla gestione di tutte le miniere di una provincia, assumendo direttamente il personale tecnico necessario oppure affidandole in appalto ad appositi impresari.
Le maggiori quantità di metallo prezioso venivano estratte nelle miniere spagnole (secondo Plinio il Vecchio, nelle sole province di Asturie, Galizia e Lusitania si estraevano oltre 6,5 tonnellate d'oro ogni anno), in Gallia, in Britannia, in Transilvania e in Friuli, dove nel II secolo d.C. i giacimenti auriferi erano così abbondanti che folle di individui si recarono nella regione da tutta Italia, finendo tuttavia per essere cacciate dalle popolazioni locali. Generalmente l'oro veniva estratto dai giacimenti col lavaggio della sabbia, scavando dei pozzi nella roccia oppure frantumando interi costoni montuosi. Le condizioni in cui lavoravano i minatori erano durissime e sovente gli operai, che non vedevano la luce del sole per mesi interi, erano sottoposti a sforzi così pesanti da lasciarvi la vita. Anche per questo motivo, nelle miniere di solito venivano mandati i ribelli, i detenuti, i condannati ai lavori forzati e i cristiani.

La produzione energetica

Le principali alternative all'energia umana e animale, in età imperiale, furono i **mulini idraulici**, progettati fin dal I secolo a.C. da Vitruvio, ma che soltanto a partire dal IV secolo d.C. iniziarono a essere costruiti in dimensioni notevoli e a essere impiegati su vasta scala per la macinazione del grano. In precedenza, infatti, la **vasta disponibilità di manodopera** servile rendeva superfluo l'utilizzo di queste macchine, poiché era più economico fare ricorso al lavoro degli schiavi piuttosto che accollarsi i costi della costruzione dei mulini. Nella zona di Arles, in Provenza, agli inizi del IV secolo d.C. erano in funzione ben sedici ruote idrauliche, alcune con un diametro di oltre due metri, che azionavano macine capaci di ridurre in polvere circa 3 tonnellate di grano all'ora.
Per la produzione di **energia termica** i Romani impiegarono essenzialmente il **legno**, di cui vi era grande abbondanza in tutti i territori dell'impero: tale energia era utilizzata per riscaldare le case patrizie e l'acqua delle terme, ma anche per alimentare l'attività metallurgica (la produzione di un chilogrammo di rame richiedeva di bruciare nei forni almeno 300 chili di carbone di legna), per la cottura di mattoni e laterizi, per la fusione del vetro e la fabbricazione del cemento.

Antichi mulini per macinare il grano nel sito archeologico di Ostia Antica.

Verifica immediata

1 Elenca le cause che determinarono il limitato sviluppo tecnologico dell'impero romano.

2 Indica le tecniche che originarono sviluppi innovativi nei seguenti settori.
   1 Lavorazione del vetro: ....
   2 Settore metallurgico: ....

3 Scegli l'alternativa corretta.
   L'uso esteso dei mulini idraulici iniziò solo nel IV secolo d.C. perché:
   a la loro costruzione era complessa.
   b diminuì la manodopera schiavile.
   c le popolazioni si opponevano.
   d i corsi d'acqua non erano sufficienti.

4 Elenca i settori in cui era impiegata l'energia prodotta con il legno.

1. L'impero romano e il commercio

Il commercio in Italia

Il forte sviluppo economico che caratterizzò i primi secoli dell'impero romano fu accompagnato da una decisa **intensificazione dei traffici commerciali**, tanto in ambito locale quanto su ampio raggio, e in alcuni centri le attività di scambio raggiunsero livelli molto elevati dal punto di vista quantitativo e qualitativo.

Anche durante l'epoca imperiale, quando il dominio di Roma era esteso a tutto il mondo mediterraneo e a gran parte dell'Europa, i flussi commerciali continuarono a essere diretti essenzialmente a Roma e soltanto parzialmente coinvolsero il resto delle regioni italiche. **Roma** continuò così a rappresentare il **fulcro delle attività di importazione**: le merci, soprattutto generi alimentari, giungevano nei **porti** di Ostia, Pozzuoli, Civitavecchia e Brindisi, da dove venivano smistate via terra verso la capitale e le altre regioni italiche. Un altro rilevante centro commerciale italico era **Capua**, il cui mercato era specializzato in oggetti di lusso, essenze e profumi provenienti dall'Oriente.

Nella penisola ebbero un forte sviluppo commerciale le **città situate all'imbocco delle vallate alpine**, che poterono sfruttare l'apertura di nuove strade verso le regioni transalpine per intensificare i traffici tra la pianura Padana e il resto del continente europeo. **Aquileia**, ad esempio, divenne il fulcro di un'importante corrente di scambi verso la regione danubiana, da cui si importavano bestiame, pelli, ferro in cambio di generi alimentari, vino e olio. Altri importanti direttrici commerciali seguivano infine i **corsi dei principali fiumi**, in particolare del Po, risalendo il quale si trasportavano merci dalla costa adriatica sino a Pavia.

Una certa vitalità commerciale caratterizzò anche le **campagne**, dove si diffusero **mercati e fiere locali**, in particolare nei centri rurali, presso i templi e persino all'interno delle grandi proprietà terriere. Tali mercati, per i quali esistevano appositi elenchi che ne fissavano pubblicamente luoghi e date, interessavano sia i braccianti sia i piccoli proprietari, tra i quali si era verificato un significativo aumento del tenore di vita che ne favoriva la possibilità di consumo.

Il commercio a lunga distanza

Anche il **commercio con le province e le regioni più lontane** fu assai fiorente. Le province del Nord Africa, l'Egitto e la Gallia erano considerati i **granai dell'impero**, mentre dalle isole greche, da Cipro e da Rodi provenivano grandi quantità di **vino**; dalla Gallia e dalla Spagna si importavano **olio** e **metalli** (soprattutto argento, rame e piombo).

I traffici raggiungevano anche i **Paesi scandinavi** e, a est, i territori della **Russia meridionale** e l'**Asia centrale**, mentre efficienti strade carovaniere conducevano i mercanti romani sino in **Arabia**. Da queste aree venivano importati legname raro, pelli, porpora e oggetti preziosi come gioielli, seta, aromi e profumi.

Particolare di mosaico raffigurante un porto. Rimini, Palazzo Diotallevi.

MERCATI, CAPITALI, IMPRESE

1. L'impero romano e il commercio

Il commercio in città: le *tabernae* e gli ambulanti

A Roma e nelle principali città dell'impero il **commercio cittadino** si svolgeva in gran parte nelle ***tabernae***, che erano al tempo stesso laboratori artigianali e negozi veri e propri. La *taberna* era nata inizialmente come deposito ed era, in genere, la bottega degli artigiani, aperta verso la strada; successivamente sorsero le *tabernae vinarie* e quelle che si specializzarono nella consumazione dei pasti. Vi si vendevano in genere **prodotti agricoli o artigianali** come frumento, pane, vino, oltre a cesti, vasi, bronzi, pentole, vetri e gioielli. Nelle *tabernae* si conservava in appositi armadi (*armaria*) la merce pronta per la vendita; vi era poi un bancone di pietra e alcuni contenitori murati rivolti verso la strada; accanto al banco vi era un fornello con una casseruola piena di acqua calda e, nel retro, vi erano la cucina e le sale per la consumazione.

I negozi erano situati al piano terra delle *insulae*, oppure in luoghi pubblici come mercati e fori. I negozi dei quartieri popolari erano piuttosto dimessi, ma nei quartieri più ricchi erano lussuosi e forniti di prodotti costosi. Sovente, all'esterno, un'**insegna** (un dipinto o una placca in rilievo) indicava i generi trattati nella *taberna*.

Numerosi erano anche i **venditori ambulanti**, detti *lixae*, che offrivano pane, frittelle, salsicce, ecc. I venditori ambulanti esibivano le loro cibarie su bancarelle smontabili, protette dalla pioggia per mezzo di tende. La loro attività era sottoposta a severi controlli, perché essi solitamente vendevano i loro pro-

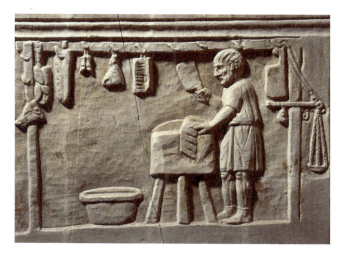

La bottega di un macellaio, rilievo del II secolo d.C. Roma, Museo della Civiltà Romana.

UN NEGOZIO DI PROFUMI A POMPEI

Gli scavi effettuati a Pompei, la città della Campania distrutta dall'eruzione del Vesuvio nel 79 d.C., hanno rivelato che nelle antiche città romane esistevano anche negozi che mettevano in vendita profumi e fragranze, nonché vasi e ampolle in cui coltivare i fiori e produrre le essenze.

Gli archeologi, in una strada detta «via degli Augustali», hanno trovato tre piccole botteghe. In due di queste sono state scoperte delle monete e vari unguentari – dei recipienti, in vetro o ceramica, destinati a contenere le fragranze profumate – mentre nella terza bottega è stata rinvenuta una serie di anfore che venivano impiegate come vasi da fiori. La presenza sulla stessa strada di ben tre negozi di questo tipo ha fatto supporre agli studiosi che a Pompei esistesse una vera e propria via dei profumi. Le iscrizioni hanno inoltre rivelato che venditori di essenze si riunivano in specifiche associazioni di mestiere, la cui sede era situata a poca distanza dalla strada in cui sorgevano le tre botteghe. Per fabbricare i profumi, i fiori e le foglie venivano poste a macerare e, successivamente, veniva effettuata la spremitura per ricavarne l'essenza, che veniva poi raccolta negli unguentari. I profumieri più ricercati dai Romani erano proprio quelli campani, soprattutto gli artigiani di Capua e Napoli, mentre la provincia dell'impero maggiormente rinomata per le essenze profumate era l'Egitto.

Una ragazza ritratta mentre miscela alcune essenze profumate, affresco del I secolo d.C. proveniente da Pompei.

1. L'impero romano e il commercio

MERCATI, CAPITALI, IMPRESE

Alcuni avventori all'interno di una *taberna*, II secolo d.C. Roma, Museo della Civiltà Romana.

dotti vicino ai luoghi sacri e, per rispetto agli dei, si volevano evitare disordini. Nonostante avessero una cattiva reputazione, venivano frequentati anche da persone importanti.

La crisi delle attività commerciali nel tardo impero

Le attività commerciali consentirono l'accumulo di enormi fortune da parte degli operatori del settore, ovvero la classe dei **cavalieri**, il nuovo ceto sociale emerso nel II secolo d.C. che si era arricchito con gli appalti pubblici e i cui esponenti avevano reinvestito i capitali guadagnati nei traffici commerciali. Tuttavia negli ultimi due secoli dell'impero romano il commercio si avviò a un **generale declino**, dovuto a un insieme di cause tra cui una condizione politica e sociale sempre meno stabile, che insieme alle invasioni barbariche rese insicuri e difficoltosi i trasporti, il forte aumento dei prezzi e l'elevata svalutazione della moneta. Inoltre gran parte degli acquisti di generi alimentari nella città di Roma, negli ultimi secoli dell'età imperiale, erano avvenuti a carico dello Stato: quando il dissesto dei bilanci statali rese necessaria la riduzione delle spese, la domanda di beni crollò. Continuò a mantenersi florido soltanto il **commercio marittimo**, che poteva avvalersi di grandi ed efficienti porti come Napoli, Palermo, Ravenna, Arles, Marsiglia, mentre minori difficoltà conobbero anche le **regioni dell'Italia settentrionale**, dove proseguirono gli scambi con le zone situate al di là delle Alpi e con i territori danubiani.

Verifica immediata

1 Quali erano i principali porti commerciali dell'impero? Quale centro commerciale si distingueva per la produzione di oggetti di lusso?

....
....
....

2 Quali erano i Paesi più lontani con cui Roma intratteneva rapporti commerciali?

....

3 Definisci i seguenti termini.
  1 Tabernae: ....
  2 Tabernae vinariae: ....
  3 Armaria: ....
  4 Lixae: ....

4 Quali cause determinarono il declino dell'attività commerciale nel tardo impero?

....

MERCATI, CAPITALI, IMPRESE

2. Moneta e svalutazione nell'impero romano

La circolazione monetaria nei primi secoli dell'impero

L'intensa crescita economica delle regioni italiche avvenuta nel I secolo d.C. fu favorita dallo **sviluppo della circolazione monetaria** che, nei primi secoli dell'impero, grazie a una buona disponibilità di metalli preziosi da parte dello Stato romano, si mantenne fluida e costante. La produzione monetaria si concentrò sulla moneta aurea e su quella argentea, ma non mancò la coniazione di piccole unità in rame destinate alle transazioni commerciali di piccola entità. Alcuni fenomeni di **tesaurizzazione delle monete d'oro** si verificarono agli inizi del II secolo, probabilmente in seguito a un rincaro dell'oro e dell'argento, ma nel complesso la disponibilità di moneta per gli scambi commerciali non venne mai meno. L'intensificazione dei traffici con l'Oriente causò una forte **fuoriuscita di monete auree dall'impero**, ma neppure questo fenomeno incise in maniera significativa sulla stabilità del valore monetario e sulla circolazione del denaro.

La crisi monetaria del III secolo

La situazione conobbe un'evoluzione ben diversa nei secoli successivi, a partire dal III secolo d.C. Il forte aumento delle **spese pubbliche** comportò nuove **difficoltà monetarie**, rese più acute da una progressiva **riduzione dei metalli preziosi** disponibili e da una rinnovata tendenza alla **tesaurizzazione**, che iniziò a manifestarsi contemporaneamente alle prime avvisaglie della contrazione dell'economia. In un primo

Un banchiere al lavoro, bassorilievo del II secolo d.C. Belgrado, Museo Nazionale.

Monete romane coniate nel III secolo d.C. Ankara, Museo delle Civiltà Anatoliche.

momento lo Stato romano cercò di porre rimedio al problema **riducendo** gradualmente **la quantità di metallo prezioso** presente nelle monete, ma ciò comportò la svalutazione del loro valore e contribuì a far **aumentare i prezzi** dei beni. La situazione peggiorò ulteriormente in seguito all'aumento della frequenza e della varietà delle emissioni di monete, anche in zecche differenti, dovuto alla presenza di diversi imperatori tra loro concorrenti nell'epoca dell'anarchia militare. In conclusione, l'economia monetaria iniziò ad arretrare e il mercato prese a orientarsi verso gli **scambi in natura**, mentre gli speculatori seppero trarre profitto dalla crisi monetaria sfruttando i momenti giusti per acquistare e vendere enormi quantità di prodotti.

L'imperatore Aureliano provvide nel 271 d.C. a chiudere le numerose zecche abusive e riordinò il sistema monetario, determinando un ritorno della **fiducia nella moneta**, ma una politica di nuove, ingenti spese pubbliche per le distribuzioni gratuite di generi alimentari e per calmierare i prezzi di altri beni di consumo rese nuovamente la situazione critica.

Il riassetto monetario di Diocleziano

Fu **Diocleziano**, nel quadro di una più generale riforma delle strutture produttive e amministrative dell'impero, a varare un **nuovo assetto del sistema monetario** romano. In primo luogo, l'imperatore

unificò tale sistema in tutto l'impero, eliminando le emissioni locali nella parte orientale e creando una rete di **quindici zecche imperiali**, rigorosamente controllate affinché la coniazione fosse ovunque uniforme. Ancorò poi il sistema monetario al valore dell'oro e stabilì il ritorno alla produzione di una **moneta in argento puro**, l'*argenteus*, il cui valore fu stabilito a 1/25 dell'*aureus*. Introdusse infine nuove monete divisionali, in rame argentato, per favorire la circolazione monetaria e gli scambi commerciali.

Con l'**editto dei prezzi**, varato nel 301 d.C., Diocleziano tentò inoltre di frenare l'inflazione e la svalutazione monetaria. La legge, che ebbe applicazione in tutto l'impero, non ebbe però gli effetti sperati e **i prezzi continuarono a salire**, a causa di inevitabili fenomeni di speculazione. I mercanti smisero di produrre le merci oppure le vendettero illegalmente al mercato nero, o tornarono a impiegare il sistema del baratto. La massa totale delle monete coniate continuò ad aumentare l'**inflazione**, il valore di merci e servizi espresso negli svalutatissimi denari continuò a salire mentre andò sempre più contraendosi il volume delle emissioni di pezzi in argento, il cui potere di acquisto risultava sempre più basso; anche il denaro in rame, inoltre, subì un'ulteriore perdita del suo valore.

Moneta e prezzi nel V secolo

Nel V secolo la difficile situazione economica e sociale in cui venne a trovarsi l'impero, dovuta alle sempre più frequenti invasioni barbariche e al progressivo abbandono delle città, comportò un forte **calo della domanda** di beni, che determinò un radicale **crollo dei prezzi**. Nel contempo, la circolazione monetaria iniziò a subire una profonda **riduzione**: le nuove monete d'oro introdotte da Costantino, i *solidi aurei*, che divennero l'unica forma di pagamento accettata dai funzionari, dai militari e dagli appaltatori della riscossione fiscale e continuarono a essere coniate in buona quantità, assunsero sempre più la funzione di **bene-rifugio** e, pur continuando a circolare, vennero accumulate e tesaurizzate in massa, anche al di fuori dei confini (presso le tribù germaniche e slave); le **monete d'argento scomparvero** quasi del tutto e la sola unità monetaria diffusa in maniera capillare e universale rimase quella in **rame**, di piccolo taglio, che subì però un'ulteriore perdita di valore.

L'impero si avviava alla dissoluzione e la sua economia era destinata a smarrire la propria dimensione monetaria, sino a trasformarsi in un **sistema povero di scambi** all'interno del quale la moneta avrebbe perso gran parte delle sue funzioni.

Solido d'oro con l'effigie dell'imperatore Costantino, IV secolo d.C.

Verifica immediata

1 Scegli l'alternativa corretta.

Le spese pubbliche, la riduzione dei metalli preziosi e la tendenza alla tesaurizzazione causarono:
- a l'arretramento dell'economia.
- b la diminuzione del valore delle monete.
- c la circolazione di troppe varietà di monete.
- d il divieto dello scambio in monete.

2 Attribuisci ai seguenti imperatori i relativi interventi in campo monetario.
1. Aureliano: ....
2. Diocleziano: ....
3. Costantino: ....

1. Viaggiando nell'impero

Viaggio e ospitalità in età imperiale

Mentre in età repubblicana mettersi in viaggio significava affrontare forti disagi e di rado i Romani si spostavano per divertimento o curiosità, con il passare dei secoli e l'estendersi dell'impero, il numero delle persone costrette a viaggiare – dai soldati ai funzionari, dai magistrati ai mercanti – andò via via aumentando. I **viaggi** divennero **sempre più frequenti**, grazie anche al miglioramento delle vie di comunicazione e dei mezzi di trasporto.

Il **viaggio via mare** – svolto solitamente sfruttando passaggi sulle **navi da carico**, poiché non esistevano navi passeggeri – era nettamente preferito agli spostamenti terrestri, soprattutto perché gli **itinerari stradali** erano privi di alberghi in cui sostare per riposarsi e rifocillarsi. Le uniche strutture, disponibili soltanto lungo le strade principali, nelle città e nelle località termali, erano le *cauponae*, povere osterie di campagna che offrivano anche alloggio, e i *tabula*, in cui si trovavano anche stalle per i cavalli. Si trattava però di stamberghe misere e scomode, frequentate da gente poco raccomandabile e gestite da albergatori spesso inaffidabili, dove non di rado si trattavano affari illeciti e si praticava la prostituzione.

Lo Stato manteneva delle stazioni di sosta, chiamate *mansiones*, per usi ufficiali, e altre stazioni di servizio per veicoli e animali, le *mutationes*, funzionavano come stazioni di cambio: erano collocate a intervalli di 12-18 miglia e in esse si potevano comprare i servizi di carrettieri, maniscalchi e di veterinari specializzati nella cura dei cavalli.

I viaggiatori più benestanti evitavano gli esercizi pubblici e preferivano di gran lunga trovare ospitalità a **casa di amici**, oppure dormire sotto una tenda o su un carro chiuso. In epoca imperiale il **diritto di ospitalità** era regolato per legge: al viaggiatore veniva consegnata una **tessera**, in metallo, osso o avorio, sulla quale erano indicati i nomi delle persone presso le quali i titolari avevano diritto di essere ospitati.

Spostarsi lungo gli itinerari terrestri, inoltre, era complicato dalla necessità di portare con sé una maggiore quantità di **bagagli** rispetto ai viaggi via mare: oltre a numerosi abiti e agli effetti personali, il viaggiatore doveva avere utensili per cucinare e consumare i cibi, coperte, asciugamani. Lungo le strade principali era possibile trasportare il bagaglio su carri, calessi o animali da soma (asini e muli), ma sulle vie meno battute si poteva fare ricorso solamente a schiavi ingaggiati come portatori. Gli **oggetti pre-**

Lo scarico di una nave adibita al trasporto di minerali, mosaico del III secolo d.C. Tunisi, Museo Nazionale del Bardo.

Un carro trainato da buoi adibito al trasporto di otri di vino. Roma, Museo della Civiltà Romana.

ziosi e il **denaro** venivano solitamente custoditi in una borsa (il *marsupium*) legata saldamente alla cintura o in un sacchetto appeso al collo, ma spesso ciò non era sufficiente per scoraggiare i numerosi briganti che infestavano le strade.

Il turismo dei Romani

Il gusto del viaggio per **scopi turistici**, per scoprire il mondo e incontrare altre culture, si diffuse nel mondo romano soltanto dopo l'incontro con la civiltà greca e proprio la **Grecia** fu la **prima meta dei Romani più benestanti**. Sin dal I secolo d.C., ad esempio, i giovani provenienti dalle famiglie più facoltose presero l'abitudine di recarsi in Grecia a terminare gli studi.

L'interesse turistico si estese poi all'**Italia**, inizialmente ai luoghi collegati alla cultura greca, dove fiorirono una serie di località che, fra realtà e leggenda, esercitavano una forte attrattiva sui viaggiatori, come il Circeo, dove ci si recava per vedere un boccale che si diceva fosse stato adoperato da Ulisse durante il suo soggiorno presso la maga Circe, o Metaponto (dove sorgeva la presunta casa di Pitagora). Si intensificarono anche i viaggi verso l'**Asia Minore** (dove ci si recava per visitare le rovine di Troia) e l'**Egitto**, dove tappa obbligata erano le piramidi, la Sfinge, le altre grandi realizzazioni dell'architettura faraonica e una crociera sul Nilo, mentre a partire dal IV secolo d.C. iniziò a svilupparsi anche un **turismo religioso di matrice cristiana**, diretto soprattutto in Terra Santa e sempre più contraddistinto dalla caratteristica del **pellegrinaggio**.

Lo sviluppo dei viaggi per motivi turistici comportò la nascita e la diffusione delle **prime guide**, ricche di minuziose descrizioni dei luoghi, molte volte infarcite di notazioni mitologiche e folcloristiche, e delle **carte stradali**. Una di queste, la **Tabula Peutingeriana**, è giunta sino a noi in una copia medievale del XII-XIII secolo: si tratta di undici pergamene riunite in una striscia lunga oltre 6 metri che riporta i con-

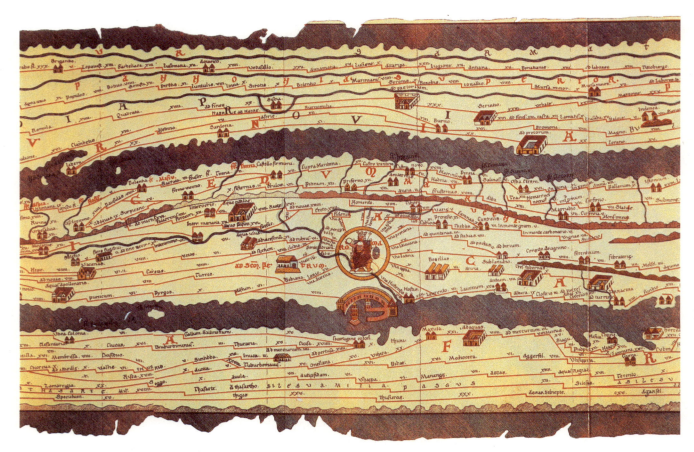

Particolare dalla *Tabula Peutingeriana*, copia del XII secolo di un'antica carta romana che riportava le vie militari dell'Impero.

fini dell'impero e reca le linee delle strade principali, i nomi delle città più rilevanti – scritti in caratteri differenti a seconda della loro importanza – e l'indicazione delle locande presenti lungo i percorsi, alle quali corrispondeva anche una valutazione della qualità del servizio e del grado di sicurezza.

La villeggiatura

Una certa diffusione assunsero anche il **turismo termale** e la **villeggiatura**, che in estate conduceva molti cittadini romani nelle loro abitazioni di campagna a Tivoli, nel golfo di Napoli, sui monti Albani o in Sabinia. Le **ville**, attrezzate per ogni tipo di attività fisica e di cura del corpo, possedevano ampi giardini per le passeggiate, vasche con acqua fredda, tiepida e calda per il bagno ed erano in molti casi orientate in modo da permettere di prendere il sole, poiché i Romani ritenevano assai salutare l'abbronzatura.
La campagna era soprattutto il rifugio di persone mature che cercavano tranquillità e riposo, mentre i **soggiorni sulle coste marittime** avevano quale scopo il divertimento e lo svago. Nella seconda metà del I secolo a.C. la **costa della Campania** divenne un importante centro mondano di villeggiatura, tra cui si distinguevano le città di Baia, Pozzuoli, Miseno e Capri, dove si ritrovavano l'aristocrazia romana e gli stessi imperatori. Anche le vacanze al mare si trascorrevano nelle ville, tra feste, spettacoli e sontuosi banchetti.

Affresco proveniente da Castellammare di Stabia con la veduta di una villa di campagna, I secolo d.C.

Verifica immediata

1 **Indica i termini a cui fanno riferimento le seguenti definizioni.**

1 .... : osterie di campagna.
2 .... : osterie dotate anche di stalle per i cavalli.
3 .... : stazioni di sosta.
4 .... : stazioni di cambio.

2 **Verso quali località era diretto il turismo intellettuale?**

....

3 **Spiega la derivazione da *villa* della parola odierna «villeggiatura».**

2. Strade e mezzi di trasporto nell'impero romano

Le nuove strade nelle province

L'espansione territoriale romana in epoca imperiale comportò la costruzione di **nuove strade** anche **nelle province più lontane**, come l'Africa del Nord. Nel 98 d.C. l'**imperatore Nerva** avviò la realizzazione di una strada costiera che avrebbe dovuto mettere in comunicazione le città della zona di Cartagine con quelle che si trovavano più a oriente. Questa strada fu poi proseguita nei decenni successivi e prese il nome di «via Nerva»: agli inizi del II secolo d.C. si spinse sino ad Alessandria, in Egitto, e si estese per una lunghezza di 1400 miglia, snodandosi attraverso il deserto e le oasi.

Durante il regno di Traiano, un'importante arteria di comunicazione terrestre fu costruita in Medio Oriente: la **via Traiana**, che si allungava per 400 miglia da Damasco ad Aqaba, il porto sul mar Rosso, mentre più a nord correva parallela al fiume Giordano e al mar Morto. La seconda grande strada carovaniera di Traiano, la **via Palmira**, andava dalla città omonima a Bagdad, in Mesopotamia.

L'ultimo imperatore che si occupò in maniera sistematica della rete stradale romana fu **Adriano**, che nella prima metà del II secolo d.C. provvide ad al-

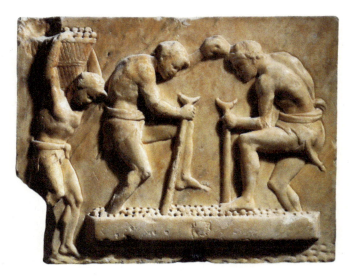

La pavimentazione di una strada, rilievo del II secolo d.C. Venezia, Museo Archeologico Nazionale.

lungare e migliorare le numerose vie esistenti, con interventi di restauro, riparazioni e ricostruzioni di ponti. Alla sua morte, nel 138 d.C., il sistema viario romano si estendeva in tutto l'impero per 53.000 miglia e contava oltre **trecento strade**; diciotto di queste entravano a Roma e altre ne uscivano, irradiandosi in ogni direzione come una ragnatela.

Uno scorcio di strada lastricata romana a Gerasa, in Giordania.

VIAGGI E TRASPORTI

2. Strade e mezzi di trasporto nell'impero romano

I trasporti via terra

I sistemi di trasporto terrestri, nell'impero romano, non conobbero progressi particolarmente rilevanti rispetto ai secoli precedenti e i **principali mezzi impiegati** per spostarsi lungo le strade continuarono ad essere i **carri**, di cui esistevano vari tipi: a due ruote, come il veloce e leggero *cisium* o il più elegante *carpentum* – usato per brevi tragitti in città – e a quattro ruote, come la rapida e comoda *carruca*, sulla quale era possibile sdraiarsi e dormire, il *pilentum* – più lento ma dotato di spazio per i bagagli – e l'*arcera*, ben chiusa e riparata, adatta alle persone anziane.

Rilievo del I secolo d.C. raffigurante un carro da viaggio.

In ogni città vennero istituiti appositi **servizi di noleggio** dei carri, mentre non fu mai allestito un sistema di mezzi di trasporto pubblici, fatta eccezione per un **servizio postale** che, a partire dal periodo augusteo, prevedeva l'impiego di corrieri lungo itinerari attrezzati di appositi posti di cambio, le cosiddette *stationes*, nelle quali avveniva la sostituzione dei cavalli.

Le navi commerciali

Molta più cura e attenzione furono poste dai Romani ai trasporti marittimi e all'allestimento delle **navi**, mezzi fondamentali tanto per gli scopi militari quanto per quelli commerciali.
Generalmente i traffici mercantili si svolgevano con **imbarcazioni di dimensioni modeste**, lunghe una decina di metri, larghe e panciute – per consentire, in caso di sbarco, di accostarsi molto alla riva oppure di scaricare più rapidamente le merci – che disponevano di un'ottima stabilità a pieno carico ma risultavano assai difficili da manovrare quando erano vuote. Avevano un albero principale dotato di una grande vela quadrata e un secondo albero prodiero, inclinato, molto utile per la manovra. La mancanza di un vero timone faceva sì che queste navi potessero muoversi soltanto con il vento in poppa. La velocità non superava i cinque nodi e i viaggi per mare erano lunghi e scomodi: non di rado le spedizioni commerciali duravano molti mesi e alcune giungevano fino a un anno.

La navigazione poteva contare su appositi **manuali**, chiamati *periploi*, che indicavano ai marinai le rotte da seguire e fornivano un'indicazione dei tempi necessari per coprire i percorsi, espressi in giornate di navigazione.
I cibi necessari al sostentamento dell'equipaggio erano conservati all'interno di anfore, ceste o sacchi e le scorte comprendevano alimenti liquidi (acqua potabile, vino, olio) e alimenti solidi (cereali, olive, frutta, legumi, carne affumicata o sotto sale). A bordo non mancavano i medicamenti, oltre a strumenti come le bilance per le transazioni commerciali nei porti, mentre per l'illuminazione si faceva uso di lucerne.
Durante la navigazione l'equipaggio, se non era impegnato nelle manovre della nave, provvedeva solitamente ad **attività di manutenzione**, come la riparazione delle vele, oppure alla pesca.
La **stazza dei mercantili** poteva raggiungere livelli notevoli: la capacità di trasporto era calcolata in anfore (45-50 chilogrammi) o moggi (circa 6,6 chilogrammi), e sappiamo dell'esistenza di navi dalle stive capaci di contenere oltre 10.000 anfore (circa 450/500 tonnellate) oppure oltre 180.000 moggi di grano (circa 1200 tonnellate), come l'*Isis*, nave della flotta granaria di Alessandria, descritta da Luciano, che era lunga 53 metri, larga 14 e alta circa 13, dalla chiglia al ponte.

Le navi da guerra

Ben più massicce e pesanti erano invece le **navi da guerra**, solitamente mosse da remi, oltre che da vele, per raggiungere una velocità maggiore e una superiore capacità di manovra, che potevano raggiungere anche i 70 metri di lunghezza. Le navi militari più diffuse erano le **biremi** e le **triremi**, ma vi erano anche imbarcazioni dotate di sei file di rematori. Queste navi erano dotate di torri di legno e di altre **strutture da combattimento**, che venivano installate però soltanto prima della battaglia, mentre gli alberi e le vele venivano lasciati nella più vicina base navale. Le torri e le piattaforme avevano una struttura leggera e i loro colori indicavano a quale flotta o reparto apparteneva la nave. Le vele delle navi da guerra erano bianche, o in alcuni casi di colore grigio-azzurro per esigenze di mimetismo, mentre la nave ammiraglia era distinguibile dalle vele color porpora.

Le imbarcazioni da guerra erano inoltre equipaggiate con un **rostro**, un pezzo in bronzo fissato alla prua armato con una potente lama verticale, che veniva inserito con forza sulle fiancate delle navi nemiche per affondarle.

Nave da guerra carica di soldati armati, rilievo del II secolo d.C. Roma, Museo della Civiltà Romana.

Verifica immediata

1 Attribuisci ai seguenti imperatori i relativi interventi nel settore della viabilità, indicando, dove possibile, le località di partenza e di arrivo delle strade che fecero costruire.

   1 Nerva: ....
   2 Traiano: ....
   3 Adriano: ....

2 Scegli l'alternativa corretta.

   I viaggiatori, per spostarsi, si servivano di:
   a un efficiente servizio pubblico.
   b mezzi di loro proprietà.
   c mezzi prestati da amici.
   d carri di vario tipo, propri o a noleggio.

3 Esponi le caratteristiche della navigazione commerciale romana per quanto riguarda: la stabilità delle navi, la durata dei viaggi, le rotte da seguire e i mezzi di sostentamento dell'equipaggio.

4 Quali particolari strutture da combattimento erano installate sulle navi da guerra romane?
....

AMBIENTE E TERRITORIO

1. Agricoltura e investimenti fondiari nell'età imperiale

La cerealicoltura e le produzioni pregiate

Nonostante la forte espansione urbanistica e commerciale dei primi secoli dell'impero, l'**agricoltura** continuò a rappresentare la **base dell'economia romana** e trasse anzi nuovi stimoli da un **aumento della domanda** così imponente che, ad esempio, la produzione cerealicola risultò costantemente inadeguata alle necessità della popolazione (specialmente di quella della città di Roma, giunta vicino al milione di abitanti). L'approvvigionamento del grano per la capitale divenne un problema fondamentale per lo Stato, che fu affrontato essenzialmente con l'**aumento delle importazioni** dall'Africa, dall'Egitto, dalla Sicilia e dalla Sardegna, che potevano giovarsi dell'efficiente marina mercantile romana. È stato calcolato che sotto Augusto, a Roma, circa 750.000 persone potevano contare sul frumento distribuito gratuitamente dalle autorità: aggiungendo quello consumato dal ceto più elevato, dovevano annualmente raggiungere la capitale circa 270.000 tonnellate di grano. Nel resto d'Italia, invece,

Un pastore di capre intento alla mungitura. Roma, Museo della Civiltà Romana.

LA PRODUZIONE DEL VINO

Nel periodo imperiale la vendemmia veniva eseguita da potatori che staccavano i grappoli con un falcetto, li raccoglievano e li depositavano in cesti adatti a essere trasportati su un carro, trainato da animali da soma o da schiavi. L'uva veniva quindi selezionata: la qualità migliore era destinata a essere consumata a tavola o a produrre vino di buona qualità, mentre i grappoli più scadenti venivano usati per fare un vino mediocre, destinato al popolo. Le uve venivano pigiate in vasche di pietra o legno situate in un apposito locale, il *calcatorium*, dai *calcatores* che, reggendosi su bastoni, saltellavano sovente al ritmo di strumenti musicali. Il mosto ottenuto veniva raccolto in grandi vasi, mentre dalle vinacce veniva estratto un mosto molto tanninico con cui si produceva un assai vino scadente.
I vini migliori, destinati all'invecchiamento, dopo essere stati degustati dagli assaggiatori, che li classificavano in base al sapore e al colore, erano portati in un locale (*aphoteca*) posto sopra le cucine e i bagni, in modo che il fumo e il calore dei fuochi accesi per cucinare o scaldare l'acqua ne accelerassero la stagionatura. Una volta pronti, i vini erano travasati in anfore chiuse ermeticamente con tappi di sughero o coperchi di cotto saldati con la pece e poi trasferiti in un locale fresco per essere conservati.
L'invecchiamento poteva durare anche fino a 25 anni, come nel caso dei vini sorrentini. Spesso, per migliorarne il sapore, i Romani aggiungevano al vino sostanze come le polveri di marmo (che ne riducevano l'asprezza), l'argilla o il latte di capra per renderlo più chiaro, pece, mirra o altre resine per prolungarne la conservazione.

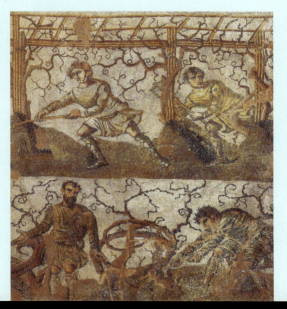

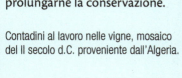

Contadini al lavoro nelle vigne, mosaico del II secolo d.C. proveniente dall'Algeria.

circa l'80% del fabbisogno di grano era coperto dalla produzione locale.

Nei territori italici la **produzione di cereali** era assai fiorente in Campania e nella pianura Padana, mentre nelle altre regioni l'andamento della cerealicoltura non conobbe particolari sviluppi, eccezion fatta per alcuni progressi nei sistemi di produzione e nelle tecniche organizzative. I coltivatori italici si orientarono maggiormente verso **produzioni pregiate** come vigneti, oliveti e frutteti, o verso l'allevamento. La **produzione vinicola** italica, caratterizzata da tecniche molto progredite, divenne assai pregiata, soprattutto in Campania, Lazio e Toscana e, nel 92 d.C., Domiziano emanò un provvedimento diretto a tutelare l'industria enologica italiana, imponendo la distruzione di metà dei vigneti presenti nelle province, mentre, per evitare fenomeni di sovrapproduzione, decretò che non si rimpiazzassero più, nei territori della penisola, le viti esaurite.

Gli investimenti fondiari

Le **colture pregiate** erano perlopiù **di tipo intensivo**, per garantire la massima resa del terreno, tanto nei piccoli poderi quanto nelle estese *villae* di campagna, enormi estensioni di terra trasformate in efficienti aziende agrarie.

Nelle **grandi tenute** i Romani investivano la maggior parte dei profitti derivanti dalle altre attività professionali e ciò determinò, nei primi secoli dell'impero, l'afflusso di **massicci investimenti nel settore agricolo**. Il flusso di questi capitali nell'agricoltura italica fu favorito dalla legge con la quale l'imperatore Tiberio impose ai ricchi romani di investire almeno i due terzi dei loro capitali nell'acquisto di terre in Italia, in modo da ostacolare la fuga dei capitali nelle province – dove i ricchi preferivano collocare i loro investimenti, poiché in quelle aree i costi di produzione erano decisamente inferiori – e incentivare la produzione alimentare. Tale provvedimento fu in seguito ripreso da Traiano, che lo diresse essenzialmente ai senatori – molti dei quali provenienti dalle province – per legarli all'Italia attraverso concreti interessi economici. La forte espansione delle **aziende di tipo latifondistico** – che sul piano sociale contribuì a un'ulteriore diminuzione dei piccoli proprietari – non incise negativamente sulla produzione agricola, poiché fattori e coloni attivi e preparati seppero dar vita a coltivazioni efficienti e remunerative; più ridotta fu la produttività delle vaste estensioni di terra che vennero incorporate nei **patrimoni imperiali**, a causa di sistemi di conduzione non particolarmente interessati al massimo profitto.

A partire dal II secolo, con il venir meno delle guerre di conquista, il lavoro servile diminuì progressivamente a vantaggio del **colonato**, che garantì una maggiore efficienza produttiva e migliorò la condizione sociale dei lavoratori. Nella stessa direzione agì il **diffondersi della mezzadria** al posto dell'affitto, poiché il mezzadro – che in genere tratteneva per sé due terzi del raccolto – aveva un maggiore interesse a ricavare il più possibile dal proprio lavoro. Per favorire la produttività agricola, inoltre, alcuni imperatori presero a concedere **prestiti agevolati** ai proprietari di aziende di media grandezza, da impiegare per investimenti finalizzati all'incremento della produzione, come l'impianto di colture intensive e l'acquisto i nuovi attrezzi, e **incentivi per la messa a coltura di nuove terre** (Adriano, ad esempio, esentò gli assegnatari di nuovi poderi dal pagamento di qualsiasi canone nei primi anni di conduzione).

Mosaico del IV secolo d.C., rinvenuto in Tunisia, che riproduce un'azienda agricola con i suoi granai e magazzini.

AMBIENTE E TERRITORIO

1. Agricoltura e investimenti fondiari nell'età imperiale

L'agricoltura nel tardo impero

Le condizioni dell'agricoltura iniziarono a mutare profondamente a partire dalla fine del III secolo, quando la crisi finanziaria che si abbatté sullo Stato romano fece lievitare enormemente la **tassazione fondiaria** e i **canoni d'affitto** delle terre demaniali. L'aumento delle imposte e delle spese gravò soprattutto sui piccoli proprietari, costretti in molti casi a vendere i loro poderi ai ricchi latifondisti e a trasformarsi in lavoratori dipendenti (oppure a trasferirsi in città). Per contro, l'aumento dei costi di gestione stimolò miglioramenti tecnici e organizzativi e una distribuzione più razionale delle colture che ebbero un impatto positivo sulla produttività.

Le condizioni dei lavoratori, però, peggiorarono decisamente poiché, a partire da **Diocleziano**, furono varate delle disposizioni tese a **impedire che i lavoratori agricoli lasciassero le campagne**, fino a stabilire – a metà del IV secolo – che la compravendita dei poderi comprendesse anche i coloni che vi lavoravano, ponendo le premesse per l'introduzione della servitù della gleba.

L'aumento della tassazione e il progressivo calo demografico determinato dalle perdite umane nei numerosi conflitti causarono nel complesso l'**abbandono di molte terre**, che cessarono di essere produttive. Le coltivazioni continuarono a essere particolarmente floride nella **pianura Padana**, dove affluì anche nuova forza-lavoro di origine barbara attraverso lo stanziamento di Alemanni, Sarmati e Illiri. Oltre alla cerealicoltura vennero ancora praticate colture specializzate come la vite e l'ulivo, la cui produzione era esportata in tutta l'Italia e nella regione balcanica.

Scena di lavoro in un frantoio per l'estrazione dell'olio, III secolo d.C. Parigi, Museo del Louvre.

Verifica immediata

1 Collega opportunamente le voci della prima colonna con quelle della seconda.

1	Fabbisogno di grano a Roma	a Produzione locale
2	Fabbisogno di grano nel resto d'Italia	b Campania, regione padana
3	Cerealicoltura fiorente	c Importazione

2 Quale provvedimento fu preso da Tiberio per favorire l'agricoltura italica?
....

3 Scegli l'alternativa corretta.

Le aziende latifondistiche:
- a danneggiarono l'agricoltura.
- b erano osteggiate dagli imperatori.
- c erano gestite da personale preparato.
- d avevano una diffusione limitata.

4 Costruisci uno schema inserendo nell'ordine corretto, secondo il rapporto causa-effetto, i seguenti avvenimenti.

impoverimento dei piccoli proprietari – aumento delle imposte e dei canoni d'affitto – crisi del III secolo – trasformazione dei piccoli proprietari in lavoratori dipendenti – vendita dei poderi ai latifondisti

5 Quale territorio mantenne un'agricoltura florida, malgrado la crisi e l'abbandono delle terre?
....

2. L'alimentazione nella Roma imperiale

Le nuove abitudini alimentari

Con l'inizio dell'impero le **abitudini alimentari** dei Romani **cambiarono** radicalmente. A partire dall'età augustea, infatti, i contatti commerciali con l'Oriente e l'Asia portarono in Italia un gran numero di prodotti provenienti da quelle aree geografiche: l'alimentazione romana abbandonò la sua tradizionale frugalità e scoprì **il piacere della buona tavola**, passando, in altre parole, dai cibi ai sapori. Anche l'alimentazione della gente comune si fece a poco a poco più varia, abbondante e regolare, uniformandosi a quella dei ceti più elevati, sia pure a livelli diversi a seconda delle disponibilità economiche.

Durante la giornata, in genere, venivano consumati **tre pasti**: la mattina, tra le otto e le nove, vi era lo *ientaculum*, a mezzogiorno veniva il momento del *prandium* e nel tardo pomeriggio, verso le quattro (o al tramonto nei giorni estivi), ci si sedeva per la *cena*. Mentre i primi due erano pasti rapidi e leggeri, costituiti da pane, frutta, ortaggi, uova e formaggio, ed erano spesso consumati in piedi, la *cena* rappresentava il **pasto più importante** della giornata e spesso, per le famiglie più ricche, poteva trasformarsi in un vero e proprio banchetto.

I commensali cenavano in una stanza interna della casa, il *cenaculum*, che assunse poi il nome di *triclinium* quando i Romani presero dai Greci l'abitudine di **mangiare sdraiati**. Al centro della sala vi era la *mensa*, una tavola rotonda o quadrata intorno alla quale si disponevano, a ferro di cavallo o a semicerchio, i familiari e gli invitati, che si stendevano sul fianco sinistro in modo da avere la mano destra libera per mangiare.

I banchetti

L'usanza di investire ingenti somme nella preparazione di **fastosi banchetti** – in cui facevano bella mostra di sé elaborate pietanze e prodotti esotici – iniziò a rappresentare una tra le più diffuse forme di **ostentazione del lusso** fra le classi benestanti romane e anche l'**allestimento della mensa** divenne, ben presto, parte indispensabile dell'evento: durante un convito offerto da Nerone, come riferisce Svetonio, vennero spesi oltre quattro milioni di sesterzi per la sola decorazione floreale. Un esempio della sontuosità dei banchetti dell'epoca è il racconto della cena

Affresco pompeiano con scena di banchetto, I secolo d.C.

del ricco Trimalcione, descritta con ironia nel *Satyricon* di Petronio. Nella narrazione della serata, a un certo punto il padrone di casa elogia il suo cuoco, capace di «trasformare un lardo in un piccione, un prosciutto in una tortora, uno zampone di maiale in una gallina». Era infatti molto apprezzata, nelle dimore aristocratiche, la presenza di **piatti elaborati** e, soprattutto, di vivande che avevano l'aspetto di un animale ma erano confezionate con carni differenti (cinghiali pieni di tordi, maiali farciti di salsicce, oche modellate con carne di maiale). Il colmo della stravaganza, riportato da Svetonio, era un manicaretto dedicato a Minerva dall'imperatore Vitellio, in cui «egli aveva fatto mescolare fegati di scari (pesci del Mediterraneo), cervella di pavoni e di fagiani, lingue di fenicotteri e lattigini di murene».

I partecipanti ai banchetti erano circondati da diversi **servitori** che preparavano e distribuivano i cibi e le bevande, pulivano il pavimento dagli avanzi e offrivano acqua per lavarsi le mani. Non esistevano infatti posate – a parte un cucchiaio per i cibi liquidi – e gli alimenti venivano consumati con le mani. I **piatti** e il **vasellame**, che nelle case comuni erano di coccio o di bronzo, nelle mense signorili erano in argento lavorato, mentre le **coppe** per il vino (chiamate *pocula*) potevano essere di cristallo, d'oro ed erano di solito finemente lavorate e ornate di gemme preziose. Al termine della cena, gli invitati facevano offerte alle divinità domestiche e, subito dopo, giungeva il momento dei **brindisi**, ai presenti e ai personaggi più importanti e influenti dell'epoca; i brindisi erano accompagnati da spettacoli di danza, musica o teatro e si prolungavano sovente fino a notte inoltrata.

Il vino

Protagonista dei brindisi, anche durante i pasti la bevanda più diffusa era senza alcun dubbio il **vino**, il cui consumo era però quasi esclusivamente **riservato agli uomini**. In età imperiale erano circa 80 i tipi di vino conosciuti, classificati in bianco (*albus*), biondo (*fulvus*), rosso vivo (*sanguineus*), nero (*niger*) e passito (*passum*): quest'ultimo, dolce e profumato, era l'unico concesso alle donne. Se i primi vini dei Romani non erano molto diversi dal semplice mosto fermentato, già durante la fine della Repubblica, con la coltivazione di più qualità di uve, si iniziò a migliorarne la qualità e con l'età imperiale cominciarono ad affluire sulle tavole dei Romani i migliori vini allora conosciuti, molti dei quali **importati dalla**

Servizio in argento, pittura parietale proveniente dalla tomba di Vestorio Prisco a Pompei, I secolo d.C.

Il documento

Apicius, il più grande tra gli scialacquatori
G. Cetorelli Schivo, *Cibi e sapori nella società romana*

La passione dei ricchi romani per i banchetti è ben esemplificata dalla figura di Apicius, un aristocratico noto in epoca imperiale per lo sfarzo della sua tavola.

Parlando di cucina non si può fare a meno di ricordare la figura del più famoso buongustaio dell'età imperiale: Marco Gavio Apicio. Vissuto sotto Tiberio (14-37 d.C.) questo personaggio rappresentò un simbolo del suo tempo, allorché mitigatasi la corrente moralizzatrice del periodo augusteo, la ricerca dei piaceri della vita divenne per i Romani fondamentale punto di riferimento. Avvezzo alla "dissolutezza più raffinata", egli intratteneva i suoi aristocratici ospiti offrendo loro elaborate pietanze quali il pappagallo arrosto, l'utero di scrofa ripieno o i ghiri farciti, di cui, secondo la tradizione, avrebbe lasciato le ricette in un *corpus* di cucina dal titolo *De re coquinaria*, opera redatta, con buona probabilità, solo nel IV secolo d.C. Se vogliamo dar credito a Plinio, è proprio a questo stravagante personaggio, da lui definito *il più grande tra tutti gli scialacquatori*, che andrebbe attribuita l'invenzione del *foie gras*, il fegato ingrassato coi fichi, da cui il termine *ficatum* che passò poi genericamente ad indicare l'organo epatico. Relativamente alla cottura dei cibi, alcune delle prelibatezze apiciane erano realizzate cuocendo e ricuocendo più volte le carni, in acqua, nel latte, in olio ed infine in una salsa arricchita di spezie. E se è vero, come proclamava Galeno che i cibi ben cucinati stimolano l'appetito e risparmiano molto lavoro allo stomaco, è altrettanto vero che la prolungata cottura degli alimenti doveva comportare il depauperamento dei principi nutritivi più nobili. Una insigne critica alla figura di Apicio fu mossa da Seneca, quando, descrivendolo corruttore del suo tempo, lo ritrasse come un "cattivo esempio" per i giovani. [...] Furono questi dissipati insegnamenti che condussero la società di allora a passare, in pochi anni, dal *panis secundarius*, realizzato con la farina integrale e prediletto dall'austero Augusto, a manifestazioni di lusso smodato come quella dell'imperatore Caligola, che ingeriva preziose perle sciolte nell'aceto, fino all'elaborato *tetrafarmaco* di Adriano, un composto di pasta dolce ripieno di diversi tipi di cacciagione, molto apprezzato dall'imperatore che, probabilmente, se lo fece più volte servire nei raffinati ambienti della sua celebre residenza tiburtina.

(G. Cetorelli Schivo, *Cibi e sapori nella società romana*, in *L'alimentazione nell'Italia antica*, www.beniculturali.it/mibac/multimedia/MiBAC/minisiti/alimentazione)

Grecia. I **vini italiani** più apprezzati erano invece quelli campani (il Falerno, il Caleno) e quelli laziali (l'Albano, il Sabino). Tutti questi vini venivano spesso trattati con l'acqua del mare, con l'argilla o con il sale, per ravvivarne il gusto e per fare sì che si mantenessero più a lungo. Contrariamente all'uso moderno, i Romani erano soliti bere il vino **mescolandolo con acqua fredda** o con neve in estate, mentre in inverno lo diluivano in acqua calda, probabilmente per ridurre il rischio di rapide ubriacature.

Carne e condimenti

I Romani furono **grandi consumatori di carne**, soprattutto di maiale, ma anche di bue, di asino, di montone e di capra. I ricchi preferivano le carni più tenere e pregiate, provenienti da vitelli, maialini da latte, agnelli e capretti, ma non disdegnavano la selvaggina – i cinghiali dell'Umbria, caprioli, daini, lepri, ghiri e conigli – e i volatili, tra i quali erano assai ricercati fagiani, pernici, gru, cicogne e struzzi. Più raramente i pasti comprendevano il **pesce**, eccezion fatta per le località costiere, anche perché si trattava di un alimento piuttosto caro.

La carne veniva di solito bollita piuttosto che arrostita ed era sempre accompagnata da **spezie** e da **salse**, la più diffusa delle quali era il *garum*, il condimento tipico dei Romani. Questa salsa, la cui preparazione fioriva a Pompei, era ottenuta dalla macerazione – per circa venti giorni – del pesce con erbe aromatiche, olio, vino pepe, aceto e sale. Altre salse erano quelle a base di cumino, di miele e di aceto: si trattava di condimenti dal sapore piccante o dolciastro, assai distanti dal nostro gusto.

Distribuzioni gratuite di carne vennero fatte a Roma da cittadini facoltosi o da uomini politici in cerca di consenso e popolarità, mentre di norma i cittadini più poveri erano costretti a lasciarla fuori dalla loro dieta abituale, incentrata più sui cereali, sulle verdure e sugli ortaggi.

Alcuni ingredienti della cucina romana, mosaico del II secolo d.C. Città del Vaticano, Musei Vaticani.

Verifica immediata

1 **Definisci seguenti termini relativi all'alimentazione a Roma.**
   1 *Ientaculum:* ....
   2 *Prandium:* ....
   3 *Cena:* ....

2 **Leggi il documento *Apicius, il più grande tra gli scialacquatori* a p. 97 e sintetizza la critica di Seneca alle abitudini alimentari del personaggio.**

3 **Fra i vari tipi di vino, quale era consentito alle donne? Secondo te, quale poteva essere il motivo?**

4 **Scegli la risposta corretta.**
   I condimenti e le salse dei Romani erano:
   a disgustosi e sgradevoli.
   b molto lontani dal nostro gusto.
   c simili a quelli odierni.
   d estremamente piccanti.

3. Città e opere pubbliche nell'impero romano

Lo sviluppo urbanistico

Dopo l'avvento della pace augustea, nelle grandi città romane, soprattutto in Italia, lo **sviluppo dell'edilizia** non conobbe soste e i centri urbani si ingrandirono costantemente e si abbellirono di **straordinarie opere architettoniche** come templi, acquedotti, archi, palazzi, anfiteatri e circhi. La **monumentalità** divenne espressione del prestigio e della ricchezza cittadina e i municipi italici fecero a gara per primeggiare in splendore, ricalcando ove possibile il modello di Roma, mentre una forte accelerazione conobbe anche l'urbanizzazione delle province occidentali, dove sorsero realizzazioni imponenti e durature.

Naturalmente non tutte le regioni conobbero il medesimo grado di sviluppo urbanistico: ne beneficiarono in particolare i centri interni della Toscana, come Firenze e Arezzo, le città della valle Padana – Torino, Milano, Brescia, Bologna, Piacenza, Verona, Padova – e, in parte, gli insediamenti della Magna Grecia.

Il fervore costruttivo nella capitale ebbe inizio con **Augusto**, che fece costruire il **Pantheon** e opere di grande utilità, come 170 bagni pubblici gratuiti e 700 cisterne per l'acqua, e proseguì con **Claudio** il quale, oltre a realizzare un acquedotto di quasi 70 chilometri, fece ricostruire il **porto di Ostia**. Dopo i lavori disposti dagli imperatori della **dinastia Flavia**, il massimo della bellezza e dell'imponenza monumentale nella capitale fu raggiunto nell'età degli **Antonini** (II secolo d.C.), che si dedicarono anche all'abbellimento delle città provinciali, soprattutto in Grecia.

Anfiteatri e Fori

Il simbolo più importante delle grandi città divenne l'**anfiteatro** (nei primi secoli dell'impero se ne contavano ben 85), alla cui costruzione provvedevano le amministrazioni pubbliche cittadine, sovente con il contributo delle famiglie più benestanti. L'anfiteatro eretto a Roma al tempo dei Flavi

Affresco di epoca imperiale che testimonia la monumentalità dell'architettura romana. New York, Metropolitan Museum of Art.

(il **Colosseo**) poteva ospitare 50.000 spettatori, mentre quello di Verona (l'odierna **Arena**) era capace di 25.000 posti e persino in un centro minore come Aosta venne edificato un anfiteatro per 5000 ospiti. Il centro dell'anfiteatro era l'arena, un'area di forma ellittica ricoperta di sabbia, intorno alla quale si sviluppavano le gradinate in muratura, di solito divise in settori riservati alle differenti classi sociali, dove prendevano posto gli spettatori. Le gradinate erano circondate interamente da un muro e talvolta erano protette da un sistema di grandi teli che servivano a fare ombra e a riparare gli spettatori dalla pioggia. All'interno dell'anfiteatro vi erano numerosi locali di servizio: magazzini, gabbie per gli animali, palestre, terme, luoghi di preghiera per i gladiatori.

Il cuore pulsante di ogni città divenne il **Foro**, che si adornò di portici e ospitò il tempio principale – il *Capitolium* – dedicato alla triade romana formata da Giove, Giunone e Minerva.

Nella capitale, con i lavori ordinati da Augusto – che fece costruire le due grandi basiliche Emilia e Giulia e il nuovo tempio del Divo Giulio dedicato a Cesare – il **Foro romano** cominciò a trasformarsi nel più monumentale centro di rappresentanza e di celebrazione dell'età imperiale romana. In seguito mantenne inalterata la sua struttura iniziale, ma fu arricchito dai successivi imperatori con la costruzione di templi come quello di Vespasiano, il tempio di Antonino e Faustina e di alcuni monumenti onorari, come l'**arco** di Settimio Severo e quello di Costantino. In epoca imperiale, infatti, divenne consueto dedicare un **arco di trionfo** alle campagne vittoriose degli imperatori, promuovendone il culto e anticipandone la futura deificazione. Sotto gli archi passavano cortei spettacolari: il generale vittorioso, salutato dalla folla, avanzava sul suo carro fino al Campidoglio, seguito dalle sue legioni.

L'arco di Costantino a Roma, IV secolo d.C.

L'anfiteatro romano di Verona, I secolo d.C.

AMBIENTE E TERRITORIO

3. Città e opere pubbliche nell'impero romano

Le terme

Ovunque vennero costruite **terme** di varia grandezza. Le terme, che in origine erano semplici pozzi d'acqua nelle quali i contadini andavano a lavarsi, alla fine del I secolo a.C. si trasformarono in vasti complessi di edifici dove trovavano spazio saloni, bagni caldi, freddi e tiepidi, stanze per i massaggi, palestre, biblioteche. Divennero per la prima volta **impianti pubblici** nel 25 a.C. Sul finire dell'età repubblicana la città di Roma contava ben undici impianti termali pubblici gratuiti e oltre ottocento stabilimenti privati.

Gli imperatori romani fecero a gara per edificare impianti termali sempre più grandiosi in ogni parte dell'impero. Nel 109 d.C. le terme edificate dall'imperatore **Traiano,** costruite sulle rovine dell'ala residenziale della *Domus Aurea*, occupavano un'area di circa 10 ettari e rappresentarono il modello per ogni successiva realizzazione termale. Il progetto era innovativo rispetto ai precedenti, in particolare per l'ampia area verde racchiusa in un recinto porticato, che circondava su tre lati l'edificio centrale con gli ambienti destinati ai bagni e alla cura del corpo.

Lo spogliatoio del reparto femminile delle terme di Ercolano, I secolo d.C.

UNA GIORNATA ALLE TERME ROMANE

Le prime terme pubbliche furono create dai Romani nel 25 a.C e, in seguito, gli imperatori fecero a gara per costruire impianti termali sempre più grandiosi, tra i quali vanno ricordati quelli realizzati da Nerone nel 65 d.C., da Domiziano nel 95 d.C. e da Caracalla nel 217 d.C. Altre terme sorsero ovunque nell'impero, dalla Gallia alla Germania, e alcune di esse erano talmente grandi da contenere fino a 6000 persone. La maggior parte delle strutture includeva centri sportivi, piscine, parchi, librerie, piccoli teatri e una grande sala per le feste e, per consentire a tutti di usufruire di questi servizi, le tariffe di ingresso alle terme erano di solito molto basse e talvolta l'accesso era persino gratuito. Esistevano zone riservate agli uomini e zone riservate alle donne. I cittadini romani terminavano il lavoro nelle prime ore del pomeriggio e si recavano alle terme, che aprivano a mezzogiorno, prima del pranzo. La giornata alle terme iniziava con una seduta di ginnastica in palestra, oppure con un'attività sportiva in un campo esterno, dove di svolgevano giochi e gare di lotta. In seguito ci si recava ai bagni, che prevedevano tre stanze in successione, da quella con l'acqua più tiepida fino a quella con l'acqua più calda. Nel *tepidarium*, la stanza più vasta e lussuosa delle terme, si rimaneva per un'ora circa, per rilassarsi con massaggi effettuati con oli profumati, dopodiché si passava nel *calidarium*, una serie di camere più piccole in cui la temperatura era più elevata, e infine ci si recava nel *laconicum*, una stanza riscaldata con aria secca ad altissima temperatura. Dopo la pulizia del corpo e altri massaggi, si faceva una nuotata nella piscina del *frigidarium* e, successivamente, ci si recava nelle altre aree delle terme dove si poteva leggere, partecipare ad altre attività o assistere a vari spettacoli.

Un apparecchio per riscaldare l'acqua termale.

Le **terme di Caracalla**, risalenti al III secolo d.C., erano in grado di ospitare oltre 1600 persone all'ora; avevano enormi volte a botte che coprivano passaggi e ambienti, mentre volte a crociera sovrastavano le immense sale centrali, circondate da ampi giardini a cui si accedeva da quattro porte. Tutte le sale erano rivestite da mosaici e marmi preziosi, in genere di provenienza asiatica e nord africana.

Gli acquedotti

La costruzione delle terme comportò inoltre la realizzazione di **imponenti acquedotti**, tra i quali i più importanti furono quelli voluti da Caligola e Claudio (52 d.C.), da Traiano (109 d.C.) e da Alessandro Severo (226 d.C.). Gli acquedotti erano costruzioni molto sofisticate, il cui livello qualitativo e tecnologico per secoli non ebbe uguali. Per realizzarli, dopo aver scelto la sorgente ne venivano convogliate le acque in una *piscina limaria*, affinché decantassero; da questa partiva una condotta che, mantenendo una pendenza costante, permetteva all'acqua di scorrere. La maggior parte del percorso della condotta era sotterraneo, per evitare che nel periodo estivo l'acqua si surriscaldasse. Ogni 70 metri una **lapide numerata** segnava il passaggio dell'acquedotto, mentre frequenti pozzetti d'ispezione permettevano di scendere nell'acquedotto ed effettuare la manutenzione. La condotta principale terminava in un **castello**, una grande costruzione al cui interno si trovavano le camere di decantazione per far precipitare le impurità. In piena età imperiale, gli acquedotti romani assicuravano nel complesso una portata giornaliera d'acqua di 1,1 milioni di metri cubi.

Le tecniche costruttive

La grandiosità degli edifici pubblici fu resa possibile dall'adozione di **particolari tecniche architettoniche** da parte degli architetti del tempo, la maggior parte dei quali si era formata in Grecia. Tra le innovazioni più importanti vi fu il ricorso a **nicchie verticali** realizzate nei muri perimetrali degli edifici,

L'acquedotto romano di Gard, nell'omonimo dipartimento francese (40-60 d.C.).

che ne migliorarono la tenuta e la capacità di sopportare enormi pesi, e una nuova composizione del **calcestruzzo**, che fu reso più solido e resistente mescolando alla malta una massa compatta di materiali inferiori. A partire dall'età di Augusto iniziò a diffondersi anche l'impiego dei **mattoni cotti in fornace**, mentre in precedenza i laterizi erano solitamente di argilla cruda essiccata al sole.

L'ossatura degli edifici iniziò ad essere rivestita con un apposito paramento costituito da **piastre quadrate in pietra** – in tufo, calcare, selce e più di rado in marmo – che formavano un reticolato: questa tecnica permetteva di decorare le facciate con differenti motivi e vari colori, dando vita a uno stile molto lontano dall'austerità classica dell'età repubblicana.

Ma la novità più grande dell'età imperiale fu, forse, la costruzione delle **cupole**, la più straordinaria delle quali sormontò il **Pantheon**: dotata di un diametro di circa 43 metri, corrispondente alla sua altezza dal pavimento, questa cupola consiste in una volta di calcestruzzo di spessore costante, che si apre in un foro centrale delimitato da un anello di mattoni.

Veduta interna della cupola del Pantheon a Roma.

Verifica immediata

1 Attribuisci ai seguenti imperatori le relative costruzioni monumentali.

  1 Augusto: ....
  2 Claudio: ....
  3 Imperatori della dinastia Flavia: ....

2 Completa il testo inserendo i termini mancanti.

Al centro dell'anfiteatro si trovava l'......................., intorno alla quale si sviluppavano le ...., dove sedevano gli spettatori. Le gradinate erano circondate interamente da un .... e talvolta erano protette da un sistema di grandi .... che servivano a fare ombra e a riparare gli spettatori dalla pioggia. All'interno dell'anfiteatro vi erano numerosi locali di servizio: magazzini ...., ..., ..., ...

3 Descrivi la giornata-tipo di un cittadino romano alle terme.

4 Quale grande novità architettonica caratterizzò l'età imperiale?

....

unità 3
L'Occidente nell'Alto Medioevo

Il problema
La fine del mondo antico e la nuova civiltà medievale

Nella seconda metà del IV secolo, nuove e ripetute migrazioni di genti barbare entro i confini dell'impero romano ne accentuarono la fragilità e ne determinarono la dissoluzione e la frammentazione. La minaccia era ben più grave di quella che i barbari avevano portato tra il II e il III secolo: le popolazioni barbariche non si limitarono più a irruzioni temporanee ma, spinte dal bisogno di cibo e risorse, puntarono a trovare nuove terre in cui insediarsi stabilmente. Un'ondata di popolazioni nomadi o seminomadi (Alani, Visigoti, Unni) si abbatté sull'impero e ne scardinò l'organizzazione politica, economica e sociale. La deposizione dell'ultimo imperatore romano, Romolo Augustolo, da parte del generale germanico Odoacre (476 d.C.), segnò la definitiva crisi della romanità in Occidente e l'inizio di un'altra fase della storia: l'età del Medioevo.
Tra il IV e il VII secolo, popolazioni diverse vennero a contatto, si scontrarono e infine si mescolarono. Attraverso l'incontro e l'amalgama di questi popoli e delle loro differenti culture, una nuova realtà storica cominciò a prendere forma. Si trattò di un processo lento e complesso, che comportò evidenti rotture con il passato ma che, contemporaneamente, presentò aspetti di significativa continuità con l'età antica.

Il nodo del problema

In che modo avvenne, in Occidente, l'incontro tra elementi del mondo latino, di quello germanico e di quello bizantino? Quali conseguenze derivarono dall'amalgama di questi elementi?

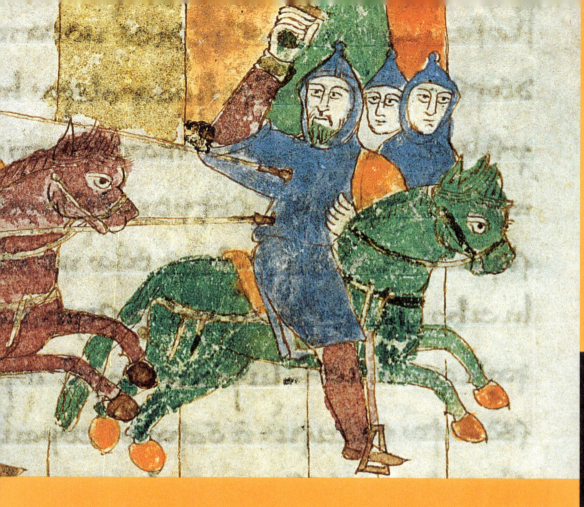

Video
Mausoleo di Galla Placidia
Sant'Apollinare Nuovo

Linea del tempo

Cavalieri armati, miniatura dal *De Universo* di Rabano Mauro, XI secolo. Montecassino, Biblioteca Statale.

Spazio

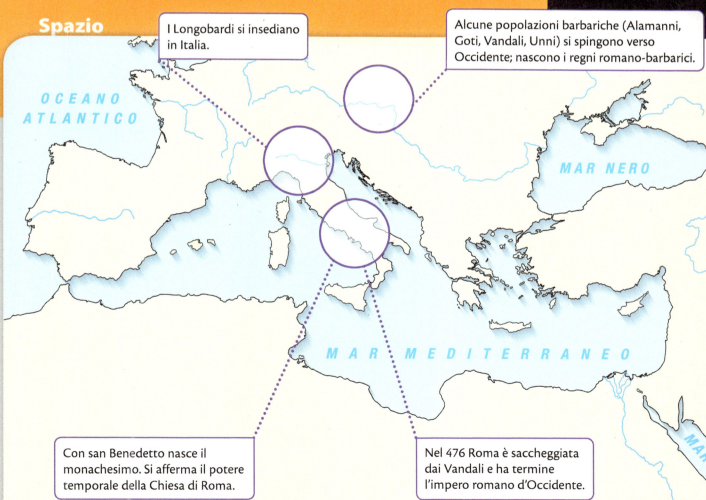

I Longobardi si insediano in Italia.

Alcune popolazioni barbariche (Alamanni, Goti, Vandali, Unni) si spingono verso Occidente; nascono i regni romano-barbarici.

Con san Benedetto nasce il monachesimo. Si afferma il potere temporale della Chiesa di Roma.

Nel 476 Roma è saccheggiata dai Vandali e ha termine l'impero romano d'Occidente.

capitolo 1
L'Occidente nell'Alto Medioevo
Le invasioni barbariche e l'inizio del Medioevo

- 350 d.C.
- **375** I Visigoti varcano i confini dell'impero
- **378** Battaglia di Adrianopoli
- **395** Divisione in impero d'Oriente e impero d'Occidente
- **410** Sacco di Roma
- **452** Discesa degli Unni in Italia
- **476** Deposizione di Romolo Augustolo
- 500 d.C.

1. Il crollo dell'impero d'Occidente

La debolezza dell'impero romano e le invasioni barbariche A partire dal III secolo, l'estrema ampiezza raggiunta dall'impero romano aveva reso sempre più difficile la sua governabilità. Alle spinte autonomistiche delle province si erano sommati **contrasti e conflitti interni per la conquista del potere** imperiale e i continui scontri tra le fazioni in lotta avevano iniziato a devastare il mondo romano. In campo economico, le spese per l'amministrazione dell'impero e per l'esercito erano cresciute a dismisura; per farvi fronte, la **pressione fiscale** fu aumentata sino a **soffocare le attività produttive**. L'incremento delle tasse, unito a un forte aumento dei prezzi dovuto alla scarsa disponibilità di beni sul mercato, fu causa di un grave peggioramento dell'economia e delle condizioni di vita della popolazione.

La debolezza politica ed economica dell'impero contribuì a far sì che lo Stato romano non fosse in grado di arginare con efficacia le nuove **invasioni barbariche**, che dalla metà del IV secolo si abbatterono sull'Europa.

Un cavaliere sassone raffigurato su una lastra tombale del VII secolo d.C. Halle (Germania), Landesmuseum für Vorgeschichte.

capitolo 1 — Le invasioni barbariche e l'inizio del Medioevo

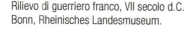

Rilievo di guerriero franco, VII secolo d.C. Bonn, Rheinisches Landesmuseum.

Nella pluralità delle stirpi barbariche si distinguevano quelle di **origine germanica**, insediate nella vasta area situata tra il Baltico a nord e il mar Nero a sud. I principali gruppi etnici erano costituiti dagli **Alamanni** (stanziati in Germania), dai **Franchi** (insediati nella regione renana), dai **Sassoni** (presenti nella Germania settentrionale) e dai **Goti** (divisi in **Ostrogoti**, stanziati nelle pianure russe, tra i fiumi Don e Dnestr, e **Visigoti**, che vivevano tra Dnestr e Danubio).

Queste genti, che tra il III e il IV secolo avevano **abbandonato il nomadismo** per dedicarsi all'agricoltura e all'allevamento, erano caratterizzate da un'organizzazione sociale assai semplice: ciascuna tribù, che raccoglieva in un villaggio un numero variabile di individui appartenenti alla stessa etnia, era divisa in **clan familiari**, chiamati *fare*. Di solito la guida della comunità spettava ai capifamiglia – riuniti in un'**assemblea di guerrieri**, detta *ding* – e al **capo militare**, il cui potere diventava assoluto in caso di guerra. A tali figure competeva anche l'amministrazione della giustizia, basata non su leggi scritte ma su consuetudini tramandate oralmente che, spesso, dichiaravano lecita la **vendetta** (*faida*). L'identità comune della tribù era assicurata da una **tradizione collettiva** condivisa (sovente esisteva una **saga** che ne narrava le vicende eroiche) e dal medesimo **culto religioso** (tra i Germani era molto diffuso l'arianesimo). Poteva tuttavia accadere che, in seguito a una vittoria militare o a un'alleanza, una tribù ne assorbisse un'altra, modificando così la propria composizione originaria.

Fino al IV secolo, le **relazioni tra queste popolazioni e l'impero romano** si erano mantenute in **equilibrio**: la forza militare di Roma aveva scoraggiato le possibili incursioni e, inoltre, numerosi elementi barbarici erano stati arruolati nell'esercito romano; molti di essi erano diventati ufficiali e avevano raggiunto i gradi più alti della gerarchia militare. Tale **equilibrio entrò in crisi** quando, intorno al 370, **un popolo nomade di stirpe mongola proveniente dall'Asia**, quello degli **Unni**, irruppe nella Russia sud-occidentale, dove giunse a contatto con **Sarmati**, **Alani**, **Vandali** e **Goti**, innescando una serie di **spostamenti a catena**.

> *Da che cosa furono provocate le invasioni barbariche?*

I Visigoti in Oriente e la divisione dell'impero

Nel 375 i **Visigoti**, incalzati dagli Unni, si mossero verso il Danubio – che rappresentava il confine orientale dello Stato romano – e chiesero l'autorizzazione a varcarlo. L'imperatore **Valente**, che regnava sulla parte orientale, confidando nella possibilità di utilizzarli come alleati, nel 376 concesse loro di **stabilirsi entro i confini** dell'impero, attribuendo al loro re Fritigerno la carica di generale romano.

> *Quali conseguenze ebbe la politica adottata dall'impero d'Oriente nei confronti dei Visigoti?*

Spinti dalla fame, gruppi di Visigoti iniziarono però a saccheggiare e devastare le regioni dei Balcani meridionali. Valente decise allora di affrontarli militarmente in campo aperto. Ad **Adrianopoli** (in Tracia, attuale Turchia), nel 378, l'**esercito romano** subì una inaspettata e disastrosa **sconfitta** e lo stesso imperatore venne ucciso. Questo fatto suscitò notevole impressione nel mondo romano: prima di Valente soltanto un altro imperatore, Decio, era caduto in guerra (251).

Il successore **Teodosio**, divenuto unico imperatore nel 383, inaugurò un atteggiamento nuovo nei confronti dei barbari: consapevole di non poterli sconfiggere in battaglia, stipulò la **pace con i Visigoti**, che accettarono di stanziarsi nella regione danubiana come «federati» dell'impero. In questo modo veniva scongiurato il pericolo immediato che queste genti rappresentavano e, anzi, le si trasformava in preziosi alleati militari; allo stesso tempo, però, si annetteva entro i confini imperiali una massa di guerrieri la cui fedeltà era assai incerta.

Teodosio fu l'ultimo imperatore a regnare su un im-

unità 3 L'Occidente nell'Alto Medioevo

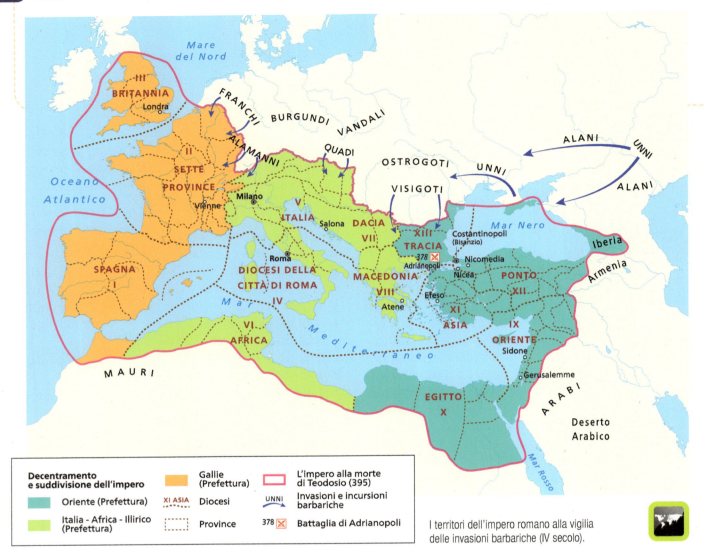

I territori dell'impero romano alla vigilia delle invasioni barbariche (IV secolo).

pero unitario: alla sua morte, avvenuta nel 395, **l'impero fu definitivamente diviso** tra i figli **Arcadio** (cui toccò l'**Oriente**) e **Onorio** (che salì sul trono d'**Occidente**). Troppo giovani per governare e inetti al comando, furono affiancati da due tutori (**Rufino** per Arcadio, il generale vandalo **Stilicone** per Onorio) che, di fatto, ebbero in mano il potere.

I Visigoti in Occidente Scomparso Teodosio, la politica di alleanza e di contenimento adottata dai Romani nei confronti dei barbari mostrò tutti i suoi limiti. I **Visigoti**, guidati da **Alarico**, dopo aver saccheggiato la Grecia e l'Epiro, nel 401 **invasero l'Italia**: furono fermati da Stilicone nel 402 a Pollenzo, in Piemonte, e nel 403 a Verona. Anche Stilicone cercò di accordarsi con i Visigoti, rinunciando ad annientarli e promettendo loro un compenso in cambio di aiuto nella riconquista dell'Illirico. Questa decisione suscitò forti **malumori e diffi-**

L'imperatore Onorio seduto in trono, mosaico del V secolo proveniente da Faenza.

Miniatura di soldato visigoto, XII secolo. Londra, British Library.

denze all'interno dell'aristocrazia romana, timorosa che Stilicone intendesse favorire eccessivamente gli interessi dei barbari a danno di quelli romani. Il prestigio del generale subì un ulteriore colpo quando, dopo aver indebolito i confini del Reno per arrestare a Fiesole, nel 406, un'invasione di **Ostrogoti**, nulla poté per frenare l'orda di **Alani**, **Vandali** e **Svevi** che si abbatté sulla Gallia e successivamente sulla Spagna.

I **Visigoti** rientrarono in Italia pretendendo il compenso (4000 libbre d'oro) che non avevano ancora ottenuto per i loro servizi. Una congiura ordita dalla nobiltà e dalla corte (trasferitasi nel 404 a **Ravenna**, meno esposta di Roma alle scorrerie) portò all'arresto e all'**uccisione di Stilicone**. Questo evento determinò la definitiva crisi dell'esercito romano, poiché i numerosi elementi goti che ne facevano parte lo abbandonarono immediatamente.

I **Visigoti** non incontrarono più resistenza e, nell'agosto del 410, raggiunsero **Roma** e la saccheggiarono. Per tre giorni la città fu devastata, gli edifici vennero incendiati, furono compiuti massacri e violenze sulla popolazione. Nel mondo romano l'evento (noto come **sacco di Roma**) fu vissuto come una sconvolgente catastrofe e numerosi commentatori del tempo ne parlarono come di una vera e propria «fine del mondo».

Dopo il sacco di Roma, i Visigoti si trasferirono nell'**Italia meridionale**, intenzionati a raggiungere l'Africa. Privi di navi e colpiti dalla **morte** improvvisa di **Alarico**, avvenuta presso Cosenza nel medesimo anno, dovettero rinunciare al loro progetto. Guidati dal **nuovo re Ataulfo**, risalirono la Penisola e si portarono in **Gallia**, presso Tolosa, insediandosi in quei territori dell'impero.

Il documento

Il sacco di Roma

Girolamo, *Epistolario*

Tra i principali testimoni delle devastazioni compiute dai barbari in Occidente vi fu san Girolamo. Nato nel 346 a Stridone, in Dalmazia (ai confini con la Pannonia), divenne sacerdote e tradusse la Bibbia in latino; morì nel 420. All'argomento egli dedicò numerosi passi del suo Epistolario.

Mentre così vanno le cose a Gerusalemme, dall'Occidente ci giunge la terribile notizia che Roma viene assediata, che si compra a peso d'oro la incolumità dei cittadini, ma che dopo queste estorsioni riprende l'assedio: a quelli che già sono stati privati dei beni si vuol togliere anche la vita. Mi viene a mancare la voce, il pianto mi impedisce di dettare. La città che ha conquistato tutto il mondo è conquistata: anzi cade per fame prima ancora che per l'impeto delle armi, tanto che a stento vi si trova qualcuno da prendere prigioniero. La disperata bramosia fa sì che ci si getti su cibi nefandi: gli affamati si sbranano l'uno con l'altro, perfino la madre non risparmia il figlio lattante e inghiotte nel suo ventre ciò che ha appena partorito. Moab[1] fu presa, di notte sono state devastate le sue mura.
O Dio, sono penetrati i pagani nella tua eredità, hanno profanato il tuo santo tempio; hanno ridotto Gerusalemme in rovine. Hanno dato i cadaveri dei tuoi servi in pasto agli uccelli del cielo, i corpi dei tuoi fedeli alle bestie selvatiche. Hanno versato il loro sangue come acqua intorno a Gerusalemme, e non c'è chi seppellisca. Come ridire la strage, i lutti di quella notte? Chi può la rovina adeguare col pianto? Cadeva la città vetusta, sovrana nel tempo. Un gran numero di cadaveri erano sparsi per le strade e anche nelle case. Era l'immagine moltiplicata della morte.

(Girolamo, *Epistolario*, Libro CXXVII, in *Antologia delle fonti altomedievali*, a cura di S. Gasparri e F. Simoni, Sansoni, Firenze 1992)

1 **Moab:** antico nome della capitale del popolo dei Moabiti, citati nella Bibbia quale esempio di dissolutezza e decadenza. In questo caso il termine è riferito, in senso spregiativo, a Roma.

Attila, re degli Unni, raffigurato su un'antica moneta d'argento.

Negli stessi anni anche la **Britannia** subì incursioni barbariche da parte di **Juti**, **Angli** e **Sassoni**, provenienti dalla Germania settentrionale e dalla Danimarca, mentre nel 429 la provincia africana di **Cartagine** fu conquistata dai **Vandali** guidati da **Genserico**.

Gli Unni in Italia In Occidente, una **nuova ondata di invasioni** ebbe luogo nel 450 ad opera degli **Unni**, che al comando di **Attila** irruppero oltre il Reno e si spinsero fino in Gallia, dove nel 451 ai **Campi Catalaunici**, presso Troyes, furono affrontati e sconfitti dalle legioni romane affiancate dai Visigoti e comandate dal generale Ezio. Questi preferì non annientare il feroce popolo degli Unni per non dover concedere troppo ai Visigoti.
L'anno successivo (452) **gli Unni scesero in Italia**: durante l'incursione, numerose popolazioni residenti nel Nord-Est si rifugiarono nelle isole della laguna veneta, dove, successivamente, avrebbero fondato la città di Venezia. Dopo aver depredato il Friuli e distrutto Aquileia, Attila incontrò presso il fiume Mincio **papa Leone I**, inviato dall'imperatore **Valentiniano III** a trattare col capo barbaro. Preoccupato dall'eventualità di un attacco alle spalle da parte dell'impero d'Oriente e temendo le conseguenze di una pestilenza che si era diffusa tra i suoi uomini, **Attila** accettò le offerte di pace e, in cambio di considerevoli beni, **si ritirò**. Alla sua morte, avvenuta nel 453, gli Unni furono ricacciati in Pannonia dagli Ostrogoti.

La fine dell'impero d'Occidente Risparmiata da Attila, **Roma fu nuovamente saccheggiata** nel 455 **dai Vandali di Genserico**, che occuparono anche la Sardegna, la Sicilia e la Corsica. L'impero d'Occidente, ormai in gran parte sotto il controllo dei barbari, dopo la morte di Valentiniano III avvenuta quello stesso anno, vide ancora succedersi al trono ben nove imperatori, sostanzialmente privi di autentico potere. Nel **476**, **Odoacre**, un ufficiale delle milizie barbariche al servizio dell'impero, fu acclamato «re delle genti germaniche» in Italia. **Depose** l'ultimo degli imperatori, **Romolo Augustolo**, e assunse il governo della Penisola, fissando la capitale a Ravenna. Odoacre inviò le insegne imperiali a Bisanzio, a sottolineare il proprio riconoscimento dell'autorità di Zenone, l'imperatore d'Oriente. Con questo atto l'**impero romano d'Occidente cessò definitivamente la sua esistenza**.

LE INVASIONI BARBARICHE TRA IV E V SECOLO	
383	Teodosio accoglie i Visigoti entro i confini dell'impero d'Oriente.
401	I Visigoti invadono l'Italia e sono fermati da Stilicone in Piemonte e in Veneto.
406	Stilicone argina l'invasione degli Ostrogoti a Fiesole.
406-409	Alani, Vandali e Svevi invadono Gallia e Spagna.
410	I Visigoti rientrano in Italia e saccheggiano Roma, trasferendosi successivamente in Gallia.
Inizi del V secolo	Juti, Angli e Sassoni si stanziano in Britannia.
429	I Vandali conquistano la provincia africana di Cartagine.
450	Gli Unni invadono la Gallia.
452	Gli Unni invadono l'Italia.
455	I Vandali invadono l'Italia e saccheggiano Roma.
476	Il generale Odoacre guida la rivolta delle truppe romane di origine barbarica, depone l'imperatore Romolo Augustolo e assume il potere in Italia.

Verifica immediata

1 A quali cause risale la debolezza politica e economica dell'impero?

2 Definisci i seguenti termini.
   1. *Fara*: ....
   2. *Ding*: ....
   3. *Faida*: ....
   4. *Saga*: ....

Scrivi un testo sull'organizzazione sociale delle popolazioni barbariche utilizzando tutti i termini precedenti.

3 Osserva con attenzione la cartina a p. 108 e individua, segnalando le aree di partenza, gli spostamenti dei seguenti popoli: Unni, Visigoti, Franchi.

4 Scegli l'alternativa corretta.

L'impero romano d'Occidente:
- **a** crollò dopo la deposizione dell'ultimo imperatore.
- **b** rifiorì dopo la morte di Odoacre.
- **c** dopo una grave crisi, continuò ad esistere, ma più debole.
- **d** crollò a causa degli Unni.

2. L'inizio del «Medioevo»

Alto e Basso Medioevo La caduta dell'impero romano d'Occidente è l'evento che gli storici hanno assunto come spartiacque tra due epoche. Nella tradizionale periodizzazione, dunque, la data del 476 segna la conclusione dell'età antica e l'inizio del **Medioevo**, una lunga epoca storica la cui fine viene fatta coincidere con l'inconsapevole scoperta del continente americano da parte di Cristoforo Colombo, nel 1492. All'interno di questi mille anni è comunemente accettata un'ulteriore suddivisione, che distingue tra **Alto Medioevo** (dal 476 al 1000) e **Basso Medioevo** (dal 1000 al 1492).

Si tratta, in realtà, di una semplice convenzione cronologica, che si è formata tra il XV e il XVI secolo e si è poi consolidata in epoca successiva.

La «svalutazione» del Medioevo Il termine «Medioevo», col significato di «**età di mezzo**», è stato coniato dagli intellettuali italiani del XV secolo per indicare una sorta di parentesi, un **lungo periodo di decadenza** fra lo splendore culturale, politico e sociale dell'età classica e la nuova epoca dell'Umanesimo, nella quale si pose in atto la riscoperta e il tentativo di imitazione della civiltà degli antichi.

La «svalutazione» del Medioevo proseguì nel XVI secolo a opera degli **intellettuali protestanti**, in particolar modo tedeschi, che collocarono in quei secoli il progressivo decadimento dell'originaria purezza spirituale della religione cristiana, determinato dal papato e riscattato poi, agli inizi del Cinquecento, dalla Riforma di Lutero.

Pur sottoposta a ripensamenti e revisioni, l'immagine negativa del Medioevo fu ripresa nel XVIII secolo dall'**Illuminismo**, che la dipinse con i toni della superstizione, del fanatismo, della barbarie, in opposizione ai nuovi valori della ragione, della libertà e del progresso. Per gli illuministi, inoltre, il Medioevo rappresentava l'epoca in cui si era affermato quel modello di società autoritario e oppressivo che essi intendevano abbattere e riformare.

I protagonisti dell'epoca medievale ispirarono, nel corso del XIX secolo, numerosi artisti. Fra questi, J. E. Delaunay (1828-1891) ritrae Attila insieme ai suoi feroci guerrieri sulla navata del Panthéon a Parigi.

Soltanto nell'Ottocento la cultura europea provvide a una rivalutazione del Medioevo: per il **Romanticismo**, infatti, esso divenne il modello di una civiltà passionale e irrazionale, un'età contraddistinta dalla spiritualità e dal sentimento, da contrapporre all'arida razionalità illuminista.

Il Medioevo nella storiografia moderna La **storiografia moderna** ha sottoposto a una profonda **critica** tanto la **visione negativa** dei secoli del Medioevo quanto la **tradizionale periodizzazione**. I due aspetti sono collegati: l'identificazione del Medioevo come «età di mezzo» è stata infatti tutt'uno – almeno sino al XIX secolo – con la sua rappresentazione in termini essenzialmente negativi. Gli storici contemporanei hanno anzitutto **messo in discussione la presunta omogeneità** di un periodo così vasto, durato ben mille anni e con forti elementi di differenziazione. La stessa divisione interna al millennio medievale è diversa da cultura a cultura: in Germania, ad esempio, la periodizzazione comprende un Primo Medioevo (V-VIII secolo), un Alto Medioevo (IX-XI secolo) e un Tardo Medioevo (XII-XV secolo).

Al di là di queste distinzioni, gli storici ritengono oggi che il Medioevo vada affrontato, al di fuori di qualsiasi pregiudizio e senza pretendere a ogni costo di cercarvi e di ricostruirne un senso unitario, come una **fase storica ricca e complessa**, contraddistinta da **momenti di crisi e di sviluppo**, da fenomeni negativi e positivi. Un'«**età della sperimentazione**» (come l'ha definita lo storico Giovanni Tabacco) che ha ricercato e sperimentato una grande varietà di forme sociali e istituzionali, di ordinamenti economici e giuridici, di modi di vivere; e che, attraverso l'**incontro tra differenti civiltà** (quella latina, quella germanica, quella araba), ha generato un'originale **sintesi culturale che è alla base dell'odierna civiltà occidentale**.

Verifica immediata

1 Elenca le tappe storiche dei giudizi formulati nel tempo sul Medioevo seguendo il percorso cronologico indicato e chiarisci per ogni tappa il tipo di giudizio e da chi è stato espresso.

1 XV secolo: ....
2 XVI secolo: ....
3 XVIII secolo: ....
4 Ottocento: ....
5 Età contemporanea: ....

3. Crisi economica e sociale

Calo demografico, delle risorse e dei commerci Le incursioni dei barbari determinarono una profonda **crisi** che, iniziata con la decadenza dell'impero romano nel III secolo, travolse l'Occidente europeo nei primi secoli del Medioevo. I dati demografici relativi a tale periodo ne testimoniano l'ampiezza: tra il IV e l'VIII secolo si verificò una notevole **diminuzione della popolazione** europea. Secondo alcune stime, gli abitanti del vecchio continente scesero da 67 a 27 milioni.

Alla base di questa crisi demografica, insieme a una **riduzione della natalità** (erano diffusi la pratica della limitazione delle nascite e l'infanticidio), vi fu soprattutto un elevato **aumento della mortalità**. In seguito alle invasioni barbariche, infatti, **guerre**, **carestie** e **malattie** flagellarono con tremenda regolarità l'Europa, mentre **epidemie di peste** colpirono l'area del Mediterraneo nel III e nel VI secolo.

Le **difficoltà economiche** aggravarono la situazione e le condizioni di vita. Le invasioni dei barbari causarono una enorme distruzione di ricchezze e **le risorse naturali e le attività produttive divennero troppo scarse** per nutrire e mantenere in salute un numero elevato di persone.

Inoltre, il calo demografico stesso finì a sua volta per peggiorare le condizioni in cui versava l'economia: la riduzione della popolazione, infatti, si traduceva nella **diminuzione dei lavoratori** e quindi nell'impossibilità di sfruttare in maniera adeguata le risorse ancora disponibili, causando un ulteriore **impoverimento della produzione**.

Spopolamento delle città ed espansione delle foreste La diminuzione della popolazione e delle risorse contribuì ad avviare una profonda **trasformazione** di tutto l'**apparato produttivo**. **Commerci e traffici**, resi sempre più difficoltosi e insicuri, andarono via via riducendosi; la decadenza delle

L'assedio di una città da una pagina miniata dell'VIII secolo. San Gallo (Svizzera), Stiftsbibliothek.

Popolazione in fuga dalle razzie delle popolazioni barbariche. Miniatura del V secolo.

relazioni commerciali e l'abbandono degli abitanti determinarono lo **spopolamento delle città**, che in zone quali la Germania, l'Inghilterra, la Francia quasi scomparvero. L'**agricoltura** vide un progressivo **abbandono di terre coltivabili** a tutto vantaggio dell'**espansione di boschi e foreste**.

Terre e foreste Tra il V e il VI secolo, le opere di canalizzazione e di bonifica che avevano accompagnato l'espansione dei Romani nel continente europeo conobbero un profondo degrado: **foreste e terre incolte divennero** presto **il paesaggio dominante** dell'Occidente. La crisi economica e sociale, le guerre e anche la penetrazione nel territorio imperiale dei popoli germanici – la cui economia era basata essenzialmente sulla pastorizia, sulla caccia e sulla raccolta, e che avevano perciò un differente modo di intendere il rapporto con l'ambiente naturale – fecero acquisire allo **sfruttamento forestale** un'importanza prima sconosciuta al mondo romano.

Caccia e agricoltura, orticoltura e pesca, viticoltura, allevamento e raccolta di prodotti spontanei iniziarono a coesistere come parti diverse, ma tutte indispensabili, di un unico sistema produttivo, differenziato e complesso. Un'economia così organizzata non garantiva produttività molto elevate, ma il numero di persone da nutrire era basso: perciò, nell'insieme, il sistema funzionava. La **diversificazione delle risorse** consentiva inoltre di superare i periodi di difficoltà, compensando le carenze di un settore con le risorse di un altro.

L'economia delle ville In un paesaggio europeo segnato dallo **sviluppo della foresta** e dalla **riduzione dello spazio agricolo**, le terre coltivate in permanenza erano rare: si trattava, in genere, di radure ricavate in quei boschi il cui suolo si mostrava meno ostile al lavoro dei contadini. Gli **insediamenti agricoli** risultavano **dispersi** all'interno di un'enorme distesa forestale e, anche nelle zone più adatte alla coltivazione, campi e villaggi erano circondati da ampie estensioni di selve e terre incolte.

Nei primi secoli del Medioevo gran parte delle attività economiche si concentrò così nelle **grandi proprietà** chiamate **ville**, le **vaste aziende agrarie** sorte in epoca tardoromana e cresciute di numero nei secoli successivi. A partire dal V secolo, nell'Europa scarsamente popolata e devastata da guerre e invasioni, l'agricoltura poté sopravvivere soltanto in aree circoscritte, protette dalle continue scorrerie militari.

Raccolta delle ghiande, affresco della chiesa spagnola di San Isidoro a León.

Affresco di villa rustica proveniente da Treviri, III secolo.

Fu per questo che i proprietari terrieri, abbandonate le città in decadenza, si trasferirono in questi latifondi di campagna. Nelle ville trovavano rifugio anche **servi** e **contadini**, necessari al padrone per la lavorazione delle terre e, sovente, anche **piccoli proprietari**, i quali in cambio di protezione e sicurezza economica non di rado cedevano al grande proprietario i loro **beni fondiari**, riottenendoli poi in semplice **usufrutto** per coltivarli. La società medievale andò progressivamente assumendo i caratteri di una **civiltà essenzialmente rurale, fondata sul possesso della terra**.

Verifica immediata

1 Elenca le principali cause e le rispettive conseguenze della diminuzione della popolazione tra il IV e l'VIII secolo.

2 Quali settori economici furono svantaggiati e quali invece avvantaggiati dalla crisi economica di questo periodo?

3 Scegli l'alternativa corretta.
   Le ville erano:
   a vaste abitazioni lussuose.
   b piccole case di campagna.
   c ampie proprietà terriere.
   d piccoli poderi.

Come facciamo a sapere

I Visigoti in Oriente
Le principali fonti scritte relative al periodo tardo-antico e alle invasioni barbariche sono rappresentate dalle storie e dalle cronache redatte dagli storici del tempo, in gran parte cristiani. Lo scontro tra i Visigoti e l'impero d'Oriente, dall'attraversamento del Danubio (376) alla catastrofica battaglia di Adrianopoli (378), è narrato dallo storico romano Ammiano Marcellino (330-395) nelle sue *Storie*, delle quali ci sono giunti gli ultimi 18 libri, riguardanti gli anni dal 353 al 378.

I barbari in Occidente
Importanti notizie sulle migrazioni dei barbari nei territori dell'Occidente sono contenute nelle opere di san Girolamo (346-420): le *Cronache* (che coprono il periodo dal 325 al 378) e le *Lettere*, in cui è riportato che, nella notte del 31 dicembre del 406, Sassoni, Burgundi, Alamanni, Vandali e molti altri popoli barbarici varcarono il Reno ghiacciato e dilagarono in Gallia e poi in Spagna. Altra importante fonte sugli anni delle invasioni sono le *Storie contro i pagani* del sacerdote spagnolo Paolo Orosio, un compendio di storia universale composto tra il 416 e il 417 (allo scopo di celebrare l'inizio di un'età di progresso dovuto all'avvento del Cristianesimo), in cui è narrato il sacco di Roma compiuto dai Visigoti di Alarico nel 410, interpretato come una punizione voluta da Dio per colpire i pagani. Ampio rilievo alle vicende dei barbari nell'età delle grandi migrazioni è dato, infine, dallo storico goto Giordane nella *Storia dei Goti*, composta intorno al 550 riprendendo una perduta opera omonima dello scrittore romano Cassiodoro. In essa sono ricostruiti gli eventi relativi alla calata in Occidente degli Unni e al regno di Odoacre in Italia.

Il crollo dell'impero d'Occidente

Dopo aver vissuto per secoli in una situazione di equilibrio con i popoli barbari stanziati ai confini, tra il IV e il V secolo l'impero romano fu investito dalle loro migrazioni. I primi a muoversi furono i Visigoti che, spinti dall'arrivo degli Unni, entrarono nei territori dell'impero d'Oriente: dopo aver inflitto una pesante sconfitta all'esercito imperiale ad Adrianopoli (378), i Visigoti furono accolti all'interno dei confini, ma agli inizi del V secolo ripresero le loro scorrerie giungendo a invadere l'Occidente, attaccato contemporaneamente da Ostrogoti, Vandali, Alani e Svevi.

Guidati da Alarico, nel 410 i Visigoti saccheggiarono Roma e successivamente si spostarono in Gallia, mentre anche la Britannia era invasa da genti barbare (Juti, Angli e Sassoni) e i Vandali conquistavano Cartagine, nel Nord Africa. Nel 450 fu la volta degli Unni, che si abbatterono sull'Occidente e ne devastarono ampie regioni sino alla morte del loro re Attila, avvenuta nel 453.

Nel 454 penetrarono in Italia i Vandali, che l'anno seguente espugnarono e saccheggiarono Roma.

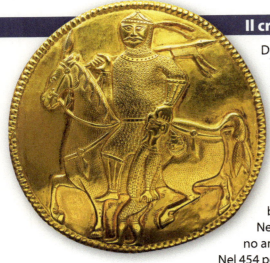
Particolare di fiasca in oro raffigurante un cavaliere barbaro, IX secolo. Vienna, Kunsthistorisches Museum.

L'inizio del «Medioevo»

Le invasioni barbariche e la deposizione dell'ultimo imperatore latino, Romolo Augustolo, da parte del generale germanico Odoacre (476), segnarono la definitiva crisi della romanità in Occidente e l'inizio di un'altra fase della storia: l'età del Medioevo. Si tratta di una lunga epoca che si fa terminare con la scoperta del continente americano da parte di Cristoforo Colombo, nel 1492. Tale periodo storico, per lungo tempo è stato rappresentato come un'epoca di decadenza, ma la moderna storiografia tende oggi a rivalutarlo e a interpretarlo come una fase complessa, ricca di fermenti e di trasformazioni che hanno contribuito a dare forma alla civiltà europea.

Esempio di arte visigota: fibula a forma di aquila. Madrid, Museo Archeologico Nazionale.

Crisi economica e sociale

Le incursioni dei barbari segnarono l'inizio di una profonda crisi che travolse l'Occidente europeo e che determinò una vera e propria rivoluzione: politica, sociale, economica e culturale. Il calo demografico, la decadenza del commercio e delle città, la diffusione di un paesaggio dominato dalla foresta furono altrettanti fattori che contribuirono alla nascita di un nuovo tipo di economia, fondato sulle attività agricole e sullo sfruttamento delle aree forestali. Si formarono insediamenti umani circoscritti, coincidenti con i latifondi di campagna dei nobili romani (le ville), in cui gli uomini si ritirarono a vivere.

Pastori mettono in fuga un lupo, da un codice miniato dell'XI secolo. Venezia, Biblioteca Marciana.

I barbari in Europa

capitolo 2 — 117

450 d.C. — 550 d.C.
- 481 Clodoveo re dei Franchi
- 493 Teodorico conquista Ravenna
- 511 Divisione del regno franco
- 518 Giustino imperatore d'Oriente
- 526 Morte di Teodorico

1. I regni romano-barbarici

La formazione dei regni Alla fine del V secolo il territorio dell'impero romano d'Occidente era ormai interamente occupato dai barbari. Essi avevano dato vita a regni relativamente stabili, seppure assai differenti tra loro per ampiezza e per organizzazione. Gli storici li definiscono **regni romano-barbarici**, per sottolineare come fossero caratterizzati dall'incontro – e, in parte, dalla **fusione** – **tra la civiltà romana e quella dei popoli germanici**.
Queste nuove formazioni statali erano: il **regno dei Vandali**, che comprendeva Tunisia, Algeria, Sardegna, Corsica e isole Baleari; il **regno dei Visigoti**, esteso sulla Spagna e sulla Gallia meridionale; il **regno dei Burgundi**, nella valle del Rodano; il **regno dei Franchi** nella Gallia centro-settentrionale; il **regno degli Svevi** nelle regioni nord-occidentali della Penisola iberica; il **regno degli Ostrogoti** in Italia. Insediamenti di minore entità erano costituiti dal **regno degli Alamanni**, situato in Gallia tra Franchi e Burgundi e, in Britannia, dagli stanziamenti di **Angli, Juti e Sassoni** (che costrinsero gli antichi Britanni a emigrare in Gallia, nella regione che da loro prese il nome di Bretagna).
In tutti questi regni, una minoranza di genti barbariche si trovò a dover convivere con una popolazione romana più numerosa. Nella maggioranza dei casi, i **sovrani germanici** per governare cercarono la **collaborazione della classe dirigente locale**, sfruttando quel che ancora restava della struttura amministrativa e politica dell'impero romano e della Chiesa. L'**aristocrazia barbara** tenne per sé il **potere militare** e il **monopolio delle armi**, mentre l'**amministrazione pubblica** rimase nelle mani della **popolazione romana**.

L'incontro tra due civiltà L'**integrazione** fra l'elemento romano e quello barbarico non fu però un processo semplice e privo di contrasti: le differenze di mentalità, cultura e religione erano molto profonde e non sempre fu possibile giungere a un amalgama. Vandali e Ostrogoti, ad esempio, si mantennero rigidamente separati dalla popolazione locale e conservarono le loro abitudini e le loro tradizioni, mentre altrove la mescolanza tra le due società fu più evidente.

Statua bronzea di un notabile di Vienne (Francia): la sua tunica è un forte richiamo alla tradizione romana.

Gli stanziamenti dei barbari nel V secolo.

? In quali modi si sviluppò il processo di integrazione tra la civiltà barbarica e quella romana?

Dove l'incontro culturale tra mondo germanico e mondo romano fu più pronunciato, si determinarono significativi **cambiamenti nel modo di vita dei barbari**: originariamente contadini e guerrieri, si trasformarono in **proprietari terrieri** e adottarono progressivamente uno **stile di vita simile a quello della nobiltà fondiaria di origine romana**, accogliendone in alcuni casi i comportamenti e i valori.
Sul piano giuridico, i **barbari affiancarono le proprie tradizioni alle leggi romane esistenti**, che furono mantenute in vigore poiché erano adatte a garantire il funzionamento di una società più complessa. In molti regni le leggi della tradizione barbarica giunsero a una codificazione scritta in latino e si aprirono progressivamente all'**influenza del diritto romano**, anche se numerosi storici ritengono che, nella maggior parte dei casi, almeno in un primo momento abbiano continuato a coesistere due ordinamenti separati, che consentivano a Romani e Germani di vivere ciascuno secondo le proprie leggi.
In campo **religioso**, in alcuni regni l'**arianesimo** dei Germani e il **cattolicesimo** professato dalle genti romane si trovarono a convivere senza interferenze, mentre altrove i barbari finirono per convertirsi alla religione cristiana.
In generale, i **regni in cui l'integrazione** fra le componenti romane e germaniche **fu più profonda ebbero maggiore stabilità e durata**, soprattutto se a essa si accompagnò la conversione dei barbari al cattolicesimo, che permise loro di rimuovere l'ostilità della Chiesa e di estendere le basi del proprio potere (Visigoti, Franchi). Dove, invece, perdurò la separazione tra le genti barbare e la popolazione locale (Vandali, Ostrogoti, Svevi), i regni romano-barbarici ebbero vita breve e lasciarono una debole impronta nelle regioni in cui si erano sviluppati.

Verifica immediata

1 Osserva la cartina a p.118: a ciascuno degli Stati odierni elencati di seguito associa le popolazioni barbariche in essi stanziate nel V secolo.

1 Spagna: ....
2 Portogallo: ....
3 Francia: ....
4 Germania: ....
5 Gran Bretagna: ....

6 Irlanda: ....
7 Danimarca: ....
8 Russia: ....
9 Italia: ....
10 Croazia: ....

2 Oggi si parla molto di integrazione fra popoli di diversa cultura. Alla luce di quanto hai letto a proposito dell'incontro fra due civiltà nel Medioevo e valutando la situazione odierna nel nostro Paese che cosa dovrebbero fare, a tuo parere, i cittadini italiani, le istituzioni e gli immigrati per raggiungere l'integrazione fra le varie culture, nel rispetto di ciascuna di esse?

2. Gli Ostrogoti e Teodorico

Gli Ostrogoti in Italia In Italia, dopo la deposizione di Romolo Augustolo nel 476, il potere fu esercitato per 13 anni da **Odoacre**, in qualità di re dei barbari, con il tacito consenso dell'imperatore d'Oriente Zenone. Dopo aver provveduto alla distribuzione di un terzo delle terre alle sue genti, Odoacre governò nel pieno **rispetto dell'ordinamento romano** esistente, riuscendo a legare a sé l'aristocrazia latina – cui permise di conservare il controllo dell'amministrazione – e mantenendo un **atteggiamento deferente nei confronti della Chiesa**. Sul piano diplomatico, riuscì a stipulare con i Vandali di Genserico un trattato in virtù del quale la corte di Ravenna, in cambio di un tributo, ottenne la restituzione della Sicilia.

Il regno di Odoacre crollò per iniziativa dell'impero d'Oriente. Sottoposto alla pressione degli Ostrogoti, che dopo aver ottenuto il permesso di stanziarsi all'interno dell'impero minacciavano di occupare Costantinopoli, Zenone invitò questo popolo a **trasferirsi in Italia**. In questo modo, l'imperatore ottenne il duplice scopo di allontanare i barbari dalle proprie terre e di porre fine al regime di Odoacre, che non aveva mai gradito.

Teodorico affronta Odoacre, disegno a penna conservato presso la Biblioteca Apostolica Vaticana.

Sotto la guida del re **Teodorico**, l'intero popolo degli Ostrogoti (circa 200.000 persone fra cui 25.000 guerrieri) iniziò la migrazione verso la nostra Penisola, dove giunse nel 489. Dopo alcuni scontri gli invasori assediarono Ravenna, che si arrese nel 493. Odoacre si consegnò volontariamente al nemico, che gli aveva promesso la spartizione del potere; venne invece ucciso dallo stesso Teodorico, che fu **proclamato sovrano** nel 494 e riconosciuto quale legittimo rappresentante dell'autorità imperiale d'Oriente dall'**imperatore Anastasio I**, nel frattempo successo a Zenone. Come capitale del regno fu scelta ancora Ravenna.

Il governo di Teodorico

Teodorico, vissuto in gioventù alla corte imperiale di Costantinopoli, dove aveva assimilato la cultura romano-cristiana, diede vita a **un regno di grande prestigio** che si estendeva, oltre che sull'Italia, su Dalmazia, Pannonia, Norico, Rezia e Provenza. Come Odoacre, anche Teodorico si sforzò di governare mantenendo inalterata la **struttura amministrativa esistente** e, anzi, si avvalse della **collaborazione di elementi provenienti dalla nobiltà romana**: intellettuali illustri quali Cassiodoro,

? Quali forme assunse la convivenza tra barbari e Romani nel regno ostrogoto?

Il documento

Teodorico e il Cristianesimo

Anonimo Valesiano

Nel seguente brano, tratto da una delle principali fonti dell'epoca ostrogota in Italia, l'Anonymus Valesianus, è evidenziata l'evoluzione dell'atteggiamento di Teodorico nei confronti della popolazione cattolica del suo regno. Dopo aver celebrato le virtù morali e civili del sovrano, l'autore sottolinea con biasimo e preoccupazione la fine della tolleranza religiosa, conseguenza dei mutamenti dottrinali avvenuti a Costantinopoli.

Egli regnò per trentatré anni e fu illustre e generoso nei confronti di tutti. Ai suoi tempi la prosperità si diffuse in Italia per trent'anni tanto che ci fu anche pace per coloro che la desideravano. Teodorico infatti non operò mai se non a ragion veduta. Così riuscì a reggere, sotto un solo governo, due razze come quelle dei Romani e dei Goti. Sebbene ariano, non tentò di fare nulla contro la religione cattolica. Fece allestire giochi nei circhi e spettacoli negli anfiteatri, tanto da meritarsi dai Romani l'appellativo di Traiano e di Valentiniano le cui epoche s'era proposto come modello, e da venir ritenuto dai Goti, grazie all'editto nel quale si preoccupava d'ordinare su salde basi le norme giuridiche, re di grandissimo animo in tutte le sue imprese. Stabilì che l'ordinamento degli uffici pubblici continuasse, per i Romani, come sotto gli imperatori. Elargì doni e cibarie. Sebbene avesse trovato un erario fatto di paglia[1], con la sua attività lo rimise in sesto, anzi lo fece ricco. […]
Teodorico, insignito Eutarico[2] del consolato, celebrò il trionfo a Roma e a Ravenna. Ma Eutarico fu troppo crudele e nemico della fede cattolica. In seguito, mentre Teodorico era a Verona per certe inquietudini popolari, a Ravenna scoppiò violento un tumulto tra Ebrei e Cristiani, con gli Ebrei che a viva forza gettavano nel fiume un gran numero di battezzati che li schernivano. Questa la ragione per la quale il popolo s'incollerì e, senza obbedire né al re né a Eutarico né a Pietro, il vescovo d'allora, assalì le sinagoghe e subito le incendiò: cosa che, in situazione analoga, s'era verificato anche a Roma. Immediatamente i Giudei corsero a Verona, dal re, dove Trivane, il gran ciambellano[3], da quell'eretico protettore d'Ebrei che era, diede al re una versione dei fatti sfavorevole ai Cristiani. E il re, sentenziando in merito, ordinò che tutto il popolo dei Romani provvedesse a restaurare, a denaro contante, le sinagoghe incendiate di Ravenna. Chi poi non aveva denaro con cui contribuire, andava condotto in giro e frustato. Il re confermò l'ordine con precise disposizioni a Eutarico Cillica e al vescovo Pietro. E così si fece.
Da qui il diavolo trovò modo di far suo un uomo che pur, fino allora, aveva amministrato lo Stato senza suscitare dissensi. Infatti Teodorico ordinò subito d'abbattere l'oratorio di Santo Stefano che sorgeva presso le fontanelle nella città di Verona. Parimenti proibì a qualsiasi romano l'uso delle armi, coltelli compresi.

(*Anonimo Valesiano*, Parte seconda, in *Antologia delle fonti altomedievali*, cit.)

1 **erario fatto di paglia:** finanze pubbliche dissestate.
2 **Eutarico:** nobile di origine spagnola, fu il primo marito della figlia di Teodorico, Amalasunta.
3 **gran ciambellano:** alto dignitario della corte imperiale.

Mosaico raffigurante alcune navi nel porto di Classe (Ravenna), V-VI secolo. Ravenna, Basilica di Sant'Apollinare Nuovo.

Boezio, Simmaco e Liberio ricoprirono importanti ruoli pubblici e di governo. Nel complesso, la convivenza tra barbari e Romani si fondò sulla **divisione delle funzioni**: ai **barbari** fu riservato il **diritto all'uso delle armi** (l'esercito divenne esclusivamente germanico), ai **romani** furono lasciate le **attività economiche e amministrative**. La **separazione** fra Goti e Romani fu mantenuta anche **a livello etnico** e **culturale**: le due società vissero sostanzialmente in maniera distinta, ciascuna con le proprie tradizioni, le proprie leggi e la propria lingua. Rimase persino in vigore una vecchia legge romana che vietava il matrimonio tra Romani e barbari.
L'**assimilazione tra le due civiltà** era resa infine ancora più difficile dalle **differenze religiose**. Gli **Ostrogoti** conservarono la **religione ariana**, anche se adottarono un atteggiamento di equilibrio e moderazione nei confronti del cattolicesimo: Teodorico vietò la predicazione dell'arianesimo e si preoccupò di evitare conflitti religiosi, mantenendo una posizione neutrale nella disputa che in quegli anni opponeva Roma e Costantinopoli, intenzionata a imporre in tutto l'impero il **monofisismo** (dottrina religiosa che sosteneva la presenza in Cristo della sola natura divina) professato dai sovrani orientali.

La restaurazione della grandezza romana

Teodorico, formalmente subordinato all'impero d'Oriente, si riteneva il continuatore della grandezza degli imperatori romani e mirava a **restaurare l'antico splendore** del passato. Il suo governo favorì lo **sviluppo economico del regno** (l'attività agricola rifiorì e i prezzi diminuirono), che determinò una certa **ripresa demografica**; avviò un programma di **opere pubbliche**, tra le quali la bonifica di terreni paludosi, la costruzione di acquedotti e di mura cittadine; **restaurò edifici e monumenti** e ne costruì di nuovi, soprattutto a Roma, a Pavia, a Verona e a Ravenna, dove fece erigere il suo palazzo e arricchì di splendidi mosaici – ancor oggi visibili – la Basilica di Sant'Apollinare Nuovo.

Il palazzo di Teodorico, raffigurato in un mosaico della Basilica ravennate di Sant'Apollinare Nuovo, VI secolo.

? Perché fallì il progetto di coesistenza tra Goti e Romani?

La crisi del regno ostrogoto Il progetto di Teodorico entrò però in crisi sul terreno religioso. L'imperatore di fede cattolica **Giustino I**, salito al trono nel 518, pose fine alla frattura con la Chiesa relativa alla disputa sul monofisismo e **riportò l'Oriente all'ortodossia**. La decisione, che permise il ritorno della **pace religiosa** nell'impero, determinò però il progressivo **isolamento degli Ostrogoti** ariani in un mondo cattolico riunificato. Quando l'imperatore emanò aspre **misure contro i dissidenti** che colpirono direttamente gli ariani, cui fu intimato di cedere le loro chiese ai cattolici, Teodorico abbandonò allora la politica conciliante che l'aveva contraddistinto e, di fronte al parallelo irrigidimento dell'aristocrazia romana, reagì **condannando a morte** il filosofo Severino Boezio e suo suocero, lo scrittore Simmaco, accusati di tradimento, e facendo imprigionare il papa Giovanni I. Quando Teodorico morì, nel 526, il **regno ostrogoto** si avviò verso la **dissoluzione**. La figlia **Amalasunta**, reggente per conto del figlio di lei, **Atalarico**, tentò di riprendere una politica di dialogo con i Romani e con l'impero, ma nel 535 fu fatta imprigionare e poi uccidere dal cugino – e marito – Teodato che aveva associato al trono, sostenitore di una posizione intransigente. Questo fatto offrì a Costantinopoli, come vedremo, il pretesto per avviare la **riconquista dell'Italia**, inquadrata nel più ampio disegno di restaurazione progettato dall'imperatore Giustiniano.

Verifica immediata

1 Associa alle seguenti date i rispettivi avvenimenti della storia ostrogota.

1 489: ....
2 493: ....
3 494: ....
4 518: ....
5 526: ....
6 535: ....

2 Traccia un profilo di Teodorico in cui compaiano i seguenti aspetti: rapporti con intellettuali della nobiltà romana; atteggiamento verso il Cristianesimo; sviluppo economico e artistico del regno; abbandono della politica di conciliazione.

3. I Franchi

La politica espansionistica di Clodoveo Al momento della caduta dell'impero romano d'Occidente, nei territori settentrionali della Gallia erano stanziate le tribù dei **Franchi**, che avevano dato vita ad alcuni piccoli regni situati tra i fiumi Reno e Meno. Negli ultimi anni del V secolo il re del territorio di Tournai (nell'attuale Belgio), **Clodoveo**, salito al trono nel 481 e discendente del leggendario re **Meroveo** – da cui il nome di **dinastia merovingia** – riuscì ad assicurarsi la supremazia sugli altri capi franchi e a dare un **assetto unitario** alle tribù. Dopo aver esteso i confini del nuovo regno verso occidente e, a sud, sino alla Loira, Clodoveo proseguì la **politica espansionistica** nei confronti delle popolazioni barbare circostanti: strin-

Il vescovo Remigio somministra il Battesimo al re Clodoveo, miniatura del V secolo. Parigi, Biblioteca Nazionale.

Fibbia del VII secolo con al centro la testa del Cristo: le decorazioni sono barbariche, la simbologia cristiana. Parigi, Bibliotèque Nationale.

se una solida **alleanza con i Burgundi** sposando la nipote del loro re, Clotilde; **sconfisse gli Alamanni** impadronendosi delle loro terre; **affrontò i Visigoti** e li sgominò nel 507 a Vouillé, spingendoli verso la Penisola iberica e aggiungendo l'Aquitania ai suoi domini, che si estesero così sino ai Pirenei.

La conversione al cattolicesimo e l'integrazione tra i due popoli Dopo lo scontro con gli Alamanni, **Clodoveo si convertì al cattolicesimo** e fu battezzato dal vescovo Remigio nella cattedrale di Reims. Tale conversione, che secondo alcuni storici fu fortemente voluta dalla moglie di fede cattolica

Il documento

La conversione di Clodoveo

Gregorio di Tours, *Storia dei Franchi*

Il vescovo di Tours Gregorio, vissuto nel VI secolo, fu autore di una Storia dei Franchi *in dieci libri, incentrata sulla dinastia merovingia e in particolare sulla figura di Clodoveo, visto come una sorta di «nuovo Costantino» in virtù della sua opera a favore del cattolicesimo. Nel brano seguente lo storico ricostruisce, con toni celebrativi, l'episodio della conversione del sovrano in occasione della battaglia contro gli Alamanni.*

Intanto la regina non smetteva di pregare, affinché Clodoveo arrivasse a conoscere il vero Dio e abbandonasse gli idoli. Eppure in nessun modo egli poteva essere allontanato da queste credenze, finché un giorno, durante una guerra dichiarata contro gli Alamanni, egli fu costretto per necessità a credere quello che prima aveva negato sempre ostinatamente. Accadde infatti che, venuti a combattimento i due eserciti, si profilava un massacro e l'esercito di Clodoveo cominciò a subire una grande strage. Vedendo questo, egli, levati gli occhi al cielo e con il cuore addolorato, già scosso dalle lacrime, disse: «O Gesù Cristo, che Clotilde[1] predica come figlio del Dio vivente, tu che, dicono, presti aiuto a coloro che sono angustiati e che doni la vittoria a quelli che sperano in te, io devotamente chiedo la gloria del tuo favore, affinché, se mi concederai la vittoria sopra questi nemici e se potrò sperimentare quella grazia che dice d'aver provato il popolo dedicato al tuo nome, io possa poi credere in te ed essere così battezzato nel tuo nome. Perché ho invocato i miei dèi ma, come vedo, si sono astenuti dall'aiutarmi; per questo credo che loro non posseggano alcuna capacità, perché non soccorrono quelli che credono in loro. Allora, adesso, invoco te, in te voglio credere, basta che tu mi sottragga ai miei nemici».
E dopo aver pronunciato queste frasi, ecco che gli Alamanni si volsero in fuga, e cominciarono a disperdersi. Poi, quando seppero che il loro re era stato ucciso, si sottomisero alla volontà di Clodoveo. [...]
Allora la regina ordinò di nascosto al santo Remigio, vescovo della città di Reims, di presentarsi, pregandolo d'introdurre nell'animo del re la parola della vera salvezza. Giunto presso di lui, il vescovo cominciò con delicatezza a chiedergli di credere nel Dio vero, creatore del cielo e della terra, e di abbandonare gli idoli, i quali non potevano giovare né a lui né ad altri. Ma Clodoveo rispondeva: «Io ti ascolto volentieri, santissimo padre; ma c'è una cosa: il popolo, che mi segue in tutto, non ammette di rinunciare ai propri dèi; eppure, egualmente, io andrò e parlerò a loro secondo quanto m'hai detto». Trovatosi quindi con i suoi, prima ch'egli potesse parlare, poiché la potenza di Dio lo aveva preceduto, tutto l'esercito acclamò all'unisono: «Noi rifiutiamo gli dèi mortali, o re pio, e siamo preparati a seguire il Dio che Remigio predica come immortale». [...] Allora il re chiese d'essere battezzato per primo dal pontefice. S'avvicinò al lavacro come un nuovo Costantino, per essere liberato dalla lebbra antica, per sciogliere in un'acqua fresca macchie luride createsi lontano nel tempo.

(Gregorio di Tours, *Storia dei Franchi*, FV, II, 30-31, in *Antologia delle fonti altomedievali*, cit.)

1 **Clotilde:** la moglie di Clodoveo, figlia del re burgundo Chilperico. Cattolica, esercitò una significativa influenza sul sovrano affinché abbracciasse la sua fede religiosa.

> **Quali fattori consentirono di realizzare, un'efficace integrazione tra la popolazione barbara e quella di origine romana?**

Clotilde per assolvere a un voto fatto alla vigilia della battaglia, assunse una notevole importanza. Le altre monarchie romano-barbariche avevano abbracciato la fede cristiana nella forma dell'arianesimo, e ciò aveva rappresentato un elemento di distinzione e di separazione nei confronti della popolazione di origine romana.

Alla conversione di Clodoveo seguì invece quella dell'intero popolo franco e ciò assicurò a Clodoveo il **sostegno del clero, dell'aristocrazia latina e dell'imperatore d'Oriente**; inoltre, eliminando quel dissidio religioso che fu tra le principali cause di debolezza degli altri regni barbarici, favorì l'**integrazione tra Franchi e Gallo-romani** (che costituivano il 98% della popolazione) favorendo la stabilità politica del regno.

Le barriere fra i due popoli furono progressivamente abbattute. Sul piano culturale, i Franchi adottarono la **lingua delle popolazioni di origine romana**. Sul piano politico, per governare i territori conquistati, Clodoveo si avvalse della **collaborazione della nobiltà gallo-romana**, sia laica, sia ecclesiastica. Il sovrano esercitò uno stretto controllo sulla nomina dei vescovi, che ottennero in cambio una notevole influenza nella vita politica dello Stato. Ciò sancì la prima alleanza della Chiesa con il potere politico e rafforzò notevolmente il sovrano, che poté godere dell'appoggio delle gerarchie ecclesiastiche cattoliche.

Tutti i sudditi di condizione libera erano chiamati a prestare servizio nell'esercito e tutti erano sottoposti all'autorità del re, anche se rimase in vigore la distinzione tra cittadini soggetti alle leggi franche e cittadini soggetti al diritto romano. Per conferire ulteriore legittimità al suo ruolo di sovrano, Clodoveo nel 510 codificò **in forma scritta le leggi franche** nella *Lex Salica* («Legge salica»).

La divisione del regno

Alla morte di Clodoveo, avvenuta nel 511, il regno franco – che costituiva ormai la più solida e potente realtà politica dell'Occidente barbarico – fu **diviso in quattro parti** (Aquitania, Austrasia, Burgundia, Neustria) fra i suoi figli. Tale divisione, che rispondeva soltanto a esigenze amministrative e non metteva in discussione, alme-

---

LA LEGGE SALICA

La Legge salica (*Lex Salica*), emanata da Clodoveo intorno al 510, raccolse in forma scritta le regole e le prescrizioni giuridiche che fino ad allora i Franchi avevano tramandato soltanto oralmente. Una parte del codice era riservata a stabilire le pene e le ammende per ciascun reato, dal furto di animali fino all'omicidio: se il colpevole era un uomo libero, quasi sempre era prevista una pena in denaro, mentre i non liberi erano sanzionati con punizioni corporali come la fustigazione e talvolta con la morte.
Le pene previste erano inoltre differenti a seconda della posizione sociale rivestita dalla vittima: l'omicidio di un non Franco, ad esempio, era punito con una pena di 67 solidi (il solido era la moneta aurea in vigore nel tardo impero romano), mentre per l'uccisione di un Franco l'ammenda saliva a 200 solidi e aumentava fino a 1800 se la vittima del delitto apparteneva all'alta nobiltà.
La vendetta personale (la faida), che era comunemente accettata nella tradizione giuridica dei popoli barbari, era vietata: qualunque fosse il torto subìto, la sanzione consisteva in una somma di denaro pagata dalla famiglia del colpevole a quella della vittima, tranne nel caso di abbandono della casa familiare da parte della donna. Questo reato, ritenuto gravissimo, era punito con la morte.
La Legge salica regolava anche il regime della proprietà e, a tale proposito, stabiliva che la terra coltivata non era ancora considerata una vera e propria proprietà privata: il diritto su tali terreni apparteneva alla comunità contadina nel suo insieme. Ciascun contadino poteva trasmettere la terra su cui lavorava per via ereditaria, ma non poteva venderla e, in caso di morte senza eredi, i terreni sarebbero passati nelle mani di tutti i membri della comunità. Prati e boschi, invece, continuavano a essere proprietà collettiva di tutta la comunità rurale.
L'estrema importanza attribuita alla comunità di villaggio era dimostrata anche dalla norma che stabiliva che, se un individuo desiderava andare a vivere in un villaggio, doveva ottenere il consenso al trasferimento da parte di tutti gli abitanti. Soltanto dopo dodici mesi, trascorsi senza aver suscitato lamentele e proteste della comunità, sarebbe stato riconosciuto un membro del villaggio a tutti gli effetti.

? Quali conseguenze ebbe la divisione del regno successiva alla morte di Clodoveo?

no ufficialmente, l'unità dello Stato, non impedì di proseguire una **politica espansionistica** che fruttò la conquista della regione occupata dai Turingi (531), del regno dei Burgundi (534) e della Provenza (536).
La stabilità del regno franco iniziò a vacillare a partire dalla metà del VI secolo, quando i **conflitti dinastici** e le **lotte tra i vari sovrani** si fecero più frequenti e si manifestò una progressiva **erosione del potere dei re** ad opera dell'aristocrazia locale. La conseguenza di questi contrasti, che si accentuarono sino a sfociare in vere e proprie guerre, fu l'effettiva **divisione dello Stato**, che venne ufficialmente riconosciuta nel 614.

Verifica immediata

1 Elenca i tre principali effetti derivanti dalla conversione di Clodoveo al cattolicesimo.
   1 ....
   2 ....
   3 ....

2 Leggi il testo *La legge salica* a p. 124. Secondo te, quali provvedimenti erano discriminatori? Quali accettabili e quali, al contrario, troppo duri? Motiva le tue risposte.

3 Scegli l'alternativa corretta.
   Il regno dei Franchi fu diviso perché:
   a vi era più di un erede.
   b le lotte dinastiche lo indebolirono.
   c il territorio venne occupato.
   d scoppiò un'insurrezione popolare.

Come facciamo a sapere

I regni romano-barbarici
Per ricostruire le vicende relative ai regni romano-barbarici dal V al VII secolo è necessario ricorrere ancora alle cronache degli autori cristiani, come il vescovo spagnolo Idazio Lemico che, intorno al 470, nella sua *Cronaca* racconta il tragico insediamento dei Visigoti nelle Gallie e lo sbarco dei Vandali in Africa. Anche la *Cronaca* del gallo-romano Prospero, redatta intorno al 455, riporta notizie sui Vandali e sulle invasioni abbattutesi sulla parte più occidentale dell'Europa, mentre la *Cronaca della Gallia*, opera di un autore anonimo, ricostruisce sino al 511 la storia dei regni burgundi fondati nell'attuale Francia.
Ricca di notizie è la *Storia ecclesiastica degli Angli* scritta dal teologo e storico Beda (673-735), che narra la storia dell'Inghilterra dall'occupazione romana al 731. L'opera, il cui tema centrale è la Chiesa come portatrice di civiltà in alternativa alla violenza e alla barbarie, si basa su di una scrupolosa raccolta di documenti e testimonianze orali.

La fonte principale sul regno ostrogoto è l'*Anonimo Valesiano*: una raccolta di scritti in lingua latina conosciuti con questo titolo perché stampata per la prima volta a Parigi da *Henricus Valesius* nel 1636. La prima parte, scritta attorno al 390 da un autore anonimo, è una biografia di Costantino I; la seconda parte costituisce la cronaca degli avvenimenti tra il 474 e il 526 e si occupa soprattutto di Teodorico.

I Franchi
Le origini e gli sviluppi del regno dei Franchi sono ampiamente trattate da Gregorio, vescovo di Tours (538-594), nella sua opera principale, la *Storia dei Franchi* (relativa agli anni dal 573 al 594). Incentrata sulla figura di Clodoveo, celebrato come un nuovo Costantino, l'opera di Gregorio testimonia la consapevolezza, da parte del mondo cattolico, di aver trovato nei Franchi una garanzia per la sopravvivenza e per l'espansione.

I regni romano-barbarici

Alla fine del V secolo d.C. nel territorio dell'impero romano d'Occidente, ormai interamente occupato dai barbari, si formarono i «regni romano-barbarici», così definiti perché caratterizzati dall'incontro e dalla fusione di due civiltà: quella romana e quella barbarica.
Nella maggioranza dei casi, i sovrani barbari per governare cercarono la collaborazione della classe dirigente locale: l'aristocrazia barbara gestiva il potere militare, mentre l'amministrazione pubblica rimase nelle mani della popolazione romana.
Le tradizioni giuridiche dei barbari si affiancarono al diritto romano, subendone l'influenza.
In campo religioso, l'arianesimo dei barbari convisse generalmente con il cattolicesimo dei romani.

Stele funeraria di fattura barbarica proveniente dall'attuale Romania, III secolo.

Gli Ostrogoti e Teodorico

Tra il V e il VI secolo in Italia si stanziarono gli Ostrogoti, di cui divenne re Teodorico. Formalmente subordinato all'impero d'Oriente, Teodorico creò un vasto regno che si estendeva su Italia, Dalmazia, Pannonia, Norico, Rezia e Provenza. Egli mirava a restaurare l'antico splendore dell'impero romano d'Occidente, ma il suo progetto entrò in crisi sul terreno religioso: quando, nel 518, l'imperatore d'Oriente Giustino I riaffermò il cattolicesimo come religione ufficiale, gli Ostrogoti – di fede ariana – si ritrovarono isolati e discriminati all'interno dell'impero. Alla morte di Teodorico, nel 526, il regno ostrogoto si avviò alla dissoluzione.

Teodorico in trono, miniatura del XII secolo.

I Franchi

Nello stesso periodo, nei territori settentrionali della Gallia, i Franchi diedero vita a un regno unitario con il re Clodoveo. Dopo aver condotto un'efficace politica di espansione, egli si convertì al cattolicesimo, assicurandosi il sostegno del clero, della popolazione romana e dell'imperatore d'Oriente. Questa scelta favorì il processo di integrazione tra barbari e Gallo-romani. Nel 510 Clodoveo codificò in forma scritta le leggi franche (*Lex Salica*).
Alla sua morte (511) il regno franco fu diviso in quattro parti (Aquitania, Austrasia, Burgundia, Neustria) fra i suoi figli. Questo fatto acuì i conflitti dinastici e le lotte tra i vari sovrani, determinando il progressivo indebolimento del regno.

Statuetta d'oro di guerriero franco, IV-V secolo.

capitolo 3

La Chiesa e il monachesimo

- **III secolo** Nascita del monachesimo in Oriente
- **IV secolo** Diffusione del monachesimo in Occidente
- **410** Prime comunità monastiche in Occidente
- **529** San Benedetto fonda l'abbazia di Montecassino
- **540** Regola di san Benedetto

200 d.C. — 550 d.C.

1. La diffusione del Cristianesimo

Il Cristianesimo in Europa Dopo essere stato adottato nel 380 come religione di Stato dall'imperatore Teodosio (vedi p. 65), tra i secoli del tardo impero romano e l'età dei regni romano-barbarici il **Cristianesimo** conobbe una **vasta espansione** in tutto l'Occidente europeo. La religione cristiana raggiunse **ogni strato della popolazione** e penetrò **presso le varie culture** che si svilupparono, in quei secoli, nei territori dell'impero. Si trattò di un fenomeno molto importante, perché questo incontro produsse una sintesi originale che contribuì alla formazione della **nuova civiltà europea**.

Nell'età antica il Cristianesimo si era affermato essenzialmente presso le minoranze aristocratiche e colte che vivevano nelle **città**. L'impronta cittadina risulta evidente nel modo in cui i cristiani si erano organizzati: il responsabile di ogni singola comunità, il **vescovo**, amministrava un preciso territorio, la **diocesi**, che faceva capo a un centro urbano (in cui il vescovo risiedeva). Alcune di queste **sedi vescovili** – corrispondenti alle città più importanti, come Costantinopoli, Alessandria d'Egitto, Roma, Milano e per questo chiamate «metropolitane» – avevano poi acquisito la supremazia sulle diocesi vicine, assumendone il coordinamento.

L'attività di evangelizzazione A iniziare dal V secolo, dalle città partì un'opera di **evangelizzazione delle campagne**, condotta da preti e monaci attraverso la predicazione e la costruzione di chiese rurali. La penetrazione della fede

? Quali caratteristiche assunse la diffusione del Cristianesimo presso le popolazioni barbariche?

Miniatura che raffigura un'ordinazione sacerdotale, libro liturgico proveniente da Benevento del 970 ca.

TRA RELIGIONE E MAGIA

Il Cristianesimo, nel suo costante e intenso processo di diffusione, nei primi secoli del Medioevo giunse a contatto con forme di religiosità popolare di derivazione assai antica – germanica, mediterranea – radicate soprattutto nel mondo contadino. Tali credenze, intrise di superstizioni e di magia, popolate di divinità e di presenze sovrannaturali, rispondevano pienamente alla mentalità e alle semplici necessità spirituali dei ceti più bassi. La dottrina ufficiale predicata da preti e monaci era quasi sempre troppo astratta, molto distante dall'esperienza quotidiana del popolo per sostituire completamente gli atteggiamenti religiosi delle persone più umili.
La forza e la vitalità di queste credenze determinarono, in primo luogo, la persistenza di abitudini pagane anche tra gli individui convertiti. Il popolo continuò a rivestire di sacralità determinati luoghi ed elementi naturali (le fonti, le foreste, l'acqua, il fuoco) ritenuti sede di divinità minori; continuò ad essere abituale il ricorso a cerimonie organizzate al di fuori del rituale cristiano (come le processioni per influenzare i fenomeni atmosferici), a riti e a formule magiche per proteggersi dai più diversi mali.

Le stesse preghiere, le formule di invocazione e di benedizione, proprie della liturgia ufficiale, furono sovente accolte e interpretate come riti magici dalla mentalità popolare: anche il segno della croce assunse una simbologia magica, mentre poteri sovrannaturali furono attribuiti a oggetti di culto come immagini sacre e reliquie.

Reliquiario in argento dorato con la resurrezione di Lazzaro e l'adorazione dei Magi, V secolo. Parigi, Museo del Louvre.

---

cattolica nelle campagne, dove erano radicate le tradizionali pratiche pagane, non fu sempre agevole e comportò l'affermazione, all'interno del culto ufficiale, di aspetti vicini alla sensibilità religiosa popolare, quali la **venerazione dei santi e delle reliquie** (resti umani e oggetti appartenenti a martiri e santi). Analoghe difficoltà incontrarono i predicatori che svolsero un'intensa attività di **evangelizzazione delle popolazioni barbariche**. In un primo momento, nel corso del IV secolo, la maggior parte delle genti barbare che si convertì al Cristianesimo aderì all'**arianesimo**, sia perché era questa la fede professata dai primi missionari, sia perché esso presentava una maggiore semplicità di dottrina. La **conversione al cattolicesimo**, che tra V e VI secolo riguardò popolazioni quali i Franchi, i Visigoti, i Longobardi, fu un fenomeno che **coinvolse** innanzitutto **i re e l'aristocrazia guerriera**.
La massa della popolazione, di solito, adottava la religione del sovrano per fedeltà e obbedienza, senza assimilarla in profondità. Anche in questo caso, l'incontro tra le differenti civiltà determinò la **coesistenza delle credenze cristiane** con alcune **pratiche pagane**, mentre elementi della cultura germanica penetrarono nello stesso cattolicesimo: i tradizionali valori barbari della violenza e della forza, ad esempio, portarono ad esaltare gli aspetti relativi all'eroismo proprio della religiosità, come il **martirio** o le virtù combattive dei predicatori (che non a caso iniziarono ad essere definiti come *milites Dei*, «soldati di Dio»).

2. Il ruolo della Chiesa

? Quale ruolo assunse la Chiesa romana nel panorama politico, sociale ed economico dell'Occidente?

La Chiesa in Occidente Nei primi secoli del Medioevo, la **Chiesa** assunse un **ruolo sempre più importante nel mondo occidentale**.
Di fronte alla recessione economica, alla frammentazione politica e al progressivo **indebolimento dell'autorità imperiale**, essa, grazie alle sue strutture organizzative e a una consolidata rete di relazioni tra le varie diocesi e le comunità distribuite nel territorio, divenne l'**istituzione più solida ed efficiente** del tempo. Mentre il Cristianesimo orientale affrontava problemi di natura molto astratta, dibattendo tesi teologiche secondo le abitudini della filosofia classica, la Chiesa occidentale e il suo vescovo «cen-

trale» (il papa) si trovavano di fronte a **problemi di governo**: l'autorità della sede di Roma rispetto alle altre comunità cristiane; i rapporti con l'impero; l'organizzazione ecclesiastica.

Le **uniche città che sopravvissero** allo spopolamento furono le **sedi vescovili**, attive e vitali in quanto centri dell'amministrazione religiosa; quasi ovunque, il **principale uomo pubblico cittadino** rimase il **vescovo**, che in numerosi casi si fece carico di riorganizzare la vita civile ed economica del luogo.

In un periodo in cui le città si spopolavano e le istituzioni civili decadevano, furono le organizzazioni religiose (parrocchie e monasteri) a mantenere vivo un sistema di **istruzione** e di **conservazione della cultura**, e a fornire **assistenza** ai bisognosi.

La Chiesa medievale divenne anche una grande **potenza economica**, proprietaria di enormi estensioni di terra grazie alle **donazioni** che, sin dal IV secolo, ricchi possidenti e sovrani convertiti al cattolicesimo effettuarono in favore di vescovadi e abbazie.

La presenza ecclesiastica nelle principali strutture sociali, economiche e politiche del mondo latino-germanico fu capillare e imponente e il potere e l'influenza dei vescovi cattolici andarono crescendo durante tutto l'Alto Medioevo. L'**episcopato conservò** quasi ovunque i **privilegi** di cui aveva goduto sotto l'impero e, anzi, la conversione di numerosi sovrani barbari al Cristianesimo determinò il diretto **ingresso dei vescovi nell'amministrazione pubblica e nella sfera politica**.

L'ordinamento pubblico e quello ecclesiastico non si fusero in un'unica struttura di potere, ma i rapporti fra i due ambiti divennero strettissimi e l'**influenza esercitata dalla Chiesa** assunse di frequente un ruolo preponderante.

Ben consapevole di tale ruolo doveva essere, nel VI secolo, il re franco Chilperico, il quale, come riporta il cronista dell'epoca Gregorio di Tours, giunse ad esclamare «Soltanto i vescovi regnano! La mia autorità è perita ed è passata ai vescovi delle città!».

L'aristocrazia germanica dovette necessariamente accettare una convivenza con la potenza e il prestigio delle gerarchie ecclesiastiche, poiché esse garantivano un efficace inquadramento della popolazione, per la quale l'esperienza religiosa costituiva un valore profondo e assoluto.

La Chiesa bizantina

Altrettanto rilevante fu il ruolo della Chiesa nell'impero d'Oriente, dove l'ordinamento ecclesiastico si sviluppò in pieno **accordo con il potere imperiale**. Il Cristianesimo orientale aveva accettato anzi, fin dall'inizio, un **ruolo subordinato** all'autorità imperiale. L'**imperatore** svolgeva la funzione di **custode della fede** e cooperava con le gerarchie religiose in materia dottrinale. Gli stessi interventi del sovrano nelle numerose dispute teologiche non erano interpretati come interferenze illegittime del potere pubblico nella sfera religiosa, bensì come un aspetto della cooperazione tra la corte e l'episcopato.

L'intera aristocrazia bizantina era educata e cresciuta all'insegna della **cultura cristiana**; teologia e cultura biblica non erano, come in Occidente, monopolio di monaci e preti, ma permeavano anche il

Il papa insieme ad un vescovo e ad alcuni sacerdoti, miniatura del X secolo proveniente da Cassino.

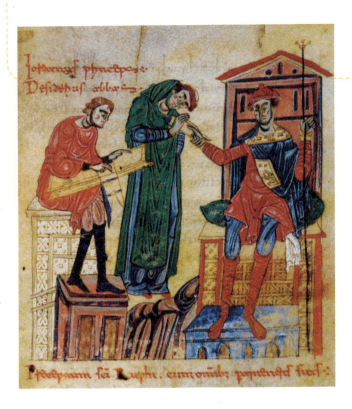

Cerimonia della donazione di terre da parte di un principe alla Chiesa, miniatura del XII secolo. Montecassino, Biblioteca Statale.

patrimonio culturale delle classi dominanti laiche. L'influenza della Chiesa orientale era molto elevata e, parallelamente, era assai cospicua la ricchezza di cui godevano vescovadi e monasteri.

L'ascesa politica del papato La **Chiesa romana** seppe sviluppare, tra il VI e l'VIII secolo, una profonda influenza sociale e politica in Italia, fino a raggiungere posizioni di grande potere e a dare vita a un vero e proprio **Stato territoriale**.
Le iniziative del papato in campo politico furono avviate da Gregorio I, detto **Gregorio Magno**, che fu papa dal 590 al 604. Di fronte alla debolezza delle forze imperiali, fu Gregorio a organizzare l'amministrazione e la difesa di Roma; inoltre fu il primo papa a intavolare, in totale autonomia, rapporti diplomatici con i sovrani dei regni romano-barbarici.

Le parole della storia — Potere temporale

L'espressione «potere temporale» è sinonimo di autorità politica esercitata su un determinato territorio. Nel Medioevo il concetto definiva in generale il potere politico, proprio di sovrani e prìncipi e per sua natura effimero, temporaneo in quanto relativo alle cose del mondo, in opposizione al «potere spirituale» che era esclusivo della Chiesa. Si riteneva tuttavia che il pontefice dovesse detenere entrambi, poiché il potere temporale era considerato un presupposto indispensabile affinché il papa fosse in grado di esercitare in maniera autonoma ed efficace l'autorità spirituale. Soltanto così, infatti, la Chiesa avrebbe potuto mantenere indipendenza e unità, difendendosi da coloro (sovrani, imperatori) che avrebbero voluto assumerne il controllo per motivi politici. Il fondamento del potere temporale della Chiesa fu a lungo ritenuto l'atto noto col nome di «Donazione di Costantino» (315 d.C.), con il quale l'imperatore romano avrebbe attribuito al papato la sovranità su tutte le terre occidentali dell'impero romano e stabilito la superiorità del potere papale su quello imperiale. Questo atto fu smascherato come falso nel XV secolo. L'esercizio di un effettivo potere temporale da parte del papato iniziò con la donazione di Sutri del 728 d.C., con cui si costituì ufficialmente lo Stato della Chiesa, e proseguì durante il Medioevo con ulteriori donazioni compiute da sovrani e imperatori e dal crescente intreccio tra il potere imperiale e quello ecclesiastico. Nel XII secolo le due autorità universali iniziarono poi un aspro conflitto per la supremazia – la cosiddetta lotta per le investiture – che si concluse con una sostanziale separazione dei due poteri. La fine del Medioevo coincise con il tramonto di entrambi i poteri universali e la formazione degli Stati territoriali, futuri nuclei delle nazioni contemporanee che non ammettevano la subordinazione del regno ad alcuna autorità superiore, ridusse sensibilmente il potere temporale della Chiesa. Nel 1309 il papato fu trasferito dal sovrano francese Filippo IV ad Avignone e da allora le aspirazioni teocratiche del pontefice risultarono irreversibilmente ridimensionate. Il potere temporale dei papi cessò definitivamente nel XIX secolo in seguito alla formazione dello Stato italiano. Per costruire un'Italia unita, infatti, era inevitabile smembrare lo Stato della Chiesa, che attraversava le regioni centrali della penisola, dal Tirreno all'Adriatico. Nel 1870 l'esercito italiano entrò a Roma attraverso la breccia di Porta Pia e annesse al regno i territori pontifici, mettendo fine all'autorità temporale dei papi. Il governo italiano riconobbe al pontefice, oltre a un assegno annuo di 3,5 milioni di lire (che fu rifiutato), la proprietà esclusiva dei palazzi vaticani al fine di garantire le funzioni spirituali della Chiesa. Nel 1929 il governo fascista, con l'approvazione dei Patti Lateranensi, sancì la nascita dello Stato del Vaticano, che è ancora oggi uno Stato sovrano (il più piccolo d'Europa) e costituisce l'ultima manifestazione materiale del potere temporale della Chiesa.

I suoi successori proseguirono questa politica. Nell'VIII secolo, come vedremo, il papato strinse rapporti di alleanza e di appoggio reciproco con i Longobardi e con il regno franco, traendone vantaggi considerevoli. Dal re longobardo Liutprando, nel 728, il pontefice Gregorio II ottenne la donazione del **castello di Sutri**, nel Lazio. A questo atto gli storici fanno risalire l'**inizio del potere temporale dei papi**, ovvero l'esercizio della sovranità politica su di un territorio.

Verifica immediata

1 Completa la seguente asserzione scegliendo l'alternativa corretta.

La Chiesa in Occidente *agevolò / impedì* lo spopolamento di importanti *città / regni*, quindi acquisì un ampio potere *amministrativo / militare*, ma il suo potere *fece tutt'uno con / fu indipendente da* quello pubblico, *al contrario della / analogamente alla* Chiesa d'Oriente.

2 Qual era il ruolo dell'imperatore d'Oriente nelle dispute teologiche e nella dottrina ecclesiastica?

....

3. Il monachesimo

Eremi, monasteri, abbazie Un altro importante aspetto della diffusione del Cristianesimo fu la **nascita del monachesimo**, ovvero di comunità religiose desiderose di vivere, attraverso il distacco dal mondo, l'ideale evangelico di povertà e preghiera, dedicandosi a una vita di isolamento e di penitenza. Il monachesimo aveva avuto **origine** nel III secolo, **nella parte orientale dell'impero**, come scelta strettamente individuale (monaco infatti deriva dal greco *mònachos*, «unico»): numerosi cristiani avevano scelto di vivere da **eremiti**, in totale solitudine, in zone inospitali dell'Egitto, della Palestina e della Siria. A partire dal V secolo le esperienze monastiche si propagarono **in Occidente**, dove prevalse un ideale di vita meno individualista e dove i monaci privilegiarono una **vita in comune** (per questo furono chiamati «**cenobiti**»), da condurre in organizzazioni separate dalla società: i **monasteri**. I monasteri erano **disciplinati da una serie di norme e di regole**, relative a ogni aspetto della vita pratica e religiosa, condivise da tutti gli aderenti.

Le prime comunità monastiche sorsero in **Provenza** (a Lérins nel 410, a Marsiglia nel 418) e in **Irlanda**, contemporaneamente all'evangelizzazione dell'isola promossa da san Patrizio a partire dal 432. Una fitta rete di monasteri si diffuse successivamente in tutto

La fondazione di un monastero in una miniatura di scuola francese, XIII secolo. Laon (Francia), Biblioteca Municipale.

l'Occidente, ciascuno con le proprie regole. Oltre ai monasteri, sorsero le **abbazie**, istituzioni indipendenti, governate in autonomia (rispetto alle diocesi) da un **abate**. Le abbazie avevano la struttura di un villaggio, talvolta fortificato, e comprendevano la chiesa, il monastero, magazzini, abitazioni e terre coltivabili.

Nel 529 **Benedetto da Norcia** fondò l'**abbazia di Montecassino**, che divenne presto il principale centro di irradiazione del monachesimo in Europa. La

Due monaci impegnati ad abbattere un albero, da un codice miniato del XII secolo. Digione, Biblioteca Pubblica.

comunità benedettina si organizzò sulla base della *Regola* redatta dal fondatore nel 540, che in seguito fu adottata dalla maggior parte delle comunità monastiche dell'Occidente. Secondo questa regola, i monaci erano tenuti a obbedire al proprio abate, a risiedere obbligatoriamente nel monastero, a osservare i **voti** e a dedicare il loro tempo, in parti uguali, al **lavoro manuale** e alla **preghiera** (secondo il motto *Ora et labora*, «Prega e lavora»). Il lavoro era considerato dai Benedettini un compito fondamentale: importante quanto la meditazione per il perfezionamento dello spirito e indispensabile per provvedere alle necessità quotidiane della comunità. Era prevista anche l'**attività intellettuale**, sotto forma di studio e approfondimento delle Sacre Scritture.

Fra il VI e il VII secolo, una capillare opera di diffusione del monachesimo fu compiuta anche dai **monaci irlandesi**, il più noto dei quali fu **Colombano**, che si sparsero sul continente europeo fondando numerosi monasteri ispirati a norme di vita più severe e rigide di quelle benedettine, come Luxeuil in Borgogna, San Gallo in Svizzera e Bobbio in Italia.

Il ruolo dei monasteri Nel mondo medievale, i monasteri rivestirono alcune funzioni fondamentali che andavano ben al di là delle semplici mansioni religiose. In primo luogo, essi divennero **centri economici** di grande rilievo, dotati di estesi **patrimoni fondiari**, in cui si praticavano le attività agricole e presso i quali si svolgevano fiere e mercati. In secondo luogo, in un'epoca in cui non esistevano strutture pubbliche di assistenza, i monaci si preoccuparono di fornire **aiuto e soccorso a poveri e bisognosi**, organizzando distribuzioni di cibo e cure mediche presso convalescenziari, ospizi e orfanotrofi costruiti all'interno delle tenute monastiche.

I monasteri svolsero, infine, una preziosa **funzione culturale**, occupandosi dell'**istruzione** e della **produzione di testi scritti**. Organizzarono, infatti, **scuole monastiche** per la preparazione intellettuale dei monaci, sovente aperte anche agli esterni: era il caso, ad esempio, di gran parte delle abbazie benedettine, che in base alla regola dell'ordine erano tenute a provvedere ai giovani poveri e abbandonati fornendo loro nutrimento e istruzione. Rivolte essenzialmente all'educazione religiosa, le scuole monastiche impartivano innanzitutto l'insegnamento elementare, comprendente nozioni di lettura, scrittura, calcolo e canto. Successivamente veniva introdotto lo studio di grammatica, retorica, dialettica, aritmetica. In rari casi, l'istruzione proseguiva con un livello superiore aperto anche alla cultura laica scientifica e artistica (astronomia, musica, geome-

Le parole della storia — Monachesimo

Il monachesimo è una particolare scelta di vita religiosa che comporta la rinuncia alla vita nella società e un certo grado di isolamento, per dedicarsi alla preghiera e alla meditazione al fine di raggiungere un'elevata condizione di purezza e di perfezione spirituale.
La vita monastica si articola in due modelli fondamentali: quello eremitico, in cui i monaci conducono una vita solitaria e isolata in un luogo fisso (l'eremo), oppure spostandosi continuamente (monaci itineranti); quello cenobitico, in cui i monaci conducono una vita comunitaria, abitando uno stesso edificio (il monastero) e svolgendo alcune attività in comune (preghiera, lavoro, studio). I monaci si votano a pratiche ascetiche, che mettono in risalto la loro scelta di allontanamento dal mondo, come la castità, la rinuncia al possesso di beni, la limitazione del riposo notturno, dei cibi e delle bevande, dell'uso della parola (silenzio monastico).
L'adesione al monachesimo è comunemente regolata da particolari procedure di ordinazione, che sovente prevedono un periodo più o meno lungo di apprendistato (il noviziato) e il pronunciare pubblicamente specifici voti. L'appartenenza a un determinato ordine monastico è segnalata dall'adozione di uno speciale abbigliamento (in genere tipico delle persone più semplici) e da altri segni, come capelli rasati, barba lunga, piedi scalzi.

tria, lingue, arti figurative e architettura).
Conventi e abbazie come Bobbio e Montecassino in Italia, Corbie e Chartres in Francia, Fulda in Germania, San Gallo in Svizzera furono gli unici, veri centri culturali in cui, a partire dal VI-VII secolo, si svolse in maniera sistematica la **conservazione** e la **riproduzione manoscritta dei libri**. Nell'universo monastico scrivere e leggere rappresentavano un'occupazione essenziale per i monaci: i libri erano prodotti non per esigenze culturali o materiali ma quale compito spirituale, inteso come forma particolare di preghiera.

Un maestro sorveglia la lettura di un giovane chierico, XIII secolo.

Lo *scriptorium* Ogni grande monastero europeo possedeva un locale apposito dove si procedeva alle diverse fasi della **copiatura dei testi** e della lavorazione dei libri. Questo luogo, chiamato *scriptorium*, solitamente spazioso e illuminato da numerose finestre, era l'unico a essere riscaldato ed era quasi sempre annesso a una biblioteca in cui venivano raccolti e conservati i manoscritti. Qui i monaci trascorrevano gran parte della loro giornata dedicandosi alla trascrizione degli antichi codici. La scrittura avveniva su fogli di pergamena, con l'ausilio di una penna d'oca e gli scrivani erano chiamati **amanuensi** (perché, appunto, scrivevano a mano).
Le operazioni erano suddivise fra più specialisti: i copisti (*scriptores*), seduti o in piedi davanti a leggii, si alternavano nella scrittura sotto la dettatura di altri monaci (*dictatores*); successivamente interveniva

Il documento

Preghiera e lavoro

Benedetto da Norcia, *Regola*

La regola dei monaci benedettini, redatta da san Benedetto agli inizi del VI secolo, è caratterizzata dall'equilibrio tra attività spirituale, lavoro manuale e impegno intellettuale ed è improntata a direttive chiare, capaci di garantire il funzionamento della comunità monastica.

L'ozio è nemico dell'anima, e perciò i fratelli in certe ore devono essere occupati nel lavoro manuale, in altre ore nella lettura divina. Di conseguenza riteniamo che entrambe le occupazioni siano ripartite nel tempo con il seguente ordinamento: da Pasqua fino alle calende di ottobre, uscendo al mattino facciano i lavori necessari dalla prima fin quasi all'ora quarta. Poi, dall'ora quarta fino all'ora in cui faranno la sesta, attendano alla lettura. Dopo la sesta, alzandosi da tavola si riposino nei loro letti in assoluto silenzio o, se qualcuno vorrà leggere per conto suo, legga in modo da non disturbare nessuno. Si faccia nona un poco in anticipo, verso la metà dell'ora ottava, e di nuovo lavorino a quello che c'è da fare sino al vespro. Se le esigenze del luogo o la povertà richiedono che essi si occupino personalmente di raccogliere le messi, non se ne affliggano, giacché allora sono veramente monaci, se vivono del lavoro delle proprie mani, come i nostri padri e gli apostoli. Tutto però sia fatto con misura, avendo riguardo per i deboli. Invece dalle calende di ottobre all'inizio della quaresima attendano alla lettura fino a tutta l'ora seconda. Dopo l'ora seconda si faccia terza e fino a nona tutti eseguano il lavoro che viene loro assegnato. Dato poi il primo segnale dell'ora nona, ciascuno si stacchi dal proprio lavoro e stia pronto finché suonerà il secondo segnale. Dopo il pasto attendano alle proprie letture o ai salmi.
Nei giorni di quaresima, dal mattino sino a tutta l'ora terza attendano alle proprie letture e sino a tutta l'ora decima eseguano il lavoro che è loro assegnato. In questi giorni di quaresima tutti ricevano dalla biblioteca un libro a testa e lo leggano ordinatamente per intero.

(Benedetto da Norcia, *Regola*, FV, 48, in *Antologia delle fonti altomedievali*, cit.)

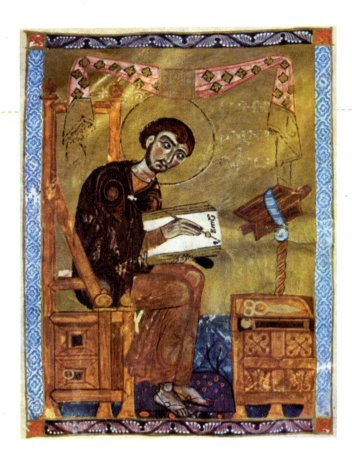

Monaco amanuense al lavoro nello *scriptorium*, X secolo.

il *corrector* a controllare la rispondenza tra la copia e l'originale. Il codice passava poi al *rubricator* (colui che scrive in rosso) per i titoli e le iniziali dei capitoli e al *miniator*, che vi aggiungeva illustrazioni (le cosiddette **miniature**) e decorazioni. Infine i singoli fogli venivano rilegati, solitamente in legno e cuoio. Alcuni codici di pregio elevato furono trascritti anche interamente in oro e argento, dando alla pergamena una tintura di fondo.

Negli *scriptoria* erano oggetto di copiatura non soltanto **libri sacri** come bibbie, vangeli, salteri (raccolte di salmi biblici), ma anche **testi** di cultura laica, soprattutto **greci** e **latini**: l'immensa mole di lavoro svolta dai monaci medievali ebbe così una preziosa funzione di conservazione e trasmissione di opere letterarie e scientifiche classiche e cristiane che, diversamente, non sarebbero giunte fino a noi.

Verifica immediata

1 **Esponi le differenze fra monastero e abbazia.**

2 **Leggi il documento *Preghiera e lavoro* a p. 133. Scrivi un testo in cui compaiano i seguenti punti: l'ozio secondo san Benedetto; le attività ritenute necessarie per il bene interiore e della comunità; l'importanza del riposo; l'atteggiamento da tenere nell'esercizio di qualsiasi attività. Puoi eventualmente citare qualche espressione del brano.**

Come facciamo a sapere

La diffusione del Cristianesimo

Tra le fonti relative alla diffusione del Cristianesimo nell'Occidente europeo va segnalata, oltre alla già citata *Storia dei Franchi* di Gregorio di Tours, la *Storia ecclesiastica* scritta nella prima metà del V secolo dallo storico greco-bizantino Sozomene. Ricche di notizie sulla predicazione dei missionari cristiani in Europa sono la *Storia ecclesiastica degli Angli* del monaco ed erudita anglosassone Beda e la *Vita di Martino* (Martino di Tours) scritta da Sulpicio Severo, un testo risalente al IV secolo dedicato al santo patrono dei Franchi.

Il monachesimo

Sul monachesimo è possibile consultare, oltre al testo delle *Regole* dei vari ordini monastici (tra cui quelle redatte da san Benedetto, san Colombano e Cesario di Arles), gli *Annali* pubblicati da numerose abbazie europee, come quelle di Lorsch, Fulda, Saint-Bertin.

Il potere temporale della Chiesa

Per ricostruire le vicende relative allo sviluppo e al rafforzamento del papato, invece, risultano di fondamentale rilevanza le *Lettere* di papa Gregorio Magno. L'epistolario – che comprende centinaia di lettere – illustra con chiarezza l'attività organizzativa e politica condotta dalla Chiesa romana di fronte all'assenza dell'autorità bizantina: Gregorio si occupa in prima persona dei problemi di Roma, provvedendo agli approvvigionamenti alimentari e alla difesa militare, instaurando inoltre relazioni dirette con i principali esponenti politici del tempo, imperatore compreso.

SINTESI

capitolo 3 La Chiesa e il monachesimo

La diffusione del Cristianesimo

Come testimonia anche la conversione dei Franchi e di altre popolazioni (Visigoti, Longobardi), nei primi secoli del Medioevo il Cristianesimo conobbe un'intensa espansione nell'Occidente europeo, penetrando nel mondo germanico e raggiungendo ogni strato della popolazione. A partire dal V secolo il cattolicesimo si diffuse ovunque, anche nelle campagne, dov'erano radicate tradizionali pratiche pagane.

Affresco di Cristo assiso in trono proveniente dalla chiesa di Santa Maria Antiqua a Roma, VIII secolo.

Il ruolo della Chiesa

Nell'Alto Medioevo la Chiesa divenne l'istituzione più efficiente del tempo e assunse un ruolo sempre più importante in Occidente. Le città vescovili furono vitali centri di amministrazione religiosa; parrocchie e monasteri mantennero in vita un sistema di istruzione e di assistenza ai bisognosi. Il potere e l'influenza dei vescovi, i quali garantivano un efficace inquadramento della popolazione, andarono crescendo durante tutto l'Alto Medioevo e, non di rado, essi fecero direttamente ingresso nell'amministrazione pubblica e nella sfera politica. Altrettanto rilevante fu il ruolo della Chiesa nell'impero d'Oriente, dove si realizzò una piena compenetrazione fra Stato e Chiesa. L'imperatore era il custode della fede e cooperava con le gerarchie religiose; l'aristocrazia bizantina era educata e cresciuta all'insegna della cultura cristiana.

A partire dal VII secolo, il papato fu protagonista di una forte ascesa politica e sociale. Papa Gregorio Magno e i suoi successori, infatti, seppero rafforzare la posizione del papato in Italia fino a trasformarlo in un vero e proprio Stato territoriale, la cui nascita viene fatta coincidere con la donazione di Sutri (728).

Papa Gregorio Magno con il diacono Pietro, miniatura da un manoscritto del XIII secolo. Milano, Biblioteca Ambrosiana.

Il monachesimo

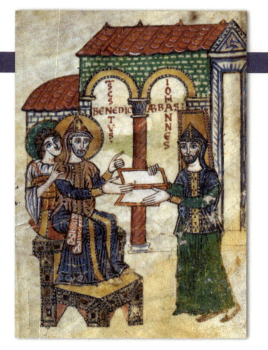

Il monachesimo, nato nel III secolo nella parte orientale dell'impero sotto forma di eremitaggio, nell'Alto Medioevo si diffuse in Occidente, dove assunse la forma di vita cenobitica, praticata nei monasteri e nelle abbazie. Particolare diffusione conobbe l'ordine benedettino, che sorse nel 529 e si organizzò sulla base della *Regola* redatta da san Benedetto, che insieme alla preghiera prescriveva ai monaci di dedicarsi al lavoro. I monasteri non si limitarono a svolgere una funzione religiosa: essi furono importanti centri economici, provvidero all'assistenza dei bisognosi e si occuparono dell'istruzione, allestendo scuole monastiche. Ebbero inoltre una funzione fondamentale nella trasmissione della cultura: i monaci si dedicavano alla riproduzione, negli *scriptoria*, di preziosi testi manoscritti, assicurandone così la conservazione.

Benedetto da Norcia consegna la *Regola* all'abate Giovanni di Montecassino, miniatura del X secolo. Montecassino, Biblioteca dell'Abbazia.

capitolo 4 — L'Occidente nell'Alto Medioevo
Bizantini e Longobardi in Italia

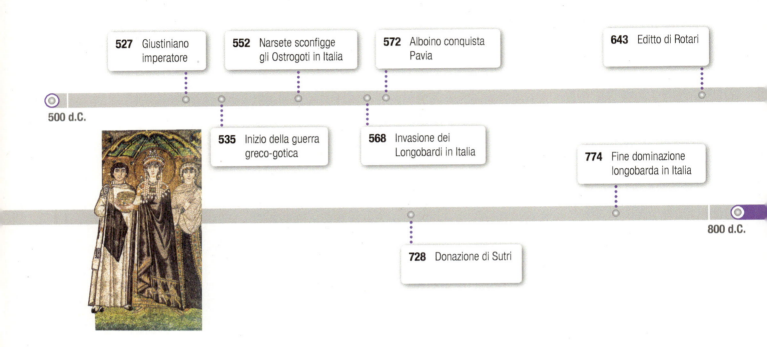

- **527** Giustiniano imperatore
- **535** Inizio della guerra greco-gotica
- **552** Narsete sconfigge gli Ostrogoti in Italia
- **568** Invasione dei Longobardi in Italia
- **572** Alboino conquista Pavia
- **643** Editto di Rotari
- **728** Donazione di Sutri
- **774** Fine dominazione longobarda in Italia

500 d.C. — 800 d.C.

1. Giustiniano e la riunificazione dell'impero

La stabilità dell'impero d'Oriente Mentre l'**Occidente**, travolto dai barbari, era sottoposto a un inarrestabile **processo di disgregazione** dell'unità politica e culturale realizzata dai Romani, **nella parte orientale l'impero continuava ad esistere**. Il territorio dell'impero d'Oriente (chiamato «**bizantino**» dall'antico nome – Bisanzio – della capitale Costantinopoli) comprendeva numerose regioni dell'Africa settentrionale, del Medio Oriente, dell'attuale Turchia e dei Balcani. L'impero bizantino aveva resistito alla pressione delle genti barbare, aveva conservato la propria **omogeneità culturale e religiosa** e aveva mantenuto gran parte delle tradizioni politiche e amministrative romane.

Sotto la guida di un **imperatore** (*basiléus*, in greco) dotato di **potere assoluto**, non soltanto politico ma anche religioso (era ritenuto il rappresentante terreno di Dio, il suo simbolo vivente, rivestiva il ruolo di garante della Chiesa e ne presiedeva i concili ecumenici), lo **Stato bizantino** mantenne un'**organizzazione stabile** grazie a un efficiente **apparato burocratico**, fortemente **centralizzato**, fondato su una netta separazione tra incarichi militari e funzioni civili.

Miniatura del X secolo che ritrae alcuni alti funzionari bizantini.

Particolare di mosaico con il ritratto dell'imperatore Giustiniano, VI secolo. Ravenna, Basilica di Sant'Apollinare Nuovo.

La presenza di **numerose città** assicurava un'**economia fiorente**, basata su un raffinatissimo artigianato e su un'intensa attività commerciale, lontana dalla decadenza produttiva dell'Occidente che poneva il suo fondamento sull'agricoltura.

La stessa capitale, **Costantinopoli**, ricostruita nel 330 sul luogo dell'antica Bisanzio a imitazione di Roma (anch'essa, infatti, fu edificata su sette colli e suddivisa in quattordici quartieri), era situata all'incrocio delle principali vie terrestri e marittime tra Europa e Asia e rappresentava il centro economico più vitale dell'impero. Nel VI secolo contava ben 400.000 abitanti ed era unanimemente ritenuta la «regina delle città», ricca di bellezze architettoniche (come l'*Augusteon*, la piazza lastricata di marmo sulla quale si affacciavano i palazzi imperiali, l'ippodromo e la Cattedrale di Santa Sofia) e di migliaia di abitazioni di lusso.

Anche sul **piano culturale**, l'impero d'Oriente seppe mantenere una **vitalità** sconosciuta alle regioni occidentali: favorito da una mescolanza di genti e di culture provenienti da ogni parte del mondo (africane, orientali, italiche, greche, germaniche, ebree), riuscì ad amalgamare e integrare le differenti civiltà e vide fiorire gli studi filosofici, quelli storici, la letteratura e le arti (architettura, pittura, mosaici).

La riconquista del Mediterraneo

> ? Come si svolse il tentativo di riunificazione dell'impero ad opera di Giustiniano?

Di fronte agli eventi e alle trasformazioni che sconvolgevano l'Occidente, Costantinopoli tentò dapprima di far valere la propria autorità sui regni barbarici che si andavano costituendo; infine, pose in atto un estremo tentativo di **ricostruire l'unitarietà dei territori imperiali** mediante la forza.

Il progetto di riunificazione dell'impero fu avviato dall'imperatore **Giustiniano**, nato in Macedonia da umili origini e nipote dell'imperatore Giustino, che, salito al trono nel 527, regnò sino al 565 affiancato dalla moglie Teodora, donna abile e capace che esercitò su di lui una forte influenza anche in ambito politico. L'impresa iniziò tra il 533 e il 534 con la **conquista del Regno vandalo** dell'**Africa settentrionale**. Nel 535 l'esercito bizantino invase quindi l'Italia: ebbe così inizio la **guerra greco-gotica**, che si protrasse per quasi vent'anni e che segnò il definitivo tramonto della civiltà tardo-romana nella Penisola, devastata dagli scontri militari, da epidemie e da terribili carestie.

Al comando del generale **Belisario**, i Bizantini sbarcarono in Sicilia e la conquistarono rapidamente, dopodiché assediarono e saccheggiarono Napoli (536). Dopo aver espugnato nello stesso anno Roma e, nel 540, Ravenna, i Bizantini costrinsero gli Ostrogoti a rifugiarsi oltre il Po. Ottennero quindi l'appoggio dell'aristocrazia romana, che vide con favore il ritorno dell'Italia sotto il dominio diretto dell'impero. Ciò indusse gli Ostrogoti, che sotto il regno di **Totila** (541-552) riuscirono a occupare nuovamente la maggior parte dei territori perduti (nel 546 riconquistarono temporaneamente Roma), a interrompere ogni forma di collaborazione con la nobiltà latina e, anzi, a colpirne duramente gli interessi, distribuendo le terre conquistate ai contadini ed esortandoli a non pagare più i tributi ai grandi proprietari terrieri.

La guerra con i Bizantini non si arrestò: Giustiniano affidò la guida delle operazioni militari a **Narsete**, il quale, a capo di un immenso esercito di barbari asiatici ed europei, nel 552 **sconfisse gli Ostrogoti** a

Il documento

La Prammatica Sanzione di Giustiniano

Dopo la conquista dell'Italia, la restaurazione bizantina fu regolata da una costituzione nota come Prammatica Sanzione, nella quale fu stabilita la cancellazione di tutti gli atti e i provvedimenti dei re goti Vitige e Totila e l'estensione alla Penisola del codice di Giustiniano.

1. Dietro richiesta del venerabile Vigilio vescovo della Roma più antica, abbiamo ritenuto fossero da stabilire alcune cose che riguardavano l'utilità di tutti quelli che abitano le parti occidentali [dell'impero]. Prima di tutto stabiliamo e ordiniamo che tutto ciò che concessero Atalarico, o Amalasunta madre del re, o anche Teodato ai Romani o al Senato che lo richiedeva siano mantenute inviolabili. Ma anche quelle cose che sono state concesse da noi o dalla augusta Teodora di pia memoria, un tempo nostra moglie, vogliamo che siano conservate intatte, senza che ad alcuno sia data licenza di andare contro di esse. […]

2. Che le donazioni fatte da Totila siano tutte annullate. Se si trova qualcosa che è stato fatto o donato dal tiranno Totila ad un Romano o a chiunque altro, non concediamo assolutamente che sia conservato e che rimanga saldo, ma stabiliamo che i beni, tolti a tali possessori, siano restituiti agli antichi padroni. Ciò infatti che si trova fatto da quello al tempo della sua tirannide, non concediamo abbia valore nei tempi del nostro legittimo governo. […]

11. Che le leggi degli imperatori si spandano su tutte le province dell'impero. Il diritto e le leggi inoltre inseriti nei nostri codici, che subito abbiamo trasmesso in Italia con un editto, stabiliamo che abbiano un valore. Ma anche quelle costituzioni che abbiamo promulgato successivamente ordiniamo che siano divulgate mediante un editto, e che da quel momento nel quale saranno state rese note abbiano valore anche in Italia, affinché, essendo stato con il volere di Dio riunito l'impero, anche l'autorità delle nostre leggi si spanda ovunque.

(*Prammatica Sanzione*, 1, 2, 11, in *Antologia delle fonti altomedievali*, cit.)

Gualdo Tadino (durante la battaglia, Totila perse la vita). L'anno successivo, **l'Italia** fu definitivamente **assoggettata a Costantinopoli** in seguito alla battaglia ai monti Lattari, nel Salernitano, dove morì anche l'ultimo sovrano ostrogoto, Teia.

L'opera di riconquista si concluse, nel 554, con una **spedizione militare in Spagna**, con la quale i Bizantini strapparono ai Visigoti la parte sud-orientale della Penisola iberica. **L'intera area del Mediterraneo** era tornata così a **far parte dell'impero**.

Verifica immediata

1 Completa con le informazioni richieste le due fasi della guerra greco-gotica.

1 Prima fase
- comandante: ....
- eventi storici verificatisi nei seguenti anni:
    - 535: ....
    - 536: ....
    - 540: ....

2 Seconda fase
- comandante: ....
- eventi storici verificatisi nei seguenti anni:
    - 552: ....
    - 553: ....

2 Qual era la situazione politica nell'area del Mediterraneo dopo le imprese di Giustiniano?

La cavalleria bizantina travolge i nemici.

2. L'Italia bizantina

? Quale assetto organizzativo diedero all'Italia i Bizantini?

Il nuovo assetto dei territori italiani L'**Italia** tornò ad essere una **provincia dell'impero** e fu ridotta nei suoi confini: la Dalmazia fu annessa all'Illirico, la Sardegna e la Corsica all'Africa, la Sicilia fu posta alle dirette dipendenze di Costantinopoli.
Per regolare l'assetto politico e giuridico dei territori italiani, Giustiniano emanò la **Prammatica Sanzione**, una costituzione con la quale **reintrodusse l'ordinamento amministrativo romano** ed **estese** a tutta la Penisola **le sue leggi**. Le misure adottate dai sovrani ostrogoti che lo avevano combattuto furono ritenute illegali e dunque abolite, mentre furono mantenute in vigore le leggi varate dai re precedenti. Alla nobiltà di estrazione romana vennero restituite le terre confiscate da Totila, i coloni e gli schiavi, mentre cospicui beni furono assegnati alle chiese cattoliche per indennizzarle dei danni subiti durante la guerra.
Il governo, che in un primo momento fu suddiviso tra le competenze civili e quelle militari (soltanto nel 567 il governatore Longino riunì in sé i poteri militari e civili, fregiandosi del titolo di «esarca»), fu assegnato a **funzionari provenienti dall'Oriente**. Ai **vescovi** cattolici furono affidate **funzioni di controllo**, tanto sull'amministrazione cittadina quanto sulla giustizia, che conferirono loro di fatto un **potere effettivo** in molti casi maggiore di quello degli stessi funzionari bizantini.
Sul **piano economico**, il dominio di Costantinopoli venne a configurarsi come una forma di **sfruttamento** piuttosto iniquo: particolarmente esoso divenne il sistema fiscale, che **privò l'Italia di risorse e ricchezze a vantaggio dei territori orientali**, non mancando di suscitare l'ostilità e le proteste degli Italici.
Anche il tentativo di rimettere in piedi un sistema scolastico pubblico fallì, poiché da troppo tempo, ormai, l'istruzione era diventata monopolio della Chiesa.

Il *Corpus Iuris Civilis* Nel complesso, l'opera di Giustiniano non fu in grado di fornire nuova vitalità allo Stato romano. Tuttavia essa contribuì a dare continuità all'elemento latino all'interno di quella civiltà medievale che, in Occidente, era in pieno corso di formazione.
A tale risultato contribuì, soprattutto, la **risistemazione e la codificazione di tutte le leggi della tradizione romana**, commissionata dall'imperatore a un gruppo di giuristi guidati da Triboniano. Tra il 529 e il 534, un immenso lavoro di

? Quali importanti conseguenze ebbe, per la civiltà europea, la redazione del *Corpus Iuris Civilis* di Giustiniano?

LE ORIGINI DEL DIRITTO CIVILE EUROPEO

Con la stesura del *Corpus Iuris Civilis*, voluta da Giustinano per raccogliere e ordinare l'enorme mole di disposizioni giuridiche, norme e leggi elaborate nel corso dei secoli dai giuristi dell'impero bizantino, in modo da aggiornare la prassi giudiziaria e lo studio universitario della giurisprudenza, furono gettate le basi per la rinascita del diritto in Europa. Tale raccolta, riscoperta e rielaborata dalla scuola giuridica bolognese nel XII secolo, divenne un contributo fondamentale del diritto di molti Stati moderni. Gli studi giuridici ripresero vigore e l'elaborazione delle leggi iniziò a prendere a modello l'opera giustinianea, dalla quale vennero estratti e applicati i princìpi fondamentali. Poiché il *Corpus* si ispirava alla tradizione giuridica romana, grazie ad esso il diritto romano sopravvisse alla dissoluzione dell'impero ed entrò a far parte della nuova civiltà europea. L'influenza del diritto romano, infatti, è rintracciabile in numerose elaborazioni di legislazione civile dell'Occidente europeo, dal Codice napoleonico (varato nel 1804) al Codice civile italiano, da quello inglese a quello svizzero.

Giurista in cattedra, miniatura da un'edizione del XIV secolo del *Corpus Iuris Civilis*.

studio, selezione e riscrittura portò alla pubblicazione del *Corpus Iuris Civilis*, costituito da un **Codice** (una raccolta di tutte le leggi e gli editti promulgati dagli imperatori a partire dal II secolo), dal **Digesto** – o **Pandette** – (le sentenze emanate dai giuristi romani), dalle **Istituzioni** (un trattato di diritto romano semplificato a scopo didattico) e dalle **Novelle** (le leggi emanate da Giustiniano dopo il 534).

Questa monumentale opera, che rimase alla base della legislazione bizantina per circa mille anni, diede certezza al diritto e facilitò il lavoro dei tribunali. Soprattutto il *Corpus Iuris Civilis* permise la **sopravvivenza del diritto romano**, che in seguito avrebbe ispirato la cultura giuridica dell'intera civiltà europea.

Verifica immediata

1 Indica le misure adottate da Giustiniano in Italia nei seguenti settori.

1. Assetto giuridico dei territori: ....
2. Nobiltà romana: ....
3. Chiese cattoliche: ....
4. Governo: ....
5. Economia fiscale: ....
6. Scuole: ....

2 Di quali parti era costituito il *Corpus Iuris Civilis* e quali erano i loro contenuti?

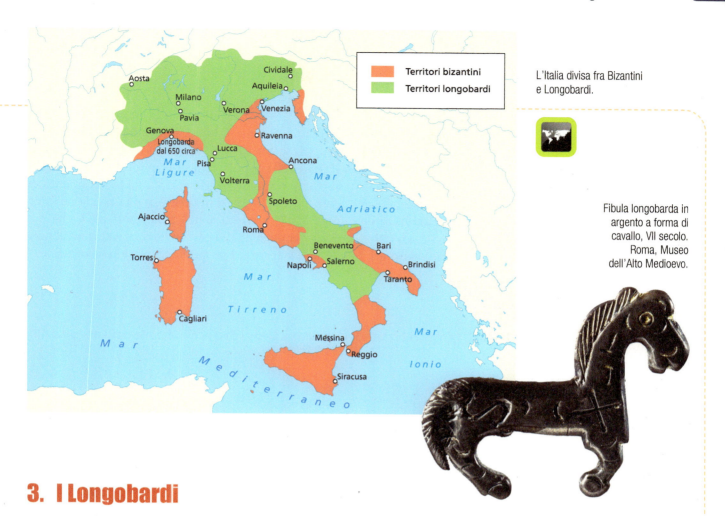

L'Italia divisa fra Bizantini e Longobardi.

Fibula longobarda in argento a forma di cavallo, VII secolo. Roma, Museo dell'Alto Medioevo.

3. I Longobardi

? Quali caratteristiche assunse l'insediamento longobardo in Italia?

I Longobardi in Italia L'omogeneità del dominio bizantino in Italia fu spezzata, nel 568, dall'invasione di una nuova stirpe di barbari, i **Longobardi**. Lasciata la Pannonia (l'attuale Ungheria), dove si erano stanziati agli inizi del V secolo giungendo presumibilmente dalla Scandinavia, sotto la guida di re **Alboino** i Longobardi varcarono le Alpi e dilagarono nelle nuove terre di conquista. Senza incontrare eccessiva resistenza da parte dei Bizantini, impegnati in quegli anni a fronteggiare in Oriente Persiani e Avari, i Longobardi si impadronirono della maggior parte dell'**Italia settentrionale** fino alla Toscana; gruppi di guerrieri si spinsero al Centro, dove fondarono il **ducato di Spoleto**, e al Sud, dove si impadronirono di una vasta zona intorno a **Benevento**.
Non si trattò, tuttavia, di una conquista organizzata e compatta del territorio: l'occupazione fu condotta da svariati capi militari in modo disordinato e senza un piano comune, cosicché **ampie zone della Penisola** rimasero **nelle mani dei Bizantini**: le fasce costiere da Venezia ad Ancona, la Liguria, parte del Meridione e le regioni intorno a Ravenna e a Roma.

Una conquista senza integrazione L'irruzione longobarda causò la definitiva **divisione della Penisola italiana**, destinata a non ritrovare più la propria unità politica per oltre un millennio. Anche l'**impatto sulla società** italica, **sulla cultura** e **sulle istituzioni** fu devastante: a differenza delle altre genti barbariche, i Longobardi erano del tutto estranei alle tradizioni romane e non cercarono **alcuna forma di integrazione** o di assimilazione nei confronti della popolazione conquistata, né alcun tipo di accordo con l'impero. L'**aristocrazia romana** fu non soltanto **estromessa** da qualsiasi attività politica e amministrativa ma **depredata delle sue terre** e addirittura **eliminata fisicamente**; vennero **requisiti** in gran numero **i beni ecclesiastici** dell'alto clero; i **contadini** furono posti alle dipendenze dei nuovi dominatori e costretti sostanzialmente alla **condizione servile**.
I Longobardi erano profondamente differenti dai Romani anche per cultura e per organizzazione sociale. Come apprendiamo dalla principale fonte sto-

? Quali furono le conseguenze dell'invasione longobarda sugli assetti politici e sociali della Penisola?

rica su questo popolo, la *Storia dei Longobardi* scritta dallo studioso longobardo **Paolo Diacono** (720-799), professavano la **fede ariana**, ma gran parte del popolo manteneva, di fatto, credenze di ascendenza germanica; erano un «**popolo in armi**», dominato da un'**aristocrazia guerriera** – gli **arimanni** – cui competeva la scelta del re, che era considerato soltanto un **capo militare** da cui dipendevano gli altri comandanti, i **duchi**. I guerrieri erano divisi in gruppi, chiamati **fare**, uniti da vincoli familiari.

Il resto della popolazione era composto dai **servi**, che si occupavano dell'agricoltura e dell'allevamento ed erano privi di qualsiasi diritto, e da una classe intermedia di individui **semiliberi**, detti **aldi**, che pur possedendo la libertà personale non potevano abbandonare le terre del proprietario per cui lavoravano.

Verifica immediata

1 Osserva la cartina a p. 141. Quali territori bizantini rimasero indenni dall'occupazione dei Longobardi?
....

2 Definisci i seguenti termini.
- 1 Arimanni: ....
- 2 Duchi: ....
- 3 Fare: ....
- 4 Aldi: ....

Scrivi un breve testo sull'organizzazione sociale dei Longobardi utilizzando tutti i termini precedenti.

4. Il regno longobardo

Attraverso quali tappe il regno longobardo acquisì la fisionomia di uno Stato unitario?

L'organizzazione del regno longobardo nel VI secolo L'insediamento dei Longobardi in Italia fu caratterizzato, in un primo momento, da una profonda **conflittualità tra i vari capi militari**. Nel 572, dopo aver conquistato **Pavia** – destinata a diventare, a partire dal 626, la capitale del regno – il re **Alboino fu ucciso** in un complotto all'interno della sua famiglia. Analoga sorte toccò, nel 574, al suo successore **Clefi**, e per circa un decennio il potere fu esercitato in maniera autonoma e indipendente da una trentina di **duchi**, insediati in altrettanti territori e costantemente in lotta tra loro.

Nel 584, allo scopo di ridurre la frammentazione del regno, i duchi decisero di nominare un nuovo sovrano e la scelta cadde su **Autari**, cui cedettero la metà dei loro beni. **La figura del re**, che grazie alle donazioni divenne il più ricco tra i proprietari terrieri ed ebbe, quindi, una solida base per il proprio potere, **cominciò a rafforzarsi**. Di pari passo, il regno longobardo iniziò ad acquisire **maggiore unità**.

Autari sposò **Teodolinda**, principessa dei Bavari: cattolica e in buoni rapporti con papa Gregorio Magno, la regina favorì l'**avvicinamento** dei vertici longobardi **alla Chiesa di Roma**.

La politica di Autari, proseguita tra il 590 e il 616 dal successore **Agilulfo**, duca di Torino, mirò a costruire uno Stato più solido e organizzato: furono nominati dei funzionari reali, i **gastaldi**, con il compito di amministrare i possedimenti del sovrano e di bilanciare, così, il potere locale dei duchi; nell'amministrazione del regno entrarono funzionari di provenienza romana. Su impulso di Teodolinda, che fu moglie anche di Agilulfo e che alla morte di questi (616) resse il trono sino alla maggiore età del figlio Adaloaldo, i Longobardi iniziarono una **lenta conversione al cattolicesimo**, ostacolata però dalla componente più nazionalista e di fede ariana.

capitolo 4 Bizantini e Longobardi in Italia

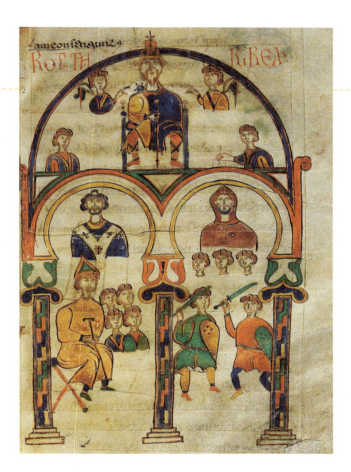

Re Rotari in una miniatura dell'XI secolo. Madrid, Biblioteca Nazionale.

? Quali forme di integrazione si realizzarono, nel regno longobardo, tra cultura germanica e cultura romana?

L'espansione e lo scontro con la Chiesa Durante il regno di **Rotari**, che fu al potere dal 636 al 652, la superficie del regno longobardo si estese al **Veneto** e alla **Liguria**, mentre anche i ducati di Spoleto e di Benevento ampliarono i loro possedimenti. **L'assetto unitario dello Stato si rafforzò** e progressivamente i duchi si trasformarono in funzionari alle dipendenze del sovrano, posti a capo di distretti costituiti intorno alle grandi città. Anche **l'integrazione con la popolazione di origine romana** si fece più profonda, in particolar modo nelle campagne, dove i contadini e i piccoli proprietari si mescolarono sempre più con i conquistatori.
Nel 643 Rotari promulgò una raccolta di leggi e norme in cui tentava di attenuare la durezza delle tradizioni giuridiche longobarde. Scritto in latino, l'**editto di Rotari** mostra la presenza di influssi derivanti dalla **tradizione giuridica romana**, pur mantenendo una netta impronta germanica. Ad esempio, alla vendetta privata, la cosiddetta **faida**, radicata negli usi germanici, il nuovo codice affiancò l'alternativa di un risarcimento in denaro o bestiame (il **guidrigildo**). Le leggi codificate erano però destinate a regolare esclusivamente la vita delle genti longobarde, mentre gli Italici continuavano ad essere sottoposti al diritto romano.
Dopo la morte di Rotari, il processo di amalgama tra elementi germanici e romani proseguì: i sovrani longobardi si convertirono definitivamente al **cattolicesimo** e le tradizioni latine furono accolte in maniera sempre più ampia. La loro influenza risulta evidente nelle leggi promulgate dal re **Liutprando**, sotto il cui regno (712-744) i Longobardi avviarono una **politica di espansione**. Per realizzare il suo **progetto di sottomissione dell'intera Penisola** al dominio longobardo, Liutprando attaccò i possedimenti bizantini in Italia. Nel 751 si impadronì di **Ravenna**, la città che dopo Giustiniano era diventata la capitale dell'impero bizantino in Italia, e dei territori circostanti. Decise poi di attaccare il ducato di Roma che formalmente era governato dai Bizantini ma sul quale il papa esercitava un sempre maggiore e autonomo controllo. Il papa Gregorio II convinse Liutprando a desistere dall'intento di occupare Roma e – in cambio del riconoscimento della sovranità longobarda sull'Italia centro-settentrionale – ottenne dal re che gli venisse consegnato **il castello di Sutri** (donazione di Sutri, 728) insieme ad altri centri minori del Lazio meridionale. Questi territori rappresentano il primo nucleo di uno Stato proprio della Chiesa e la donazione segnò l'inizio dell'esercizio di un potere temporale da parte dei pontefici.

La fine del regno longobardo L'espansionismo dei Longobardi proseguì con **Astolfo** (749-756), che nel 751 conquistò Ravenna e giunse a minacciare la stessa Roma. Queste iniziative **misero in allarme il papato**: consapevole dell'impossibilità di un intervento efficace dell'impero bizantino in Italia, per arginare la potenza longobarda **papa Stefano II** si rivolse al **re dei Franchi, Pipino il Breve**, chiedendo il suo intervento. Con questa mossa la Chiesa romana puntava ad assumere direttamente il controllo dei possedimenti bizantini in Italia e, nello stesso tempo, ad assicurarsi l'appoggio e la protezione di una grande potenza politico-militare quale la monarchia franca. Fra il 755 e il 756 due **spedizioni militari franche** in Italia, guidate da Pipino il Breve, costrinsero i Longobardi a cedere al papato i territori appena occupati.

Il documento

L'editto di Rotari

Il re Rotari è ricordato per aver codificato in forma scritta il complesso delle tradizioni giuridiche della stirpe longobarda, conservate dalla memoria degli anziani attraverso secoli di migrazioni. Qui di seguito proponiamo, oltre alle norme più significative, il prologo dell'editto, che ne chiarisce la natura e gli scopi.

Inizia l'Editto che ha rinnovato Rotari signore, uomo eccellentissimo, re della stirpe dei Longobardi, con i suoi giudici preminenti. […] Quanta è stata, ed è, la nostra sollecitudine per la prosperità dei nostri sudditi, lo dimostra il tenore di quanto è aggiunto sotto, principalmente per le continue fatiche dei poveri, così come anche per le eccessive esazioni da parte di coloro che hanno maggior potere, a causa dei quali abbiamo saputo che subiscono violenza. Per questo, confidando nella grazia di Dio onnipotente, ci è parso necessario promulgare migliorata la presente legge, che rinnova ed emenda tutte le precedenti ed aggiunge ciò che manca e toglie ciò che è superfluo. Vogliamo che sia riunito tutto in un volume, perché sia consentito a ciascuno vivere in pace nella legge e nella giustizia […].

1. Se un uomo trama o si consiglia [con qualcuno] contro la vita del re, la sua vita sia messa in pericolo e i suoi beni siano confiscati.
2. Se qualcuno si consiglia con il re per la morte di un altro, o ha ucciso un uomo su suo ordine, non sia [ritenuto] colpevole di nulla e né lui né i suoi eredi subiscano mai querela o molestie da parte di quell'altro o dei suoi eredi: infatti, dal momento che crediamo che il cuore del re sia nella mano di Dio, non è possibile che un uomo possa scagionare colui che il re ha ordinato di uccidere.
3. Se qualcuno tenta di fuggire al di fuori della provincia, corra pericolo di morte e i suoi beni siano confiscati.
4. Se qualcuno invita o fa entrare nella provincia un nemico, la sua vita sia messa in pericolo e i suoi beni siano confiscati.
5. Se qualcuno tiene nascoste delle spie nella provincia o fornisce loro dei viveri, la sua vita sia messa in pericolo o almeno paghi al re una composizione di 900 solidi[1].
6. Se qualcuno durante una campagna militare fomenta una rivolta contro il proprio duca o contro colui che è stato posto dal re al comando dell'esercito, o se induce alla rivolta una qualche parte dell'esercito, il suo sangue sia messo in pericolo.
7. Se qualcuno, combattendo contro il nemico, abbandona il proprio compagno o commette *astalin* (cioè lo tradisce) e non combatte insieme a lui, la sua vita sia messa in pericolo.
8. Se qualcuno suscita un tumulto durante un consiglio o una qualsiasi assemblea, sia condannato a pagare al re 900 solidi[1]. […]
48. Dell'occhio levato. Se qualcuno strappa un occhio ad un altro, si calcoli il valore [di quell'uomo] come se lo avesse ucciso, in base all'*angargathungi*, cioè secondo il rango della persona; e la metà di tale valore sia pagata da quello che ha strappato l'occhio.
49. Del naso tagliato. Se qualcuno taglia il naso ad un altro, paghi la metà del valore di costui, come sopra.
50. Del labbro tagliato. Se qualcuno taglia il labbro ad un altro, paghi una composizione di 16 solidi e se si vedono i denti, uno, due o tre, paghi una composizione di 20 solidi.
51. Dei denti davanti. Se qualcuno fa cadere ad un altro un dente di quelli che si vedono quando si ride, dia per un dente 16 solidi; se si tratta di due o più [denti], di quelli che si vedono quando si ride, si paghi e si calcoli la composizione in base al loro numero.
52. Dei denti della mascella. Se qualcuno fa cadere ad un altro uno o più denti della mascella, paghi per un dente una composizione di 8 solidi.
53. Dell'orecchio tagliato. Se qualcuno taglia un orecchio ad un altro, gli paghi una composizione pari alla quarta parte del suo valore.
54. Della ferita al volto. Se qualcuno provoca una ferita al volto ad un altro, gli paghi una composizione di 16 solidi.

(*Leggi longobarde*, Rotari, c. 386, cc.1-8, 48-54, in *Antologia delle fonti altomedievali*, cit.)

1 **solidi:** monete d'oro romane introdotte da Costantino e in seguito coniate anche dai regni barbarici d'Occidente.

Miniatura che ritrae il re Astolfo mentre consegna il precetto di conferma dei beni dell'abbazia di San Vincenzo al Volturno. Dal *Chronicon Vulturnense*, XII secolo. Città del Vaticano, Biblioteca Apostolica Vaticana.

Come vedremo (p. 190), il regno longobardo fu definitivamente conquistato nel 774 dai Franchi, sotto la guida del giovane re Carlo (il futuro **Carlo Magno**). Soltanto il ducato di Benevento riuscì a mantenere la propria indipendenza: i territori occupati entrarono a far parte dei domini franchi, mentre la Romagna, le Marche, il ducato di Spoleto e il Lazio furono ceduti al papa da Pipino il Breve (756).

Verifica immediata

1 Attribuisci a ciascuno dei seguenti sovrani l'evento che connotò più di ogni altro il suo regno.
   1 Autari: ......
   2 Agilulfo: ......
   3 Rotari: ......
   4 Liutprando: ......
   5 Astolfo: ......

2 Leggi il documento *L'editto di Rotari* a p. 144 ed esprimi in un breve testo le tue considerazioni sulle pene comminate ai colpevoli.

3 Quale importante evento segnò l'inizio del potere temporale del papato?
......

Come facciamo a sapere

L'impero d'Oriente e Costantinopoli
Un'importante testimonianza relativa alla fondazione e allo sviluppo di Costantinopoli è contenuta nella *Nuova storia* dello storico greco Zosimo, vissuto all'inizio del VI secolo, nelle cui pagine è descritto con ammirazione l'aspetto urbanistico della città. Altre notizie sulla capitale sono presenti nell'opera *Sugli edifici* dello storico greco cristiano Procopio di Cesarea (500-562), nelle cui *Storie segrete* sono riportate importanti informazioni sulla vita politica e istituzionale della corte bizantina.

Giustiniano e la restaurazione imperiale
Fonte privilegiata per la ricostruzione del periodo di Giustiniano è un altro testo di Procopio di Cesarea, *La guerra gotica*, contenuto (unitamente alle *Guerre persiane*) nella più vasta *Storia delle guerre di Giustiniano*. Sebbene tratti principalmente di questioni militari, l'opera, che fu scritta consultando direttamente numerosi documenti ufficiali della corte bizantina, contiene molte digressioni sulla vita politica a Costantinopoli e sugli eventi in altre parti dell'impero. Di fondamentale valore sono, infine, le raccolte di leggi e codici emanate dall'imperatore e contenute nel *Corpus Iuris Civilis*, redatto tra 529 e 534.

I Longobardi
Per la storia dei Longobardi in Italia, la fonte più preziosa è la *Storia dei Longobardi* del monaco benedettino Paolo Diacono (720-799), una lunga cronaca del suo popolo dalle origini alla morte del re Liutprando (744), ricca anche di riferimenti al resto del mondo occidentale. È giunta sino a noi, inoltre, un'importante raccolta di *Leggi longobarde*, tra le quali è contenuto l'*Editto di Rotari*, da cui è possibile trarre numerose informazioni sull'assetto politico, economico e sociale del regno. Preziose sono inoltre le fonti artistiche, come gli oggetti del *Tesoro* conservato presso il Duomo di Monza e i reperti provenienti da alcune necropoli (molti dei quali esposti presso il Museo dell'Alto Medioevo di Roma).

Giustiniano e la riunificazione dell'impero

Mentre in Occidente si formavano i regni romano-barbarici, l'impero manteneva la propria identità politica, religiosa e culturale in Oriente, dove l'imperatore Giustiniano, salito al trono nel 527, avviò un progetto di riunificazione. Nel 534 Bisanzio conquistò il regno vandalo dell'Africa settentrionale e, dopo la guerra greco-gotica (535-553), occupò l'Italia e parte della Spagna, riuscendo a sottomettere l'intera area del Mediterraneo.

Giustiniano, particolare di mosaico del VI secolo.

Alcuni dignitari del seguito di Giustiniano, mosaico del VI secolo. Ravenna, Basilica di San Vitale.

L'Italia bizantina

In Italia Giustiniano reintrodusse l'ordinamento amministrativo romano ed estese a tutta la Penisola le proprie leggi, sottoponendola all'autorità di funzionari provenienti dall'Oriente; egli favorì gli interessi dell'aristocrazia romana e dell'episcopato cattolico, restituendo loro le terre e i beni confiscati dagli Ostrogoti. Sul piano economico, impose una severa tassazione che finì per rendergli ostile la popolazione italica. Le iniziative di Giustiniano non portarono a una reale restaurazione dello Stato romano, ma ottennero il risultato di rafforzare l'elemento latino all'interno della civiltà medievale. Con la codificazione, voluta dall'imperatore, di tutto il patrimonio giuridico della tradizione latina nel *Corpus Iuris Civilis*, fu preservato il diritto romano, che sarebbe poi diventato il fondamento della cultura giuridica europea.

I Longobardi

L'omogeneità del dominio bizantino in Italia fu spezzata, nel 568, dall'invasione dei Longobardi che, guidati da Alboino, conquistarono la maggior parte dell'Italia settentrionale, fondarono il ducato di Spoleto in Umbria e si spinsero fino al Meridione. L'invasione longobarda causò la definitiva divisione della Penisola italiana, tanto sul piano politico quanto su quello culturale: totalmente estranei alle tradizioni romane, i Longobardi non diedero vita ad alcun tipo di integrazione con la popolazione italica, che fu anzi privata delle proprie terre ed estromessa, per molti decenni, da qualsiasi funzione pubblica.

Manufatto di arte longobarda, dono della regina Teodolinda al Duomo di Monza.

Il regno longobardo

Diviso in ducati sostanzialmente autonomi e in lotta fra di loro, il regno longobardo iniziò ad acquisire una fisionomia unitaria a partire dal VII secolo, soprattutto con il re Rotari, che estese il regno al Veneto e alla Liguria e favorì l'integrazione tra la popolazione germanica e quella romana. Nel 643 il sovrano promulgò l'omonimo editto, che raccolse in forma scritta le leggi longobarde integrandole con alcuni elementi del diritto romano. I Longobardi, infine, nella seconda parte del VII secolo si convertirono al cattolicesimo.
Con i sovrani Liutprando e Astolfo, i Longobardi ripresero la politica espansionistica: conquistarono Ravenna (751) e giunsero a minacciare la stessa Roma, innescando un inevitabile scontro con il papato, intenzionato a sua volta ad assumere in prima persona il controllo dei territori rimasti ai Bizantini. Papa Stefano II chiese aiuto ai Franchi, che calarono in Italia e, nel 774, sconfissero i Longobardi. I territori settentrionali della Penisola entrarono a far parte dei domini franchi, mentre la Romagna, le Marche, il ducato di Spoleto e il Lazio passarono sotto il dominio papale.

Emanazione dell'editto di Rotari, da un manoscritto dell'XI secolo. Cava de' Tirreni, Archivio della Badia.

Il problema: tiriamo le fila

Il nodo del problema

In che modo avvenne, in Occidente, l'incontro tra elementi del mondo latino, di quello germanico e di quello bizantino? Quali conseguenze derivarono dall'amalgama di questi elementi?

Conclusioni

In seguito alle invasioni barbariche, nei territori dell'impero romano oltre all'unità politica venne meno anche l'omogeneità culturale, sociale ed economica che li aveva a lungo caratterizzati. Elementi della civiltà romana e di quella germanica, della cultura cristiana e di quella bizantina si incontrarono e il risultato di questo processo, che comportò anche profonde contrapposizioni ma sfociò nella sostanziale, reciproca assimilazione di tradizioni differenti, fu una sintesi originale che costituì la base della moderna civiltà europea.

Sul piano politico si verificò la **formazione dei regni romano-barbarici**, nei quali vennero a contatto le componenti culturali germaniche e quelle romane e cristiane. In alcuni di questi regni, dove le classi dirigenti barbare collaborarono con il ceto senatorio romano e con l'episcopato cattolico e la fede ariana dei barbari venne a patti con il cattolicesimo, l'**integrazione** tra questi elementi avvenne senza grandi contrasti e le differenti culture si amalgamarono. Furono questi i regni più duraturi e solidi, mentre altrove, dove prevalse la conflittualità e il rifiuto reciproco, anche l'assetto politico risultò assai più fragile.

Sul piano giuridico, la tradizione del **diritto romano** sopravvisse quasi ovunque, grazie soprattutto all'opera di sistemazione della giurisprudenza latina operata da Giustiniano con il *Corpus Iuris Civilis*, che divenne il punto di riferimento per le successive elaborazioni legislative dell'Occidente.

L'influenza delle tradizioni germaniche – unitamente alla crisi produttiva che colpì l'Occidente nell'Alto Medioevo – contribuì inoltre alla formazione di un **nuovo sistema economico**, assai meno fondato sull'artigianato e sul commercio e incentrato, invece, oltre che sull'agricoltura, sullo sfruttamento di boschi e foreste, sull'allevamento, sulla caccia e sulla raccolta.

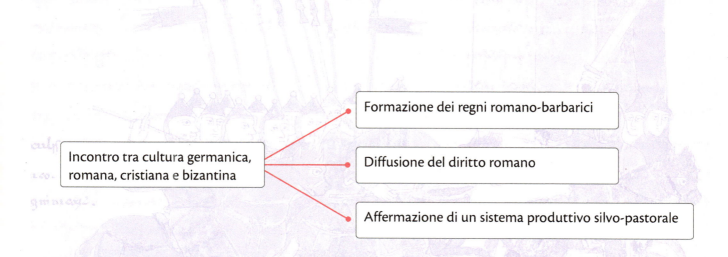

VERSO LE COMPETENZE

Competenze

▶ Discutere e confrontare diverse interpretazioni di fatti e fenomeni storici, sociali ed economici anche in riferimento alla realtà contemporanea.

▶ Utilizzare semplici strumenti della ricerca storica a partire dalle fonti e dai documenti accessibili agli studenti.

Le città nell'Alto Medioevo

Fatti e fenomeni

La città romana L'impero romano aveva concepito le città come centri dotati di un ruolo determinante per l'organizzazione del territorio. Costruite lungo le più importanti vie di comunicazione, esse svolgevano un'importante funzione di **coordinamento** tanto dell'amministrazione quanto della vita economica: nei centri urbani, infatti, si concentravano i palazzi pubblici e dunque le funzioni direttive, mentre nei loro **mercati** affluivano merci provenienti dalle campagne circostanti. Nelle città, inoltre, si raccoglievano i **prelievi fiscali** del distretto che ad esse faceva capo.

La crisi delle città Il crollo dell'ordinamento romano, le invasioni barbariche, la diffusione di malattie e di epidemie e la conseguente crisi economica colpirono profondamente il tessuto urbano dell'Occidente: la **popolazione cittadina diminuì** in maniera vistosa (Roma, ad esempio, passò dai 500.000 abitanti del V secolo a meno di 40.000 sul finire del VI secolo) e **numerosi centri abitati** – soprattutto quelli minori e quelli a forte vocazione commerciale – **scomparvero** del tutto.

Il profilo di una città altomedievale in una miniatura dell'XI secolo. Montecassino, Biblioteca dell'Abbazia.

La sopravvivenza dei centri urbani Tuttavia, complessivamente, nei territori dell'ex impero romano la rete urbana non fu smantellata del tutto: è possibile rilevare che la maggioranza delle città romane **sopravvisse alla crisi**; in Italia, dove questo fenomeno fu più evidente, dei 117 attuali capoluoghi di provincia, poco meno di un terzo – 35 – sono città di origine romana. I centri cittadini dei vari regni in cui l'impero si divise si ristrutturarono, **si adattarono alla nuova situazione** e riutilizzarono le proprie strutture secondo nuovi bisogni. La riduzione del numero degli abitanti, ad esempio, fece sì che **le abitazioni** si concentrassero in determinati quartieri, perlopiù quelli centrali, riservando quelli periferici ad **altre funzioni**, come le discariche e le cave; altre aree furono destinate alle **attività agricole** e all'allevamento, talvolta anche all'interno delle stesse mura cittadine.

Attività

1 Indica le tre principali funzioni svolte dalle città romane nell'età dell'impero.

1 ....
2 ....
3 ....

VERSO LE COMPETENZE ✱ unità 3 L'Occidente nell'Alto Medioevo

2 Completa lo schema inserendo le principali cause della decadenza delle città durante l'Alto Medioevo.

```
┌─────────────────────────┐
│ ........................ │─┐
└─────────────────────────┘ │
┌─────────────────────────┐ │
│ ........................ │─┤   ┌──────────────────┐
└─────────────────────────┘ ├──▶ │ Decadenza delle città │
┌─────────────────────────┐ │   └──────────────────┘
│ ........................ │─┤
└─────────────────────────┘ │
┌─────────────────────────┐ │
│ ........................ │─┘
└─────────────────────────┘
```

3 Rispondi alla seguente domanda, poi confronta la tua ipotesi con la successiva spiegazione.

In quale caso la più importante struttura urbanistica della città romana, il foro (la piazza centrale), si conservò anche durante l'Alto Medioevo?

SPIEGAZIONE

L'antica piazza cittadina delle città romane, il foro, nell'Alto Medioevo si conservò soltanto nei casi in cui vi venne edificata una chiesa. In questo modo, infatti, pur perdendo l'originaria funzione di spazio pubblico, assunse i caratteri di uno spazio sacro, riservato al culto e ad alcune specifiche manifestazioni di religiosità (sacre rappresentazioni, omelie pubbliche, feste religiose).

4 Analizza i seguenti documenti, svolgi le attività richieste e infine rispondi a questa domanda:

Quali fattori consentirono alle antiche città romane di sopravvivere nell'Alto Medioevo?

DOCUMENTO 1. Il ruolo dei vescovi *I Placiti del «Regnum Italiae»*

Nella seguente richiesta di intervento che gli abitanti di Cremona rivolgono all'imperatore Ludovico II, risalente alla metà del IX secolo, si evidenzia il ruolo che i vescovi rivestivano nella gestione delle città italiane.

[851 a.C.] Mentre […] Ludovico imperatore teneva un placito generale a Pavia, vennero a protestare davanti a lui [alcuni] abitanti di Cremona, perché Benedetto, venerabile vescovo della santa Chiesa cremonese, commetteva molti soprusi nei loro confronti per le navi che essi conducevano al porto della città, richiedendo il ripatico, la palifittura[1] e il pasto[2] che né essi né i loro genitori avevano mai dato. Il gloriosissimo signor imperatore, udendo questo reclamo, mandò come suo rappresentante Teoderico, suo diletto consigliere, che esaminasse diligentemente e risolvesse la questione. Il predetto Teoderico venne a palazzo, là dove il conte Ubaldo teneva giudizio insieme con i conti Adelgiso e Achedeo e con gli altri giudici di palazzo. Venendo alla loro presenza il predetto vescovo Benedetto e i predetti querelanti, discussero a lungo fra loro, finché lo stesso Teoderico decise di tenere un'udienza a Cremona. […] Venendo qui i sopranominati abitanti della città insieme con altri, dichiararono che il vescovo Benedetto faceva ingiustamente molte violenze, poiché arbitrariamente esigeva da loro il ripatico, la palifittura e il pasto, come li esigeva dai militi di Comacchio, cosa che né essi, né i loro antecessori avevano mai dato, né erano tenuti a dare per legge.

(*I Placiti del «Regnum Italiae»*, a cura di C. Manaresi, FISI, n. 92, Roma 1955)

1 **il ripatico, la palifittura:** tributi legati allo sfruttamento commerciale dei corsi d'acqua per poterne ottenere l'accesso e l'approdo.
2 **il pasto:** offerto a coloro che erano addetti alla riscossione dei tributi.

---

1 Per quale questione gli abitanti di Cremona chiedono il giudizio dell'imperatore?

....

2 Quale informazione si ricava, da questo documento, a proposito della gestione del potere nella città?
....
....

> **DOCUMENTO 2.** **Mercato e commercio urbano** — C. Azzara, *Le civiltà del Medioevo*
>
> *Nel seguente brano, lo storico Claudio Azzara illustra l'importanza rivestita dalle attività manifatturiere e commerciali nelle città europee durante l'Alto Medioevo.*
>
> Buona parte delle merci viaggiava lungo i fiumi e molte città erano dotate di porti e scali fluviali. [...] Inoltre i centri urbani annoveravano al proprio interno attività manifatturiere e artigianali, che le scarse testimonianze dell'epoca lasciano sovente intuire ma non permettono di ricostruire nelle loro reali dimensioni. Alcune città riuscirono a proporsi quali punti di snodo delle grandi vie di traffico internazionale e a partecipare agli scambi sulle lunghe distanze: fu questo il caso, per esempio, di centri marittimi italiani come Amalfi o Venezia, intraprendenti sulle rotte che collegavano i mercati occidentali con quelli orientali.
>
> (C. Azzara, *Le civiltà del Medioevo*, Il Mulino, Bologna 2004)

3 Quali fattori di tipo economico contribuirono alla sopravvivenza dei centri urbani?
....
....

> **DOCUMENTO 3.** **La città come centro amministrativo** — M. Montanari, *Storia medievale*
>
> *Durante l'Alto Medioevo i centri urbani mantennero un'importante funzione amministrativa, che era svolta non soltanto dai vescovi e dagli apparati ecclesiastici ma coinvolgeva anche professionisti cittadini.*
>
> I comitati, le circoscrizioni politico-amministrative proprie dell'ordinamento carolingio, ebbero in Italia normalmente come centro una città. [...] All'interno delle città sussistevano necessità amministrative, di protezione e di controllo del mercato urbano. Dall'insieme di queste necessità si può arguire come al loro interno si muovesse, soprattutto in Italia, una realtà sociale articolata e complessa. L'attività giurisdizionale e amministrativa dei vescovi era concretamente sostenuta da un gruppo professionale di giudici e notai; nella città risiedevano mercanti e artigiani ma anche proprietari fondiari che vivevano di rendita.
>
> (M. Montanari, *Storia medievale*, Laterza, Bari 2002)

4 Quali funzioni di tipo amministrativo mantennero in Italia le città dell'Alto Medioevo?
....
....

Conclusioni

La funzione amministrativa Durante l'Alto Medioevo, nelle regioni europee in cui l'urbanizzazione romana era stata più intensa (come in Italia), la presenza delle città e il rapporto che le collegava ai rispettivi territori non venne mai meno per una serie di ragioni. In primo luogo, il ruolo amministrativo che le magistrature romane esercitavano nelle città fu in molti casi ereditato dal **vescovo**, che divenne il nuovo punto di riferimento per la popolazione urbana. Le gerarchie ecclesiastiche raggiunsero una notevole autorevolezza, iniziarono a gestire in prima persona i **poteri pubblici** e assunsero anche il **controllo del territorio circostante** alla città – da cui riscuotevano tasse e rendite. In alcuni casi, soprattutto in età carolingia, l'autorità del vescovo – che veniva eletto dal clero e dalla popolazione – si trovò a convivere con quella dei conti, le nuove figure politiche di origine franca, e sovente

VERSO LE COMPETENZE

unità 3 L'Occidente nell'Alto Medioevo

questo rapporto si svolse all'insegna di forti contrasti. Anche numerosi **ufficiali barbari** scelsero le città come luogo di residenza da cui esercitare il loro potere, spesso riutilizzando a tale scopo gli edifici pubblici costruiti in epoca romana, e intorno a coloro che detenevano il potere si riorganizzarono degli **apparati amministrativi** formati da funzionari, notai, giudici.

La funzione economica Le città mantennero inoltre la loro **funzione commerciale**, innanzitutto nei confronti delle aree circostanti, nelle quali venivano ridistribuite le eccedenze produttive e da cui provenivano le merci vendute nei **mercati** cittadini. In Italia la rete commerciale mediante la quale, attraverso la pianura Padana a Nord, i porti sull'Adriatico e i centri costieri nel meridione, si svolgevano i **traffici con l'Oriente**, rimase attiva. Nei centri in cui fioriva l'attività mercantile restò vitale anche l'**attività manifatturiera**, in particolare nel settore tessile e nell'artigianato di lusso che produceva beni rari e preziosi. Non fu un caso che i vescovi tentassero di mantenere il controllo delle principali vie di comunicazione tra la città e la campagna e dei porti fluviali, cercando di ottenere da re e imperatori il diritto di imporre pedaggi e tasse sui transiti e sugli scambi.

Verifica

1 Inserisci nella seguente tabella le funzioni svolte nelle città dalle autorità elencate.

PERSONAGGI	FUNZIONI SVOLTE
Vescovo	
Ufficiali barbari	

2 Indica le principali attività economiche svolte dalle città nell'Alto Medioevo.

3 Spiega quale iniziativa dei vescovi dimostra la vitalità economica delle città nell'Alto Medioevo.

unità 4
L'Oriente nell'Alto Medioevo

Il problema

La nuova identità del mondo orientale

Mentre l'assetto dell'Occidente europeo conosceva i profondi rivolgimenti e le trasformazioni determinati dalla disgregazione del mondo romano e dall'amalgama di nuovi popoli e culture, in Oriente l'impero romano continuava a esistere. Tuttavia, dopo la morte di Giustiniano (565 d.C.), anche le regioni orientali furono interessate da rilevanti mutamenti, che finirono per accentuarne sempre più la separazione dalla parte occidentale. L'impero bizantino acquisì progressivamente un'identità nuova e peculiare, centrata sull'elemento greco e aperta alle influenze delle nuove popolazioni con cui Bisanzio venne a contatto: gli Slavi, i Persiani e, soprattutto, gli Arabi.

Dal punto di vista politico il tradizionale modello di governo di origine romana, incentrato sulla supremazia della nobiltà terriera e sulla separazione fra potere civile e potere militare, fu sostituito da una struttura amministrativa guidata da esponenti del mondo ecclesiastico e militare al cui vertice stava un imperatore dai tratti divinizzati. In campo culturale si diffusero e si affermarono elementi tipici della civiltà orientale come la lingua greca (che prese il posto del latino come lingua ufficiale), la sacralità del potere, l'importanza attribuita al lusso e alla ricercatezza nella vita di corte e delle classi più elevate, un cristianesimo più attento alla ritualità e agli aspetti esteriori della fede, come il culto delle immagini sacre. Anche l'applicazione del diritto romano, dopo Giustiniano, arretrò davanti alla diffusione di leggi e pratiche giuridiche di matrice orientale, mentre sul piano economico l'impero d'Oriente conobbe una forte decadenza delle attività artigianali e commerciali.

Il nodo del problema

Quali fattori e quali eventi storici, tra il VII e l'VIII secolo, allontanarono l'Oriente dalla civiltà romana e gli conferirono una nuova identità politica, culturale ed economica?

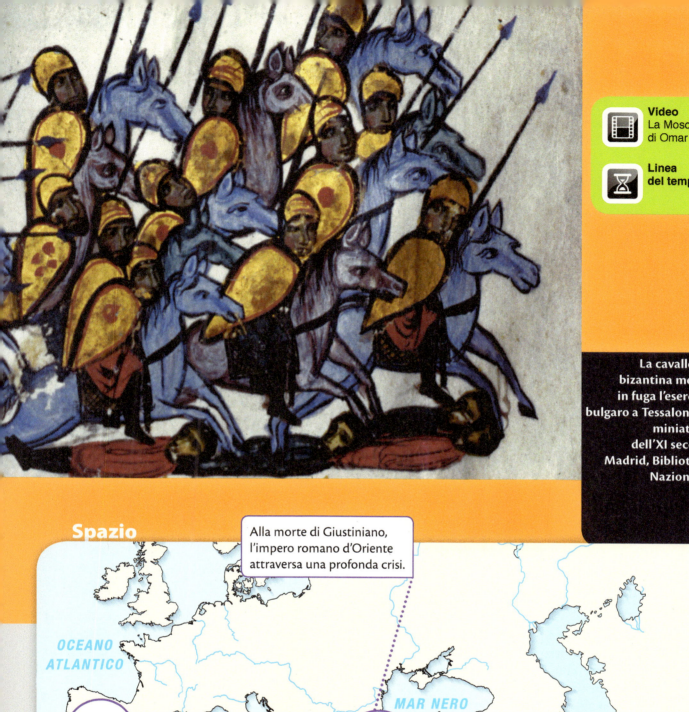

La cavalleria bizantina mette in fuga l'esercito bulgaro a Tessalonica, miniatura dell'XI secolo. Madrid, Biblioteca Nazionale.

Video La Moschea di Omar

Linea del tempo

Spazio

Alla morte di Giustiniano, l'impero romano d'Oriente attraversa una profonda crisi.

Maometto fonda la religione islamica che ha una immediata diffusione.

La Spagna viene sottomessa dagli Arabi.

Dopo la morte di Maometto l'Islam si espande in molte regioni, tra cui l'Egitto.

capitolo 1
L'Oriente nell'Alto Medioevo
L'impero bizantino

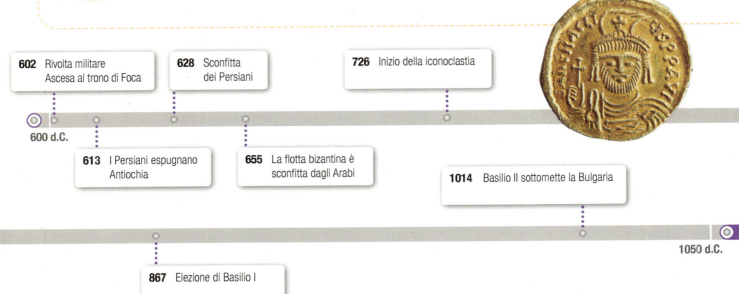

- **602** Rivolta militare Ascesa al trono di Foca
- **613** I Persiani espugnano Antiochia
- **628** Sconfitta dei Persiani
- **655** La flotta bizantina è sconfitta dagli Arabi
- **726** Inizio della iconoclastia
- **867** Elezione di Basilio I
- **1014** Basilio II sottomette la Bulgaria

600 d.C. — 1050 d.C.

1. L'impero d'Oriente dopo Giustiniano

? Quali furono le conseguenze della crisi che, tra il VI e il VII secolo, colpì l'impero romano d'Oriente?

La crisi politica e sociale nel VII secolo

Alla **morte di Giustiniano**, avvenuta nel 565, la grandiosa opera di riconquista dell'Occidente e di restaurazione dell'unità imperiale, tenacemente perseguita e realizzata dall'imperatore, iniziò a mostrare tutta la sua fragilità e, contemporaneamente, **nell'impero romano d'Oriente** si acutizzarono **gravi problemi politici e sociali**. Le campagne militari di Giustiniano avevano comportato ingenti spese che avevano determinato il profondo **dissesto finanziario dello Stato**, fino a impedire persino il pagamento del salario ai soldati mercenari che costituivano il grosso dell'esercito.

Violente **rivolte militari e popolari** insanguinarono gli ultimi decenni del VI secolo, rendendo assai difficile per il potere centrale il controllo e l'amministrazione dei vasti territori dai quali era composto l'impero.

La crisi politica e sociale ebbe il suo culmine nei primi anni del VII secolo, quando un'estesa **rivolta militare** portò, nel 602, all'uccisione dell'imperatore Maurizio e all'ascesa al trono di **Foca**, l'ufficiale che aveva guidato la ribellione.

La guerra contro i Persiani

Il principale pericolo per Costantinopoli, agli inizi del VII secolo, fu rappresentato da un temibile e minaccioso nemico: i **Persiani**. Già nel corso del VI secolo i rapporti tra l'impero romano d'Oriente e l'impero persiano – che si estendeva dal fiume Indo

? Come e perché fu modificata l'organizzazione dello Stato nell'impero d'Oriente?

Ritratto di un ufficiale bizantino, particolare di mosaico del VI secolo proveniente dal Libano meridionale.

Miniatura con l'assedio di una torre di Costantinopoli, X secolo. Venezia, Biblioteca Nazionale Marciana.

sino a tutta la Mesopotamia – si erano svolti all'insegna della conflittualità: a importanti contatti di natura commerciale era ben presto seguita, a partire dalla metà del secolo, una condizione di contrasto permanente, con ripetuti scontri militari. La guerra esplose apertamente nel 612, quando il **sovrano persiano Cosroe II** avviò una **campagna di espansione** in Armenia e in Asia Minore. Nel 620 i Persiani, dopo essersi impadroniti dell'Egitto, giunsero ad **assediare Costantinopoli**.

La riscossa dei Bizantini fu guidata dall'**imperatore Eraclio** (610-641). In un primo momento, egli provvide a **riformare l'organizzazione dello Stato** per conferirgli maggiore efficienza e stabilità: una parte del territorio imperiale fu divisa in **distretti**, chiamati **temi**, sottoposti all'autorità di un generale (lo **stratego**) che riuniva in sé il potere militare e quello civile. Per garantirsi l'appoggio della popolazione e favorire il reclutamento dei soldati, l'imperatore fece **distribuire notevoli estensioni di terra** – sottratte ai latifondisti o alle proprietà imperiali – **ai contadini**, in cambio dell'**obbligo di svolgere il servizio militare**. In questo modo si ridusse il bisogno di ricorrere a milizie mercenarie, più costose e meno fedeli, e l'impero poté contare su una gran massa di soldati motivati a combattere per difendere le proprie terre. Grazie anche all'**appoggio della Chiesa greca**, che mise a disposizione dell'impero le proprie risorse finanziarie, Eraclio riunì un grande esercito e nel 628 **sconfisse l'esercito rivale** presso le rovine di **Ninive**. Il re Cosroe venne ucciso e i Persiani dovettero firmare la pace.

L'impero persiano, travolto dalla sconfitta, **si avviò verso la disgregazione**, ma tutto l'Oriente subì le conseguenze dei lunghi anni di guerra, che comportarono enormi distruzioni (grandi città come Alessandria e Antiochia furono ridotte in macerie) e un'elevata dissipazione di risorse. Al termine del conflitto, il **mondo orientale** versava ormai in una **situazione di crisi** assai simile a quella dell'Occidente.

Verifica immediata

1 Completa lo schema con le cause della crisi dell'impero d'Oriente nei settori indicati.

- Settore economico → ....
- Settore militare → ....
- Settore territoriale → ....

2 Associa alle seguenti date i relativi eventi storici relativi alla guerra fra l'impero d'Oriente e i Persiani.

1 612: .... 2 620: .... 3 628: ....

3 Elenca le conseguenze della guerra dell'impero d'Oriente contro i Persiani.

2. Il ridimensionamento dell'impero

Medaglione raffigurante un falconiere slavo. Brno (Repubblica Ceca), Moravské Muzeum.

? Come influirono le perdite territoriali sulla struttura e la stabilità dell'impero?

Le perdite territoriali L'integrità territoriale dell'impero subì in poco tempo **pesanti riduzioni**: dopo aver perso gran parte dell'Italia in seguito alla conquista longobarda, nel 584 Costantinopoli dovette rinunciare definitivamente anche in Spagna ai propri possedimenti, riconquistati dai Visigoti.

Anzitutto lo Stato bizantino dovette misurarsi con l'intraprendenza e il dinamismo di **nuove popolazioni** che varcarono i suoi confini e gli sottrassero ampie porzioni di territorio. Agli inizi del VII secolo, mentre ancora era in corso la guerra con i Persiani, erano calate entro i confini imperiali tribù di **Avari** (di origine turca) e di **Slavi** (Croati, Macedoni, Serbi, Sloveni, provenienti dalle pianure russe), che si erano stanziate nell'area dei Balcani. Nell'intera **regione balcanica**, che fu sottoposta a un inarrestabile **processo di slavizzazione**, la cultura e la lingua greca scomparvero quasi completamente. Approfittando del conflitto fra Bizantini e Persiani, nei primi anni del VII secolo Slavi e Avari si fecero più intraprendenti: nel 626 arrivarono alle porte di Costantinopoli e furono sconfitti definitivamente soltanto con il ritorno di Eraclio e del suo esercito.

Nello stesso periodo l'impero bizantino dovette far fronte a una minaccia ancora più grave, l'**espansione degli Arabi**, una popolazione stanziata nella **penisola arabica** che, dopo essere stata unificata religiosamente e politicamente da Maometto agli inizi del VII secolo (vedi p. 167), aveva intrapreso un'energica azione di conquista nei territori del Medio Oriente. Dopo aver occupato, nel 634, Palestina e Siria, gli Arabi si impossessarono dell'Armenia, dell'Egitto e della Mesopotamia. Nel 655 le navi arabe annientarono la flotta bizantina e in ben due occasioni, nel 674 e successivamente nel 717, gli Arabi attaccarono la stessa Costantinopoli, che seppe tuttavia resistere all'aggressione.

Ulteriori perdite territoriali si verificarono nella penisola balcanica, dove un'altra popolazione di origine

Scontro tra la cavalleria bizantina e quella araba, miniatura del IX secolo. Madrid, Biblioteca Nazionale.

turco-mongola, i **Bulgari**, si stanziò nella regione della Mesia e diede vita nel 680 a un **regno autonomo**, a cui Costantinopoli fu costretta a riconoscere la piena indipendenza. All'inizio dell'VIII secolo l'impero d'Oriente si ritrovò con un'**estensione ridotta a circa un terzo** rispetto a quella di cui godeva all'epoca di Giustiniano.

> **?** In che cosa l'impero d'Oriente si andò differenziando dal tradizionale modello romano?

La separazione dal modello romano La contrazione dei territori, che comportò la perdita di regioni – quelle mediorientali – molto importanti dal punto di vista economico, determinò anche profondi **cambiamenti nell'organizzazione amministrativa del territorio**. La suddivisione in temi governati da uno stratego, avviata da Eraclio, fu estesa a tutto l'impero e la tradizionale struttura amministrativa di origine romana, basata sulla gestione del potere da parte della grande aristocrazia terriera e sulla netta divisione fra potere civile e potere militare, fu definitivamente abbandonata. Inoltre, di fatto, le varie **province** assunsero via via una **crescente autonomia** rispetto al potere centrale, che per mantenere la propria autorità dovette modificare la struttura di governo risalente al periodo romano: furono creati quattro grandi ministeri, ciascuno dei quali competente rispettivamente in materia di affari imperiali, esercito, comunicazioni e finanze.

Tutti questi rivolgimenti segnarono profondamente l'evoluzione dell'impero d'Oriente, finendo per accentuarne la **separazione politica e culturale nei confronti dell'Occidente**. Costretto a combattere per la propria sopravvivenza, l'impero incominciò progressivamente a perdere quegli elementi che lo accomunavano al mondo occidentale: sul piano politico, il **potere** iniziò a sfuggire dalle mani della nobiltà per concentrarsi sempre più **nelle mani degli ecclesiastici e dei militari**; sul piano amministrativo calarono enormemente le **spese civili** e, di conseguenza, **peggiorarono i servizi e le infrastrutture** (ad esempio, le vie di comunicazione).

L'allontanamento dell'impero bizantino dal modello romano fu approfondito da una progressiva **ruralizzazione dell'economia** e da un graduale **abbandono del diritto giustinianeo** a favore di leggi e consuetudini di stampo orientale (lo stesso titolo latino di imperatore fu sostituito da quello greco di *basilèus*).

Ambasciatori alla corte del *basilèus* di Bisanzio.

LA FIGURA SACRALE DEL *BASILÈUS*

Nell'impero bizantino l'imperatore, chiamato in greco *basilèus*, era considerato alla stregua di una divinità e rivestiva il ruolo del rappresentante di Dio in terra. La sua figura era divinizzata e lo era anche l'intera famiglia imperiale; inoltre, in quanto vicario di Dio era ritenuto senza peccato e deteneva un'autorità illimitata sui suoi sudditi, nei confronti dei quali poteva esercitare un potere giudiziario assoluto (fino a decretarne la condanna a morte). Compito dell'imperatore era imitare Dio, allo scopo di testimoniarne la presenza e di ricordare il legame esistente tra Dio e la sua persona, e per questo motivo ogni aspetto della sua vita pubblica era ritualizzato e carico di significati simbolici. Il trono su cui sedeva durante le udienze, ad esempio, aveva due posti: uno dei due veniva lasciato libero per significare che era occupato da Cristo e il trono era sovrastato da una croce. Il *basilèus* doveva affacciarsi al balcone in determinati giorni, presenziare alle cerimonie religiose nella basilica di Santa Sofia e mostrarsi di frequente ai sudditi passeggiando lungo la strada principale di Costantinopoli. I suoi abiti, ricchi d'oro e di pietre preziose, rendevano visibile il suo *status*: a lui soltanto era riservato l'uso della seta di colore porpora, il colore imperiale per antonomasia, tanto che l'imperatore bizantino assunse il titolo onorifico di *porphyrogènitos* (letteralmente «nato nella porpora», cioè in una sala purpurea del palazzo imperiale e quindi legittimo). Sacra era la residenza imperiale, che sorgeva separata e isolata da ogni altro edificio ed era sorvegliata dagli eunuchi e dalle guardie del corpo.

unità 4 — L'Oriente nell'Alto Medioevo

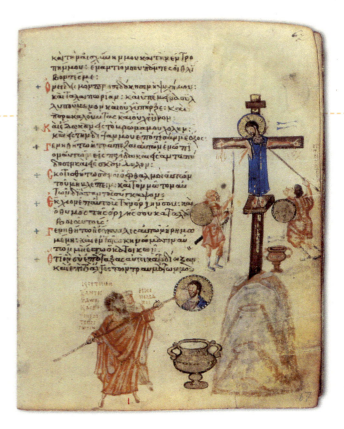

Iconoclasti ricoprono con la calce le immagini sacre, codice bizantino del IX secolo. Mosca, Museo Statale di Storia.

Sul piano culturale **elementi della civiltà orientale** iniziarono a penetrare sempre più a fondo nel modo di vita: basti pensare allo sfarzo e alla raffinatezza che caratterizzarono la vita di corte, assai lontane dalla tradizionale sobrietà del mondo romano, e alla sacralità che circondava la figura dell'imperatore, che aveva assunto tratti divinizzati tipici delle monarchie orientali. La **lingua greca** a poco a poco soppiantò il latino come lingua ufficiale negli ambienti di corte e negli usi pubblici.

L'iconoclastia Nel corso dell'VIII secolo, la stabilità dell'impero fu scossa anche da una **questione religiosa** che assunse un notevole rilievo politico: il contrasto tra i sostenitori del culto delle immagini sacre e coloro che vi si opponevano, gli **iconoclasti** (in greco, «distruttori di immagini»).
La venerazione per le immagini aveva conosciuto un'ampia diffusione tra il popolo e all'interno della stessa Chiesa greca, per la quale rappresentava anche una preziosa fonte di entrate. Tendenze contrarie a tale culto si svilupparono in particolare nelle regioni orientali, dove più forte era l'influenza dell'Ebraismo e dell'Islam, religioni che proibivano espressamente la rappresentazione della divinità con sembianze umane.
Il movimento iconoclasta ottenne l'appoggio dell'imperatore **Leone III Isaurico**, un generale giunto al potere con un colpo di stato nel 717, che nel 726 emanò un decreto che **vietava il culto delle immagini** e ne ordinava la distruzione. Il provvedi-

---

Il documento

Contro il culto delle immagini
Risoluzione del concilio di Costantinopoli

Tra gli interventi messi in atto dalla Chiesa bizantina per arginare il culto delle immagini vi fu, nel 754, la convocazione del concilio di Costantinopoli. Nel corso di questo concilio, a cui non parteciparono i vescovi della Chiesa occidentale, la rappresentazione per immagini della figura divina fu nettamente condannata e bollata come atto sacrilego.

Sedotti da Satana, gli uomini si erano messi a indirizzare le loro preghiere alle cose create invece che al Creatore. La legge di Mosè e i profeti hanno condannato questo peccato. Per salvare l'umanità Dio ha mandato suo Figlio ad allontanarci dalla venerazione degli idoli, e a insegnarci ad adorare Dio in ispirito e in verità. Satana, non potendo sopportare ciò, riuscì insensibilmente a reinstaurare l'idolatria nascosta sotto le apparenze del cristianesimo. Ma Gesù, fonte per noi di salvezza, così come un tempo aveva inviato i suoi discepoli e apostoli, per annientare i nostri errori, allo stesso modo ha fatto sì che i nostri pii imperatori si opponessero alla nuova idolatria. Poiché non poteva ammettere che la Chiesa fosse più a lungo tormentata dalla malizia dei demoni, ha convocato la santa riunione dei vescovi. [...] Dopo aver esaminato le decisioni dei sei concili ecumenici, ci siamo convinti che l'arte colpevole della pittura costituiva un sacrilegio contro il dogma della nostra salvezza. [...] Cristo significa Dio e uomo; ne consegue che in quell'immagine di Dio e dell'uomo, l'artista ha contaminato con audacia insensata la natura divina con la carne creata, in una fusione che non deve mai avvenire. Egli si è dunque reso colpevole di un doppio sacrilegio: aver preteso di rappresentare la natura divina, che non deve mai essere rappresentata, e aver mescolato la natura divina all'umana.

SANTA SOFIA, PUNTO D'INCONTRO FRA CULTURE

Con Giustiniano l'impero romano d'Oriente raggiunse uno sviluppo di grande portata in ambiti diversi: quello politico e legislativo, ma anche quello artistico. L'opera più importante di questo momento aureo è senza dubbio la Basilica di Santa Sofia, cioè della Divina Sapienza (dal greco: *hàghia*, «santa» e *Sophìa*, «Sapienza»). Fu costruita tra il 532 e il 537 e venne consacrata alla presenza dello stesso Giustiniano.
Ha una pianta quadrata (71 x 77 metri) e l'interno è a tre navate. È sormontata da una grande cupola emisferica (31 metri di diametro) a sua volta affiancata da due semicupole.
Gli interni sono particolarmente sontuosi, secondo i canoni della tradizione artistica orientale; le pareti sono rivestite con lastre di marmo variegato, provenienti da cave della Grecia e dell'Egitto.
La decorazione interna, inizialmente assente a causa del conflitto sulle immagini, è costituita da mosaici con cicli evangelici, accanto alle decorazioni di origine cristiana, ci sono quelle di origine musulmana.
Dopo la conquista di Costantinopoli da parte dei Turchi nel 1453, Santa Sofia fu trasformata in moschea, i mosaici vennero intonacati e agli angoli vennero aggiunti i quattro minareti.
Fra il 1934 e il 1935 i mosaici vennero restaurati e l'edificio fu trasformato in museo.
La Basilica è il monumento più insigne che testimonia come Costantinopoli, e la civiltà che ne è fiorita, siano stati nel tempo un punto di incontro tra popolazioni e culture diverse, dove si sono integrate eredità dell'impero romano, la tradizione orientale e la cultura islamica.

Interno della basilica di Santa Sofia a Istanbul.

mento tendeva probabilmente a un duplice scopo: recuperare il consenso delle popolazioni che abitavano le aree più orientali, maggiormente esposte all'influsso di Ebrei e Arabi (che vedevano nel culto delle immagini una forma di idolatria), e ostacolare il potere della Chiesa, custode delle icone, che esercitava un'influenza enorme sulla popolazione e rappresentava una minaccia per il potere statale.
Il successore di Leone III, **Costantino V**, fu ancora più intransigente: ritenne la venerazione delle icone una vera e propria eresia e avviò una severa **persecuzione nei confronti dei monaci**, colpendoli con requisizioni delle loro proprietà e dure condanne. La controversia ebbe fine soltanto nell'843, quando l'impero, resosi conto di quanto fosse radicato nella religiosità popolare il culto delle immagini, lo **reintrodusse** ufficialmente nel corso di una solenne cerimonia svoltasi nella Basilica di Santa Sofia a Costantinopoli. Tale atto rivestì anche un importante significato politico, poiché rappresentò un'affermazione dei caratteri specifici della cultura greca nei confronti delle civiltà araba e giudaica.

Verifica immediata

1 Individua l'area di provenienza delle seguenti popolazioni, indicando le regioni dell'impero d'Oriente in cui si stanziarono.

POPOLAZIONI	AREA DI PROVENIENZA	AREA DI STANZIAMENTO
Avari		
Slavi		
Arabi		
Bulgari		

2 Associa opportunamente i termini della colonna di sinistra con quelli della colonna di destra.

1 Temi
2 Province
3 Potere
4 Economia

a Ecclesiastici e militari
b Strateghi
c Ruralizzazione
d Autonomia

3 Osserva con attenzione l'immagine a p. 158. Descrivi dettagliatamente ciò che vi è rappresentato, chiarendo a quale evento storico fa riferimento.

3. L'«età dell'oro» dell'impero

? Quali elementi caratterizzarono la ripresa economica, politica e culturale dell'impero d'Oriente?

La ripresa economica e politica Con l'ascesa al trono imperiale della dinastia macedone, nella persona di **Basilio I** (867-886), l'evoluzione dello Stato bizantino, fino a quel momento segnata dalla crisi, conobbe una decisa inversione di tendenza. L'impero d'Oriente entrò in una fase di intenso **sviluppo economico**, cui si accompagnarono una straordinaria **rinascita culturale** e una vasta opera di **riconquista territoriale**, tanto che gli storici hanno fatto ricorso all'espressione «**età dell'oro**» per indicare il periodo compreso tra la metà del IX secolo e gli inizi dell'XI. Basilio I avviò una **controffensiva** su vasta scala **contro gli Arabi**, che nell'arco di un secolo gli consentì di riappropriarsi di Cappadocia, Siria, Mesopotamia, Palestina (a eccezione di Gerusalemme) e delle isole egee di Creta e Cipro, impresa questa che permise a Costantinopoli di porre fine al dominio esercitato dagli Arabi sul mare e di riallacciare normali rapporti commerciali con l'Occidente.
In **Italia i Bizantini riconquistarono ampi territori** in Basilicata, Calabria e Puglia, mentre **nei Balcani**, nel 986, intrapresero una lunga **guerra contro i Bulgari**, protagonisti di una forte espansione a danno dei territori circostanti. Il conflitto terminò soltanto nel 1014, con il completo **assoggettamento del regno di Bulgaria** da parte di Basilio II. L'allargamento dei confini dell'impero si concluse con l'occupazione dell'Armenia.
Sul **piano economico**, la ripresa del commercio garantì un periodo di notevole **prosperità**. Le città tornarono ad assumere un ruolo fondamentale e i ceti mercantili e produttivi conobbero una forte ascesa sociale. L'ampliamento dell'impero coincise inoltre, sul piano organizzativo, con una maggiore **centralizzazione del potere** e con l'**abbandono della politica antiaristocratica** seguita in precedenza: le cariche militari e civili furono nuovamente separate e,

mentre per la formazione dell'esercito si iniziò a fare ricorso a professionisti stipendiati piuttosto che continuare a reclutare i contadini, i funzionari pubblici ritornarono a essere scelti tra le fila della nobiltà. L'aristocrazia, inoltre, tornò progressivamente ad ampliare i propri possedimenti terrieri, acquistando le terre cedute dai piccoli coltivatori in difficoltà.

La rinascita culturale Dal punto di vista culturale, la rinnovata vitalità di Costantinopoli si manifestò in particolare con la diffusa e profonda **penetrazione della civiltà bizantina tra le popolazioni slave**. Tale processo comportò innanzitutto, nel IX secolo, la **conversione al Cristianesimo degli Slavi** stanziati in Moravia – ad opera dei monaci Metodio e Cirillo (al quale si deve la codificazione scritta dell'alfabeto slavo, chiamato appunto cirillico) – e dei Bulgari. Successivamente furono **evangelizzate** le stirpi serbe della Moldavia e della Valacchia, mentre nel 988 si convertì anche il principe russo di Kiev.

L'imperatore Basilio I in trono, miniatura dalle *Cronache di Scylitzes*, X secolo. Madrid, Biblioteca Nazionale.

Il documento

Lo sterminio dei Bulgari

Giorgio Cedreno, *Storie*

La lunga e sanguinosa campagna militare contro il regno di Bulgaria fu conclusa con successo, nel 1014, dall'imperatore Basilio II, che passò alla storia come lo «sterminatore dei Bulgari». La ferocia dell'impresa è testimoniata dal seguente resoconto della battaglia finale, contenuto nelle Storie *del cronista bizantino Giorgio Cedreno.*

Samuele [il re dei Bulgari] decise di sbarrare quel terreno difficile e d'impedirne l'accesso. Fece erigere una palizzata molto estesa, la munì di un presidio adeguato, e rimase in attesa. L'imperatore [Basilio II] giunse, tentò di passare, ma incontrò una energica resistenza: i difensori dall'alto, con armi da lancio e da taglio, misero a mal partito i suoi soldati. Aveva già perduto la speranza di passare, quando lo raggiunse il generale Niceforo Xifia di Filippopoli e lo esortò a continuare negli assalti alla fortificazione; lui, disse, andava a vedere se si poteva fare qualcosa di utile, aggirando un monte altissimo che si eleva a sud di Klèidi e che chiamano Valasitza, e percorrendo con le sue truppe luoghi sassosi e impervi. Così, il 29 luglio [1014], piombò all'improvviso dall'alto alle spalle dei Bulgari, che, colti di sorpresa e sbigottiti, si diedero alla fuga. L'imperatore si aprì un varco nella fortificazione e li inseguì; molti caddero, molti di più furono fatti prigionieri. Samuele a stento riuscì a fuggire, grazie al generoso aiuto del figlio che affrontò gli assalitori, lo fece salire a cavallo e lo condusse nella fortezza di Prìlapon[1]. L'imperatore fece accecare i prigionieri bulgari, circa quindicimila, a quanto si dice; a ogni centinaio di essi, privati della vista, diede per guida un loro compagno, cui era stato cavato un solo occhio, e tutti li rimandò a Samuele. Al loro arrivo, il re, visto il numero e la loro condizione, non resse a così atroce spettacolo, gli si offuscò lo sguardo, svenne, cadde al suolo; con acqua e profumi gli astanti gli fecero riprendere i sensi. Riavutosi, volle bere un po' d'acqua fredda; ma poi soggiacque al crepacuore, e due giorni dopo morì.

(B. Smalley, *Storici nel Medioevo*, Liguori, Napoli 1979)

1 **Prìlapon:** oggi Prilep, in Macedonia.

La civiltà bizantina in questo periodo seppe esprimere **notevoli realizzazioni in campo artistico, letterario** e **giuridico** (in quest'ultimo ambito venne elaborata una nuova raccolta di leggi, i *Basilici*, che sostituì il codice di Giustiniano). Si trattò di un fenomeno storico di notevole importanza, poiché la diffusione delle tradizioni culturali e ideologiche bizantine seppe **conferire unità e omogeneità al mosaico di popoli, profondamente differenti** tra loro per lingua, usanze e costumi, che erano presenti nel territorio imperiale.

Nelle altre regioni dell'Est europeo, nel corso del X secolo, presero invece forma alcuni **nuovi regni** come la Boemia, la Polonia, l'Ungheria e il principato di Rus (il cui centro più importante era Kiev), il nucleo originario del futuro Stato russo.

Verifica immediata

1 Completa lo schema con i territori riconquistati dall'impero d'Oriente agli Arabi, ai Bulgari e in Italia fra il IX e l'XI secolo.

2 Completa la seguente asserzione scegliendo l'alternativa corretta.
La diffusione della cultura bizantina favorì *la conversione / l'ateismo* dei popoli slavi. In campo *letterario / giuridico* si procedette a una nuova raccolta di *leggi / poemi epici*. Infine si raggiunse un elevato livello di *omogeneità / differenziazione* culturale.

3 Definisci il significato dei seguenti termini, derivanti dalla tradizione bizantina, e per ciascuno cita un esempio.
1 Bizantinismo – **2** Icona – **3** Iconoclasta – **4** Stratego (o stratega)

Come facciamo a sapere

La storia bizantina
Le fonti più significative sulla storia bizantina sono le cronache redatte dagli studiosi che gravitavano intorno alla corte di Costantinopoli. Numerosi eventi storici e politici sono stati narrati dall'imperatore Costantino VII Porfirogenito nel *Libro delle cerimonie*, composto fra il 938 e il 959: l'opera contiene una grande quantità di informazioni relative a cerimonie religiose e civili, ma anche preziose relazioni storiche. Un notevole contributo per la ricostruzione del periodo bizantino è dato infine dall'iconografia civile e religiosa, a cui dobbiamo numerose immagini di sovrani e uomini di corte, raffigurati in mosaici, miniature e monete.

I rapporti con le popolazioni slave
Nella *Cronografia* dell'erudito bizantino Michele Psello, vissuto nell'XI secolo, troviamo la storia di numerosi sovrani, mentre ricche di notizie sui rapporti, sovente conflittuali, tra Costantinopoli e le popolazioni slave sono le *Storie* del cronista bizantino Giorgio Cedreno, vissuto tra l'XI e il XII secolo.

SINTESI

L'impero d'Oriente dopo Giustiniano

Nel VII secolo, dopo la morte di Giustiniano, l'impero romano d'Oriente conobbe un periodo di crisi: fu travagliato da rivolte civili e militari, dalle invasioni di nuovi popoli (Slavi, Avari, Bulgari e Arabi) e da una dura guerra contro i Persiani, che ebbe inizio nel 612 e si concluse soltanto nel 628, con la vittoria bizantina. Per garantirsi l'appoggio della popolazione e favorire il reclutamento dei soldati l'imperatore Eraclio distribuì ai contadini terre sottratte ai latifondisti (in cambio dell'obbligo di prestare servizio militare). La tradizionale amministrazione del territorio – di origine romana – fu abbandonata in favore di una suddivisione in distretti (*temi*) governati da un generale (*stratego*).

Particolare di miniatura dell'XI secolo raffigurante la cavalleria bulgara. Madrid, Biblioteca Nazionale.

Il ridimensionamento dell'impero

La crisi causò pesanti perdite territoriali (l'estensione dei territori si ridusse di circa due terzi) e profondi cambiamenti nell'assetto politico e sociale dell'impero che iniziò a distanziarsi sempre più dal modello romano e ad assumere caratteristiche proprie delle civiltà orientali. In campo giuridico si verificò un graduale abbandono del diritto giustinianeo a favore di leggi e consuetudini di stampo orientale e le province acquisirono una maggiore autonomia dal potere centrale.
L'instabilità dell'impero fu accentuata, nel corso dell'VIII secolo, dalla disputa sull'iconoclastia, il divieto di venerare immagini sacre introdotto nel 726 da Leone III Isaurico, che suscitò la reazione del popolo e del mondo religioso e che fu revocato nell'843, dopo anni di duri confronti.

Icona raffigurante tre santi, esempio di arte cristiana bizantina, XII secolo. Messina, Biblioteca Regionale Universitaria.

L'«età dell'oro» dell'impero

Bassorilievo con due guerrieri bizantini. Skopje, Museo della Macedonia.

La ripresa dell'impero bizantino iniziò a partire dall'867, con l'elezione al trono imperiale di Basilio I: l'impero d'Oriente entrò in una fase di intenso sviluppo economico, cui si accompagnarono una straordinaria rinascita culturale e una vasta opera di riconquista territoriale, che portò Costantinopoli a riassumere, nell'arco di due secoli, il controllo del Medio Oriente, della Mesopotamia, di parte dell'Italia del Sud e dei Balcani.
L'egemonia politica e culturale dei Bizantini si affermò in particolar modo nell'area balcanica, con la conversione al Cristianesimo, operata tra il IX e il X secolo da predicatori come Cirillo e Metodio, della maggior parte dei popoli slavi che vi risiedevano, cui le tradizioni culturali bizantine seppero conferire unitarietà. Il potere fu nuovamente centralizzato e venne abbandonata la politica antiaristocratica dei secoli precedenti.

capitolo 2 — L'Oriente nell'Alto Medioevo
L'Islam

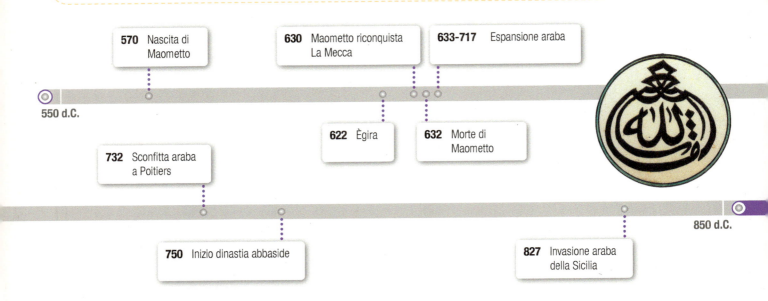

- 550 d.C.
- **570** Nascita di Maometto
- **622** Ègira
- **630** Maometto riconquista La Mecca
- **632** Morte di Maometto
- **633-717** Espansione araba
- **732** Sconfitta araba a Poitiers
- **750** Inizio dinastia abbaside
- **827** Invasione araba della Sicilia
- 850 d.C.

1. Le origini della civiltà islamica

? Quali elementi caratterizzavano le popolazioni stanziate nell'Arabia preislamica?

L'Arabia preislamica

Mentre nell'Occidente europeo erano in corso le profonde trasformazioni dei primi secoli del Medioevo e l'impero d'Oriente attraversava un lungo periodo di crisi, nella **Penisola arabica** si ponevano le fondamenta per la nascita di una civiltà destinata a rivoluzionare l'assetto del mondo orientale e mediterraneo: la **civiltà islamica**.

Intorno al VII secolo, nella penisola vivevano gli **Arabi**, antica popolazione di origine semitica divisa in due gruppi. Una minoranza era stanziata nell'**attuale Yemen** dove, favorita dal clima e dalla presenza dell'acqua, aveva dato vita a **una società agricola e sedentaria**, caratterizzata dalla presenza di numerose città e di porti che alimentavano un fiorente commercio marittimo. La maggioranza degli Arabi era però costituita da **genti nomadi**, i **beduini**: pastori e cammellieri che abitavano le zone desertiche del Nord e del Centro della penisola e che, per sopravvivere, percorrevano il deserto con le loro carovane trasportando le merci. I beduini si dedicavano inoltre alla **razzia**, assalendo i convogli di passaggio e saccheggiando i pochi villaggi agricoli sorti presso i pozzi d'acqua delle oasi.

Accomunava queste genti, **prive di unità politica**, un'organizzazione so-

Miniatura con carovana di mercanti arabi. Parigi, Bibliothèque Nationale.

Maometto e alcuni religiosi depongono la Pietra Nera nella *Ka'ba*, miniatura del XIV secolo. Edimburgo, Biblioteca Universitaria.

ciale estremamente semplice basata sul **clan**, un insieme di famiglie legate da vincoli di parentela; più clan riuniti formavano una **tribù**, in genere guidata da un capo eletto tra gli anziani: ciascuna tribù esercitava il controllo sul proprio territorio – quello che percorreva regolarmente – e tale diritto le era riconosciuto dagli altri gruppi tribali.

Comune a tutti gli Arabi del Nord era la pratica di una **religione politeistica** che venerava divinità celesti (come *al-Lat*, dea del Sole e del Cielo, e *Manat*, dea del Destino) e pietre, cui venivano attribuite qualità divine. Il principale tra questi oggetti sacri era la **«Pietra Nera»**, un meteorite conservato nel santuario di forma cubica denominato *Ka'ba*, nella città di **La Mecca**, in cui erano inoltre custoditi vari idoli e immagini di Gesù e della Madonna.

Situata nella zona centrale della penisola arabica, nei pressi del mar Rosso, La Mecca era il punto d'incontro delle vie di comunicazione tra l'India e il Mediterraneo e godeva di uno **straordinario benessere economico** dovuto al commercio (vi si svolgevano importanti **mercati e fiere** stagionali) ma anche al fatto di essere meta di vasti e frequenti **pellegrinaggi** compiuti sia dagli Arabi sia dalle minoranze ebraiche dello Yemen.

Maometto e la religione islamica

Alla Mecca, nel 570, nacque **Maometto** (Muhammad). Rimasto orfano in giovane età, fu cresciuto dallo zio Abu Talib, un mercante che lo avviò alla vita nomade del cammelliere, grazie alla quale entrò in contatto con persone e popolazioni diverse ed ebbe modo di conoscere la religione ebraica e quella cristiana, che influirono profondamente sulla sua formazione. Descritto come alto e robusto, con capelli scuri e barba folta, a venticinque anni sposò una ricca vedova quarantenne, Khadigia, che gli garantì una vita agiata.

Tuttavia, una profonda **inquietudine** iniziò a tormentarlo: all'insoddisfazione per i mali che affliggevano il Paese – la povertà, la schiavitù, la violenza – si mescolarono forti **dubbi religiosi** sulla fede politeistica, incapace di dare risposte adeguate ai bisogni spirituali e morali della popolazione. Maometto iniziò a ritirarsi di frequente in una grotta presso il monte Hira, dove si dedicava a lunghe riflessioni; qui, secondo la leggenda, in una notte dell'anno 610 (la «Notte del destino») lo visitò l'arcangelo Gabriele, che gli rivelò la futura missione: egli era l'inviato di Dio, il nuovo **profeta** (dopo Abramo, Mosè e Gesù), cui sarebbe toccato il compito di rivelare definitivamente la legge divina.

Ispirandosi ai modelli religiosi ebraico e cristiano, Maometto elaborò una **visione religiosa monoteistica** estremamente semplice, basata sull'esistenza di un unico dio, **Allah**, e sul progetto di dar vita a un'**unica comunità di credenti**, la *ummah*. Secondo il profeta non si trattava di una nuova religione, bensì della religione eterna che era già stata rivelata a ebrei e cristiani, ma che costoro avevano alterato introducendo i dogmi della trinità e dell'incarnazione.

La religione predicata da Maometto è priva di sacerdoti e di sacramenti, fondata sull'assoluta sottomissione (*islam*) a Dio da parte del fedele (*muslim*, da cui «musulmano») e sul totale rispetto di alcune regole semplici e precise, i **cinque pilastri dell'Islam**, necessari e sufficienti affinché il fedele si assicuri la vita eterna. Il primo pilastro (*shahada*) è la **professione di fede in Allah**, da proclamare mediante la formula «Non vi è altro Dio all'infuori di Allah e Maometto è il suo profeta»; il secondo (*salat*) consiste nel **pregare, cinque volte al giorno**, con il capo rivolto verso La Mecca, mentre una volta la settimana, il venerdì, i fedeli maschi devono riunirsi presso il loro edificio di culto, la **moschea**, per la preghiera collettiva guidata dall'*imam* (per le donne la partecipazione è facoltativa); il terzo dovere (*saum*) è il

digiuno dall'alba al tramonto nel mese del **Ramadan** (il nono mese del calendario islamico, fondato sul ciclo lunare); il quarto (*hagg*) è il **pellegrinaggio alla Mecca** che ogni fedele deve svolgere almeno una volta nella vita; il quinto pilastro (*zakat*), infine, è la pratica della **carità verso i poveri**, da attuare attraverso l'offerta di elemosine alle moschee. Rispettando i doveri del buon musulmano, i fedeli potranno accedere, dopo la morte, al **paradiso islamico**, luogo di **piaceri materiali**, dove si gode anche la **visione di Allah**. Maometto **vietò** espressamente **la raffigurazione di Allah**, per scongiurare il pericolo di ricadere nell'idolatria degli antichi culti preislamici.

Il Corano Maometto, che non sapeva scrivere, dettò ai propri discepoli le rivelazioni ricevute da Allah, che soltanto dopo la sua morte (avvenuta nel 632) furono raccolte e sistemate in forma scritta in un **libro sacro**, il **Corano** (termine che in arabo significa «recitazione a voce alta»). Nella forma riconosciuta ufficialmente nel mondo islamico, esso si compone di 114 capitoli in prosa rimata chiamati *sure*, precedute da un prologo (*Fatiha*). Ogni *sura* comprende un certo numero di versetti numerati. I commentatori distinguono le *sure* in «sentenze» (precetti sulla preghiera, sul pellegrinaggio, sul digiuno, sul matrimonio, sulle pene, sulle eredità), «storie» (racconti e leggende) e «esortazioni» (incitamenti alla fede e alla penitenza).

Per i musulmani, il Corano divenne al tempo stesso **rivelazione, codice di comportamento e libro di preghiere**: oltre alle verità di fede, infatti, il libro contiene **regole morali e civili** da applicare nella vita individuale come la pratica della modestia, della pazienza e della carità; il rifiuto dell'avarizia, della frode, dell'alcol e del gioco. Il Corano proibisce infanticidio e usura, mentre ammette il commercio, la proprietà privata, la schiavitù e il lavoro salariato. La donna risulta titolare di un minor numero di diritti rispetto all'uomo, cui deve fedeltà e obbedienza; ad esempio, per il matrimonio non è richiesto il suo consenso, che spetta al padre, e non le è consentito divorziare dal marito, che può invece farlo con estrema semplicità. Il Corano, regolando la vita dei fedeli in maniera scrupolosa, conferì all'Islam la caratteristica di non essere soltanto una religione, ma un **modo di intendere la vita e la società**.

L'affermazione dell'Islam

Inizialmente la predicazione di Maometto fu contrastata dal clan aristocratico mercantile dei Qurayshiti, che dominava alla Mecca, poiché il **nuovo messaggio religioso**, che **prospettava una società migliore** e dunque andava incontro alle aspettative di artigiani, poveri e schiavi, rischiava di **sovvertire il tradizionale assetto politico e sociale**. Inoltre, l'Islam condannava con decisione il culto degli idoli custoditi nei santuari, e ciò rappresentava **una minaccia per gli interessi economici** che gravitavano intorno ai pellegrinaggi.

Nel 622 **Maometto** e i suoi seguaci furono costretti a trasferirsi nell'oasi agricola di **Medina** (fu questa la cosiddetta **ègira**, la «fuga»: da tale data inizia il com-

> **?** Attraverso quali vicende la religione islamica si diffuse tra gli Arabi?

Pagina miniata del Corano risalente al XII secolo.

Guerrieri arabi in armi pronti alla guerra contro i nemici dell'Islam, XIII secolo. Parigi, Bibliothèque Naionale.

puto degli anni per i musulmani) dove, dopo aver sedato i conflitti esistenti tra i due clan presenti e aver allontanato una nutrita comunità ebraica, divenne, oltre che **guida religiosa**, **capo politico e militare**: un esplicito accordo sottoscritto dalle tribù (la cosiddetta «Costituzione di Medina»), desiderose di pacificazione, gli conferì un'autorità incontrastata. Con notevole lungimiranza, le attività di **razzia** e di **brigantaggio** abitualmente praticate dai nomadi furono elevate da Maometto al rango di *jihad*, la guerra contro i nemici dell'Islam, quando erano rivolte contro le carovane dirette alla Mecca. Si realizzò, dunque, una **legittimazione religiosa delle razzie**, che ebbe il vantaggio di aprire la strada alla penetrazione dell'Islam tra le tribù nomadi del deserto.
Alla testa delle tribù nomadi, dopo aver assunto il controllo delle principali vie carovaniere, Maometto, a dimostrazione del prestigio che aveva ormai raggiunto nel mondo arabo, stipulò nel 628 una tregua con i Qurayshiti e ottenne di potersi recare in visita con i suoi seguaci alla Mecca. Nel 630, prendendo a pretesto l'assassinio di un musulmano a opera di un abitante della Mecca, ruppe l'accordo e, a capo di un potente esercito, invase e **riconquistò rapidamente la città**. Le classi dirigenti della città ritennero opportuno convertirsi per salvaguardare il ruolo della Mecca come città santa e per conservare i propri privilegi economici. L'**Arabia poteva considerarsi unificata**.

L'unità del mondo arabo

L'unità realizzata da Maometto era dovuta all'**osservanza della stessa fede** e al **rispetto di norme di vita comuni**, indicate in maniera scrupolosa dal Corano. L'Islam riuscì a interpretare le esigenze religiose e le spinte unitarie esistenti nella società araba del VII secolo salvaguardando, nello stesso tempo, le tradizioni, le abitudini e le strutture sociali più profondamente radicate tra la popolazione della penisola.
La nuova religione, infatti, ebbe successo e **diventò un fattore di unità** perché seppe adattarsi al mondo arabo, mescolando le tradizioni sociali dei sedentari con quelle dei nomadi: dei primi accoglieva le strutture economiche, dei secondi la pratica della razzia, che, elevata a guerra contro gli infedeli, giustificò le campagne di conquista di altri territori.
Questa «arabizzazione» dell'Islam si manifestò anche con una definitiva **separazione** della religione musulmana **dai modelli ebraico e cristiano**: pochi anni prima della morte, Maometto – che in un primo momento si era definito come il continuatore dell'opera di Mosè e di Gesù e aveva mantenuto nella propria visione religiosa alcuni elementi della tradizione giudaico-cristiana – annunciò che la vera fede era quella di **Abramo**, ritenuto il costruttore della *Ka'ba*, né ebreo né cristiano.
Stabilì dunque che la preghiera rituale doveva rivolgersi verso la Mecca e non più verso Gerusalemme; ammise la poligamia fino a un massimo di quattro mogli legittime; sostituì al sabato ebraico, come giorno sacro, il venerdì.

> **In che modo la religione islamica divenne un fattore di unità del mondo arabo?**

Le parole della storia — Jihad

Nella cultura islamica il termine arabo *jihad*, traducibile come «sforzo, impegno in nome di Allah», assume due significati. Il primo corrisponde alla lotta interiore che ciascun fedele deve compiere contro il male, il peccato e l'ignoranza (*al-jihad al-akbar*); il secondo alla «guerra santa» contro gli infedeli (*al-jihad al-asghar*), dovere di tutti i musulmani fino a che l'intera umanità sarà sottomessa alla religione islamica, considerata la più perfetta delle religioni.
Ebrei e cristiani, che con l'Islam condividono la rivelazione della Bibbia, potranno mantenere la loro fede, pur piegandosi al governo islamico, mentre gli altri popoli, ritenuti «pagani», dovranno convertirsi o essere giustiziati.

Il documento

Doveri fondamentali e prescrizioni

Dal Corano, Sura II

Il Corano intreccia l'esposizione dei doveri fondamentali che costituiscono i pilastri dell'Islam con numerose prescrizioni relative al comportamento che ciascun fedele, nella vita di ogni giorno, deve adottare per non violare la legge divina. Non vi è distinzione di importanza: le norme relative a entrambi gli ambiti hanno un valore fondamentale e vincolante per la comunità dei credenti.

Ognuno ha una direzione verso la quale volgere il viso. Gareggiate nel bene. Ovunque voi siate, Allah vi riunirà tutti. In verità Allah è Onnipotente. E da qualunque luogo tu esca, volgi il tuo viso verso la Santa Moschea, ecco la verità data dal tuo Signore e Allah non è disattento a quello che fate. E allora, da qualunque luogo tu esca, volgi il tuo viso verso la Santa Moschea. Ovunque voi siate, rivolgetele il viso, sì che la gente non abbia pretesti contro di voi – eccetto quelli di loro che prevaricano: non temeteli, ma temete Me, affinché realizzi per voi la Mia Grazia e forse sarete ben guidati. [...] O uomini, mangiate ciò che è lecito e puro di quel che è sulla terra, e non seguite le orme di Satana. In verità egli è un vostro nemico dichiarato. [...] O voi che credete, mangiate le buone cose di cui vi abbiamo provvisto e ringraziate Allah, se è Lui che adorate. In verità vi sono state vietate le bestie morte, il sangue, la carne di porco e quello su cui sia stato invocato altro nome che quello di Allah. E chi vi sarà costretto, senza desiderio o intenzione, non farà peccato. Allah è perdonatore, misericordioso. [...]

O voi che credete, in materia di omicidio vi è stato prescritto il contrappasso: libero per libero, schiavo per schiavo, donna per donna. E colui che sarà stato perdonato da suo fratello, venga perseguito nella maniera più dolce e paghi un indennizzo: questa è una facilitazione da parte del vostro Signore, e una misericordia. Ebbene, chi di voi, dopo di ciò, trasgredisce la legge, avrà un doloroso castigo. [...]

O voi che credete, vi è prescritto il digiuno come era stato prescritto a coloro che vi hanno preceduto. Forse diverrete timorati; [digiunerete] per un determinato numero di giorni. Chi però è malato o è in viaggio, digiuni in seguito altrettanti giorni. Ma per coloro che [a stento] potrebbero sopportarlo, c'è un'espiazione: il nutrimento di un povero. E se qualcuno dà di più, è un bene per lui. Ma è meglio per voi digiunare, se lo sapeste! È nel mese di Ramadan che abbiamo fatto scendere il Corano, guida per gli uomini e prova di retta direzione e distinzione. Chi di voi ne testimoni [l'inizio] digiuni. E chiunque è malato o in viaggio assolva [in seguito] altrettanti giorni. Allah vi vuole facilitare e non procurarvi disagio, affinché completiate il numero dei giorni e proclamiate la grandezza di Allah che vi ha guidato. Forse sarete riconoscenti! [...] Nelle notti del digiuno vi è stato permesso di accostarvi alle vostre donne; esse sono una veste per voi e voi siete una veste per loro. Mangiate e bevete finché, all'alba, possiate distinguere il filo bianco dal filo nero[1]; quindi digiunate fino a sera. Ma non frequentatele se siete in ritiro nelle moschee. Ecco i limiti di Allah, non li sfiorate! Così Allah spiega agli uomini i Suoi segni, affinché siano timorati. [...]

E assolvete, per Allah, al Pellegrinaggio e alla Visita. Se siete impediti a ciò, [inviate] un'offerta di quel che potete e non rasatevi le teste prima che l'offerta sia giunta al luogo del sacrificio. Se però siete malati o avete un morbo alla testa, vi riscatterete con il digiuno, con un'elemosina o con offerta sacrificale. [...] Il Pellegrinaggio avviene nei mesi ben noti. Chi decide di assolverlo, si astenga dai rapporti sessuali, dalla perversità e dai litigi durante il Pellegrinaggio. Allah conosce il bene che fate. Fate provviste, ma la provvista migliore è il timor di Allah, e temete Me, voi che siete dotati di intelletto.

(*Corano*, Sura II, a cura di H. R. Piccardo, Newton & Compton, Roma 1996)

[1] **distinguere... nero:** sia finito il buio della notte e la luce consenta di distinguere i colori.

Verifica immediata

1. **Considera le popolazioni che abitavano la Penisola arabica prima dell'Islam e definisci: 1. la loro origine; 2. i gruppi presenti sul territorio e le loro economie; 3. gli elementi comuni di civiltà.**

2. **Leggi il documento *Doveri fondamentali e prescrizioni* riportato in questa pagina e sottolinea le espressioni riconducibili ai pilastri dell'Islam, precisando a quale particolare precetto fanno riferimento.**

3. **Definisci i seguenti termini e scrivi un breve testo sull'affermazione dell'Islam che li contenga tutti.**
   1 Ègira – 2 Jihad – 3 Qurayshiti

Maometto, il cui volto è nascosto dalla fiamma, e i primi tre califfi scortati da un angelo. Miniatura del XV secolo. Berlino, Staatsbibliothek.

2. L'espansione araba

Una difficile successione Alla morte di Maometto, avvenuta nel 632, il potere civile e religioso fu assunto dalla figura del **califfo** (il «successore»), il primo dei quali fu **Abu Bakr**, padre di Aisha, la seconda moglie del Profeta. La successione non fu però priva di **contrasti e lotte intestine**: poiché Maometto non aveva lasciato alcuna indicazione circa le modalità dell'avvicendamento, entrarono in conflitto **due diverse fazioni**: gli **sciiti** e i **sunniti**. I primi (seguaci di Ali, il genero di Maometto) sostenevano che la guida del mondo islamico dovesse spettare esclusivamente ai discendenti di Maometto e che la massima carica dell'Islam dovesse essere non un califfo ma un *imam* (dotato anche del potere religioso, che gli derivava dalla discendenza del Profeta). Secondo i sunniti, invece, qualunque fedele, scelto dalla comunità in base ai meriti, avrebbe potuto assumere questo ruolo e non era necessario mantenere uno stretto rapporto fra potere politico e potere religioso. La contesa, che vide prevalere ora l'uno ora l'altro schieramento e causò la morte per assassinio dei tre califfi che successero ad Abu Bakr, si concluse soltanto nel 660 con la vittoria dei sunniti (osservanti la *sunna*, l'insieme delle tradizioni e delle consuetudini relative alle posizioni di Maometto rispetto a varie questioni non trattate direttamente dal Corano). Il governo fu assunto da **Mu'awiya**, che per assicurare la continuità del potere rese il **califfato ereditario** e con cui ebbe inizio la **dinastia degli Omayyadi**. Gli sciiti non riconobbero i califfi e furono duramente perseguitati. La divisione fra sunniti e sciiti tuttavia non si ricompose e ancora oggi caratterizza il mondo islamico.

? Quali furono le cause della vasta e rapida espansione territoriale degli Arabi?

L'avanzata dell'Islam Sin dal 633 i califfi guidarono una decisa **espansione nel mondo mediorientale**, attratti dalla ricchezza e dalla fertilità dei Paesi circostanti e desiderosi di espandere la loro fede religiosa. Entro la metà del VII secolo, furono conquistate la Palestina (634), la Siria (636), la Mesopotamia (642) e l'Egitto (646); sotto la **dinastia omayyade** (che resse le sorti del regno sino al 750) furono aggiunti ai domini islamici i territori asiatici sino al bacino dell'Indo e ai confini della Cina, mentre **a occidente** l'espansione araba toccò tutta l'Africa settentrionale (interamente assoggettata nel 708 con l'occupazione del Maghreb), la Spagna (713) e la Septimania (un regno visigoto situato nella Francia meridionale).
La **resistenza di Costantinopoli** all'assalto musulmano, nel 717, segnò la fine della straordinaria azione di conquista compiuta dall'Islam in Oriente, mentre in Occidente furono i **Franchi** a porre un freno agli ulteriori tentativi di penetrazione musulmana nella regione francese, grazie a una decisiva vittoria conseguita a **Poitiers** nel 732 da parte di Carlo Martello (vedi p. 187).
La rapidità di questa espansione fu favorita da diversi fattori, tra i quali per lungo tempo sono stati sottolineati l'**entusiasmo religioso** e la volontà di **diffondere l'Islam**: numerosi storici hanno però messo

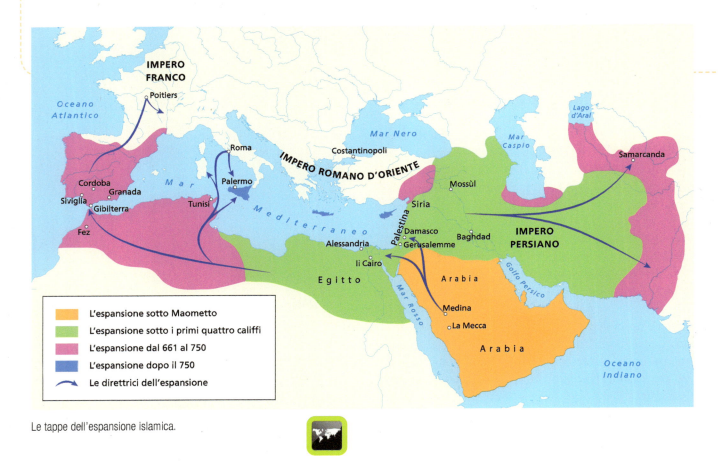

Le tappe dell'espansione islamica.

in dubbio, di recente, tale motivazione, osservando come fosse poco probabile che il fervore religioso avesse permeato a tal punto i beduini nella prima fase dell'espansione musulmana. Determinanti furono senza dubbio l'elevato grado di **efficienza** e di **organizzazione dell'esercito arabo** – che poté giovarsi dell'apporto di numerosi ufficiali bizantini e persiani – e la **debolezza politica degli imperi confinanti**.

L'impero persiano, duramente provato dal conflitto con Costantinopoli (vedi p. 154), era in via di disgregazione, mentre lo Stato bizantino era lacerato da profondi conflitti etnici e religiosi: nelle province periferiche, come l'Egitto e la Siria, infatti, si era affermata una credenza religiosa, il monofisismo, che aveva suscitato una dura persecuzione da parte dell'impero. Per molti abitanti di queste regioni la dominazione araba si rivelò preferibile a quella bizantina, poiché essa non comportava alcuna forma di intolleranza religiosa. Nei confronti delle popolazioni assoggettate, infatti, **gli Arabi agirono con notevole tolleranza**, consentendo loro di scegliere fra la conversione all'Islam e il mantenimento della propria fede: in quest'ultimo caso, l'unico obbligo consisteva nel pagamento di un tributo.

L'amministrazione dell'impero In meno di un secolo gli Arabi costruirono un **impero di immensa estensione, strappando alla cristianità il dominio del Mediterraneo**. Tale impero, che giunse a comprendere tra i quaranta e i cinquanta milioni di abitanti, fu **governato con grande capacità organizzativa**.

In un primo momento la gestione dei territori conquistati si ispirò al **principio della separazione**: gli **Arabi** costituirono un'**élite militare**, insediata in **città-fortezze** appositamente costruite (come Bassora in Iraq, Fustat in Egitto), e si limitarono a sottoporre al **controllo di un governatore militare e politico** (*amir*, «emiro») le strutture amministrative e fiscali esistenti in **ciascuna provincia**, che furono mantenute. In questo tipo di organizzazione le popolazioni assoggettate conservavano la proprietà delle terre, svolgevano le attività produttive e pagavano imposte e tributi ai conquistatori.

La separazione tra Arabi e popoli conquistati cominciò a venir meno a partire dalla metà del VII secolo, quando prese il via un **processo di progressiva integrazione** tra le due parti.

? Come avvenne l'integrazione degli Arabi con le popolazioni locali?

GLI ARABI E IL COMMERCIO A DISTANZA

La notevole disponibilità di capitali, unita alla conoscenza di tecniche commerciali raffinate, come la cambiale e il pagamento differito, e alla maestria nelle costruzioni navali e nella navigazione, consentì agli Arabi per oltre tre secoli un dominio incontrastato sugli scambi nel mondo allora conosciuto.
L'espansione territoriale, inoltre, garantiva all'Islam il controllo delle principali rotte marittime del tempo – dal Mediterraneo al mar Rosso all'oceano Indiano – e degli itinerari carovanieri che mettevano in contatto Egitto, Siria, Arabia e Iraq con le lontane terre dell'Africa nera, con l'Iran, l'India e la Cina. Parteciparono a questi flussi commerciali, come aree di produzione e di consumo, anche Costantinopoli (che assunse una preziosa funzione di raccordo tra l'Occidente e l'Islam) e l'Europa (Amalfi e Venezia, ad esempio, stabilirono regolari contatti con i porti dell'Egitto e della Siria).
Particolarmente fiorente fu il commercio con l'Iran, da dove venivano importati prodotti tessili (sete, broccati, tappeti), ceramiche, oggetti in metallo finemente lavorati, essenze e oli profumati, in cambio di cereali, cotone, prodotti alimentari, cammelli e cavalli. Dall'India, invece, gli Arabi importavano spezie, legno di sandalo e di tek, ambra, canfora, bambù, avorio e pietre preziose. Assai sviluppato fu anche il commercio degli schiavi, prelevati soprattutto in Europa orientale (gli Slavi erano assai apprezzati), in India e sulle coste occidentali dell'Africa.
L'attività commerciale assicurò a numerose regioni dell'impero arabo una straordinaria ricchezza, che in gran parte fu accumulata proprio dai mercanti: secondo il geografo Istakhri, nel X secolo uno di essi, residente nella città portuale iraniana di Siraf, possedeva da solo un patrimonio corrispondente a tutte le rendite annuali di un'intera provincia del regno.

Durante il regno della dinastia omayyade (che nel 661 spostò la **capitale** a **Damasco**), gli Arabi abbandonarono progressivamente la vita militare e **si inserirono pienamente nella società civile**: diventarono **proprietari terrieri**; iniziarono a dedicarsi al **commercio** (che conobbe un grande sviluppo grazie all'abolizione delle dogane e alla creazione di efficienti vie di comunicazione) e a occuparsi della gestione dell'**amministrazione pubblica**, che fu gradualmente **islamizzata**. Funzionari arabi furono immessi nella maggior parte degli uffici pubblici, mentre l'**arabo** divenne la **lingua ufficiale** in tutti i territori dell'impero. Un ulteriore passo verso l'arabizzazione fu, nel 695, la sostituzione delle monete bizantine e persiane con le prime **monete musulmane** d'oro (il *dinar*) e d'argento (il *dirham*).
Fra il 717 e il 720 il **califfo Omar** sancì la definitiva **abolizione dello status di separazione degli Arabi** dal resto della popolazione: tutti i musulmani furono dichiarati uguali e la tassazione fu applicata in uguale misura tanto ai cittadini locali convertiti quanto agli Arabi. L'imposta fondiaria fu trasformata da tributo individuale a tassa gravante sulla terra, indipendentemente dalla religione professata dal proprietario.

Una nave commerciale araba in navigazione verso la Sicilia, miniatura dell'XI secolo. Parigi, Bibliothèque Nationale.

Ebrei e cristiani, che con l'Islam condividono la rivelazione della Bibbia, avrebbero potuto mantenere la loro fede, pur piegandosi al governo islamico, mentre gli altri popoli, ritenuti «pagani», avrebbero dovuto convertirsi o essere giustiziati.

LE ATTIVITÀ ECONOMICHE NEL MONDO ARABO

Nei primi secoli della sua esistenza, segnati dal dominio della dinastia omayyade (VII-VIII secolo), l'impero arabo fu caratterizzato da un'economia fondata essenzialmente sull'agricoltura. Pur non possedendo tradizioni agricole, nei territori occupati gli Arabi si impossessarono delle terre migliori, la cui coltivazione fu affidata ad appositi intendenti che vi provvidero attraverso l'impiego di manodopera servile.

Inizialmente le terre appartenevano allo Stato: col passare del tempo, però, si diffuse la pratica di concedere terreni ai funzionari militari e civili a titolo di compenso per l'opera prestata.

Numerosi governatori si preoccuparono di incentivare e migliorare l'attività agricola soprattutto favorendo la manutenzione e la costruzione di canali d'irrigazione. Gli Arabi provvidero a bonificare vaste estensioni di terra, introdussero la rotazione delle colture e aumentarono il numero delle coltivazioni alimentari (oltre a grano, riso, agrumi, canna da zucchero, piante da frutto, ortaggi, frutta secca) e delle piante tessili. Nei distretti settentrionali dell'Iran si diffuse la coltivazione del cotone, che presto divenne la fibra tessile più impiegata nel mondo musulmano per la confezione degli abiti, in sostituzione del lino. Assai sviluppata fu anche la produzione di uva, dalla quale – nonostante le proibizioni coraniche – si ricavano ottimi e apprezzati vini.

Grazie ai progressi compiuti nel settore agricolo, nei territori dell'impero arabo le carestie divennero eventi eccezionali e, a differenza dell'Occidente altomedievale, non si presentarono problemi di mancanza di cibo.

A partire dal 750, con l'avvento della dinastia abbaside, nel mondo arabo crebbe enormemente l'importanza delle attività commerciali. Lo straordinario sviluppo delle città che si verificò a partire dall'VIII secolo si tradusse, infatti, in un aumento della richiesta di prodotti di uso quotidiano e nella crescita di un ceto mercantile che si lanciò con decisione negli affari commerciali.

Le città di piccole e medie dimensioni divennero importanti punti di raccolta e di scambio dei prodotti provenienti dalle campagne circostanti. Vi si tenevano sovente mercati periodici, concentrati nei *bazar*, veri propri quartieri commerciali formati da una rete di stradine convergenti in uno spiazzo coperto da cupole, affollati di negozi e di caravanserragli (edifici nei quali alloggiavano i mercanti provenienti dalle altre città).

Le grandi città si trasformarono invece in dinamici centri di scambio per le merci provenienti dal commercio a distanza e divennero sede di attività finanziarie e bancarie.

Dinar aureo della metà dell'VIII secolo.

Verifica immediata

1 **Osserva la cartina a p. 170 e individua le aree europee dell'espansione islamica.**

2 **Quali eventi storici fermarono l'avanzata dell'Islam in Oriente e in Occidente?**

3 **Completa la mappa concettuale con le cause che ebbero come effetto la rapida espansione araba, distinguendo le opinioni storiche meno recenti da quelle più recenti.**

Opinioni più recenti
....
....

Opinioni meno recenti
....
....

→ Rapidità dell'espansione araba

3. La frammentazione politica dell'Islam

La dinastia abbaside L'ampiezza raggiunta dall'impero e le trasformazioni sociali avvenute durante l'età degli Omayyadi misero gli Arabi di fronte a una serie di **problemi interni** assai difficili da risolvere. Sul **piano politico e religioso si opponevano** alla dinastia regnante **le sette degli sciiti**, che si battevano per restituire il potere ai legittimi discendenti di Maometto, **e dei kharigiti**, che sostenevano la necessità di un Islam più rigoroso e del califfato elettivo.

Sul **piano economico e sociale** si manifestava il **malcontento delle popolazioni conquistate**, che lamentavano l'esclusione dal potere, ancora concentrato nelle mani degli Arabi nonostante le riforme annunciate dal califfo Omar. **Tendenze autonomistiche** sempre più forti si erano inoltre sviluppate in numerose regioni dell'impero, in particolare nel Nord Africa e nelle province asiatiche più orientali. La situazione divenne presto ingovernabile e sfociò in una **rivolta armata guidata dalla famiglia degli Abbasidi**, che ottenne l'appoggio degli sciiti e delle genti islamiche della Persia. Guidati da **Abu-al-Abbas**, nel 750 gli Abbasidi rovesciarono la dinastia omayyade e si impadronirono del potere, inaugurando una nuova fase della storia araba.

I nuovi califfi imboccarono con decisione la strada verso l'**uguaglianza di tutti i musulmani**, riducendo progressivamente il peso e l'influenza degli elementi arabi nell'amministrazione pubblica a favore di un **nuovo ceto dirigente**, di origine persiana. La stessa **capitale** fu trasferita da Damasco a **Baghdad**, in Iraq: in pochi anni la città persiana divenne **la più grande metropoli del mondo**, giungendo a contare quasi 500 mila abitanti.

Grazie anche alla **riorganizzazione della gestione delle province** (che venne affidata a governatori militari locali, gli *emiri*, dotati di considerevole autori-

Due cavalieri arabi. Istanbul, Museo di Topkapi.

LE DINASTIE ISLAMICHE NELL'ALTO MEDIOEVO		
DINASTIA	PERIODO	TERRITORI
Primi quattro califfati: Abu Bakr, 'Umar, Uthman, Ali	632-661	Arabia, Palestina, Mesopotamia, Siria, Egitto, Persia
Omayyadi	661-750	Medio Oriente, Africa del Nord, Asia occidentale; Spagna fino al 1031
Abbasidi	750-1258	Medio Oriente, Africa del Nord, Spagna, Asia occidentale
Aghlabidi	800-909	Tunisia, Algeria, Sicilia
Samanidi	819-1005	Asia centrale
Tulunidi	868-905	Egitto
Fatimidi	909-1171	Tunisia e Algeria fino al 972; Sicilia fino al 1071; Egitto 969-1171
Buwayhidi	932-1062	Iran, Iraq

L'interno cattedrale di Cordoba, l'antica moschea della città convertita in luogo di culto cattolico.

tà), la dinastia abbaside seppe conferire al mondo islamico l'**integrazione** e l'**omogeneità** che in precedenza era mancata, **soprattutto sul piano culturale**. **L'interpretazione sunnita del Corano** (che considera valida soltanto la *sunna* relativa a Maometto, mentre l'interpretazione sciita attribuisce valore anche alla *sunna* di Ali e di undici *imam* suoi discendenti, ritenuti profeti al pari di Maometto) si impose definitivamente sulle altre visioni dell'Islam; l'incontro tra la civiltà greca, quella indiana e quella persiana diede origine a una **straordinaria sintesi** che produsse notevoli risultati sul piano artistico e culturale.

La divisione politica del mondo islamico

L'unità culturale non impedì tuttavia che, sul piano politico, le **spinte verso l'autonomia** da parte delle diverse aree del mondo musulmano si facessero sempre più intense, sino a provocare il **distacco di un numero crescente di province dall'impero**.
Il fenomeno si verificò dapprima nelle regioni occidentali e in primo luogo in **Spagna**, dove nel 750 si era rifugiato un superstite della dinastia omayyade, Abd ar-Rahman, che si era insediato nella città andalusa di **Cordoba** e l'aveva trasformata in un **califfato indipendente**. Tra l'VIII e il IX secolo proclamarono la propria indipendenza i regni del **Marocco**, della **Tunisia** e dell'**Egitto**, dove, nel corso del X secolo, salirono al potere gli esponenti della dinastia nordafricana dei **Fatimidi**, che divenne così potente da costituire un nuovo califfato, in opposizione a quello abbaside.
Tra il IX e il X secolo, anche nelle **province asiatiche** le aristocrazie locali, sovente appoggiate dalla popolazione e da movimenti religiosi sciiti, promossero la propria **indipendenza dal potere centrale**. La prima rivolta scoppiò nell'869 in Iraq, nei territori di Bassora; altre ribellioni si verificarono nello Yemen, in Iran e in Afghanistan. Nel 945 persino Baghdad seguì questo destino, finendo nelle mani della dinastia persiana dei Buwayhidi. Il califfato abbaside entrò definitivamente in crisi, mentre la frammentazione politica portò con sé una profonda **debolezza militare** che sarà alla base del cedimento dell'impero arabo di fronte all'avanzata dei Turchi.

L'Occidente incontra l'Islam

L'Occidente europeo fu comunque profondamente scosso dalle invasioni arabe che, come abbiamo visto, coinvolsero la Spagna e la Francia meridionale.

> **?** Quale percezione del mondo islamico si creò nell'Occidente cristiano?

Fu a partire da questa originaria esperienza di aggressione che l'Europa cristiana diede forma alla propria **percezione del mondo islamico**, inevitabilmente **negativa** e **venata di profonda ostilità**. Nella coscienza occidentale i musulmani furono sovente rappresentati come pagani e infedeli, violenti aggressori della civiltà cristiana, esseri dissoluti e immorali: per la cristianità era inaccettabile che l'Islam ammettesse la poligamia, mentre la visione islamica di un paradiso materiale era quanto mai lontana dal concetto cristiano di «santità», incentrato sul distacco dalla vita terrena.
In realtà, anche in Europa la dominazione islamica si svolse generalmente all'insegna della tolleranza e

non mancarono le **conseguenze positive sullo sviluppo economico e culturale** del continente. La Sicilia, ad esempio, dopo la conquista si trovò inserita in un'area ricca culturalmente ed economicamente e godette di un lungo periodo di pace e prosperità, favorito dalla facilità delle comunicazioni e dalla disponibilità di risorse produttive e tecnologiche. La moneta araba, il *dinar*, aveva corso in tutta l'Italia meridionale ed era imitata altrove. Anche se l'isola fu intensamente islamizzata, i cristiani rimasti erano tollerati e protetti, benché costretti al pagamento di una tassa. In un editto emanato dall'emiro al-Khal Fun nel IX secolo, ad esempio, si legge che «a tutti senza distinzioni, o malati o sani, si garantisce la sicurtà per loro stessi, per i loro beni, per le loro chiese, per i loro crocefissi e per tutto ciò che riguarda il loro culto. Non saranno maltrattati per causa della loro fede, né alcuno fra essi sarà danneggiato».

Verifica immediata

1 Scegli l'alternativa corretta.

La dinastia abbaside:
- **a** divise il mondo islamico.
- **b** curò soprattutto l'aspetto culturale.
- **c** conciliò sunniti e sciiti.
- **d** conferì omogeneità al mondo islamico.

2 Indica gli eventi storici, relativi ai periodi indicati, che portarono alla divisione politica del mondo islamico.

VIII-IX SECOLO	IX-X SECOLO

3 Quali aspetti del mondo islamico suscitarono una percezione negativa nel mondo cristiano? Si trattò di una percezione corrispondente alla realtà? Motiva la tua risposta.

4. La cultura islamica

Particolare di codice miniato raffigurante un poeta arabo, XIII secolo. Istanbul, Bibliothèque de Suleymaniye.

? Quali furono le caratteristiche peculiari della civiltà araba?

Una sintesi di diverse civiltà Gli Arabi seppero **assimilare e sintetizzare** con la propria **le culture con cui entrarono in contatto** (greca, egizia, persiana, romana) elaborando, soprattutto in campo scientifico e filosofico, un sistema di conoscenze di straordinaria vitalità. Riscoprirono le **opere letterarie** e **scientifiche** delle aree conquistate – in particolar modo quelle greche – delle quali provvidero a compiere **traduzioni in arabo**: fu questo il caso delle opere filosofiche di Aristotele e di Platone, dei testi scientifici di Euclide e di Tolomeo, degli studi di medicina di Galeno e di Ippocrate.

Baghdad fu, tra l'VIII e il IX secolo, un **centro culturale** e intellettuale senza paragoni nell'intero mondo allora conosciuto, affollato di studiosi e di artisti provenienti da ogni parte dell'impero, che si incontravano nella «Casa della sapienza», un vero e proprio centro culturale dotato di una ricchissima biblioteca.

Minareto della moschea di Ibn Tulun al Cairo, IX secolo.

La lingua e la letteratura La **lingua araba**, che alla fine del VII secolo venne codificata sulla base del modello fornito dal Corano, **si affermò e si diffuse** nelle regioni sottomesse: ciò favorì l'integrazione delle popolazioni inserite all'interno dell'impero e la trasmissione della loro cultura. Gli influssi islamici sono tutt'ora evidenti nei **numerosi arabismi** presenti nelle lingue europee, relativi in particolar modo agli ambiti nei quali gli Arabi eccellevano (in italiano, ad esempio, termini scientifici come *algebra*, *zero*, *chimica*, *alcol*; termini commerciali e marittimi come *arsenale*, *darsena*, *tariffa*, *fondaco*; nomi geografici, come *libeccio* e *scirocco*; nomi di prodotti agricoli, come *arancia*, *albicocca*, *zucchero*, *melanzana*, *carciofo*).

Poesia, letteratura, grammatica e storia furono coltivate con assiduità: i grammatici di Bassora e di Baghdad, tra i quali si distinse Ibn Qutaybah, acquisirono grande notorietà, così come gli storici al-Tabari (autore nel X secolo degli *Annali dei profeti e dei califfi*) e al-Mas'udi (che scrisse *Il libro delle praterie dorate*). Nella letteratura ebbero grande successo i racconti di ispirazione indiana, che portarono all'elaborazione dell'opera *Le mille e una notte*, e l'originale genere della prosa rimata, il cui principale autore, al-Isfahani, compose un *Libro delle canzoni* che fornisce un quadro esauriente della società musulmana nei secoli dell'impero abbaside.

L'arte Assai fiorente fu la **produzione artistica** elaborata dalla civiltà araba. Si svilupparono la musica, la miniatura e, in particolare, l'architettura, che realizzò opere di notevole bellezza quali palazzi, bagni pubblici, **bazar** e soprattutto moschee, tra le quali vale la pena ricordare quella di Samarra, in Iraq, e quella di Ibn Tulun, al Cairo, caratterizzate da un **minareto** di forma elicoidale. A differenza dell'arte cristiana, quella araba non si poneva lo scopo di istruire e ammaestrare i fedeli ma soltanto quello di procurare gioia e piacere: a tale fine erano destinate le composizioni geometriche e floreali che ornavano case private e pubblici edifici e gli elementi architettonici come cupole, mosaici, stucchi, marmi traforati, archi a ferro di cavallo e fontane. Di notevole eleganza furono le rappresentazioni calligrafiche del nome di Allah, note ancora oggi col nome di «**arabeschi**».

Nel campo delle **arti applicate**, grande rinomanza ebbe la produzione di stoffe e tessuti (come le sete di Damasco), di armi cesellate (celebri furono quelle fabbricate a Toledo, in Spagna) e di mobili intarsiati.

La scienza e la tecnica Gli uomini di cultura del Medioevo apprezzarono la civiltà araba per le sue **conoscenze scientifiche e filosofiche**, che da Spagna e Italia si diffusero in tutto il continente e che esercitarono una notevole influenza sullo sviluppo culturale dell'Occidente.

La cultura araba diede alla civiltà europea **contributi importanti in campo matematico**: gli studiosi musulmani introdussero le **cifre arabe**, con le quali divenne possibile scrivere qualsiasi quantità utilizzando i medesimi dieci simboli, fra cui il **numero zero**, appreso dagli Indiani; fondarono inoltre l'**algebra** e si interessarono di **trigonometria**.

Gli Arabi condussero importantissimi studi di **astronomia**: a Palermo, ad esempio, sorsero scuole arabe dove si insegnavano la sfericità della Terra e i punti cardinali; lo studio degli astri era molto diffuso e l'astronomia è debitrice agli Arabi di termini come *azimut*, *zenit*, *nadir*. Essi svilupparono conoscenze nell'ambito della **chimica**, che consentirono la realizzazione di nuove sostanze come l'alcol e il sapone, prodotto mescolando olio d'oliva e cenere. Si deve agli Arabi, inoltre, l'introduzione in Occidente delle tecniche di **fabbricazione della carta**, ottenuta da un impasto formato da cenci di lino e di canapa, che i musulmani appresero dai Cinesi intorno al 750.

Un astrolabio di provenienza irachena.

Gli Arabi si interessarono, infine, di **filosofia** (i filosofi **Avicenna** e **Averroè** rielaborarono in maniera originale il pensiero platonico e quello aristotelico), di **medicina** (lo stesso Avicenna e Avenzoar, studioso di medicina vissuto nella Spagna musulmana, scrissero trattati sulle malattie e sul corpo umano) e di **geografia**, disciplina necessaria all'amministrazione del vasto impero che non poteva mancare tra le conoscenze dell'uomo colto.

In agricoltura gli Arabi apportarono preziose innovazioni nelle **tecniche d'irrigazione** e **di coltivazione**, avviando nuove colture quali gelso, arancio, canna da zucchero, riso, albicocco, cotone.
Nel commercio introdussero strumenti e pratiche assai evoluti come la **cambiale** e il **pagamento differito**. I mercanti arabi, prima di partire con le loro carovane, depositavano presso un cambiavalute della propria città grosse somme di denaro ricevendo in cambio delle lettere di credito (in arabo *shakk*, da cui il termine *chèque*, «assegno»), con le quali pagavano gli acquisti effettuati nei mercati in cui si recavano.

Verifica immediata

1 Cita almeno un elemento, frutto della cultura islamica, che ritieni importante per il progresso della civiltà negli ambiti elencati di seguito e motiva le tue scelte.

1. Lingua e letteratura: ....
   ....
2. Arte: ....
   ....
3. Scienza e tecnica: ....
   ....

Come facciamo a sapere

L'Arabia preislamica
Disponiamo di scarse informazioni sull'Arabia preislamica, contenute perlopiù nelle opere di storici greci e latini come la *Geografia* di Strabone (22 d.C.) e la *Storia di Roma* di Ammiano Marcellino (380), oltre che nella *Storia delle guerre di Giustiniano* di Procopio di Cesarea (VI secolo).

Maometto e l'Islam
Un ampio panorama delle vicende relative alla nascita e all'affermazione dell'Islam è contenuto nella *Vita di Maometto*, scritta intorno al 773 dall'arabo Ibn Ishaq, e nella monumentale opera *Annali dei profeti e dei califfi* composta nel X secolo dallo storico al-Tabari.

L'espansione e le conquiste
Fonte fondamentale per comprendere i principali aspetti della società, della religione e della cultura araba è naturalmente il Corano, mentre all'espansione dell'impero sono dedicate opere come *La battaglia di Yarmuk* di al-Baladhuri (che rievoca lo scontro vittorioso, avvenuto nel 636, tra gli Arabi e l'esercito bizantino di Eraclio), la *Conquista islamica della Spagna* di Ibn Abd-el-Hakem e numerosi brani delle *Gesta degli uomini illustri*, testo redatto nel XIV secolo dallo storico Ibn al-Khanb (tra i quali una ricostruzione della celebre battaglia di Poitiers del 732).
Preziose notizie sull'età degli Abbasidi sono contenute nell'opera *Il libro delle praterie dorate* di Abul Hasan Ali al-Mas'udi (895-957), uno dei principali storici arabi del tempo, mentre un'interessante ricostruzione delle vicende relative alla città di Baghdad tra il IX e il X secolo è contenuta nell'*Enciclopedia geografica* redatta dallo studioso Yakut nell'anno 1000.

Le origini della civiltà islamica

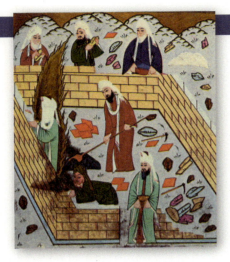

Tra le popolazioni arabe nomadi stanziate nella Penisola arabica, prive di unità politica e caratterizzate da una fede religiosa politeistica, a partire dai primi anni del VII secolo si diffuse la predicazione di Maometto, un cammelliere della Mecca che elaborò una nuova religione monoteistica: l'Islam. Tale fede, fondata sul rispetto di alcune semplici regole (i cinque pilastri dell'Islam) dopo essere stata contrastata dai mercanti della Mecca (Maometto fu costretto a rifugiarsi a Medina nel 622), penetrò rapidamente tra i beduini, ai quali consentì attività di razzia. Nel 630 Maometto invase e riconquistò la Mecca, unificando così l'intera Arabia. L'unità del mondo musulmano fu garantita dall'osservanza della stessa fede e dal rispetto delle norme di vita indicati dal Corano, il libro sacro dell'Islam.

Miniatura del XV secolo: Maometto costruisce la prima moschea alla Mecca. Istanbul, Museo Topkapi.

L'espansione araba

Alla morte di Maometto (632), dopo sanguinose lotte intestine che coinvolsero la fazione degli «sciiti» e quella dei «sunniti», il governo fu assunto dalla dinastia degli Omayyadi. A partire dal 633, una forte espansione territoriale portò alla conquista di Palestina, Siria, Mesopotamia, Egitto, di vasti territori asiatici, dell'Africa settentrionale e della Spagna. Le popolazioni assoggettate conservarono le proprie terre e continuarono a svolgere le attività produttive, pagando le imposte ai conquistatori. A partire dalla metà del VII secolo prese il via un processo di progressiva integrazione tra Arabi e genti conquistate.

Soldato bizantino in armi. Parigi, Museo del Louvre.

La frammentazione politica dell'Islam

L'ampiezza raggiunta dall'impero pose gli Arabi di fronte a difficili problemi politici, religiosi, economici e sociali. Le tensioni sfociarono in una rivolta guidata dalla famiglia degli Abbasidi, che nel 750 si impadronirono del potere. La dinastia abbaside seppe conferire al mondo islamico, soprattutto sul piano culturale, una notevole omogeneità, favorendo l'integrazione tra le numerose e importanti civiltà che lo costituivano. Tuttavia, le spinte verso l'autonomia da parte di molte aree dell'impero crebbe costantemente e determinò, tra l'VIII e il IX secolo, il distacco di numerose regioni, come il califfato di Cordoba in Spagna, i regni del Marocco, della Tunisia e dell'Egitto, e, tra il IX e il X secolo, anche di parecchie province asiatiche, che si resero indipendenti. L'espansione territoriale continuò in Sicilia, conquistata nel IX secolo dal califfato di Tunisia. L'Occidente europeo fu segnato dalle invasioni arabe anche in Spagna e in Francia, invasioni che influirono sulla visione negativa dell'Islam che si formò nel mondo cristiano.

La guardia del califfo, miniatura del XII secolo. Parigi, Bibliothèque Nationale.

La cultura islamica

Gli Arabi elaborarono un sistema di conoscenze di straordinaria vitalità; riscoprirono i testi della cultura classica; produssero pregevoli opere in campo letterario, artistico, architettonico (basti pensare alle splendide moschee). La civiltà araba diede contributi importanti in campo matematico, astronomico, filosofico, medico e geografico. Preziose innovazioni furono introdotte inoltre nell'agricoltura e nel commercio, mentre gli influssi islamici sono evidenti, in campo linguistico, nei numerosi arabismi presenti nelle lingue europee.

Pagine dal *Canone della medicina* dello studioso Avicenna.

unità 4 L'Oriente nell'Alto Medioevo   179

Il problema: tiriamo le fila

Il nodo del problema
Quali fattori e quali eventi storici, tra il VII e l'VIII secolo, allontanarono l'Oriente dalla civiltà romana e gli conferirono una nuova identità politica, culturale ed economica?

Conclusioni

L'impero d'Oriente, pur messo a dura prova da invasioni barbariche, rivolte militari, guerre violente e sanguinose contro i Persiani e gli Arabi, che fra il VII e l'VIII secolo determinarono pesanti perdite territoriali, mantenne salda la sua **unità politica**. Per preservare la stabilità e l'organizzazione dello Stato, tuttavia, divenne inevitabile accentuare quelle caratteristiche che, fin dalla sua nascita, differenziavano l'impero di Bisanzio dall'Occidente romano e garantivano la stabilità delle istituzioni pubbliche: una **struttura gerarchica rigidamente piramidale**, la presenza di un **monarca assoluto** al suo vertice sempre più potente e divinizzato, la concessione di porzioni rilevanti del potere ai **funzionari**, all'**esercito** e alle **autorità ecclesiastiche**, che in cambio garantivano il loro appoggio all'imperatore. Contemporaneamente, le necessità militari indussero a compensare i soldati con la distribuzione di terre sottratte ai grandi proprietari, **indebolendo l'aristocrazia terriera**, e comportarono anche un forte incremento della spesa pubblica e un notevole consumo di risorse, che fiaccarono l'economia e la spinsero verso una **progressiva ruralizzazione**.

La **Chiesa orientale**, rafforzata dalle scelte politiche imperiali, assunse un'influenza enorme sulla cultura, sulle coscienze individuali e sulla vita pubblica e il fallimento del movimento iconoclasta finì per conferirle ancora più rilevanza e per allontanare ulteriormente il Cristianesimo d'Oriente dal modello occidentale.

Un forte influsso sulla civiltà orientale, infine, fu esercitato dalle **genti slave** stanziate nei Balcani, prima di essere evangelizzate e sottoposte al dominio bizantino, e dagli **Arabi**: anche l'impatto con queste culture contribuì ad allontanare l'impero di Bisanzio dalla tradizione romana.

- Rafforzamento della monarchia assoluta e concessione di enormi privilegi al ceto militare ed ecclesiastico
- Indebolimento dell'aristocrazia
- Rafforzamento della Chiesa orientale e progressivo distacco dal cattolicesimo
- Influenza esercitata da Slavi e Arabi sulla cultura bizantina

→ Formazione di una nuova identità politica, culturale ed economica del mondo orientale

✳ VERSO LE COMPETENZE

Competenze

▶ Discutere e confrontare diverse interpretazioni di fatti e fenomeni storici, sociali ed economici anche in riferimento alla realtà contemporanea.

▶ Utilizzare semplici strumenti della ricerca storica a partire dalle fonti e dai documenti accessibili agli studenti.

L'Occidente incontra l'Islam

Fatti e fenomeni

L'espansione araba nel Mediterraneo Tra l'VIII e il X secolo l'Occidente europeo fu profondamente scosso dalle **invasioni arabe**. Nel 711 gli eserciti islamici penetrarono in Spagna e, sconfitti i Visigoti, ne portarono a termine la conquista nel 713; successivamente si impadronirono della Settimania, un regno visigoto situato nella Francia meridionale. Nell'827 invasero la Sicilia, che fu interamente assoggettata prima della fine del IX secolo. Fu a partire da questa originaria esperienza di aggressione che l'Europa cristiana diede forma alla propria percezione del mondo islamico, inevitabilmente **negativa** e venata di profonda **ostilità**.

La dominazione araba In realtà, la dominazione islamica in Europa si svolse generalmente all'insegna della **tolleranza** e non mancò di conseguenze positive sullo sviluppo economico e culturale del continente. Dopo la conquista, la **Sicilia**, inserita in un'area ricca culturalmente ed economicamente quale il mondo islamico, godette di un lungo periodo di pace e prosperità, favorito dalla facilità delle comunicazioni e dalla disponibilità di **risorse produttive e tecnologiche**. La **moneta araba**, il *dinar*, aveva corso in tutta l'Italia meridionale ed era imitata altrove. Anche se l'isola fu intensamente islamizzata, i cristiani rimasti erano **tollerati e protetti**, seppur costretti al pagamento di una tassa.

Discussione tra un filosofo e due studenti, codice miniato del XIII secolo. Istanbul, Museo Topkapi.

La cultura araba Gli uomini di cultura del Medioevo apprezzarono la civiltà araba per le sue **conoscenze scientifiche e filosofiche**, che si diffusero in tutto il continente ed esercitarono una notevole influenza sullo sviluppo culturale dell'Occidente. La cultura araba diede alla civiltà europea contributi importanti in campi quali la matematica (le cifre arabe), l'astronomia (a Palermo, ad esempio, sorsero scuole arabe dove si insegnavano la sfericità della Terra e i punti cardinali; lo studio degli astri era molto diffuso e l'astronomia è debitrice agli Arabi di molti termini, come *azimut, zenit, nadir*), la filosofia, la medicina. Anche in agricoltura gli Arabi portarono preziose innovazioni, come le tecniche d'irrigazione e le colture di seta, arance, zucchero, riso, albicocche, cotone, mentre nel settore linguistico gli influssi islamici sono tutt'ora evidenti nei numerosi arabismi presenti nelle lingue europee (nell'italiano, ad esempio: *libeccio, scirocco, darsena, tariffa, fondaco, gabello, elisir, sofà*).

Attività

1 Indica accanto a ciascuna data i territori conquistati dagli Arabi in Occidente.

 1 711: ....
 2 713: ....
 3 827: ....

VERSO LE COMPETENZE ✸   unità 4   L'Oriente nell'Alto Medioevo

2 Inserisci nel seguente schema gli elementi che durante la dominazione araba favorirono lo sviluppo economico e sociale della Sicilia.

```
┌─────────────────────────────┐
│ ........................... │
└─────────────────────────────┘
                                    ┐
┌─────────────────────────────┐     │    ┌──────────────────┐
│ ........................... │────┼───▶│ Sviluppo economico│
└─────────────────────────────┘     │    │ e sociale in Sicilia│
                                    │    └──────────────────┘
┌─────────────────────────────┐     │
│ ........................... │────┘
└─────────────────────────────┘
```

3 Elenca i principali contributi culturali che il mondo arabo trasferì all'Occidente.

....
....
....
....
....

4 Rispondi alla seguente domanda, poi confronta la tua ipotesi con la successiva spiegazione.

Quali conseguenze politiche ebbe la visione dell'Islam elaborata dall'Occidente cristiano?

SPIEGAZIONE

Nonostante gli importanti apporti culturali forniti al mondo occidentale, l'Europa cristiana percepì l'Islam come un irriducibile rivale. Emerse così una politica fortemente anti islamica, che trovò il suo naturale sbocco in una serie di azioni a carattere espansionistico che ebbero nelle Crociate il primo esempio.

5 Analizza i seguenti documenti, svolgi le attività richieste e infine rispondi a questa domanda:

Quali motivi furono alla base del giudizio negativo e dell'ostilità che l'Occidente riservò alla civiltà islamica?

DOCUMENTO 1.   **L'Islam e la mondanità**   Al-Ghazali, *Essere misurati nel credere*

Nel seguente brano il teologo e filosofo musulmano al-Ghazali, vissuto nell'XI secolo, riflette sul rapporto tra fede e vita mondana, che viene delineato in maniera assai diversa da quanto, durante il Medioevo, avveniva nel mondo cristiano.

Diciamo che una giusta manifestazione della religione si ha soltanto con una giusta manifestazione in questo mondo. Si chiederà: Ma perché dici questo? La religione trionfa solo con la rovina di questo mondo, perché religioso e mondano sono reciprocamente in antitesi, e adoperarsi a coltivare l'uno significa rovinare l'altro. Ma noi replicheremo: Ecco le parole di chi non riesce a capire. Che cosa si intende con il termine «mondo»? È una espressione che ha più d'un significato. In un senso può voler dire un eccesso di vita comoda e di piacere, oltre a quanto è necessario ed essenziale; in un altro senso si può riferire a tutto quello di cui si ha bisogno prima della morte. Una di queste accezioni è contraria alla religione, l'altra rappresenta una *conditio sine qua non*. Sbaglia quindi chi non distingue tra i vari significati di un'espressione ambigua. Quando parliamo della giusta esplicazione della religione intendiamo quello stato di conoscenza e di *pietas* che si può raggiungere solo con un corpo sano, con l'attaccamento alla vita, con la garanzia di poter far fronte a necessità quali il vestire, il mangiare, la casa, la sicurezza. [...] La fede non può essere saldamente ancorata senza che si sia ottenuta sicurezza in questi fatti di prima necessità.

(Al-Ghazali, *Essere misurati nel credere*, Cairo 1903)

1 Quale rapporto deve esistere tra fede religiosa e vita mondana, secondo l'Islam?
....
....

2 Perché tale visione è incompatibile con la cultura cristiana?
....
....

> **DOCUMENTO 2.** **Le finalità politiche del discredito** B. Scarcia Amoretti, *Tolleranza e guerra santa*
>
> *Il Cristianesimo e la Chiesa romana condussero una vigorosa polemica ideologica contro la religione e la cultura islamica, ricorrendo sovente – come ricorda lo studioso Scarcia Amoretti – a motivazioni di tipo morale e comportamentale nel tentativo di screditarle agli occhi dell'Occidente.*
>
> L'accanimento contro gli eretici e gli apostati è [...] anche troppo documentato nel Cristianesimo. I musulmani vengono assimilati a quest'ordine di idee. Non solo, quindi, la maggioranza che è per definizione nel giusto ha diritto a difendersi dalle insidie di una minoranza di «seminatori di discordia» che tenta di scalzarla, ma ha diritto all'arma della persecuzione e del disprezzo. Uno dei risultati evidenti è l'aumento di credibilità dell'istituzione papale, a cui i vari califfi e in prima istanza il Profeta, a tale istituzione almeno in gran parte assimilati, danno un involontario contributo mostrandosi come sono, senza nessuna prerogativa divina. E a dimostrare come indegnamente siano assolte alcune funzioni in terra d'Islam si ricorre, anche in questo caso, piuttosto a elementi etico-comportamentali che a fatti ideologici di base. [...] Ciò che deve essere considerata come una costante è la finalità dell'insieme, e cioè il discredito, propagandato in tutti i modi, del «capo», sia esso Maometto o un suo califfo, per impedire che sorgano elementi di fondo a contrastare l'egemonia cristiana, prima di tutto l'istituzione papale e poi, per assimilazione non sempre direttamente esplicitata, la teoria dell'autorità religiosa e politica, funzionante nell'Occidente cristiano.
>
> (B. Scarcia Amoretti, *Tolleranza e guerra santa nell'Islam*, Sansoni, Firenze 1974)

3 In quale modi furono rappresentati i musulmani nella coscienza occidentale?
....
....

4 Perché il papato e le gerarchie cattoliche si schierarono contro l'Islam?
....

5 Quali elementi della fede musulmana vennero presi di mira?
....
....

Conclusioni

La percezione occidentale dell'Islam Dopo un primo momento di comprensione, pur nella diversità, favorito dalla sensibilità delle Chiese cristiane d'Oriente, nella percezione che l'Occidente ebbe del mondo islamico si passò progressivamente a un giudizio assolutamente negativo. Nella coscienza occidentale i musulmani furono sovente rappresentati come **pagani e infedeli**, come violenti aggressori della civiltà cristiana, come esseri **dissoluti e immorali**. Per la cristianità, ad esempio, era inaccettabile che l'Islam ammettesse la poligamia, mentre la visione islamica di un paradiso carnale e materiale era quanto mai lontana dal concetto cristiano di «santità», incentrato sul distacco dalla vita terrena e sulla svalutazione dei beni materiali. L'Islam **non rifiutava i valori mondani** e, anzi, riteneva che soltanto una vita agiata, liberata dai bisogni materiali, potesse accordarsi pienamente con la pratica religiosa e la saldezza della fede.

VERSO LE COMPETENZE ✱ unità 4 L'Oriente nell'Alto Medioevo

I fattori politici Se le Chiese orientali, pur parlando del pericolo islamico e prendendo le difese della fede cristiana, consideravano l'Islam una vera e propria religione, l'Occidente catalogò la religione islamica come un sorta di **eresia** nata dal Cristianesimo. A questa visione diede un forte contributo il **papato**, che era impegnato a rafforzare il proprio potere temporale. Svalutando e screditando l'Islam, tanto per i suoi ideali – giudicati moralmente condannabili – quanto per la sua concezione dell'autorità religiosa, ritenuta priva di qualsiasi rapporto diretto con la divinità, le gerarchie ecclesiastiche sottolineavano la **superiorità del mondo cristiano** e intendevano così esaltare il prestigio e il **potere dell'istituzione papale**.

I fattori culturali Le componenti etiche furono alla base anche dell'incomprensione e del **rifiuto della cultura araba** da parte del mondo cristiano. Nonostante la grande vitalità della civiltà islamica e il rilevante contributo dato da essa al risveglio culturale europeo, la Chiesa e il Cristianesimo screditarono in ogni modo la produzione scientifica e filosofica araba accampando **motivazioni morali e religiose**, censurandola e accusandola di eresia. L'oscurantismo della Chiesa era volto a difendersi da ogni possibile innovazione interna capace di mettere in discussione il proprio primato spirituale, culturale e, in ultima analisi, politico.

Verifica

1 Spiega quali elementi della morale religiosa islamica erano del tutto incompatibili con l'etica cristiana.

2 Quale fu lo scopo per cui la Chiesa svalutò l'Islam, giudicandolo alla stregua di un'eresia?

unità 5
L'Europa carolingia

Il problema

Il Sacro romano impero, uno «spazio comune» europeo

Tra il VII e il IX secolo l'Occidente europeo fu teatro della straordinaria ascesa del popolo dei Franchi, i quali, sotto la guida della dinastia carolingia, giunsero a creare un vasto impero in cui Carlo Magno – il suo fondatore – volle riconoscere la rinascita dell'antico impero romano. Ispirato da un ideale universalistico, Carlo Magno cercò di armonizzare le molteplici tradizioni culturali e le differenti strutture politiche confluite nel nuovo soggetto statale: l'Europa occidentale, nonostante il permanere di un'evidente frammentazione in tanti domini territoriali locali di tipo signorile, si trovò per qualche tempo riunita in un organismo politico ed economico sostanzialmente omogeneo.

La durata dell'impero carolingio fu breve, compresa tra l'800 – anno in cui Carlo Magno ricevette l'investitura papale – e l'886, anno della sua dissoluzione. In questo arco di tempo l'impero, seppur dotato di scarsa coesione interna, raggiunse una certa stabilità e diede vita a un vero e proprio spazio comune europeo, improntato ai medesimi valori religiosi e culturali, per la prima volta dopo il crollo dell'impero romano. Mentre quest'ultimo era incentrato sull'area mediterranea, il Sacro romano impero ebbe il suo fulcro nelle regioni dell'Europa centro-occidentale ed era popolato da genti nuove e assai diverse rispetto a quelle che risiedevano nello Stato romano. Si trattò, dunque, di un soggetto politico-territoriale piuttosto differente rispetto al modello originario: attraverso di esso, comunque, i Carolingi seppero imprimere numerosi caratteri originali alla civiltà occidentale, influenzandone profondamente i futuri sviluppi.

 Il nodo del problema

Quali elementi politici, culturali ed economici comuni contraddistinsero i territori compresi nell'impero carolingio, conferendo loro una sostanziale omogeneità?

185

Linea del tempo

L'incoronazione di Carlo Magno in una miniatura del XV secolo conservata presso la Bibliothèque de l'Arsenal a Parigi.

Spazio

OCEANO ATLANTICO

MAR NERO

MAR MEDITERRANEO

MAR ROSSO

In Francia si afferma la monarchia carolingia, che ha il suo massimo esponente in Carlo Magno.

A Poitiers si arresta l'espansione araba in Europa.

Il Sacro romano impero d'Occidente nasce con il sostegno della Chiesa di Roma.

capitolo 1 — L'Europa carolingia

L'impero di Carlo Magno

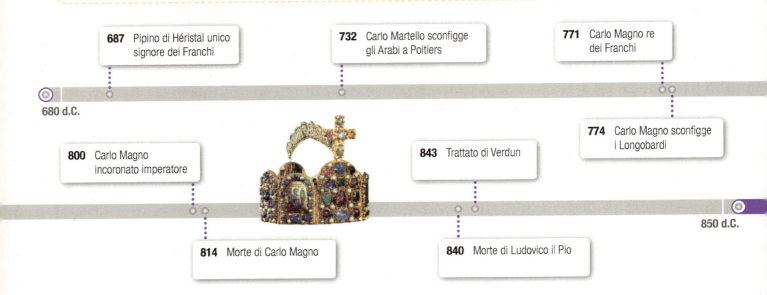

- **687** Pipino di Héristal unico signore dei Franchi
- **732** Carlo Martello sconfigge gli Arabi a Poitiers
- **771** Carlo Magno re dei Franchi
- **774** Carlo Magno sconfigge i Longobardi
- **800** Carlo Magno incoronato imperatore
- **814** Morte di Carlo Magno
- **840** Morte di Ludovico il Pio
- **843** Trattato di Verdun

680 d.C. — 850 d.C.

1. Dai Merovingi ai Carolingi

? Quale ruolo rivestirono i «maestri di palazzo» nella progressiva crisi della monarchia merovingia?

La crisi dei Merovingi e i maestri di palazzo

Nel corso del VII secolo il regno dei Franchi, governato dalla dinastia merovingia (vedi p. 122), attraversò una fase di acuta conflittualità interna, determinata tanto dall'indebolimento del potere regio – già Clodoveo I, agli inizi del VI secolo, aveva suddiviso l'amministrazione dello Stato tra i suoi quattro figli – quanto dal **rafforzamento della nobiltà terriera**, che maturò tendenze sempre più marcate all'autonomia e all'indipendenza. Fondendosi con il ceto nobiliare di origine romana, l'aristocrazia militare franca aveva dato vita a una nuova classe di grandi e potenti proprietari terrieri, decisa ad approfittare della debolezza del re. Dalle file di questa aristocrazia provenivano anche i **maggiordomi** o **maestri di palazzo**, i funzionari incaricati di aiutare il sovrano nel governo. Ad essi competevano tutte le funzioni organizzative della corte regia, compresa l'amministrazione dei terreni del sovrano, e il loro potere e prestigio crebbero costantemente, a scapito dell'autorità del re.

Nel 614 Clotario II, di fronte alle pressioni dei grandi proprietari, consolidò la **divisione del regno franco**

Dignitari alla corte del re dell'Austrasia, miniatura del XIV secolo. Castres (Francia), Biblioteca Municipale.

capitolo 1 L'impero di Carlo Magno

Miniatura di Jean Fouquet raffigurante la battaglia di Poitiers, XIV secolo. Parigi, Bibliothèque Nationale.

in tre parti (Austrasia a oriente, Neustria a occidente, Borgogna al centro) e accettò di affidare a un maggiordomo di palazzo il governo di ciascuna parte. Nei decenni successivi furono i maestri di palazzo di Neustria (che estese la sua influenza anche sulla Borgogna) e di Austrasia a detenere, di fatto, il **potere effettivo**, mentre i legittimi **sovrani** finirono per rivestire un **ruolo puramente rappresentativo**, guadagnandosi il titolo di «**re fannulloni**». La rivalità fra le due principali parti dello Stato si risolse soltanto nel 687, quando **Pipino di Héristal**, membro del potente casato dei Pipinidi (i futuri Carolingi) e maggiordomo di Austrasia, sconfisse la Neustria, diventando così l'unico signore del regno.

Alla sua morte, avvenuta nel 714, la carica di maggiordomo – che nel frattempo era diventata ereditaria – fu assunta dal figlio **Carlo Martello** (cioè «piccolo Marte», così chiamato per la sua abilità in campo militare), che guadagnò un enorme prestigio restaurando l'autorità franca in Borgogna, Aquitania e Provenza, conquistando la Baviera e **arrestando**, nella **battaglia di Poitiers** del 732, l'**avanzata degli Arabi in Occidente** (vedi p. 169). Il suo potere divenne così esteso che nel 737, alla morte del legittimo re Teodorico IV, non ritenne opportuno provvedere alla successione e lasciò il trono vacante, continuando ad esercitarne personalmente le funzioni. Come un vero sovrano **divise il regno tra i suoi due figli**, **Carlomanno** e **Pipino il Breve**, i quali, alla morte del padre (741), governarono insieme per alcuni anni come maggiordomi.

L'affermazione della dinastia carolingia Nel 743, di fronte ai malumori e alle ribellioni di alcune parti del regno, i due maggiordomi decisero di restaurare la figura del re elevando al trono l'ultimo esponente dei Merovingi, Childerico III. Si trattò, però, di una parentesi di breve durata: dopo il ritiro in convento di Carlomanno (747), **Pipino il Breve** puntò con decisione a impadronirsi direttamente del titolo regio. Nel 751 depose Childerico III e **si fece eleggere re** da un'assemblea di grandi aristocratici. La **dinastia carolingia** (così chiamata in seguito dal nome di Carlo Magno, suo massimo esponente) sostituiva così i Merovingi, in maniera definitiva, alla guida del regno franco.

Pipino il Breve seppe sfruttare abilmente la situazione in cui si trovava la Chiesa, sottoposta in Italia alla pressione dell'espansione dei Longobardi (vedi p. 143), per assicurarsi l'**appoggio del papa** e superare, così, le resistenze di una parte della nobiltà franca verso la nuova dinastia. Quando, nel 754, papa Stefano II si recò dal nuovo sovrano e gli espresse tutta la sua preoccupazione per l'aggressività longobarda, Pipino promise il proprio aiuto: in cambio, nello

> **?** Attraverso quale strumento i Carolingi si garantirono l'appoggio dell'aristocrazia franca?

Pipino il Breve re dei francesi, codice miniato del XV secolo. Parigi, Bibliothèque Mazarine.

unità 5 L'Europa carolingia

Un vassallo rende omaggio al suo signore, miniatura del XII secolo. Barcellona, Archivio della Corona di Aragona.

stesso anno, **il papa lo incoronò** ufficialmente nell'Abbazia parigina di Saint-Denis, minacciando di **scomunica** chi avesse in futuro nominato sovrani al di fuori della dinastia carolingia. Tale atto sancì l'**origine divina dell'autorità regia**.

Il vassallaggio alla base della monarchia franca La **monarchia franca** ricevette così un **carattere sacro e inviolabile** e l'**unità religiosa** divenne **uno dei fattori fondamentali della coesione del regno**.
L'autorità dei Carolingi, inoltre, si fondò sull'**appoggio di una parte consistente dell'aristocrazia**, ottenuto mediante un'abile politica di **elargizione di terre**, iniziata fin dai tempi di Carlo Martello.
I maggiordomi carolingi avviarono la pratica di distribuire terre ai nobili che accettavano di servirli militarmente. In tal modo li legavano a sé attraverso un **rapporto di dipendenza** ispirato al contratto – di origine romana – della ***commendatio*** («raccomandazione»). Tale contratto prevedeva che un uomo libero si ponesse alle dipendenze di un altro individuo, il quale, in cambio di un servizio, gli garantiva **aiuto e protezione** sotto forma di mantenimento diretto presso la propria residenza o la concessione di un bene fondiario. Questa pratica romana aveva incontrato il favore del mondo germanico, dove era consuetudine che i singoli guerrieri si legassero a un capo militare sulla base di una relazione di reciproca fedeltà, accettando di combattere per lui e ottenendo, come compenso, il bottino di guerra.
L'incontro fra i due modelli (romano e germanico) di organizzazione sociale diede origine, nel regno franco, a un **nuovo genere di contratto**. Adottato dai maggiordomi carolingi, questo patto assunse il no-

Il documento

Un vincolo di fedeltà reciproco

Capitolari franchi

Il rapporto di vassallaggio comporta la nascita di numerosi diritti e doveri che vincolano il vassallo e il suo signore e, fondandosi sulla fedeltà reciproca, non può essere sciolto che in casi particolarmente gravi. Nel seguente brano, tratto da un capitolare franco, sono indicate le uniche motivazioni che possono consentire a un vassallo di sottrarsi a questo rapporto.

Se qualcuno vorrà abbandonare il suo signore e potrà comprovare uno dei seguenti crimini: cioè, in primo luogo che il signore abbia voluto ingiustamente ridurlo in servitù; in secondo luogo, che abbia tramato contro la sua vita; in terzo luogo, che il signore abbia commesso adulterio con la moglie del suo vassallo; in quarto luogo, che il signore si sia scagliato con la spada sguainata contro di lui con la volontà di ucciderlo; in quinto luogo, che il signore non abbia prestato aiuto al suo vassallo dopo che questo si era raccomandato nelle sue mani, allora sia lecito al vassallo abbandonarlo.

(*Capitolari franchi*, kk1, c. 8)

> **In che cosa consiste il rapporto di vassallaggio?**

me di *vassaticum* («vassallaggio»), per indicare che veniva stipulato tra esponenti dell'aristocrazia e che il servizio fornito dal *vassus* (in latino, «servitore»: il **vassallo**) consisteva in **prestazioni militari**. L'oggetto della **concessione**, ovvero l'amministrazione di una proprietà terriera, fu invece chiamato col termine latino *beneficium* («**beneficio**»), al quale si affiancò, col tempo, – come vedremo nell'unità successiva – un altro termine di origine germanica: *feudum* («**feudo**», in origine *feohu*, che significava «bene» o «bestiame»).

Il rapporto di vassallaggio era fondato su un **legame di carattere morale**, oltre che **giuridico**, e veniva sancito nel corso di una cerimonia solenne, chiamata **investitura**, contraddistinta da un preciso rituale. Il futuro vassallo si inginocchiava e poneva le sue mani giunte in quelle del signore, facendo così atto di **omaggio**; rialzatosi, poggiava la mano destra su un oggetto sacro e recitava una formula di **giuramento** con la quale si riconosceva «uomo» del suo signore. Faceva seguito l'investitura vera e propria, cioè la consegna al vassallo di un **simbolo del beneficio** che gli veniva concesso (un'insegna, uno scettro, un anello, una zolla di terra). In alcuni casi, il rituale si concludeva con un bacio tra i due contraenti.

Così stabilito, il **vincolo di fedeltà** reciproca tra signore e vassallo diveniva **inviolabile**: chiunque l'avesse infranto, venendo meno agli obblighi assunti, sarebbe stato accusato di «**fellonia**», un delitto gravissimo che comportava il disonore e la perdita di ogni diritto.

Durante l'età carolingia **questo tipo di rapporto caratterizzò la società franca a ogni livello sociale**: vi facevano ricorso i sovrani e i nobili più potenti per assicurarsi la fedeltà di funzionari e di capi militari, lo utilizzavano questi ultimi per reclutare soldati; continuò ad essere praticata, inoltre, la *commendatio*, attraverso la quale individui liberi di ceto medio-basso si affidavano a un potente per riceverne aiuto e protezione.

Ai gradini più alti della gerarchia sociale, naturalmente, il vassallaggio presupponeva la disponibilità di **ingenti risorse patrimoniali**. Poiché i discendenti di Pipino di Héristal possedevano grandi patrimoni fondiari e poterono impiegare i beni di corte che amministravano in qualità di maggiordomi e persino le proprietà della Chiesa, riuscirono a intrecciare una rete di clientele e di legami vassallatici di straordinaria estensione.

Verifica immediata

1 Indica gli eventi storici, relativi alle date indicate, che segnarono le tappe dell'ascesa dei Carolingi.
  1. 614: ....
  2. 687: ....
  3. 714: ....
  4. 732: ....
  5. 737: ....
  6. 741: ....
  7. 751: ....

2 Definisci i seguenti termini.
  1. *Commendatio*: ....
  2. *Vassaticum*: ....
  3. *Beneficium*: ....
  4. *Feudum*: ....

Scrivi un breve testo sull'organizzazione sociale delle popolazioni barbariche utilizzando tutti i termini precedenti.

2. Carlo Magno

L'espansione della monarchia franca Dopo aver ottenuto il trono, i Carolingi chiamarono alle armi tutti i loro vassalli e avviarono una notevole **espansione militare**. In primo luogo, come promesso al papa, tra il 754 e il 756 Pipino il Breve organizzò due **spedizioni in Italia** con cui strappò ai Longobardi i territori della Romagna e delle Marche, che non furono restituiti ai Bizantini bensì donati direttamente al pontefice, insieme al Lazio.

Dopo la morte di Pipino il Breve (768) e la scomparsa precoce di Carlomanno (771), uno dei due figli tra i quali il sovrano aveva suddiviso il regno, la politica espansionistica fu proseguita dall'altro discendente, **Carlo**, che assunse in prima persona il controllo di tutto il territorio.

Nel 773 Carlo – che in seguito fu chiamato **Magno**, cioè «il Grande», per le sue imprese – **intervenne in Italia** su richiesta dello Stato della Chiesa, che era stato nuovamente attaccato dai Longobardi. Questi avevano cercato di attuare una politica di alleanza con i Franchi tramite i matrimoni; Carlo Magno infatti aveva sposato **Ermengarda**, la figlia del **re Desiderio**. Nel 773, dopo aver ripudiata la moglie longobarda, Carlo scese in Italia, assediò ed espugnò Pavia e **sconfisse** definitivamente **a Verona** Desiderio e suo figlio Adelchi. Nel 774 inglobò i territori longobardi tra i suoi domini, aggiungendo al titolo di «**re dei Franchi**» quello di «**re dei Longobardi**».

Contemporaneamente Carlo Magno aveva intrapreso una lunga e sanguinosa campagna militare **nella Germania del Nord contro i Sassoni**, che nel 785 assoggettò e costrinse con la forza a convertirsi al Cristianesimo. Nello stesso periodo si impadronì di Assia, Turingia, Alemannia, Carinzia e Baviera nella **Germania centro-meridionale** e iniziò l'espansione anche a occidente: l'esercito franco si assicurò il controllo della **Bretagna** e dell'**Aquitania** e penetrò in **Spagna**, dove, nonostante una pesante sconfitta subita nel 778 al passo di **Roncisvalle**, agli inizi del IX secolo riuscì a strappare agli Arabi i territori fino al fiume Ebro, compresa la Catalogna. Questi territori vennero organizzati nella cosiddetta «**Marca di Spagna**», con la funzione di **Stato-cuscinetto**, allo scopo strategico di difendere dagli Arabi i confini meridionali. Nel 785 i Franchi attaccarono anche i **possedimenti bizantini nell'Italia del Sud**, che però resistettero all'aggressione: l'impero d'Oriente fu tuttavia costretto a trovare un accordo con Carlo Magno, cui nel 797 furono ceduti il **ducato di Benevento** e l'**Istria**. Tra il 795 e il 796, infine, alcune spedizioni nell'Est fruttarono la **vittoria sugli Avari** stanziati in **Pannonia**, che furono convertiti alla religione cattolica.

Carlo Magno imperatore In meno di trent'anni, con le sue iniziative militari Carlo Magno aveva riunificato sotto la propria autorità gran parte dell'antico impero romano d'Occidente: dalla conquista franca erano rimaste escluse, infatti, soltanto parte dell'Italia, la Spagna e l'Africa settentrionale.

> **?** Perché si venne a creare una convergenza tra Chiesa e monarchia franca?

I successi del sovrano carolingio rafforzarono la **convergenza** tra la **Chiesa romana** e la **monarchia franca**, avviata ai tempi di Pipino il Breve: presentandosi come strenuo **difensore del cattolicesimo**, Carlo Magno garantiva al papato un prezioso appoggio per diffondere ulteriormente la fede cattolica e per affermare il suo ruolo di guida del mondo cristiano; d'altro canto, il sostegno della Chiesa forniva alla dinastia carolingia un'importante **legittimazione** e favoriva il consolidamento del suo potere.

La figura di Carlo Magno ricevette un **riconoscimento ufficiale** la notte di Natale dell'anno 800, quando il monarca, che si era recato a Roma per difendere Leone III dalle accuse di condotta scandalosa mossegli da alcuni esponenti dell'aristocrazia, nel corso di una solenne cerimonia nella Basilica di

Busto reliquiario di Carlo Magno del XIV secolo conservato nel Duomo di Aquisgrana.

capitolo 1 L'impero di Carlo Magno

L'Europa carolingia.

Il documento

L'aspetto e le abitudini di Carlo Magno

Eginardo, *Vita di Carlo Magno*

Così Eginardo, autore della Vita di Carlo Magno, *descrive la persona dell'imperatore e alcune delle sue abitudini.*

Fu largo e robusto di corporatura, di statura alta, che tuttavia non eccedeva dal giusto (risulta infatti che la sua altezza misurasse sette volte il suo piede). Aveva il sommo del capo rotondo, occhi molto grandi e vivaci, il naso un po' più lungo della media, con una bella chioma bianca e un volto piacevole e gioviale, da cui il suo aspetto acquistava molto in autorità e imponenza sia che stesse in piedi o seduto; e sebbene apparisse esser di collo grasso e corto e di ventre piuttosto prominente, tutto questo era celato però dalla giusta proporzione di tutte le altre parti del corpo. Aveva ferma andatura e tutto l'atteggiare del corpo virile, la voce era chiara, ma la meno adatta al suo aspetto fisico. Di salute buona, solo prima di morire e per quattro anni, fu spesso colto da febbre, e alla fine zoppicava anche da un piede. E anche allora faceva più come gli pareva che come gli consigliavano i medici, che gli erano odiosi, perché lo esortavano a smettere di mangiare gli arrosti, a cui era abituato, e a preferire le carni lesse. Si teneva assiduamente in esercizio, cavalcando e cacciando, e questo gli veniva connaturato dalle sue origini, perché è difficile trovare sulla terra un popolo che possa uguagliare i Franchi in quest'arte. Gli piacevano anche i bagni di vapore delle acque termali, e teneva in esercizio il fisico con frequenti nuotate; e fu così pratico del nuoto, che non si può onestamente anteporgli nessuno. [...] Era moderato nel mangiare e nel bere, ma più moderato nel bere, tanto che aveva in odio l'ubriachezza in qualsiasi uomo, non solo in sé e nei suoi. Mentre nel mangiare non riusciva a fare altrettanto, e spesso si lamentava che i digiuni erano nocivi al suo fisico. Mangiava a banchetto molto di rado, e questo solo nelle principali feste. [...] La cena [il pasto principale, che si consumava verso la metà del pomeriggio] di ogni giorno era solo di quattro portate, a parte l'arrosto che i cacciatori erano soliti infilzare allo spiedo, e che egli mangiava più volentieri di qualsiasi altro cibo.

(Eginardo, *Vita Karoli Magni*, Hannover 1911, in *Antologia delle fonti altomedievali*, a cura di S. Gasparri e F. Simoni, Sansoni, Firenze 1992)

unità 5 L'Europa carolingia

Leone III incorona Carlo Magno imperatore, miniatura del XIV secolo. Bruxelles, Bibliothèque Royale de Belgique.

San Pietro fu **incoronato imperatore dal pontefice**. Il titolo venne formulato attraverso un'espressione giuridicamente incerta («Carlo Augusto, grande e pacifico imperatore da Dio incoronato, governatore dell'impero romano e re dei Franchi e dei Longobardi») poiché un impero romano, quello d'Oriente, ufficialmente già esisteva; di fatto, però, questo atto sanciva la **nascita di un nuovo soggetto politico di natura imperiale in Occidente**, che si proponeva come **erede dell'impero romano cristiano**.

Di fronte a un evento di così vasta portata anche la corte di Bisanzio, nella persona di Michele I, nell'812 fu costretta a riconoscere a Carlo Magno il titolo di imperatore.

Il documento

L'incoronazione di Carlo Magno

Eginardo, *Vita di Carlo Magno - Pontificale romano*

L'incoronazione imperiale di Carlo Magno rimane incerta nell'esatta dinamica dei fatti e nella stessa volontà dei protagonisti. Secondo il racconto di Eginardo, autore della Vita di Carlo Magno, *la regìa dell'operazione sembra sia stata tutta del papa: Carlo Magno sarebbe stato persino sorpreso e infastidito dall'improvvisa decisione.*
Notevole risalto al ruolo giocato da Leone III è dato anche dal Pontificale romano, *la raccolta di biografie pontificie che rappresenta la voce ufficiale della Chiesa romana. L'interpretazione risulta però poco credibile: le aspirazioni imperiali del re carolingio si erano più volte manifestate negli anni precedenti e, probabilmente, la delusione cui fa accenno Eginardo fu dovuta soprattutto al modo con cui si svolse la cerimonia, che riservò al pontefice una posizione di superiorità (Carlo ricevette la corona, inginocchiato, dalle mani del papa).*

Il racconto di Eginardo Le cause della sua [di Carlo] ultima venuta non furono solo queste, ma vanno ricercate pure nel fatto che i Romani avevano spinto Leone ad implorare l'aiuto del re, colpito com'era da oltraggi, con gli occhi, per così dire, fuori dalla testa e con la lingua mozza. E così venendo a Roma per ridare forza a chi era stato troppo perseguitato, si fermò qui tutto l'inverno. In quel tempo ricevette anche il nome di imperatore e di augusto. Dapprima egli mostrò tanta avversione a ciò da affermare che quel giorno, sebbene ricorresse una festività tanto importante [il Natale], non sarebbe mai entrato in chiesa se avesse potuto sapere in anticipo l'intenzione del pontefice. Sopportò poi con grande pazienza l'invidia degli imperatori romani [d'Oriente], indignati per l'accettazione di questo nome. Vinse la loro arroganza con la magnanimità, poiché era di gran lunga superiore ad essi, col mandare loro frequenti ambasciate e col chiamarli, nelle lettere, fratelli.

(Eginardo, *Vita Karoli Magni*, cit.)

L'incoronazione secondo il *Pontificale romano* Dopo di che, essendo arrivato il giorno del Natale di Nostro Signore Gesù Cristo, si riunirono tutti insieme di nuovo nella medesima basilica del beato Pietro apostolo. E allora il venerabile e benefico presule incoronò [Carlo] con le sue mani con una preziosissima corona. Allora tutti i fedeli romani, vedendo quanta protezione e amore aveva avuto per la santa Chiesa romana e per il suo vicario, per volontà di Dio e del beato Pietro possessore delle chiavi del Regno dei Cieli esclamarono all'unanimità con voce altisonante: «A Carlo, piissimo augusto coronato da Dio, grande e pacifico imperatore, vita e vittoria!». Fu detto per tre volte, davanti alla sacra confessione del beato Pietro apostolo, invocando contemporaneamente parecchi santi; e così da tutti fu fatto imperatore dei Romani. Subito il santissimo sacerdote e pontefice unse re il suo eccellentissimo figlio Carlo con l'olio santo, nello stesso giorno del Natale di Nostro Signore Gesù Cristo.

(*Vita di Leone III*, in *Pontificale romano*, II, in *Antologia delle fonti altomedievali*, cit.)

Verifica immediata

1. **Nella sua politica di espansione quali popoli sconfisse Carlo Magno? Con quale scese a patti? Quale popolo, infine, fermò la sua avanzata nel proprio territorio?**

2. **Leggi il documento *L'incoronazione di Carlo Magno* a p. 192, quindi:**
   1. spiega per quale motivo, secondo Eginardo, Carlo Magno si reca a Roma;
   2. sottolinea l'espressione che indica l'atteggiamento di Carlo, secondo Eginardo, in occasione dell'incoronazione;
   3. a tuo parere l'atmosfera della cerimonia dell'incoronazione, secondo il *Pontificale romano*, era:
      - a commovente
      - b sobria
      - c piena di fervore
      - d priva di sentimento;
   4. indica quale fra le due interpretazioni sulla cerimonia dell'incoronazione ti sembra più attendibile e motiva la tua scelta.

3. Il Sacro romano impero

? Quali erano i principali caratteri del Sacro romano impero?

La preminenza dell'Europa occidentale

La nuova formazione politica assunse il nome di **Sacro romano impero d'Occidente**: «sacro», perché sorto con la consacrazione della Chiesa; «romano» perché governato da un sovrano che si riteneva l'erede degli imperatori romani.

In realtà il nuovo impero – che si estendeva per oltre un milione di chilometri quadrati – era qualcosa di profondamente diverso dal vecchio impero d'Occidente: in primo luogo **era incentrato non più sull'area mediterranea bensì sui territori dell'Europa centro-occidentale**; in secondo luogo era **composto da genti nuove** e diverse rispetto a quelle che avevano popolato lo Stato romano; era contraddistinto, infine, da una marcata **impronta cristiana**, evidente nel ruolo di assoluta preminenza che in esso rivestiva la Chiesa cattolica, tanto sul piano politico quanto su quello culturale.

Lo stesso Carlo Magno delineò così i rapporti nel sistema imperiale tra le funzioni dell'imperatore e quelle del pontefice in una lettera diretta a papa Leone III: «Questo è il nostro compito: con l'aiuto della pietà divina dobbiamo difendere ovunque la santa Chiesa di Cristo. All'esterno con le armi, contro gli

Bassorilievo della cattedrale di San Pietro a Brema (XIII secolo) che raffigura Carlo Magno mentre affida la stessa cattedrale al vescovo.

Miniatura raffigurante alcuni cavalieri mentre prestano giuramento di fedeltà a Carlo Magno, XIV secolo. Venezia, Biblioteca Marciana.

assalti dei pagani e le devastazioni degli infedeli; all'interno dobbiamo consolidarla diffondendo la conoscenza della dottrina cattolica. Altro è il vostro compito, beatissimo padre: proteggere i nostri eserciti, tenendo levate, come Mosè, le braccia».

Per la prima volta nella storia sorgeva una costruzione politica che riuniva in uno **spazio comune**, e nei medesimi valori religiosi e culturali, i territori corrispondenti all'attuale **Europa occidentale**. Di questo fatto dovettero essere consapevoli anche gli uomini del tempo, tanto che in numerosi documenti dell'epoca a Carlo Magno sono attribuiti appellativi come «re padre dell'Europa» e «nobile vertice dell'Europa».

? In quale maniera Carlo Magno conferì una forma unitaria all'impero?

L'organizzazione dell'impero Per garantire a un impero così vasto, composto da popoli dalle tradizioni assai eterogenee, una forma unitaria, Carlo Magno provvide a costruire un **sistema amministrativo centralizzato**, efficace e solido. Il territorio imperiale venne suddiviso in una fitta rete di circoscrizioni pubbliche: circa 250 **contee**, aree di estensione variabile che ricalcavano, dove possibile, le antiche province romane, affidate a funzionari chiamati **conti** (dal latino *comites*, compagni). I conti, scelti tra i membri delle più importanti famiglie aristocratiche, erano **rappresentanti del re** e si occupavano di amministrare la giustizia, riscuotere le tasse, arruolare l'esercito e mantenere l'ordine pubblico.

Nelle **zone di confine** furono costituiti territori più ampi, le **marche**, caratterizzate, per la loro posizione, da una forte **vocazione militare**: ospitavano cospicue guarnigioni ed erano governate da ufficiali, i **marchesi** (*marchiones*), che dipendevano direttamente dall'imperatore. Vennero istituiti, infine, i **ducati**, che corrispondevano solitamente a **regioni conquistate da poco tempo** e non del tutto assimilate all'interno dell'impero, come la Baviera e la Borgogna.

Conti, marchesi e duchi avevano **potere di banno**, cioè di emettere ordini e divieti, di imporre tasse e di esercitare la giustizia.

Il governo del regno era regolato dai **capitolari** (così chiamati perché erano suddivisi in brevi articoli, detti «capitoli»), **leggi scritte** che venivano emanate nel corso dei **placiti**, **assemblee periodiche** – tenute solitamente una volta all'anno – cui partecipavano, insieme al sovrano, i grandi aristo-

Aquisgrana: l'interno della Cappella Palatina con il trono di Carlo Magno.

cratici e le alte gerarchie ecclesiastiche. I capitolari riguardavano materie di interesse generale come l'economia, la religione, la vita militare; ai sudditi dell'impero inoltre venivano anche applicate le norme giuridiche e le consuetudini della popolazione cui appartenevano. L'attività legislativa competeva – oltre che ai placiti – anche a un'assemblea di nobili guerrieri denominata «**campo di maggio**» (che si svolgeva, di solito, all'inizio della bella stagione), il cui scopo principale era però quello di decidere sulle spedizioni militari da compiere. Tale adunanza era indetta dal sovrano in persona, che deteneva il cosiddetto **eribanno**, ovvero il potere di radunare l'esercito: nessun guerriero poteva sottrarsi alla chiamata e il mancato rispetto dell'ordine comportava un'ingente multa.

Presso i Franchi, tradizionalmente, non esisteva una **capitale**: i sovrani erano itineranti e si spostavano con il loro seguito tra vari palazzi situati nei territori di loro esclusiva proprietà (il cosiddetto «fisco regio»). Carlo Magno non abbandonò tale consuetudine, che permetteva anche un più diretto controllo dell'impero, ma elesse a propria **residenza principale Aquisgrana** (l'attuale Aachen, al confine tra Germania e Belgio, dove fece costruire la **reggia** («palazzo», dal latino *palatium*) e la Cappella Palatina, in cui era custodito il mantello di san Martino, il santo patrono dei Franchi. Nel palazzo si sviluppò un **apparato burocratico** assai articolato, costituito da funzionari che per conto del monarca si occupavano dell'amministrazione generale, della gestione del tesoro regio, del fisco, dell'esercito e della cancelleria, nonché della redazione e della conservazione dei capitolari e degli altri atti pubblici.

Dal latino *palatinum comitem*, «compagno di palazzo», deriva il termine **paladino** che indica un cavaliere nobile e di provato valore militare che viveva presso la corte carolingia come guardia del re. Nella letteratura cavalleresca, i paladini scelti da Carlo Magno erano dodici.

I rapporti vassallatici e l'immunità Per assicurarsi la fedeltà dei conti, dei marchesi e dei funzionari di corte dai quali dipendeva, in sostanza, il funzionamento dell'intera macchina amministrativa e l'effettivo esercizio del potere imperiale, Carlo Magno si servì ampiamente dell'istituto del **vassallaggio**. I governatori delle circoscrizioni furono in gran parte scelti fra la schiera dei **nobili guerrieri** che già erano vassalli del sovrano e anche i **pubblici ufficiali** furono costretti a giurare **fedeltà vassallatica al re**. Fondare le basi della propria autorità su relazioni di dipendenza personale presentava, tuttavia, un inconveniente: nelle regioni più lontane dell'impero, Carlo Magno fu costretto a fare ricorso ad aristocratici del luogo che godessero di grande prestigio, sovente già titolari in proprio di un vasto potere; queste caratteristiche rendevano tutt'altro che certa e duratura la loro fedeltà all'imperatore. Carlo Magno affrontò questo problema obbligando i vassalli a un periodico **rinnovamento del giuramento di fedeltà**, emanando capitolari che vietava-

> ? Quale funzione assunsero i rapporti vassallatici nella gestione dell'impero e con quali conseguenze?

I PALADINI

Il termine «paladino» (che deriva dal latino *comites palatini*, ovvero «conti di palazzo») identifica dodici nobili guerrieri che, presso la corte carolingia, ricoprivano le cariche più alte dell'ordine militare e costituivano una specie di guardia d'onore dell'imperatore. Insigniti del titolo di «Pari» a sottolineare che il loro elevatissimo rango li poneva quasi allo stesso livello del sovrano, i paladini erano scelti personalmente da Carlo Magno e obbedivano esclusivamente a lui; ciascuno di loro era nobile, conte o duca, e doveva possedere particolari virtù di fede, lealtà, forza e sprezzo del pericolo. Le gesta dei paladini sono narrate nella chanson de geste, una raccolta di poemi composti tra l'XI e il XII secolo. L'epopea ci ha tramandato i nomi di Orlando, nipote di Carlo Magno e prefetto della marca di Bretagna; Turpino, l'arcivescovo guerriero; Oliviero. I paladini non nutrivano aspirazioni materiali ed erano mossi da due soli ideali: la totale dedizione al loro sovrano e la difesa della fede cristiana; raramente si allontanavano da corte, impegnati com'erano a difendere e proteggere il sovrano. Risulta però difficile ricostruire la realtà storica di tali figure, poiché il più delle volte il mito supera la realtà e molti episodi, anche veramente avvenuti, sono stati trasformati in leggenda.

Miniatura dell'XI secolo di Ludovico il Pio dal *De Laudibus Crucis* di Rabano Mauro, arcivescovo di Magonza. Vienna, Biblioteca Nazionale Austriaca.

no di allestire eserciti privati e di sfruttare i sudditi per il proprio arricchimento personale e, soprattutto, predisponendo una densa **rete di controlli** affidati ad appositi funzionari, i *missi dominici* («inviati del signore»). Scelti dal sovrano fra gli esponenti più in vista dell'**aristocrazia**, essi agivano in coppia, un laico e un ecclesiastico, e venivano inviati annualmente – all'interno di un territorio abbastanza esteso, che comprendeva di solito più contee – a sorvegliare l'operato dei ceti dirigenti locali e verificare l'applicazione delle leggi.

Giunti nell'area di loro pertinenza, i *missi dominici* convocavano un'assemblea generale a cui dovevano partecipare tutti i conti, i vescovi, gli altri vassalli regi e i funzionari laici e religiosi. Tra le loro competenze vi erano anche quelle di raccogliere in forma ufficiale la replica del giuramento di fedeltà al sovrano, di censire la popolazione e di rendere pubbliche le ordinanze imperiali.

Un altro importante strumento impiegato per limitare il potere dei funzionari locali fu l'istituto dell'**immunità**. Si trattava di una prerogativa concessa dall'imperatore ad alcuni grandi proprietari – soprattutto vescovi e abati – grazie alla quale essi erano **esonerati dall'obbedienza nei confronti dei vassalli imperiali**. Nelle proprietà di questi «signori» ecclesiastici il rispetto delle leggi del regno era assicurato dalla nomina di un **agente laico**, chiamato *advocatus*, cui spettava l'esercizio del potere politico e giudiziario. Di fatto, però, l'autonomia di cui essi venivano a godere nei confronti dell'autorità imperiale era assai grande.

La prassi dell'immunità costituisce un'ulteriore testimonianza dell'**importante ruolo rivestito dalla Chiesa** all'interno dello Stato carolingio. Il clero cattolico, come abbiamo visto, fu ampiamente coinvolto da Carlo Magno nelle attività di governo e nell'elaborazione delle leggi; inoltre, alle istituzioni religiose furono destinati in gran numero beni e privilegi di varia natura. L'impero carolingio, com'era stato negli auspici del lungimirante papa Leone III, aveva assunto pienamente la fisionomia di un **impero cristiano**.

Ludovico il Pio e il ruolo degli ecclesiastici nell'impero

Seguendo la tradizione franca, nell'806 Carlo Magno predispose che, alla sua morte, **l'impero fosse suddiviso** in parti uguali fra i suoi tre figli maschi, **Carlo**, **Pipino** e **Ludovico**. La scomparsa prematura dei primi due, tuttavia, fece sì che alla morte del padre, avvenuta nell'814, **Ludovico** – che

L'imperatore invia i suoi missi dominici. Manoscritto miniato del XIV secolo. Castres (Francia), Museo Goya.

capitolo 1 L'impero di Carlo Magno

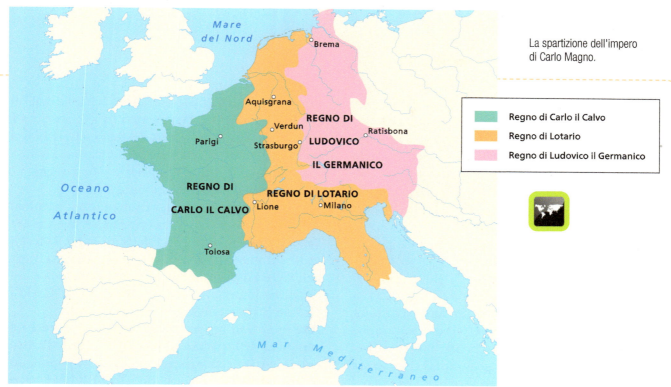

La spartizione dell'impero di Carlo Magno.

fu detto **il Pio** – divenisse l'unico erede del regno. Soltanto i territori italiani, che Carlo Magno aveva affidato a titolo personale a Pipino, rimasero oggetto di controversia tra il nuovo monarca e il successore di Pipino, Bernardo.

Ludovico il Pio accentuò ancora **il carattere sacro e cristiano dell'impero**. In tale ottica si preoccupò di conservarlo unito: nell'817 emanò un atto destinato a regolare la futura successione, l'*Ordinatio imperii*, con cui affiancò al trono il primogenito **Lotario** e lo designò unico erede del titolo imperiale, mentre agli altri figli, **Ludovico** (detto «il Germanico») e **Pipino**, sarebbero toccati rispettivamente il regno di Baviera e quello di Aquitania. Anche l'Italia fu riportata pienamente nei domini imperiali dopo aver stroncato la resistenza del nipote Bernardo, che fu sconfitto, accecato e ucciso.

L'imperatore favorì ulteriormente la **compenetrazione tra sfera pubblica e ambito religioso**: nominò numerosi esponenti del clero tra i più importanti funzionari di corte ed elevò i vescovi al rango di «aiutanti» del re. Nell'824 il figlio **Lotario** emanò la cosiddetta *Constitutio Romana*, che **impose ai nuovi papi**, prima di essere consacrati, un **giuramento di fedeltà al sovrano**, dando inizio a una consuetudine che sarà alla base di lunghi e violenti conflitti tra le due massime autorità dell'Occidente: papa e imperatore.

I tre figli di Ludovico il Pio si spartiscono i territori dell'impero a Verdun. Miniatura del XV secolo.

La costruzione unitaria di Ludovico iniziò a dare **segni di cedimento** a partire dall'830, quando il monarca fu costretto a modificare i criteri per la successione a causa della nascita di un quarto figlio, **Carlo il Calvo**, cui fu riservata una parte del regno. Gli altri discendenti si ribellarono e scoppiarono violente **lotte interne alla famiglia imperiale**; inoltre, numerosi aristocratici iniziarono a mostrarsi insofferenti dei vincoli di vassallaggio e a comportarsi sempre più come **principi indipendenti**.

? Quali furono le cause della dissoluzione dell'impero carolingio?

La fine dell'impero carolingio

La crisi dell'impero esplose in tutta la sua gravità alla morte di Ludovico, nell'840. I tre figli sopravvissuti (Pipino era morto nell'838) si disputarono l'eredità: Ludovico il Germanico e Carlo il Calvo si allearono e nell'841 sconfissero Lotario nella battaglia di **Fontenay**; nell'843, a **Verdun**, i tre fratelli giunsero a un **accordo** in base al quale fu decisa la **suddivisione dell'impero**: a Ludovico il Germanico fu riconosciuta la supremazia sui territori a est del Reno, a Carlo il Calvo andò la parte occidentale dell'impero e a Lotario – che conservò il titolo imperiale – fu assegnata la fascia centrale (dall'Italia al mare del Nord).

L'impero carolingio esisteva soltanto più nominalmente: Lotario, di fatto, era imperatore, ma non aveva alcun potere al di fuori del suo regno. Ulteriori suddivisioni ereditarie intervennero alla sua morte nell'855 e a nulla valse un estremo tentativo di riunificazione imperiale compiuto nell'882 da **Carlo il Grosso** (figlio di Ludovico il Germanico).

Alle prese con un ormai **inarrestabile processo di conquista della piena autonomia** da parte **dell'aristocrazia locale** e con le **incursioni di nuovi popoli** provenienti dal Nord (i Normanni), dall'Est (gli Ungari) e dal Sud (i Saraceni), Carlo il Grosso, abbandonato dai principali nobili del regno, abdicò nell'886. Con la sua morte, nell'888, **la dinastia carolingia si estinse**.

LA DINASTIA CAROLINGIA		
Pipino di Héristal	687-714	Maggiordomo di Austrasia, riunisce il regno sotto il suo governo.
Carlo Martello	714-741	Maggiordomo del regno; svolge la funzione regale dal 737 al 741.
Carlomanno	741-747	Maggiordomo del regno (con il fratello Pipino il Breve).
Pipino il Breve	741-751	Maggiordomo del regno (con il fratello Carlomanno e poi da solo).
	751-768	Un'assemblea di aristocratici lo elegge ufficialmente sovrano e nel 754 viene incoronato dal papa.
Carlomanno I	768-771	Regna con il fratello Carlo Magno.
Carlo Magno	768-800	Regna con il fratello Carlomanno I e, dal 771, è sovrano unico.
	800-814	Imperatore del Sacro romano impero d'Occidente.
Ludovico il Pio	814-840	Re dei Franchi e imperatore del Sacro romano impero.
Lotario	840-855	Ha il titolo di imperatore; governa sulla parte centrale dell'impero.
Carlo il Calvo	843-877	Governa sulla parte occidentale dell'impero.
Ludovico il Germanico	843-876	Governa sulla parte orientale dell'impero.
Carlo il Grosso	882-888	Ultimo imperatore della dinastia carolingia.

capitolo 1 L'impero di Carlo Magno

Verifica immediata

1 Carlo Magno è considerato da molti un anticipatore dell'Europa unita: spiega i motivi di questa diffusa opinione.

2 Esponi le caratteristiche delle contee, delle marche e dei ducati, indicando in che cosa consistevano, da chi erano amministrate, di che cosa si occupavano e chi le controllava in nome del sovrano.

3 Completa la seguente asserzione.

I .... erano leggi scritte che regolavano il .... del regno e venivano emanati nei .... , che si tenevano .... l'anno.

4 Indica il personaggio a cui si riferiscono gli eventi storici elencati e precisane il contenuto.

1 *Ordinatio imperii*: ....
2 *Constitutio Romana*: ....
3 Accordo di Verdun: ....
4 Tentativo di riunificazione dell'impero: ....

Come facciamo a sapere

Il regno franco
La principale fonte relativa al regno franco nell'età merovingia è la *Cronaca* di Fredegario che, mescolando narrazioni favolistiche e cronachistiche, copre l'arco di tempo compreso tra il 584 e il 642. Tale opera fu proseguita da autori rimasti anonimi con la *Continuazione di Fredegario*, che contiene notizie sui maggiordomi di palazzo del casato dei Pipinidi. Anonima è anche una delle principali ricostruzioni della storia del regno franco tra 741 e 829, gli *Annali del regno dei Franchi*.

Eginardo, biografo di Carlo Magno
Lo storico Eginardo tra l'VIII e il IX secolo scrisse una celebre biografia di Carlo Magno, la *Vita di Carlo Magno*: si tratta della più importante fonte scritta relativa all'epoca carolingia, ricca di informazioni sulle campagne militari e sugli eventi politici del tempo.
I rapporti tra il grande sovrano carolingio e il papato sono ricostruiti, oltre che da Eginardo, dalla *Vita di Leone III* contenuta nel *Liber pontificalis*, una raccolta di biografie papali.

Le fonti sui successori di Carlo Magno
Notizie sull'epoca successiva alla scomparsa di Carlo Magno sono fornite dal cronista carolingio Thegan, autore di una *Vita dell'imperatore Ludovico* sino all'840 e da vari annali redatti presso le più importanti abbazie presenti nell'impero, tra i quali gli *Annali di Fulda*. Degli anni che videro al potere Ludovico il Pio si occupò anche lo storico Nitardo, autore delle *Storie*.

SINTESI

Dai Merovingi ai Carolingi

Nel regno franco, tra il VI e il VII secolo si consumò la crisi della dinastia merovingia, minata dalle spinte autonomistiche dell'aristocrazia terriera e dall'indebolimento dell'autorità regia. Il potere effettivo finì per essere assunto dai funzionari regi, i maestri di palazzo, che provenivano dalle fila della nobiltà. Tra questi emerse la figura di Pipino di Héristal, primo esponente della dinastia carolingia, che nel 687 divenne unico amministratore del regno. Il successore, Carlo Martello (737) si comportò come un vero sovrano, guidando i Franchi a una forte espansione e dividendo lo Stato tra i due figli, Carlomanno e Pipino il Breve. Quest'ultimo, rimasto l'unico erede, nel 751 depose l'ultimo re merovingio, Childerico III, e assunse ufficialmente il titolo di monarca, solennemente confermato dall'incoronazione papale nel 754.

Forte dell'appoggio dell'aristocrazia franca, vincolata in un rapporto di dipendenza e fedeltà mediante un'accorta politica di elargizioni terriere incentrata sull'istituto del vassallaggio, nella seconda metà dell'VIII secolo la dinastia carolingia si affermò con Pipino il Breve.

Carlo Martello in una miniatura delle *Grandes Chroniques de France*, XIV secolo. Parigi, Bibliothèque Nationale.

Carlo Magno

Con il successore Carlo Magno (al trono dal 771), una travolgente espansione militare fruttò la conquista dei territori longobardi in Italia (parte dei quali fu ceduta alla Chiesa), di gran parte della Germania, della Francia meridionale e della Penisola iberica sino al fiume Ebro.

Forte dei propri successi, nell'800 Carlo Magno fu incoronato imperatore da papa Leone III. Questo atto sancì la nascita di un nuovo soggetto politico di natura imperiale in Occidente, che si presentava come erede dell'impero romano cristiano e nel quale la Chiesa cattolica assunse una posizione di preminenza. Carlo Magno, infatti, si propose come uomo di fede e strenuo difensore del cattolicesimo, i cui valori pose alle basi della civiltà franca e dell'organizzazione imperiale.

Capolettera con la figura dell'imperatore Carlo Magno, XII secolo. Santiago de Compostela, Archivio della Cattedrale.

Il Sacro romano impero

Per amministrare un territorio tanto vasto, Carlo delegò all'esercizio del potere i principali esponenti della nobiltà, che furono vincolati all'obbedienza attraverso il rapporto di vassallaggio. Conti, marchesi e duchi amministravano i territori a loro assegnati in nome e per conto dell'imperatore, che dal palazzo di Aquisgrana faceva giungere le proprie istruzioni (i capitolari) attraverso appositi funzionari, i *missi dominici*, cui spettava anche il controllo sull'operato dei vassalli.

Alla morte di Carlo Magno, avvenuta nell'814, l'impero passò al figlio Ludovico il Pio, unico superstite di tre fratelli, che ne accentuò il carattere cristiano. Scomparso Ludovico (840) l'unità dell'impero iniziò a sgretolarsi: le lotte tra i figli Carlo il Calvo, Lotario e Ludovico il Germanico portarono a una definitiva divisione dello Stato in tre parti e a nulla valse il tentativo di restaurazione compiuto nell'882 da Carlo il Grosso. Nell'888, con la morte di quest'ultimo, la dinastia carolingia si estinse.

L'omaggio feudale al signore impresso sul Sigillo di Raymond de Mondragon, 1200 ca. Parigi, Archives Nationales.

Economia, società e cultura nell'età carolingia

capitolo 2

680 d.C.

814 Morte di Carlo Magno

825 Capitolare di Olona

843 Trattato di Verdun

800 Carlo Magno incoronato imperatore

850 d.C.

1. Il sistema curtense

? Quali caratteristiche assunse il nuovo sistema economico che si affermò nell'Alto Medioevo?

Un nuovo sistema economico Nell'età carolingia, come durante tutto l'Alto Medioevo, gli uomini si trovarono a dover fronteggiare un ambiente naturale sfavorevole, difficile da controllare e da sfruttare. Come abbiamo visto, tra il V e il X secolo il paesaggio dell'Occidente europeo fu segnato dalla **decadenza delle città**, dallo **sviluppo delle foreste** e dalla **riduzione dello spazio coltivato** (vedi p. 90). Nel IX secolo, ad esempio, i territori dell'abbazia parigina di Saint-Germain-des-Prés, situati in un'area in cui l'agricoltura era probabilmente più sviluppata che altrove, per due quinti erano ancora ricoperti da bosco. In questo contesto, il fulcro delle attività economiche si spostò dalla città alla campagna, dove prese forma un nuovo **modello organizzativo e produttivo**, il **sistema curtense**, così chiamato dalla parola latina *curtis* (plurale *curtes*), che indicava l'**azienda agricola** erede della **villa** romana.

Tale sistema, scarsamente articolato ma comunque adeguato alle esigenze delle **comunità umane poco numerose** dell'epoca, era organizzato in modo da garantire la **possibilità di vivere in maniera autosufficiente**, limitando notevolmente **gli scambi con l'esterno**. In questo sistema produttivo, caccia, pesca, agricoltura, orticoltura,

Contadini intenti alla raccolta del miele, 1025 ca. Miniatura da un testo liturgico della Cattedrale di San Sabino a Bari.

viticoltura, allevamento brado e anche la raccolta dei prodotti spontanei assicuravano il nutrimento; semplici e rudimentali attività artigianali, svolte dagli stessi abitanti della comunità, fornivano gli oggetti di uso quotidiano e provvedevano alla manutenzione degli edifici e delle altre strutture.

Soffiatore di vetro, miniatura dell'XI secolo dal *De Universo* di Rabano Mauro. Montecassino, Archivio dell'Abbazia.

? Che cos'era la *curtis* e qual era la sua struttura?

La *curtis* La grande azienda agraria – chiamata *curtis* in Italia, *villa* in Francia e Germania – costituiva la base del sistema economico curtense. Era generalmente suddivisa in due parti: il ***dominicum*** (o *pars dominica*), una superficie molto estesa **gestita direttamente dal padrone delle terre** (detto ***dominus***, cioè «signore»), e il ***massaricium*** (o *pars massaricia*), cioè l'insieme degli **appezzamenti dati in concessione ai contadini** (o massari).

Il *dominicum* comprendeva una zona fortificata o semplicemente recintata (la **corte** propriamente detta) in cui vi erano l'abitazione del proprietario e quelle dei servi, magazzini, stalle, cantine, forni, mulini e orti; al di fuori di essa si estendevano i campi, i pascoli e le foreste il cui diritto di sfruttamento spettava esclusivamente al padrone dell'azienda.

Il *massaricium* era formato dai **mansi**, appezzamenti di terra recintati da una palizzata o da una siepe, all'interno dei quali sorgevano la casa contadina, la stalla, orti e giardini. Più mansi raggruppati insieme costituivano un **villaggio**. Lo spazio agricolo si estendeva al di fuori di questo nucleo abitativo ed era costituito da vigne, prati e soprattutto campi, cosicché il territorio di un villaggio appariva spesso articolato in tre zone concentriche: il villaggio stesso, i terreni coltivati e, intorno, una larga fascia di terre incolte, pascoli e boschi.

A partire dal VII secolo, il termine «manso» prese poi ad essere usato non più soltanto per indicare lo spazio recintato dove sorgeva la casa colonica, ma anche i campi e i prati sparsi intorno al villaggio e i diritti di sfruttamento di boschi e incolti che spettavano a ciascuna famiglia contadina: in altre parole, tutto l'insieme dei beni fondiari appartenenti a un determinato podere. Questi beni non sempre si trovavano vicini o raggruppati: in generale, anzi, i campi dei vari mansi si intrecciavano e si alternavano nel territorio agricolo di ciascun villaggio. D'altra parte, la stessa suddivisione tra *dominicum* e *massaricium* non va intesa rigidamente sotto l'aspetto geografico: spesso le terre gestite dai contadini si mescolavano nel contado alle terre del padrone.

La *curtis* medesima sovente comprendeva più villaggi e terreni sparsi all'interno di un territorio più vasto, non tutti confinanti tra loro.

Le tenute ecclesiastiche *Curtes* e villaggi rurali si trovavano anche all'interno delle **tenute ecclesiastiche**. Fin dal III secolo la fondazione di conventi e abbazie aveva avviato in tutta Europa il processo di formazione di una vasta proprietà monastica, cui si univa quella relativa alle chiese parrocchiali e alle chiese cattedrali (sede dei vescovi). Tali patrimoni andarono crescendo durante tutto il Medioevo grazie alle **donazioni** di sovrani e nobili, che in tal modo rafforzavano il loro prestigio e il loro potere (ricordiamo che i re carolingi impegnarono il clero nell'attività di governo e di gestione del territorio), ma anche da gente comune che ai monasteri si rivolgeva per ottenere soccorso. La Chiesa divenne **proprietaria di vastissime estensioni territoriali**, soprattutto in Francia (dove intorno al VII secolo

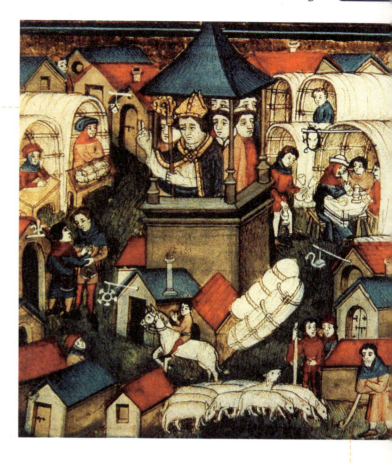

La benedizione del vescovo durante la fiera del Lendit, XV secolo. Parigi, Bibliothèque Nationale.

possedeva circa un terzo delle terre del regno) e in Germania: il monastero di Saint-Germain-des-Prés agli inizi del IX secolo era proprietario di 1646 mansi; quello tedesco di Benediktbeuern già all'epoca della fondazione ne aveva ricevuti 6700. In Italia, nel X secolo, il monastero di Santa Giulia di Brescia possedeva 60 ville, per un totale di almeno 800 poderi.

Le *corvées* Tra le due parti di cui si componeva l'azienda agraria esisteva uno stretto legame, di natura economica e sociale, che rappresentava l'elemento fondamentale di tutto il sistema curtense.
I contadini del *massaricium*, infatti, oltre che al pagamento di un tributo annuale (detto **censo**) – in natura o in denaro – proporzionale all'estensione del podere loro affidato, erano tenuti anche a prestare **servizi di lavoro gratuiti**, le cosiddette ***corvées*** (dal latino *corvaria*, «richiesta obbligatoria»), sulle terre del proprietario.
In molti casi queste *corvées*, che integravano il lavoro dei servi posti alle dirette dipendenze del *dominus*, comprendevano anche l'obbligo di svolgere servizi di trasporto, attività di manutenzione degli edifici e delle strutture della *curtis*, la produzione di attrezzi e strumenti. Le *corvées* erano indispensabili per il buon funzionamento del modello curtense: senza queste prestazioni lavorative, le terre del *dominicum* non sarebbero state abbastanza produttive e molte altre attività non si sarebbero potute svolgere efficacemente.

? Il sistema curtense si basava davvero su un'economia autosufficiente?

Un'economia autosufficiente? Come abbiamo visto, nelle grandi proprietà fondiarie l'attività produttiva era organizzata in modo da ottenere tutto il necessario alla vita della comunità che vi risiedeva. Il raggiungimento di una certa **autonomia produttiva** era una condizione necessaria per la sopravvivenza della *curtis*, data l'estrema difficoltà con la quale potevano svolgersi i traffici commerciali in un ambiente dominato dalla foresta e privo di efficienti e sicure vie di comunicazione.
In realtà, la *curtis* non fu **mai un organismo economico completamente chiuso** in se stesso. Poiché sovente essa comprendeva più villaggi, è ragionevole supporre che si instaurassero correnti di scambio tra le varie parti della grande proprietà e tra esse e la residenza del proprietario.
Senza dubbio la maggior parte dei beni prodotti all'interno della *curtis* era consumata direttamente dalle famiglie contadine o accantonata nelle riserve signorili; tuttavia, **la *curtis* destinava alla vendita all'esterno** quella parte di **produzione che eccedeva il consumo**. Lo dimostra il fatto che, in varie occasioni, ai contadini era richiesto il pagamento di piccole somme di denaro – canoni di affitto, multe per infrazioni agli usi locali – di cui potevano disporre soltanto attraverso la vendita di una parte dei loro prodotti o del loro lavoro.

La presenza del commercio Benché il **commercio** avesse subìto una notevole **contrazione** in epoca carolingia, nei villaggi o nei pressi di grandi

Miniatura con scene di lavoro nei campi e di caccia, XI secolo. Venezia, Biblioteca Nazionale Marciana.

monasteri e abbazie si svolgevano con regolarità **mercati** e **fiere**. Solitamente si trattava di piccoli **mercati a dimensione locale** dove i contadini si recavano per vendere uova, polli, qualche libbra di lana; nel caso delle **fiere** la loro importanza era superiore ed esse richiamavano visitatori anche **da altre regioni**. La fiera del Lendit, che si svolgeva con cadenza annuale presso il monastero di Saint-Denis, non distante da Parigi, durava alcune settimane ed era frequentata da Lombardi, Catalani, Provenzali e Sassoni. In Europa, erano assai frequentate le fiere che si tenevano nelle regioni francesi della Champagne, della Borgogna e della Regione parigina. Cereali, vini, animali erano principalmente l'oggetto di questo **commercio su base interregionale**. In alcune corti signorili, e soprattutto in alcuni grandi monasteri, è testimoniata la presenza di **attività di trasformazione di prodotti specifici**: il monastero bresciano di Santa Giulia, ad esempio, nelle sue proprietà produceva tessuti, attrezzi agricoli e ferro.
È presumibile che tali manufatti fossero destinati alla vendita oltre che all'uso interno. In conclusione, se pure fortemente orientata verso l'autosufficienza, l'economia curtense non era così chiusa come è stata presentata spesso in passato. Essa sfociava, talvolta, in un'**economia di mercato** che, per quanto povera e rudimentale, spezzava l'isolamento dei feudi aprendoli ai contatti con il mondo esterno.

Il documento

La dotazione delle ville carolinge
Capitulare de villis

Che l'ideale dell'autosufficienza produttiva fosse assai diffuso nel mondo medievale è dimostrato anche dalla presenza nel Capitulare de villis *(un documento promulgato da Carlo Magno all'inizio del IX secolo, contenente norme e istruzioni per la corretta gestione dei possedimenti imperiali) della raccomandazione di fare in modo «che non fosse necessario chiedere o comprare qualcosa altrove».*

Bisogna provvedere con ogni possibile diligenza a che qualsiasi cosa si lavorerà o si produrrà a mano, cioè lardo, carne affumicata, salsicce, carne fresca in salamoia, vino, aceto, liquore di more, vino cotto, salse di pesci, formaggio, burro, birra, idromele[1], miele, cera, farina, tutte siano confezionate e preparate con la più gran pulizia. [...]
In ciascuna delle nostre ville la camera sia provvista di lettiera, di coperte, di guanciali, di lenzuola, di copritavola e di sgabelli; di recipienti di bronzo, di piombo, di ferro e di legno; di alari[2], di asce, di catene, di coltelli e di ogni altra specie di utensili, in modo che non siano mai costretti ad andare a cercarne o a chiederne in prestito fuori. [...]
I nostri intendenti facciano dare, a tempo debito, ai nostri laboratori femminili, secondo l'uso stabilito, i prodotti necessari per il lavoro, cioè lino, lana, guado[3], tintura in rosso, pettini per la lana, cardi[4], sapone, grasso, vasi e tutti gli altri oggetti necessari.
Ogni intendente abbia presso di sé dei buoni artigiani, e cioè fabbri, orefici, argentieri, calzolai, conciatori, carpentieri, fabbricanti di scudi, pescatori, uccellatori[5], fabbricanti di sapone, persone che sanno fare la birra, il sidro[6], la bevanda di pere o altre bevande, panettieri che facciano il pane bianco per il nostro uso, persone che sappiano fare le reti per la caccia, per la pesca e per prendere gli uccelli, e tutti gli altri artigiani che sarebbe troppo lungo ora enumerare.

(*Capitulare de villis*, in *Antologia delle fonti altomedievali*, cit.)

1 **idromele:** bevanda fermentata a base di acqua e miele.
2 **alari:** sostegni in pietra o metallo impiegati per reggere la legna nel camino.
3 **guado:** pianta le cui foglie, macerate, forniscono una sostanza colorante azzurra usata in tintoria.
4 **cardi:** strumenti forniti di punte metalliche utilizzati per separare e distendere le fibre tessili.
5 **uccellatori:** esperti nella caccia degli uccelli, praticata solitamente con l'impiego di reti.
6 **sidro:** bevanda alcolica prodotta mediante la fermentazione del mosto ottenuto da mele o pere.

capitolo 2 Economia, società e cultura nell'età carolingia

Verifica immediata

1 Completa lo schema.

| Principale effetto della decadenza delle città: .... | → | Riflessi di tale effetto sull'attività produttiva: .... | → | Conseguenze sull'attività commerciale: .... |

2 Definisci i seguenti termini.

1 *Curtis*: ....
2 *Dominicum*: ....
3 *Massaricium*: ....
4 *Manso*: ....
5 *Censo*: ....
6 *Corvée*: ....

Scrivi un breve testo sul sistema curtense utilizzando tutti i termini precedenti.

3 Leggi il documento *La dotazione delle ville carolinge* **a p. 204, quindi:**
1 individua i settori oggetto delle norme e delle istruzioni;
2 sottolinea l'espressione che rivela la volontà di rendere autonoma l'economia delle ville.

4 Che cosa determinò l'accrescimento territoriale delle tenute ecclesiastiche?

2. Società e potere nelle campagne

I rapporti sociali nella *curtis* Il sistema curtense non fu soltanto un modello di organizzazione economica: la diffusione della *curtis* fu alla base di una profonda trasformazione delle relazioni tra gli individui e rappresentò l'elemento centrale intorno a cui prese forma l'**assetto sociale della popolazione contadina** dell'Alto Medioevo.

In un primo momento, nelle grandi aziende agrarie vivevano e lavoravano soltanto i **servi**, che si distinguevano in **servi prebendari** (così detti perché ricevevano un compenso – una «prebenda» – che consisteva nel vitto e nell'alloggio) e **servi casati** (che possedevano, cioè, un'abitazione).

Con la progressiva espansione della grande proprietà fondiaria, i proprietari terrieri avviarono la pratica di concedere mansi a **coltivatori indipendenti**, chiamati *libellarii* (livellari), i quali, in cambio di protezione e di sicurezza economica, si trasferirono a vivere all'interno della *curtis*, mantenendo – almeno sulla carta – la propria condizione di libertà personale. Come abbiamo visto, tuttavia, ai concessionari dei mansi venivano imposti alcuni **obblighi** – il **pagamento di un censo** e le ***corvées*** – che in realtà ne limitavano fortemente l'autonomia.

Di fatto, affidando le proprie possibilità di sopravvivenza ai grandi proprietari, le popolazioni rurali stabilivano con questi un **rapporto di subordinazione e di dipendenza personale**; in questo rapporto era inevitabile che il padrone della terra, forte della propria posizione, finisse con l'assumere un potere sempre più esteso nei confronti degli abitanti della *curtis*.

La nascita della signoria fondiaria Le prerogative del grande proprietario e la sua capacità di condizionare tutti i lavoratori presenti nella *curtis* si estesero rapidamente dall'ambito economico a vari altri aspetti dell'esistenza. Nelle aziende agrarie andaro-

? Che cos'era e come si formò la signoria fondiaria?

no via via sviluppandosi **norme e consuetudini particolari** che regolavano le relazioni tra contadini e proprietari: sulla base di queste disposizioni, da semplice padrone delle terre il latifondista si trasformò in un **signore** che **costringeva all'obbedienza** i suoi dipendenti sfruttando un potere che sempre più somigliava a quello detenuto dall'autorità pubblica.
La grande proprietà terriera si trasformò così in una **signoria fondiaria**, ovvero in un organismo dotato di **funzioni di tipo politico** e non semplicemente economiche.
Sui servi e sui contadini che vivevano nei mansi i signori fondiari giunsero presto a esercitare **poteri di comando** (il diritto di imporre una prestazione), **di coercizione** (il diritto di costringere all'obbedienza) e **di giustizia inferiore** (i contadini erano costretti ad accettare che fosse il signore a giudicare e risolvere le controversie che sorgevano fra i contadini stessi).

Il *dominatus loci* Il potere dei signori terrieri andò progressivamente rafforzandosi, e non soltanto sui contadini che abitavano le loro terre. A partire dal IX secolo, infatti, molti **piccoli proprietari** economicamente indipendenti per difendersi dalle condizioni di precarie-

> **?** In quale maniera il potere del signore fondiario si estese nei territori esterni alla *curtis*?

Il documento

Verso la signoria fondiaria

Codice diplomatico amiatino

Il seguente documento è un esempio di «contratto di livello» tra grandi proprietari e coltivatori, una forma di affitto della terra, tipica delle campagne italiane altomedievali. Accanto al contenuto economico dell'accordo, compare un'evidente valenza extraeconomica: la sottomissione del livellario alla giustizia dell'abate di San Salvatore al Monte Amiata. Per questa via contrattuale scritta (altrove i rapporti erano fissati oralmente, su una base consuetudinaria), i grandi proprietari terrieri si avviavano a diventare signori. Stava nascendo la signoria fondiaria.

Nel nome del Signore Dio e Salvatore nostro Gesù Cristo. Carlo serenissimo imperatore augusto, settimo anno del suo impero, mese novembre, giorno settimo. Io Pietro abate, rettore del monastero di San Salvatore al Monte Amiata, ho stabilito – per nostro accordo e mediante questo livello – di confermare te, Waliprando, figlio del fu Liudifredo, nella casa e nei beni che sono situati nel casale *Iusterna* (tutto quello che tu oggi hai già nelle mani), e che sono di proprietà di San Salvatore; e ho aggiunto a questa porzione un altro pezzo di terra nel medesimo casale, di cui ora definisco i confini. [...] All'interno di questi confini confermo integralmente a te Waliprando e ai tuoi figli ed eredi tanto la casa con il suo piano superiore, la corte, gli orti, le terre e le vigne, i prati, le selve, i rivi e i pascoli, i beni mobili e quelli immobili, tutto ciò che nel suddetto casale e nelle sue dipendenze appartiene per legge a quella porzione e a quella che ho aggiunto; la confermo integralmente a te Waliprando a titolo di livellario; a queste condizioni, che tanto tu che i tuoi figli ed eredi per la suddetta casa e i suoi beni dovete fare delle *corvées*, e cioè lavorare manualmente una settimana su tre per il monastero (o per una sua dipendenza), e inoltre vi impegnate a migliorare le condizioni della casa e a non peggiorarle; e dovrete anche venire ai nostri comandi nel comitato di Chiusi per l'amministrazione della giustizia – sempre che noi vi giudicheremo secondo la legge – e niente altro. E se voi farete tutte queste cose, e io Pietro o i miei successori vi imporremo con la violenza qualcosa in più, allora io con i miei successori prometto di pagare a te Waliprando o ai tuoi figli ed eredi una multa di cento solidi; e voi potrete uscire da questa casa con tutti i beni mobili, perché così si è stabilito fra noi.
Ugualmente prometto io Waliprando, con i miei figli ed eredi, a te Pietro e ai tuoi successori di rispettare in tutto queste norme che avete stabilito. [...] Se non le rispetteremo in tutto, o lasceremo la casa e i suoi beni, allora prometto [...] di pagare una pena simile di cento solidi; e usciremo dalla suddetta casa e dai suoi beni senza nulla, perché così è stato stabilito tra di noi. Perciò abbiamo chiesto al notaio Pietro di scrivere due livelli contenenti il nostro accordo.

(*Codice diplomatico amiatino*, 887, in P. Cammarosano, *Le campagne nell'età comunale*, Loescher, Torino 1974)

capitolo 2 — Economia, società e cultura nell'età carolingia

I contadini controllati dal loro signore ripongono il frumento nei granai. Miniatura dal *Code de Saint Louis* del XIII secolo.

Poiché l'obbligo pubblico di leva militare gravava soltanto sui proprietari di terre, sovente essi **cedevano al grande proprietario i loro beni fondiari** (detti «**allodi**»), **riottenendoli poi in affitto per coltivarli**. La pratica divenne così diffusa che nell'825 l'imperatore carolingio Lotario tentò – inutilmente – di proibirla, emanando un apposito decreto, il *Capitolare di Olona*.
In questa maniera le terre dei proprietari liberi entravano a far parte di un complesso curtense ingrandendo il *massaricium*, e **la tutela e l'autorità signorile iniziarono a estendersi** anche al di fuori del territorio compreso entro i confini tradizionali della *curtis*. L'area di influenza del *dominus*, che assunse il nome di **dominatus loci**, costituirà la base per un successivo sviluppo e la definitiva affermazione, tra il X e l'XI secolo, dei poteri signorili locali nelle campagne europee.

tà e di insicurezza che affliggevano le campagne e per sfuggire al dovere del servizio militare (assai pesante per il costoso impegno di provvedere all'armamento) presero a **cercare asilo e protezione presso i padroni dei latifondi**.

Verifica immediata

1 Completa la tabella specificando la tipologia dei dipendenti delle grandi proprietà fondiarie nei periodi indicati.

PRIME GRANDI AZIENDE AGRICOLE	ESPANSIONE DELLA PROPRIETÀ FONDIARIA	DOMINATUS LOCI (DAL IX SEC.)
....	....	....

2 Elenca i poteri che i signori avevano sui servi e sui contadini che vivevano nei mansi.
....

3 Quale conseguenza derivò dall'ampliamento dell'area d'influenza del *dominus* (*dominatus loci*)?
....

3. La rinascita culturale durante l'impero carolingio

Il programma di Carlo Magno L'affermazione dell'impero carolingio assicurò alla società **condizioni di ordine e di stabilità** sconosciute nei secoli precedenti, che ebbero ripercussioni positive anche sulla vita culturale, per cui si può parlare di «**rinascita carolingia**».
Carlo Magno intendeva dare forma a una **classe dirigente capace e preparata** e **conferire al suo regno un prestigio** che non fosse soltanto politico ma anche intellettuale e spirituale. Creato il Sacro romano impero, occorreva **diffondere tra le popolazioni una cultura comune**, capace di trasmettere il senso dell'appartenenza a un'unica civiltà di matrice cristiana. Inoltre era necessario **formare chierici e monaci** per restaurare, attraverso l'innalzamento del livello culturale dei religiosi, l'efficienza e la disciplina nei monasteri e negli episcopati.
Carlo Magno si adoperò affinché la cultura rifiorisse e

si diffondesse, imprimendo un forte impulso al **potenziamento** e alla **riorganizzazione del sistema educativo** medievale. Favorì la diffusione dell'istruzione pubblica statale, fondando presso la corte di Aquisgrana un'accademia, la *Schola Palatina* («Scuola palatina»), presieduta da intellettuali come il monaco anglosassone Alcuino di York, il grammatico Pietro di Pisa e lo storico Paolo Diacono. Non si trattava di una scuola nel senso tradizionale del termine: non possedeva un'organizzazione direttiva e amministrativa ed era basata soprattutto sul legame personale tra maestri e allievi. Grazie all'opera degli intellettuali riuniti intorno all'accademia, fu possibile elaborare una **cultura che raccolse** e sintetizzò **gli stimoli provenienti dalle differenti aree dell'impero**, fondendoli insieme e innestandoli su una **base comune rappresentata dalla civiltà cattolica**. Non mancarono la conoscenza e la lettura degli **autori classici greci e latini**, soprattutto grammatici e retori. Tuttavia, la concezione prevalente della cultura rimase di **ispirazione religiosa**.

Carlo Magno ripristinò l'uso dei **documenti scritti**, stabilendo che gli atti e i capitolari emanati dal governo fossero redatti non nell'idioma dei Franchi ma nella lingua ufficiale dell'impero, il **latino**. Per consentire una maggiore leggibilità dei manoscritti, inoltre, provvide a una **riforma della scrittura**: la calligrafia gotica fu sostituita dalla cosiddetta **minuscola carolina**, assai più semplice e comprensibile. Ne risultò favorita la diffusione del sapere, che si giovò anche di un'accurata opera di **trascrizione**, compiuta nei monasteri, di un immenso numero **di antichi manoscritti** (ne sono stati stimati circa 15.000 prodotti nel solo IX secolo).

L'istruzione religiosa La *Schola Palatina*, oltre a provvedere alla formazione di giovani e adulti destinati ad assumere cariche pubbliche, funzionava anche come **centro direttivo e organizzativo di tutte le scuole** che sorsero nell'impero, in gran parte **annesse a cattedrali e a monasteri**. Carlo Magno riservò infatti notevole attenzione all'organizzazione scolastica religiosa, stimolandone lo sviluppo e cercando di dare un indirizzo omogeneo ai programmi di studio (fu introdotto lo studio della teologia, del canto gregoriano e delle norme relative alla vita della Chiesa). Anche i successori di Carlo Magno continuarono a occuparsi dell'istruzione. Nell'817 Ludovico il Pio stabilì che, presso i monasteri, le scuole interne fossero riservate ai religiosi e nettamente separate da quelle esterne, aperte invece ai giovani nobili che volevano istruirsi. Nell'825 Lotario, nel **Capitolare di Olona**, riordinò il sistema scolastico nel regno italico suddividendolo in nove distretti scolastici, corrispondenti ad altrettante città nelle quali furono istituite, presso le rispettive cattedrali, scuole pubbliche aperte a tutti i cittadini.

Le **scuole cattedrali** divennero nei secoli seguenti importantissimi centri di insegnamento superiore. Celebri furono quelle francesi di Parigi, Chartres, Laon, dove l'elaborazione culturale, soprattutto in campo filosofico e teologico, giunse a livelli di eccellenza assoluta. Per quanto riguarda invece le **scuole monastiche**, ispettori imperiali venivano inviati periodicamente presso i principali monasteri, che adeguarono il proprio sistema

Alcuino di York introduce il suo discepolo Rabano Mauro al vescovo Martino di Magonza, IX secolo.
Città del Vaticano, Biblioteca Apostolica Vaticana.

formativo alle direttive emanate dall'imperatore.
Nel complesso il sistema scolastico carolingio puntava a fornire una **preparazione generale unitaria**, che comprendesse tutti gli aspetti del sapere del tempo: dalla capacità di ragionare e di esprimersi, cui provvedevano le discipline del *trivio* (grammatica, retorica, dialettica), alle conoscenze scientifiche e artistiche, riunite nelle materie del *quadrivio* (aritmetica, geometria, musica, astronomia). La pedagogia cristiana aveva come scopo quello di formare lo spirito nella sua totalità, non di sviluppare singole capacità; per questa ragione l'insegnamento doveva abbracciare ogni aspetto del sapere ed essere nel contempo educativo.

Il **controllo statale** sulle istituzioni scolastiche **andò dissolvendosi con la crisi dell'impero**: a partire dal X secolo gli ordini religiosi ripresero una sostanziale autonomia in campo scolastico, tornando a incentrare gli studi sulla teologia e sulla religione, collocando in secondo piano discipline giudicate profane e inutili, se non dannose, per la formazione del monaco.

Verifica immediata

1 Esponi le caratteristiche della *Schola Palatina* precisandone le finalità, citando i nomi degli intellettuali più noti, chiarendo il tipo di rapporto fra professori e allievi e spiegando la sua funzione nel sistema scolastico di tutto l'impero.

2 Scegli l'alternativa corretta.

Il latino nei documenti:
- **a** ne rese più difficile la comprensione.
- **b** era imposto dalla Chiesa.
- **c** fu adottato perché lingua ufficiale dell'impero.
- **d** era capito meglio dagli amanuensi.

3 Spiega perché il Capitolare di Olona di Lotario (825) è profondamente innovativo.

4 Precisa lo scopo della pedagogia cristiana e il suo legame col tipo di insegnamento da impartire ai giovani.

5 Con l'aiuto del dizionario definisci i seguenti termini nel contesto dell'età carolingia e in quello odierno.

1. Beneficio ....
2. Colono ....
3. Corte ....
4. Corvée ....
5. Immunità ....
6. Omaggio ....

Come facciamo a sapere

Le istituzioni dell'impero
La conoscenza delle principali istituzioni economiche, sociali e culturali dell'impero carolingio è affidata in gran parte ai numerosi atti pubblici, capitolari e placiti, emanati dal governo. Il *Capitolare di Héristal* (779) e il *Capitolare di Aquisgrana* (802-803) sono utili per definire la natura dei rapporti vassallatici, mentre il celebre *Capitulare de villis* è un documento fondamentale per comprendere le caratteristiche dell'economia curtense. Vari capitolari riguardano il ruolo e le funzioni dei *missi dominici*: ricordiamo il *Capitolare generale dei missi dominici* (802) e la raccolta dei *Capitolari diretti dai missi dominici ai conti* (801-813).

La vita culturale
Di notevole rilievo per comprendere la vita culturale carolingia sono, infine, le *Lettere* del monaco ed erudito anglosassone Alcuino di York (735-804), il più autorevole intellettuale della corte di Aquisgrana. Egli fu anche autore di carmi latini, opere retoriche e filosofiche. Con la sua opera contribuì a salvare il patrimonio classico durante il Medioevo.

Il sistema curtense

Nell'epoca carolingia il fulcro delle attività economiche si spostò dalla città alla campagna, dove prese forma un nuovo modello organizzativo e produttivo: il sistema curtense. Centro di questo sistema era la *curtis*, la grande azienda agraria, composta di due parti: il *dominicum*, cioè l'insieme delle terre gestite direttamente dal grande proprietario, e il *massaricium*, cioè l'insieme degli appezzamenti (i *mansi*) dati in affitto ai contadini. Tra le due parti intercorreva un rapporto organico: i contadini affittuari, infatti, oltre che al pagamento di un tributo annuale (censo), erano tenuti a prestare servizi di lavoro gratuiti sulle terre del proprietario, le cosiddette *corvées*, a integrazione del lavoro dei servi.

Il sistema curtense tendeva a garantire agli abitanti della *curtis* l'autosufficienza economica, senza eliminare del tutto l'economia di scambio: mercati locali e fiere a dimensione interregionale si svolgevano regolarmente nell'Occidente europeo, anche se il commercio rimaneva un'attività secondaria rispetto all'agricoltura.

Misurazione dei terreni, miniatura del XIII secolo. Carpentras (Francia), Bibliothèque Inguimbertine.

Società e potere nelle campagne

Nella *curtis* il rapporto tra i coltivatori e il latifondista era improntato a una relazione di stretta dipendenza: ciò valeva per i servi ma anche per i contadini liberi, che affidavano al proprietario le risorse di lavoro e di sopravvivenza che avevano. Per questa ragione, il padrone della terra finì con l'assumere un potere sempre più esteso nei confronti degli abitanti della *curtis*, sino a trasformarsi in un signore capace di costringere all'obbedienza i suoi dipendenti valendosi di un potere sempre più simile a quello detenuto dall'autorità pubblica.

Mietitura del grano, miniatura del XIV secolo. Londra, British Library.

L'azienda agraria si trasformò in una vera e propria signoria fondiaria, nella quale i signori esercitavano il potere di comando (cioè di imporre le prestazioni), di coercizione (cioè di costringere all'obbedienza), di giustizia inferiore (cioè di risolvere le controversie fra i contadini).

Ben presto il signore fondiario riuscì a estendere la propria autorità anche sui piccoli proprietari liberi che vivevano in prossimità della *curtis*, creando un'ampia area di influenza che prese il nome di *dominatus loci*.

La rinascita culturale durante l'impero carolingio

La stabilità dell'impero carolingio offrì le condizioni per un'intensa fioritura culturale, che Carlo Magno incoraggiò allo scopo di diffondere tra la popolazione una civiltà comune e di provvedere alla formazione di una classe dirigente preparata.

Presso la corte fu fondata la *Schola Palatina*, un'accademia che richiamò i principali intellettuali europei dell'epoca e in cui si elaborò una raffinata cultura. Furono riscoperti i classici greci e latini, si diffuse la scrittura, fu incoraggiata la riproduzione di antichi manoscritti. Inoltre Carlo Magno favorì il potenziamento del sistema educativo affidato alla Chiesa attraverso l'esercizio di scuole cattedrali e scuole monastiche, controllate dal potere pubblico.

Una lezione alla scuola episcopale di Parigi, XII secolo.

Il problema: tiriamo le fila

Il nodo del problema
Quali elementi politici, culturali ed economici comuni contraddistinsero i territori compresi nell'impero carolingio, conferendo loro una sostanziale omogeneità?

Conclusioni

Il Sacro romano impero d'Occidente fu innanzitutto un impero cristiano, caratterizzato da intensi e continui rapporti con il papato, e proprio il **carattere religioso** che lo contraddistinse rappresentò il primo elemento di omogeneità e di unitarietà dei territori che lo componevano. Lo stesso Carlo Magno si presentò come ferreo difensore del cattolicesimo, alla cui diffusione contribuì in maniera notevole, e la marcata **impronta cristiana** dello Stato carolingio fu evidente nel ruolo di assoluta preminenza che assunse la Chiesa cattolica, tanto sul piano politico quanto su quello culturale. L'imperatore profuse un grande impegno per creare e diffondere una cultura che sintetizzasse gli stimoli provenienti dalle differenti regioni dell'impero, fondendoli insieme e innestandoli su una base comune rappresentata dalla civiltà cattolica. In questo modo, l'impero carolingio realizzò pienamente la **convivenza tra il mondo germanico, la civiltà latina e la cultura cristiana**.

Dal punto di vista politico e amministrativo, i territori dell'impero furono accomunati da originali modalità organizzative, fondate sui **rapporti di vassallaggio** e sulla creazione di un'importante unità amministrativa ed economica, la **signoria fondiaria**, che nei secoli successivi sarebbe diventata la struttura portante dell'organizzazione politica occidentale. Proprio nei territori del Sacro romano impero, infatti, nacque e si affermò un nuovo modello economico, l'**economia curtense**, ovvero un sistema produttivo e organizzativo fondato sulla ricerca dell'autosufficienza e incentrato proprio sulla grande azienda agraria, la *curtis*, che col tempo si trasformò in vera e propria signoria fondiaria. La diffusione dei rapporti di vassallaggio e del modello curtense riuscirono a inquadrare in un intreccio di rapporti di subordinazione e di dipendenza personale l'intera popolazione dell'Occidente, favorendo il successivo sviluppo e l'affermazione dei poteri signorili locali nelle campagne europee.

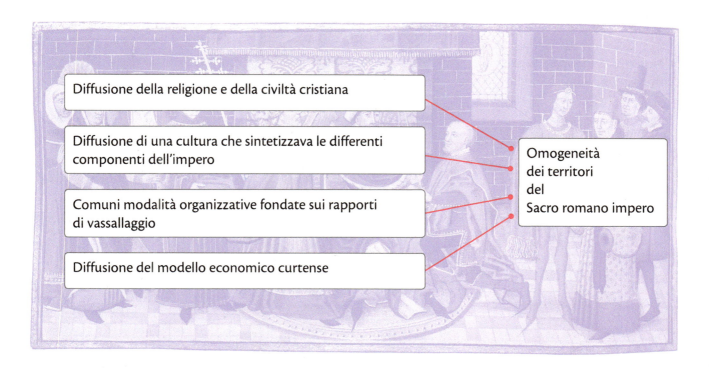

Il commercio nell'Alto Medioevo

Fatti e fenomeni

La contrazione delle attività commerciali La maggior parte degli storici è concorde nell'affermare che, tra il V e il X secolo, in Europa la circolazione delle merci si sia profondamente contratta. La **ruralizzazione** dell'economia, la decadenza delle **vie di comunicazione** e delle **città**, il generalizzato **peggioramento delle capacità produttive** furono altrettante cause della riduzione dei commerci. Anche l'inclinazione del sistema curtense verso l'**autosufficienza** contribuì in maniera determinante alla diminuzione delle attività commerciali durante l'Alto Medioevo. Nelle grandi proprietà feudali l'attività produttiva era organizzata in modo da produrre tutto ciò che era necessario alla vita della comunità che vi risiedeva. Il raggiungimento di una certa autonomia produttiva era una condizione necessaria per la sopravvivenza del feudo, data l'estrema difficoltà con la quale potevano svolgersi gli scambi in un ambiente dominato dalle foreste e privo di efficienti e sicure vie di comunicazione.

Contadini al lavoro. Il sistema curtense mirava ad essere autosufficiente.

La crisi della circolazione monetaria La contrazione del commercio riguardò sicuramente il volume dei traffici e la quantità dei beni immessi sul mercato, nonché il numero delle persone coinvolte nell'attività di scambio: per tutto l'Alto Medioevo questi valori rimasero molto bassi. Anche la **circolazione monetaria** conobbe una profonda riduzione, pur senza scomparire mai del tutto: a partire dal VI secolo, tra le monete circolanti nell'Occidente europeo scomparvero quelle di **piccolo taglio**, adatte a compravendita di modesta entità. Il denaro in circolazione era d'oro o d'argento e queste monete, che venivano coniate soprattutto per ragioni di prestigio, avevano un valore legale molto alto e potevano dunque servire ben poco nella vita di ogni giorno.

Attività

1 Completa la mappa concettuale inserendo le cause che determinarono la forte contrazione del commercio nell'Alto Medioevo elencate di seguito.

1. Riduzione del volume dei traffici.
2. Calo della produzione.
3. Ruralizzazione dell'economia.
4. Riduzione della quantità dei beni immessi sul mercato.
5. Tendenza all'autosufficienza dell'economia curtense.
6. Riduzione del numero delle persone coinvolte dalle attività di scambio.
7. Decadenza delle vie di comunicazione e delle città.

VERSO LE COMPETENZE

unità 5 L'Europa carolingia

2 Quali caratteristiche delle monete in circolazione nell'Alto Medioevo proverebbero la crisi delle attività di scambio?

....
....
....

3 Rispondi alla seguente domanda, poi confronta la tua ipotesi con la successiva spiegazione.

È possibile supporre l'esistenza di qualche forma minore di commercio nell'Alto Medioevo? Con quali caratteristiche?

SPIEGAZIONE

La produzione agricola e artigianale delle ville e delle città sopravvissute alla crisi urbana alimentava probabilmente un circuito di compravendita locale fatto di fiere e di piccoli mercati frequentati dai contadini del circondario. Gli scambi che vi avvenivano erano assai limitati per quantità e per varietà dei prodotti trattati (in genere beni alimentari, panni, qualche strumento di lavoro), ma per i coltivatori rappresentavano l'unica, preziosa fonte attraverso cui integrare e differenziare le proprie risorse.

4 Analizza i seguenti documenti, svolgi le attività richieste e infine rispondi a questa domanda:

La rappresentazione dell'Alto Medioevo come di un mondo completamente privo di scambi commerciali corrisponde davvero alla realtà?

DOCUMENTO 1. **I mercanti di professione** R. Lopez, *Commercio e industria nel Medioevo*

Secondo lo storico Rafa Lopez, nell'Alto Medioevo le attività commerciali rivestivano una particolare importanza per il rifornimento delle corti reali e i sovrani non mancavano di occuparsene.

Seguendo la tradizione romana, Teodorico ordinò frequentemente ai mercanti e agli armatori italiani di effettuare *coemptiones*, di comprare, cioè, a prezzi massimi e di trasportare ad uso dello Stato i generi alimentari necessari alla sua amministrazione e al suo esercito. In maniera meno efficiente, Prisco e Solomone, mercanti ebrei nominati dai re merovingi, e il loro correligionario Abramo di Saragozza, mercante di palazzo di Ludovico il Pio, esercitavano le stesse funzioni, rifornivano di merci la corte e, in cambio, ottenevano privilegi fiscali per i loro traffici. Mercanti similmente privilegiati erano responsabili del rifornimento della corte longobarda.

(R. Lopez, in *Storia economica Cambridge*, vol. 2, *Commercio e industria nel Medioevo*, Einaudi, Torino 1976)

---

1 Nell'Alto Medioevo esistevano figure professionali che si occupavano del commercio? Quali funzioni svolgevano?

....
....

DOCUMENTO 2. **I poli del commercio europeo** G. Duby, *Le origini dell'economia europea*

Nel seguente brano, Georges Duby specifica quali erano le due principali aree in cui si svolgevano i più importanti traffici commerciali dell'Alto Medioevo.

Queste due aree, che resteranno i poli d'attrazione del grande commercio medioevale, erano situate ai punti d'incontro fra il mare e le principali arterie del sistema fluviale europeo. Attraverso il Po, che conduceva alle acque controllate da Bisanzio, la prima si apriva su spazi economici più prosperi, da cui provenivano merci di lusso di alta qualità, tessuti meravigliosi e costose spezie. Attraverso la Senna, la Mosa, il Reno ed il mare del Nord, la seconda si apriva su paesi meno civilizzati, continuamente sconvolti da guerre tribali, ma, per ciò stesso, preziosi mercati di schiavi.

(G. Duby, *Le origini dell'economia europea*, Laterza, Bari 1975)

2 Quali itinerari commerciali si svilupparono in Europa nell'Alto Medioevo?

....

....

> **DOCUMENTO 3. Gli scambi internazionali**   E. Artifoni, *Storia medievale*
>
> *Durante l'Alto Medioevo, nell'Occidente europeo venivano effettuati anche scambi a dimensione internazionale, organizzati intorno ad attivissimi porti chiamati* emporia.
>
> Alla fine del VII secolo, e in modo più sensibile nei decenni successivi, si assiste a uno sviluppo internazionale degli scambi. Le coste del mare del Nord cominciano a essere disseminate di attivissimi porti, detti *emporia* dagli archeologi che li hanno studiati, come per esempio Hamwic (l'attuale Southampton), Londra e Ipswich in Inghilterra; Quentovic vicino all'attuale Étaples sulla costa franca; Dorestad sul delta del Reno, Ribe nella Danimarca occidentale, collegata con i più importanti centri del Baltico come Hedeby in Danimarca e Birka in Svezia. In questi porti si concentrava il traffico delle merci di lusso e di quelle provenienti dall'Oriente, nonché il traffico della produzione occidentale di armi, gioielli e vetro; ma, cosa ancora più importante, vi si svolgeva anche il commercio dei beni di più largo consumo come ceramiche, stoffe, macine, legname, sale e schiavi. In questo contesto si inseriva anche la produzione agraria associata al sistema curtense. Intorno a quegli *emporia* cominciarono a formarsi mercanti professionisti, tra i quali nei primi tempi emergevano soprattutto i frisoni.
>
> (E. Artifoni, *Storia medievale*, Roma, Donzelli 2003)

3 In quali regioni europee si svilupparono maggiormente gli scambi internazionali?

....

4 Quali prodotti venivano scambiati negli *emporia*?

....

Conclusioni

Il commercio internazionale con l'Oriente La rappresentazione del mondo economico altomedievale come di un mondo completamente chiuso agli scambi non corrisponde alla realtà perché l'economia curtense sfociava sovente in un'**economia di mercato**. Fonti e documenti testimoniano la sopravvivenza di traffici a lunga distanza. I rapporti commerciali tra **Occidente e Oriente**, ad esempio, non vennero mai meno. Alcune merci orientali (prodotti di lusso destinati a soddisfare le esigenze delle classi superiori, ma anche generi alimentari) rimasero costantemente in uso in Europa. In cambio l'Occidente esportava schiavi, ferro, legname, tessuti. Il commercio internazionale presupponeva l'esistenza di **mercanti di professione**: esisteva infatti una classe di intermediari e agenti di origine europea, soprattutto ebrei e italiani. È probabile che tali professionisti del commercio venissero spesso assunti direttamente da signori e sovrani, disposti a compensarli dei rischi che correvano nei loro lunghi viaggi.

Il commercio interregionale in Europa Altri itinerari di traffico collegavano tra loro le varie **regioni europee**, snodandosi essenzialmente per vie terrestri e fluviali. Il Po, il Rodano, la Senna, il Reno, la Mosa, l'Elba e il Danubio divennero le arterie principali di un **sistema fluviale** attraverso cui viaggiava la maggior parte delle merci europee. In due aree, soprattutto, tra il V e il X secolo paiono essersi sviluppati circuiti commerciali particolarmente vitali: una nel **Nord-Ovest europeo**, l'altra nell'**Europa meridionale**. Oltre ai prodotti di lusso anche cereali, vini, sale, olio e prodotti dell'allevamento costituivano la base di questo commercio interregionale che presentava, infine, una zona intermedia nella quale venivano a contatto e si incrociavano i flussi di scambio provenienti dalle due aree suddette: la **regione della Champagne** in Francia.

VERSO LE COMPETENZE

unità 5 — L'Europa carolingia

I luoghi di scambio Lungo tutti gli itinerari di traffico esistevano luoghi appositi dove i mercanti esponevano le proprie merci. Questi luoghi, chiamati *emporia*, erano diffusi soprattutto nell'Europa nordoccidentale e funzionavano come veri e propri mercati stabili. Altri punti di scambio erano le **fiere**, il cui svolgimento è documentato in varie parti d'Europa. Sovente i luoghi dove si tenevano erano gli stessi in cui avevano normalmente luogo mercati locali; in certi periodi dell'anno alcuni di questi crescevano di importanza e richiamavano gente anche da molto lontano, stabilendo in tal modo contatti tra regioni solitamente isolate l'una dall'altra.

Il quadro degli scambi a lunga distanza tra il V e il X secolo risulta in conclusione abbastanza vario e articolato. La loro importanza non va però sopravvalutata. Essi coinvolgevano **fasce limitate della popolazione**: le masse rimasero sostanzialmente estranee al grande commercio e a beneficiarne furono soprattutto i membri di una ristretta élite aristocratica.

Verifica

1 Indica se le seguenti affermazioni sono vere o false.
1. Nell'Alto Medioevo il commercio a distanza coinvolgeva anche le classi popolari. V F
2. Gli scambi a lunga distanza erano svolti essenzialmente da mercanti di origine orientale. V F
3. I due principali circuiti di scambio europei si snodavano lungo i fiumi Po e Danubio. V F
4. I principali mercati internazionali europei, gli *emporia*, erano situati nell'Europa nord-occidentale. V F
5. Le fiere medievali si svolgevano spesso negli stessi luoghi in cui si tenevano di solito mercati locali. V F
6. Nell'Alto Medioevo i traffici con l'Oriente erano rivolti in particolare all'acquisto di beni alimentari. V F

2 Inserisci nella tabella, che sintetizza le caratteristiche del commercio locale e del commercio a distanza nell'Alto Medioevo, gli elementi elencati di seguito.
1. Panni
2. Scambi con l'Oriente
3. Contadini del circondario
4. Fiere internazionali
5. Beni alimentari
6. Mercanti professionisti
7. Beni alimentari (vino, olio, sale, miele)
8. Mercati e fiere locali
9. Prodotti di lusso (seta, spezie, avorio)
10. Strumenti di lavoro
11. Mercati internazionali (*emporia*)

	COMMERCIO LOCALE	COMMERCIO A DISTANZA
Tipologia di attività		
Partecipanti		
Merci trattate		

3 Spiega perché l'importanza degli scambi commerciali nell'Alto Medioevo non va sopravvalutata.

....
....
....
....
....
....

unità 6
L'età feudale e l'affermazione dei poteri locali

Il problema

La frammentazione del potere

Tra il IX e il X secolo l'Occidente conobbe profondi mutamenti che ne modificarono radicalmente l'assetto politico, sociale e territoriale. La presenza di una forte autorità centrale iniziò a cedere il passo a una progressiva frammentazione del potere in numerosi centri locali, laici ed ecclesiastici, più o meno vasti, le signorie territoriali, governate in maniera indipendente da famiglie aristocratiche dotate di tutte le prerogative che fino ad allora erano state monopolio del sovrano.
Infatti le signorie territoriali, dette anche feudi, erano caratterizzate dalla presenza di un territorio sul quale un signore esercitava pienamente e autonomamente la propria autorità, tanto in campo politico e giudiziario quanto in campo economico e fiscale.
Si aprì così l'epoca che gli storici hanno denominato «età feudale» o «feudalesimo», in cui l'intero territorio dell'impero d'Occidente – che pure non cessò di esistere e, anzi, ritrovò unità sotto la dinastia tedesca di Sassonia – risultò frantumato in un mosaico irregolare di feudi. Le signorie divennero anche il fulcro della vita economica e sociale, poiché esse regolavano le principali attività produttive, dall'agricoltura all'artigianato.
Divenuta il cardine del sistema feudale, la signoria rappresenterà per oltre un millennio uno degli istituti dominanti della civiltà occidentale, continuando a sopravvivere nelle campagne europee anche quando nuovi processi di ricomposizione del potere centrale porranno fine alla frammentazione politica.

? Il nodo del problema

Quali fattori, tra il IX e il X secolo, concorsero a innescare il processo storico che condusse alla definitiva affermazione dei poteri locali, inaugurando la stagione del feudalesimo?

Video
I Vichinghi
Basilica di Sant'Ambrogio

Linea del tempo

Particolare dell'arazzo di Bayeux raffigurante la cavalleria di Guglielmo il Conquistatore, XI secolo. Bayeux, Centre Guillaume le Conquérant.

Spazio

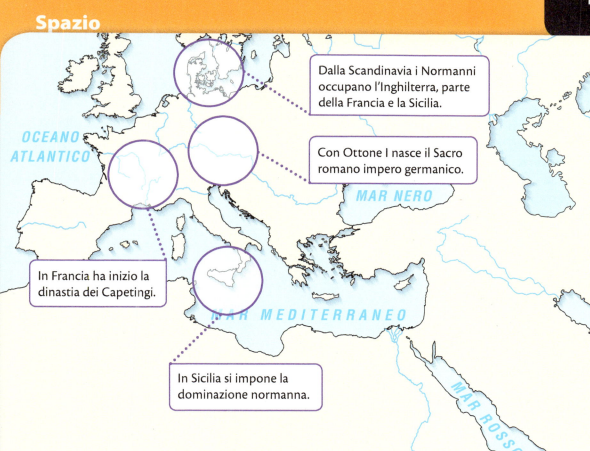

Dalla Scandinavia i Normanni occupano l'Inghilterra, parte della Francia e la Sicilia.

Con Ottone I nasce il Sacro romano impero germanico.

In Francia ha inizio la dinastia dei Capetingi.

In Sicilia si impone la dominazione normanna.

capitolo 1 — L'età feudale e l'affermazione dei poteri locali

La crisi dell'impero

- **IX secolo** Inizio delle incursioni di Normanni, Ungari e Saraceni
- 800 d.C.
- **1016** Normanni in Inghilterra
- **1024** Corrado II imperatore
- **1066** Battaglia di Hastings
- **951** Ottone I imperatore
- **1130** I Normanni unificano il Sud Italia
- 1150 d.C.

1. Le invasioni dei secoli IX e X

? Perché l'impero carolingio non seppe arginare le invasioni?

L'Europa di fronte agli invasori Tra il IX e il X secolo l'Occidente europeo fu teatro di **nuove ondate migratorie** che contribuirono ad aggravare la crisi dell'impero carolingio, iniziata con le divisioni e le lotte dinastiche tra i discendenti di Carlo Magno. Protagonisti di queste nuove invasioni furono popoli provenienti dal Nord, dall'Est e dal Sud del continente europeo e dal Nord Africa: rispettivamente, i **Normanni**, gli **Ungari** e i **Saraceni**.
A differenza delle genti barbariche che erano penetrate nel mondo romano tra il IV e il VII secolo, queste popolazioni non miravano a insediarsi stabilmente entro i territori raggiunti dalle loro scorrerie. Il loro scopo era essenzialmente la **razzia di beni materiali**, conseguito mediante **rapide e violente incursioni** che l'Occidente non seppe arginare in maniera efficace, sia per la determinazione e l'abilità in combattimento degli invasori, sia per la **ridotta capacità di difesa delle regioni assalite**, dovuta alla **mancanza di un solido e unitario potere monarchico** in grado di guidare le operazioni militari.

Anche per queste ragioni, le incursioni dei pirati normanni e saraceni e le irruzioni dei cavalieri ungari provenienti dalle steppe dell'Est suscitarono un **profondo terrore** negli abitanti e per lungo tempo, nella memoria col-

Il combattimento di due fanti e una nave da guerra scolpiti su una pietra vichinga del IX secolo. Stoccolma, Historiska Museet.

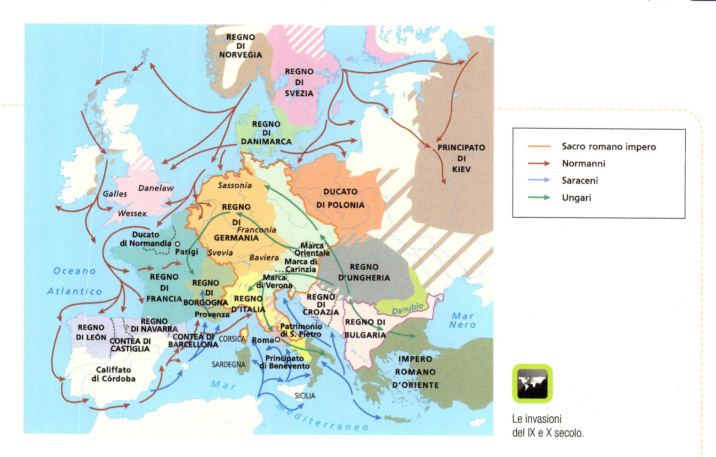

Le invasioni del IX e X secolo.

lettiva dell'Occidente, le loro imprese continuarono a rappresentare il pericolo più minaccioso e spaventoso che si potesse immaginare.

? Quali regioni d'Europa raggiunsero i Normanni e dove si stanziarono?

I Normanni Verso la fine dell'VIII secolo le **popolazioni stanziate nella Penisola scandinava**, chiamate genericamente dagli Europei dell'epoca **Normanni** («uomini del Nord»), ma anche **Vichinghi** (questo era il nome delle popolazioni provenienti da Norvegia e Danimarca, derivante dal termine *vik*, «baia») o **Vareghi** (le popolazioni provenienti dalla Svezia), iniziarono un'espansione a raggiera che si manifestò dapprima sotto forma di **brevi incursioni piratesche** e poi, fra il IX e l'XI secolo, assunse le caratteristiche di vere e proprie **conquiste territoriali**. Questi popoli vivevano in tribù dedite all'agricoltura e alla pastorizia ma erano soprattutto esperti mercanti e fieri guerrieri. Abili **costruttori di imbarcazioni**, seppero sfruttare tale capacità per dotarsi di navi agili e leggere, chiamate *drakkar* (a causa dell'ornamento a forma di drago che ornava la prora), in grado di risalire i fiumi e di raggiungere agevolmente zone anche assai lontane dalle coste. Lunghe fino a trenta metri e capaci di trasportare da 40 a 100 uomini, le navi vichinghe erano dotate di un unico albero, che reggeva una grande vela rettangolare e che poteva velocemente essere smontato, in caso di assenza di vento, per proseguire il viaggio a remi, oppure per trasportare a braccia lo scafo quando si incontravano ostacoli che impedivano la navigazione.

Attratti dalle ricchezze del continente e animati da un inesausto desiderio di avventura, i Normanni si spinsero inizialmente in **Inghilterra**, dove comparvero per la prima volta nel 793. In seguito estesero le loro razzie alle coste di **Irlanda, Scozia, Francia e Germania**; sfruttando le vie fluviali, penetrarono nel cuore dell'Europa occidentale e assalirono città e abbazie (verso la metà del IX secolo saccheggiarono Parigi); a est, varcato il mar Baltico, seguendo il corso del Volga e degli altri grandi fiumi russi, giunsero fino al **mar Nero**.

Nemmeno il Mediterraneo rimase estraneo alla penetrazione vichinga: intorno all'860 una spedizione normanna attaccò e depredò le coste della **Provenza**, raggiunse la **Toscana** e, secondo alcune fonti del tempo, attraverso l'Arno arrivò alle porte di Firenze. Col passare del tempo i Normanni iniziarono a dare vita a **stanziamenti duraturi** per disporre di basi sicure da cui muovere per le loro incursioni: insediamenti stabili comparvero, nella seconda parte del IX secolo, in **Inghilterra, Irlanda, Sassonia** (regione della Germania) e **Francia**. Nel 911, nei territori del-

unità 6 L'età feudale e l'affermazione dei poteri locali

Drakkar vichinghi approdano lungo le coste scozzesi. Manoscritto miniato dell'XI secolo. New York, Pierpont Morgan Library.

la Gallia settentrionale, una tribù normanna, guidata dal capo Rollone, riuscì a creare un ducato che, dopo duri contrasti, venne ufficialmente riconosciuto dai Franchi e prese il nome di **Normandia**.
La prima ondata delle incursioni vichinghe cessò soltanto all'inizio del X secolo, quando le difese dell'impero furono riorganizzate e adattate alla strategia degli invasori, sbarrando i fiumi con ponti fortificati e dotando le città di mura, mentre l'Inghilterra allestiva una flotta capace di affrontare i Vichinghi direttamente sul mare.

Il documento

I Vichinghi nell'impero carolingio

Annali di Saint Vaast

Nell'879 una grande flotta normanna approdò sulle coste delle Fiandre e della Zelanda, una provincia degli attuali Paesi Bassi: da lì gli eserciti vichinghi dilagarono nei territori del Reno. Le fonti del periodo, come gli Annales Vedastini, *scritti nel monastero di Saint Vaast ad Arras tra l'873 e il 900, dipinsero a tinte assai fosche tali vicende.*

Anno del Signore 879. I Normanni di Britannia passarono il mare con una infinita moltitudine e a metà luglio misero a ferro e fuoco la città di Thérouanne senza incontrare alcuna resistenza. Visto il favorevole esordio si sparsero e devastarono la terra dei Menapi[1]. Quindi risalirono la Schelda e devastarono la terra dei Brabanti[2] con incendi e stragi. [...].
Anno del Signore 880. I Normanni misero a ferro e fuoco la città di Tournai e tutti i monasteri sulla Schelda, uccidendo e prendendo prigionieri gli abitanti di quella terra. [...] L'abate Gauzlino[3], e l'esercito che era con lui, decisero di combattere i Normanni. Mandarono a dire a quelli che si trovavano al di là della Schelda che si radunassero nel giorno convenuto in modo da attaccare su due fronti i Normanni e annientarli. Le cose però non andarono secondo i desideri. Infatti non solo non ottennero alcun risultato, ma con una vergognosa fuga si salvarono a stento mentre molti dei loro venivano presi e uccisi. Terrore e tremore pervasero gli abitanti di quella zona mentre i Normanni, inebriati dalla vittoria, non cessavano di dar fuoco alle chiese e di scannare i cristiani. Allora quelli che abitavano tra Schelda e Somme ed al di là della Schelda fuggirono tutti, persone di ogni età e condizione, monaci, canonici, monache con le sante reliquie. I Danesi non risparmiavano nessuno, qualunque fosse l'età e saccheggiavano tutto a ferro e fuoco. [...]
Anno del Signore 882. I Franchi orientali radunarono un esercito contro i Normanni ma si diedero alla fuga, e lì cadde il vescovo Wala di Metz. I Danesi bruciarono il famosissimo palazzo e i monasteri di Aquisgrana, bruciarono le nobilissime città di Treviri e Colonia, i palazzi regi e le residenze di campagna, sterminando gli abitanti della zona. [...]
Anno del Signore 884. I Normanni non cessarono di catturare e uccidere il popolo cristiano, distruggere chiese, abbattere mura, incendiare città. Nelle piazze giacevano cadaveri di chierici, di laici, nobili o plebei, di donne, di giovani, di lattanti. Non c'era una via, non un posto dove non vi fossero morti; tutti erano in preda alla disperazione di fronte all'annientamento del popolo cristiano.

(*Annali di Saint Vaast*, anni 879, 880, 882, 884, in *Antologia delle fonti altomedievali*, a cura di S. Gasparri e F. Simoni, Sansoni, Firenze 1992)

1 **Menapi:** antica tribù germanica insediata nel territorio a ovest della Schelda.
2 **Brabanti:** popolazione che ha dato il nome alla regione storica del Brabante (oggi divisa tra Belgio e Paesi Bassi).
3 **abate Gauzlino:** abate di Saint-Denis cui nell'880 fu affidata la difesa contro i Normanni.

Le imprese dei Normanni proseguirono senza ostacoli nelle isole del Nord: nel corso del X secolo fu interamente colonizzata e popolata l'**Islanda**, mentre una spedizione vichinga – capeggiata dal leggendario Erik il Rosso – giunse in **Groenlandia**, insediandovi una colonia.

Proprio partendo dalla Groenlandia e navigando verso occidente, secondo le saghe nordiche giunte sino a noi, i Vichinghi approdarono in una terra in cui crescevano rigogliosi grano e uva selvatica battezzata *Vinland* e che, per alcuni studiosi, corrisponderebbe alle coste del Labrador, in Canada: secondo questa interpretazione, dunque, i Normanni sarebbero giunti nel **continente americano** cinque secoli prima di Cristoforo Colombo.

Gli Ungari Molta impressione destarono, tra i cronisti medievali dell'Europa post-carolingia, le ripetute incursioni compiute tra il IX e il X secolo dagli **Ungari**. Negli ultimi decenni del IX secolo queste genti, provenienti dalle pianure russe del Volga, si erano stanziate nei territori corrispondenti all'antica provincia romana della **Pannonia** (l'attuale Ungheria). A quest'epoca risalgono i primi scontri con gli eserciti occidentali tra i quali, nell'862, un devastante attacco contro il regno di Ludovico il Germanico. Le scorribande si fecero via via più frequenti e nell'899 gli Ungari organizzarono una vera e propria spedizione che si diresse verso l'**Italia settentrionale**.

> **?** Quali regioni furono toccate dalle invasioni degli Ungari?

Il documento

Gli Ungari in Italia

Liutprando da Cremona, *Antapodosis*

Le invasioni degli Ungari furono raccontate dettagliatamente da Liutprando da Cremona (920-972), vescovo e storico la cui opera più importante, Antapodosis, *ricostruisce con cura le principali vicende della storia dell'Occidente europeo dall'883 al 962.*

Il sole non aveva ancora lasciato la costellazione dei Pesci per entrare in quella dell'Ariete[1], quando, radunato un esercito immenso ed innumerevole, [gli Ungari] si dirigono in Italia, passano oltre Aquileia e Verona, città fortificatissime, e giungono senza alcuna resistenza a Ticino, che ora è denominata con l'altro nome più bello di Pavia. Il re Berengario non poté stupirsi a sufficienza di un fatto tanto straordinario e mai visto (prima d'allora infatti non aveva neppure sentito parlare di questa gente). Mandò lettere ad alcuni, messaggeri ad altri, per ordinare a Italici, Toscani, Beneventani, Camerinesi e Spoletini di venire ad un centro di raccolta e formò un esercito tre volte più forte di quello degli Ungari. [...] I cristiani giunsero contemporaneamente agli idolatri al fiume Brenta: infatti i cavalli troppo stanchi non davano agli Ungari la possibilità di fuggire. I due eserciti giunsero dunque nello stesso tempo, separati soltanto dall'alveo del fiume.

Gli Ungari costretti dalla paura promisero di consegnare tutto il bottino, i prigionieri, tutte le armi e i cavalli, tenendone però uno solo a testa con cui poter ritornare; aggiunsero che, se li avessero lasciati ritornare dopo aver dato tutto, salva soltanto la vita, avrebbero promesso di non invadere più l'Italia, dando i loro figli per ostaggi. Però i cristiani, accecati dalla superbia, continuarono a minacciare i pagani come se li avessero già vinti. Rafforzati gli animi, disposero delle insidie su tre parti, essi stessi traversarono direttamente il fiume e si precipitarono in mezzo ai nemici. Moltissimi cristiani, stanchi della lunga attesa dei messaggeri, erano smontati da cavallo per l'accampamento a ristorarsi di cibo. Gli Ungari li trafissero con tanta velocità che ad alcuni infilzarono il cibo in gola, ad altri sottrassero coi cavalli il mezzo di fuggire, e tanto più agevolmente li uccidevano in quanto avevano visto che erano senza cavalli. [...] Uccisi dunque e messi in fuga i cristiani, gli Ungari percorsero tutti i luoghi del regno inferendo. Né vi era alcuno che attendesse la loro venuta, se non in luoghi fortificatissimi. Il valore di quelli aveva così stravinto, che una parte saccheggiò la Baviera, la Svevia, la Franconia e la Sassonia, una parte saccheggiò l'Italia.

(Liutprando da Cremona, *Antapodosis*, Libro II, in *Antologia delle fonti altomedievali*, cit.)

1 **Il sole ... dell'Ariete:** era il marzo dell'899.

Guerriero saraceno a cavallo, particolare di affresco del XIII secolo.

Dopo aver sconfitto presso il fiume Brenta l'esercito italico guidato dal re Berengario I, i cavalieri ungari penetrarono profondamente nella **Pianura Padana** e per anni devastarono l'intera Italia del Nord, saccheggiando nel 924 Pavia.

Gli Ungari, forti di un **metodo di combattimento** particolarmente efficace – basato sulla cavalleria leggera, su rapidi spostamenti e improvvise imboscate – che consegnò loro una fama di invincibilità, per oltre cinquant'anni continuarono a razziare indisturbati l'Occidente, con ripetute irruzioni oltre che in Italia, in **Germania** e **Francia**. Città e abbazie furono distrutte e depredate delle loro ricchezze; intere regioni furono costrette a pagare pesanti tributi in denaro per non essere messe a ferro e fuoco e furono spopolate dalle deportazioni e dalle fughe.

Soltanto verso la metà del X secolo – dopo che una nuova spedizione in Italia, nel 937, aveva condotto gli Ungari sino alla Campania – **l'Occidente riuscì a reagire** in maniera efficace: nel 955 i Sassoni, comandati dal loro sovrano (e futuro imperatore) Ottone I, inflissero una decisiva sconfitta agli aggressori sulle sponde del fiume Lech, presso Augusta. A partire da questa data gli Ungari diradarono progressivamente le loro scorrerie, finendo per stabilirsi nella regione che da essi prese il nome. Intorno all'anno Mille, divenuti ormai un popolo sedentario di allevatori e di agricoltori, sotto il regno di Stefano I **si convertirono al Cristianesimo**, entrando pienamente nell'orbita di influenza della Chiesa romana e dell'Occidente.

I Saraceni

> **?** Quali caratteristiche ebbero le incursioni dei Saraceni?

Quasi contemporaneamente agli attacchi degli Ungari, l'Europa occidentale si trovò a dover fronteggiare una minaccia, proveniente da sud, che agli uomini del tempo parve ancor più spaventosa: le **incursioni dei Saraceni**. Con tale nome erano chiamate le **popolazioni musulmane del Nord Africa e della Spagna** che, dalla metà del IX secolo, assalirono ripetutamente le coste del Mediterraneo occidentale.

Dopo che l'intensa azione di espansione islamica sviluppatasi nei decenni precedenti era stata arrestata dai Franchi sui Pirenei, l'aggressività araba si indirizzò verso la **Sicilia** – la cui conquista fu lentamente compiuta tra l'827 e il 902 – e, nel contempo, si trasformò in una successione di **spedizioni a carattere piratesco** dovute all'iniziativa di piccoli gruppi. Tali incursioni toccarono soprattutto le **zone costiere di Italia e Francia**, ma in più occasioni i Saraceni penetrarono sulla terraferma, giungendo sino all'arco alpino.

Caratteristica tipica delle aggressioni saracene fu la costituzione di **insediamenti fissi e ben protetti** da cui partire per allargare il raggio della loro azione: Bari, Taranto, la foce del Garigliano in Campania e Frassineto in Provenza (nei pressi dell'attuale Saint-Tropez) divennero basi saracene dalle quali i predoni muovevano per le loro scorrerie. Nell'846 i pirati musulmani **saccheggiarono Roma** e, nei decenni successivi, numerose **città laziali, toscane, liguri** (tra cui Genova) e **provenzali** furono ripetutamente attaccate. Tra le prede più ambite vi furono le grandi e ricche **abbazie** nell'Italia centro-meridionale, in Piemonte e in Svizzera. I Saraceni infatti, verso la fine del IX secolo, dall'insediamento sulle coste della provenza mossero verso le Alpi, le varcarono e dilagarono in **Piemonte** e in **Liguria**. Per molti anni i passi alpini rimasero sotto il controllo degli invasori, che depredavano sistematicamente i viaggiatori in transito.

Soltanto verso la fine del X secolo, dopo che le forze cristiane riuscirono a espugnare la base di Frassineto, l'offensiva islamica iniziò a ridurre la sua portata, anche se sporadiche incursioni proseguirono ancora nei due secoli seguenti.

Verifica immediata

1 **Osserva la cartina a p. 219 ed elenca:**
   1 le località da cui partirono i Normanni;
   2 le località in cui istituirono insediamenti stabili e duraturi e i secoli in cui avvennero tali insediamenti.

2 **Leggi il documento *Gli Ungari in Italia* a p. 221, quindi:**
   1 valuta il comportamento dei cristiani di fronte alle offerte di resa degli Ungari;
   2 leggi l'ultimo periodo. Concordi nel definire «valore» la qualità che spinse gli Ungari al saccheggio? Motiva la tua risposta.

3 **Completa la tabella con le informazioni richieste.**

INSEDIAMENTI FISSI DEI SARACENI	LOCALITÀ OGGETTO DELLE SPEDIZIONI PIRATESCHE SARACENE

2. Francia e Italia nell'età post-carolingia

Miniatura raffigurante Ugo Capeto in trono, XIV secolo. Parigi, Bibliothèque Nationale.

? Quale assetto politico assunse la Francia durante il regno della dinastia capetingia?

La Francia capetingia

Dopo la morte di Carlo il Grosso (888) e la fine della dinastia carolingia (vedi p. 186), il titolo di «re di Francia», che spettava a chi regnava sui territori a ovest del Reno, per diversi decenni fu al centro di un'**aspra contesa** tra alcuni lontani eredi dei Carolingi e la dinastia dei Robertingi, conti di Parigi. Questi ultimi ebbero definitivamente la meglio nel 987, quando **Ugo Capeto**, duca e conte della dinastia, riuscì a impossessarsi in maniera definitiva della carica e a renderla ereditaria: da quel momento in poi, la sua famiglia – che da lui prese il nome di **Capetin-**

unità 6 L'età feudale e l'affermazione dei poteri locali

Berengario II (a destra) presta giuramento di fedeltà a Ottone I. Miniatura da un manoscritto del XII secolo. Milano, Biblioteca Ambrosiana.

gi – si insediò saldamente alla guida della Francia e la mantenne sino all'inizio del XIV secolo.

Il **potere del sovrano** era tuttavia assai **limitato**: il territorio su cui regnava, almeno nominalmente, era troppo vasto per potervi esercitare un effettivo controllo amministrativo e militare, poiché le comunicazioni erano molto difficili e la struttura amministrativa del regno era scarsamente organizzata. Il re di Francia governava, di fatto, soltanto su una ristretta area intorno alla città di Parigi e sulle terre appartenenti al proprio patrimonio personale. Sul resto del Paese egli esercitava soltanto un'**autorità di carattere morale e religioso**, mentre **il vero potere apparteneva ai signori locali**, posti a capo di vasti **domini regionali**, sostanzialmente autonomi, come le contee di Bretagna e di Tolosa o i ducati di Normandia e di Aquitania.

Nel territorio della Francia sud-occidentale, inoltre, dopo l'888 si formarono altri due regni: quello di **Provenza** e quello di **Borgogna**. Quest'ultimo riuscì poi a inglobare il regno provenzale, mantenendo notevole stabilità e vigore fino agli inizi dell'XI secolo, quando fu annesso alla Francia.

? Quale esito ebbero le lotte per il potere ingaggiate dall'aristocrazia italica?

Il regno italico Alla fine dell'impero carolingio il «**regno italico**» mantenne immutati i propri confini, che comprendevano l'**Italia settentrionale e parte di quella centro-meridionale**. Il resto della Penisola continuò a essere diviso fra **differenti domini**, come quello **arabo** in Sicilia, quello **longobardo** in Campania, Molise e parte della Calabria e della Puglia, quello **bizantino** in aree autonome situate in Calabria, Basilicata, Puglia e sull'arco adriatico, mentre a Roma dominava la scena politica l'**aristocrazia locale**.

In mancanza di precisi criteri di successione, il regno italico fu sconvolto da una lunga e sanguinosa **lotta** fra le principali **famiglie aristocratiche centro-settentrionali**, che si disputarono il potere affrontandosi in due schieramenti contrapposti: da un lato i marchesi del Friuli e di Ivrea, dall'altro i duchi di Spoleto, alleati con i duchi di Toscana.

La prima fase del conflitto, tra l'888 e il 924, vide il successo di **Berengario I** del Friuli, che riuscì a farsi eleggere re d'Italia da un'assemblea di conti e vescovi della penisola ma tuttavia non riuscì ad avere stabilmente la meglio sui suoi avversari. Della confusa situazione approfittarono i sovrani di Borgogna e di Provenza, i quali, chiamati in Italia dai contendenti, si appropriarono del titolo regio sino al 950, quando il trono passò al marchese d'Ivrea **Berengario II**. Di fronte alle persecuzioni compiute dal nuovo sovrano nei confronti dei suoi oppositori, fu sollecitato l'intervento del re di Germania **Ottone I** il quale, giunto a Pavia nel 951, assunse il titolo di re d'Italia e costrinse Berengario II a sottomettersi e a giurargli fedeltà, restituendogli poi la corona come vassallo.

Verifica immediata

1 **Quali erano le funzioni del sovrano nell'area intorno a Parigi e nel resto del Paese? Chi esercitava l'effettivo potere nel Paese?**

2 **Scegli l'alternativa corretta.**
   La penisola italica:
   a era unificata sotto un unico sovrano.
   b era suddivisa in regno italico e una serie di domini.
   c diventò regno sotto Berengario II.
   d fu divisa in più regioni da Ottone I.

3. L'impero «tedesco»

La Germania post-carolingia Nella parte orientale del regno dei Franchi, che comprendeva i territori tedeschi situati a est del Reno, la dissoluzione dell'impero carolingio comportò un deciso rafforzamento dei **ducati regionali** che lo componevano (Baviera, Franconia, Lotaringia, Sassonia, Svevia). Le grandi famiglie aristocratiche che li governavano riuscirono a rendere ereditaria la carica ducale e, di fatto, a trasformare questi ducati in veri e propri **regni autonomi**. Il **ruolo della monarchia** non venne messo in discussione, ma il sovrano – che veniva eletto dai nobili più potenti e proveniva dalle famiglie ducali – iniziò a rivestire un ruolo essenzialmente simbolico, dotato di limitati poteri di guida militare e di giudice supremo.
Nel 911, alla morte dell'ultimo discendente della stirpe carolingia, i «grandi» di Germania incoronarono **Corrado I** di Franconia. Nel 919 la corona passò alla **dinastia sassone** nella persona di Enrico I, cui successe, nel 936, il figlio **Ottone I**.

Il Sacro romano impero germanico alla fine del X secolo.

? Quali iniziative assunse Ottone I per restaurare l'autorità imperiale?

Ottone I, re e imperatore Ottone I di Sassonia riuscì a mantenere saldamente il potere e regnò per quasi quarant'anni, sino al 973, operando in maniera risoluta per **rafforzare l'autorità regia** e per **conferire nuovo vigore al titolo imperiale**.
Innanzitutto, cercò di consolidare il proprio prestigio sulla nobiltà tedesca: fin dalla cerimonia d'incoronazione, che si svolse ad Aquisgrana nella Cappella Palatina costruita da Carlo Magno, Ottone I si richiamò alla tradizione carolingia e fu molto attento ad esaltare gli aspetti simbolici del suo ruolo, per sottolinearne il valore e la sacralità; inoltre, strinse legami con tutti i grandi aristocratici del regno, sia laici sia religiosi, creando un'**estesa rete di alleanze**. Successivamente il sovrano tedesco puntò con fermezza a impadronirsi del titolo imperiale, che all'epoca spettava di diritto al re d'Italia. Per questa ragione intervenne nella complicata disputa per la corona italica e, dopo aver sottomesso definitivamente Berengario II, nel 962 fu incoronato solennemente **imperatore romano d'Occidente**.

Il Sacro romano impero germanico L'impero di Ottone I, che nelle intenzioni del sovrano avrebbe dovuto rinverdire i **fasti** di quello carolingio, aveva un'estensione assai minore rispetto ai domini di Carlo Magno: comprendeva Germania, Austria, Borgogna, Svizzera, Italia centro-settentrionale, Boemia e Moravia. Ne erano esclusi, dunque, la maggior parte dei territori francesi.
Richiamandosi alla tradizione imperiale romana, bizantina e carolingia, Ottone I rivestì di significati religiosi la funzione imperiale proclamandosi **protettore della fede cristiana e della Chiesa**: un ruolo sottolineato simbolicamente dal rito dell'unzione papale. In tale ottica l'imperatore promulgò il cosiddetto **Privilegio di Ottone**, un atto con cui venivano ufficialmente riconosciuti i diritti e le proprietà della Chiesa romana ma che, nel contempo, stabiliva che **il papa**, una volta eletto, **avrebbe dovuto presta-**

? Quale fu il ruolo esercitato dalla Chiesa nell'impero romano-germanico?

re giuramento di fedeltà all'imperatore, come avveniva nell'impero carolingio. Papa Giovanni XII, ostile alla decisione imperiale, l'anno seguente fu deposto e sostituito da Leone VIII.

La Chiesa fu uno dei pilastri su cui si resse l'autorità imperiale in Germania dove, per limitare il potere dell'aristocrazia laica, **Ottone I investì numerosi vescovi del titolo di conte**, concedendo loro beni terrieri e la facoltà di amministrare il territorio favorendo così la formazione di signorie ecclesiastiche ricche ed estremamente potenti e influenti dal punto di vista politico. In cambio, si riservò il diritto di intervenire nella nomina dei **vescovi-conti** e pretese da loro **un giuramento di fedeltà**. In Italia, invece, dove già l'autorità dei vescovi cattolici era assai elevata, l'imperatore ne contrastò l'influenza, favorendo nelle grandi città l'ascesa politica di nobili provenienti dalle antiche famiglie longobarde. In sostanza, a differenza di quanto aveva fatto Carlo Magno, Ottone I tentò di assumere un ruolo di preminenza nei confronti dell'autorità papale e di affermare la supremazia del potere imperiale su quello religioso.

Ottone I cercò di estendere il proprio **dominio sull'intera Penisola italiana**, ma il tentativo di conquistare con le armi i territori bizantini in Puglia e Calabria non ebbe successo. L'obiettivo fu raggiunto attraverso l'iniziativa diplomatica: nel 967 l'imperatore bizantino Giovanni Zimisce riconobbe ufficial-

Il documento

Il «Privilegio di Ottone»

Pochi giorni dopo essere stato incoronato imperatore a Roma il 2 febbraio 962, Ottone I rilasciò al papato un privilegio, il cosiddetto «Privilegio di Ottone», che confermava al pontefice una serie di possedimenti e di diritti ma che stabiliva una forma di controllo dell'impero sull'elezione pontificia.

Nel nome del Signore Dio onnipotente, Padre, Figlio e Spirito Santo. Io, Ottone, per grazia di Dio imperatore Augusto, e con noi nostro figlio Ottone, re glorioso, garantiamo e confermiamo con questo patto a te, beato Pietro, principe degli apostoli e clavigero [1] del regno dei cieli, e per te al tuo vicario il signore Giovanni XII, pontefice supremo e papa universale, tutto ciò che a partire dai vostri predecessori avete avuto in vostro potere e di cui avete disposto fino ad oggi. [...] Come abbiamo detto altrove, confermiamo con questo patto che tutti i luoghi citati vi apparterranno, e che il vostro potere non sarà sminuito né da noi né dai nostri successori; noi ci interdiciamo ogni lite o intrigo che possa sottrarvi alcunché: né cercheremo noi di farlo né consentiremo che altri cerchino; al contrario promettiamo solennemente di essere, per quanto è in nostro potere, i difensori di tutto ciò che appartiene alla chiesa del Santo Pietro e dei papi che occupano il suo sacratissimo seggio, affinché possano usare, godere e disporre indisturbati di ciò che si trova sotto il loro dominio. Salva in ogni cosa l'autorità nostra e del nostro figlio e dei nostri successori, [...] e cioè che il clero tutto e la nobiltà dell'universo popolo romano, per provvedere alle sue molteplici necessità e all'intento di ridurre i rigori irragionevoli dei pontefici nei riguardi del popolo loro soggetto, si obblighi con giuramento a che la elezione futura dei pontefici si faccia secondo i canoni e con rettitudine; e che nessuno acconsenta alla consacrazione del pontefice prima che egli faccia, alla presenza di nostri inviati o del nostro figlio ovvero di tutti quanti, a soddisfazione e per la conservazione futura di ogni cosa, una promessa tale e quale risulta abbia fatto spontaneamente Leone [2] signore e venerando padre spirituale nostro. Inoltre abbiamo previsto d'inserire in questa altre disposizioni minori: e cioè che all'elezione del pontefice nessuno libero o servo presuma intervenire allo scopo di portar qualche impedimento a quei Romani che per costituzione l'antica consuetudine dei santi padri ha ammesso a questa elezione; e se qualcuno avrà osato intervenire contro questa nostra disposizione, sia inviato in esilio. Inoltre proibiamo che alcuno dei nostri inviati osi avanzar motivo per impedir a chicchessia di partecipare alla detta elezione.

(Ottone I, *Diplomi*, DRG 1/2, n. 235, 962, in *Antologia delle fonti altomedievali*, cit.)

1 **clavigero**: possessore delle chiavi, simbolo dell'autorità religiosa sulla Chiesa.
2 **Leone**: probabilmente il successore di papa Giovanni XII, Leone VIII (963-965).

Cristo incorona l'imperatore Ottone II e la moglie Teofano. Parigi, Museo di Cluny.

mente a Ottone I il rango di «imperatore romano» e acconsentì alle nozze della nipote Teofano con il figlio del sovrano tedesco, **Ottone II**.
Il disegno ottoniano di assoggettare l'Italia meridionale proseguì tuttavia con molte difficoltà: Ottone II, divenuto imperatore nel 973 alla morte del padre, dovette fare i conti col nuovo sovrano bizantino Basilio II, il quale sconfessò il patto siglato dal predecessore; inoltre, nel 982 una spedizione militare contro gli Arabi, in Calabria, si concluse con una severa sconfitta.

> **?** Quali risultati ottenne il tentativo di restaurazione imperiale di Ottone III? Qual era la situazione dell'impero all'inizio dell'XI secolo?

Ottone III e la *renovatio imperii* Scomparso prematuramente (983) Ottone II, la corona imperiale fu retta prima dall'imperatrice Teofano e poi dalla nonna Adelaide, nell'attesa che il legittimo erede **Ottone III** giungesse alla maggiore età, il che avvenne nel 996.
Giovane intellettuale cresciuto nel mito di Roma antica e dell'impero, influenzato in questo dagli insegnamenti del suo precettore Gerberto di Aurillac, arcivescovo di Reims, e animato da un profondo spirito religioso venato di **misticismo**, Ottone III si pose l'ambizioso obiettivo della *renovatio imperii*, cioè una **restaurazione dell'impero** in cui, secondo i modelli romani e bizantini, fosse esaltata la figura simbolica e sacrale del monarca e venisse accentuato il **carattere religioso dell'autorità imperiale**.
Per realizzare questo sogno, Ottone III **rifiutò la politica di intesa e di mediazione con la nobiltà** seguita dai suoi predecessori. Non cercò alcun accordo con i grandi aristocratici dell'impero, ritenendo che la propria sovranità fosse assoluta e indiscutibile. Abbandonò a se stessa la Germania, trasferendo la propria **residenza a Roma** per sottolineare la volontà di collaborazione con il papato.
Tali scelte lo portarono a **scontrarsi** duramente **sia con la nobiltà tedesca**, scontenta del declassamento della Germania a territorio periferico dell'impero, **sia con l'aristocrazia italiana**, che da tempo godeva di un'ampia autonomia alla quale non era disposta a rinunciare. Tra il 999 e il 1001 le grandi famiglie di Roma, abituate a imporre i pontefici e a controllarne l'operato, si sollevarono ripetutamente, costringendo l'imperatore a lasciare la città e a rifugiarsi in un monastero dove morì, senza eredi, nel 1002.

La Slavonia, la Germania, la Francia e Roma rendono omaggio a Ottone III. Monaco, Staatsbibliothek.

La fine della dinastia sassone I nobili tedeschi scelsero come nuovo re di Germania il cugino di Ottone III, il **duca di Baviera Enrico II**, che mise da parte il programma di restaurazione della monarchia universale del predecessore e tornò a una **politica concreta**, **concentrando la sua azione sulla Germania** e preoccupandosi di riaffermare la propria autorità sui numerosi signori locali presenti nel territorio imperiale. Tale scopo fu perseguito da un lato aumentando il potere e i privilegi dell'aristocrazia ecclesiastica, assicurandosi così l'**appoggio di vescovi e abati nella lotta contro la nobiltà laica**, dall'altro avviando una serie di azioni militari contro gli avversari, in special modo in Italia. I successi di Enrico II non superarono, però, i contrasti fra i poteri locali e l'**autorità imperiale**, che agli inizi dell'XI secolo risultava ormai **sempre più debole** e incapace di assicurare un'amministrazione omogenea e una pace stabile in tutti i territori del regno. La progressiva dispersione del potere pubblico tra numerosi centri locali sempre più autonomi era un processo ormai inarrestabile, con cui dovette misurarsi anche la nuova dinastia imperiale che successe ai Sassoni, quella dei **Salii**, il cui primo esponente, **Corrado II** di Franconia, ottenne la corona alla morte di Enrico II nel 1024.

LA DINASTIA SASSONE		
Enrico I	919-936	Re di Germania e fondatore della dinastia sassone.
Ottone I	936-973	Incoronato imperatore nel 962, crea il Sacro romano impero germanico e tenta di imporre la supremazia del potere imperiale su quello papale.
Ottone II	973-983	Tenta inutilmente di assoggettare l'Italia meridionale.
Ottone III	983-1002	Fino alla maggiore età la corona è retta dalla madre e dalla nonna. Dal 996, cerca di restaurare l'impero secondo modelli romani e bizantini, collaborando col papato e scontrandosi con la nobiltà.
Enrico II di Baviera	1002-1024	Cerca di riaffermare la propria autorità sull'aristocrazia, soprattutto in Germania.

Verifica immediata

1 **Leggi il documento** *Il «Privilegio di Ottone»* **a p. 226, quindi:**
   1 sottolinea il passo in cui l'imperatore si impegna a difendere il dominio della Chiesa;
   2 sottolinea il passo dal quale emerge che il potere del papa è soggetto alla fedeltà all'imperatore;
   3 indica quale potere uscì rafforzato da questo documento.

2 **Quale vantaggio derivò all'imperatore dalla nomina dei vescovi-conti?**
....

3 **Rifletti sul programma politico di Ottone III: quale obiettivo si poneva l'imperatore con la *renovatio imperii*? Perché fallì?**

4 **A quale degli Ottoni si rifaceva Enrico II con la sua politica? Motiva la tua risposta.**

capitolo 1 La crisi dell'impero

4. I Normanni in Inghilterra e in Italia

Il Danelaw e l'unificazione dell'Inghilterra

Nel corso del IX secolo l'isola britannica, dove fin dal VI secolo le popolazioni degli Angli, dei Sassoni e degli Juti avevano dato vita a ad alcuni **regni** indipendenti dovette far fronte a ripetute **incursioni normanne** che, a partire dall'866, presero la forma di una vera e propria occupazione.

In poco tempo gli invasori, di **stirpe danese**, conquistarono i due terzi circa dell'Inghilterra, fondando un regno che prese il nome di **Danelaw** («territorio in cui vige la legge danese»). All'espansione danese pose un freno soltanto l'accanita resistenza guidata dal re del Wessex **Alfredo il Grande**, che grazie a un efficace sistema di fortificazioni e all'allestimento di una flotta navale, si oppose con successo agli invasori e riuscì anche a contrattaccare, **unificando** nell'893 tutta **l'isola** sotto la propria autorità.

Knut il Grande e la moglie mettono la croce sull'altare, manoscritto del 1020 ca. Londra, British Museum.

L'impero di Knut il Grande

Le scorrerie dei Danesi, tuttavia, non si interruppero. Una nuova serie di attacchi portò alla **crisi decisiva della sovranità anglosassone sull'Inghilterra**, che finì definitivamente nell'area di influenza della **monarchia danese**. La piena conquista dei territori inglesi fu compiuta nel 1016 da **Knut** («Canuto») **il Grande**, che fece dell'isola britannica il fulcro di un **grande impero** che si estese per oltre vent'anni **su tutto il mare del Nord**, comprendendo anche la **Norvegia** (assoggettata nel 1030).

Knut, che dopo la conquista dell'Inghilterra si era convertito al Cristianesimo nel tentativo di favorire la fusione tra Danesi e Inglesi, morì nel 1035 senza lasciare eredi e il suo impero non gli sopravvisse: in **Inghilterra** riprese il potere un re proveniente dalla dinastia sassone, **Edoardo il Confessore**.

La conquista normanna

La sovranità normanna sui territori britannici era tuttavia destinata a riprendere: ne fu protagonista il duca di Normandia **Guglielmo il Conquistatore**, un lontano parente di Edoardo che nel 1066, alla morte di quest'ultimo, ne reclamò il trono.

Nell'ottobre dello stesso anno Guglielmo sbarcò sulle coste inglesi con un esercito di ottomila uomini e

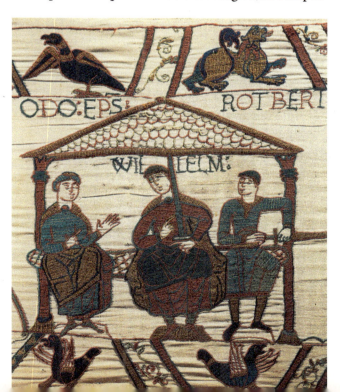

Guglielmo il Conquistatore ritratto sull'arazzo cosiddetto «di Bayeux» dell'XI secolo, che illustra la battaglia di Hastings dal punto di vista normanno.

Il duomo di Monreale in Sicilia, edificato per volere del re normanno Guglielmo II d'Altavilla (XII secolo).

in una memorabile battaglia presso **Hastings** (sulla Manica) grazie all'impiego della cavalleria corazzata contro la fanteria leggera avversaria, sconfisse gli Anglosassoni. Fu quindi incoronato re d'Inghilterra e sottopose l'isola a una dura occupazione, espropriando i signori locali delle loro terre – che furono assegnate ai Normanni – e imponendo un severo controllo amministrativo e militare su tutto il regno. Nel 1086 il sovrano promosse un minuzioso **inventario** di tutte le proprietà fondiarie, i beni e i redditi dei propri sudditi, che furono censiti e registrati nel cosiddetto *Domesday book* (il «Libro del giorno del giudizio»).

? Quali caratteristiche assunse il regno normanno nel Sud Italia?

I Normanni in Italia

Nel corso dell'XI secolo, anche l'Italia meridionale fu profondamente segnata dall'espansione normanna. Assoldati come **mercenari** dai signori longobardi e bizantini in lotta fra di loro, a partire dal 1015 gruppi di cavalieri provenienti dalla Normandia si stabilirono in Puglia e in Campania. I più attivi furono i membri della famiglia degli **Altavilla** che, dopo aver conquistato la contea di Melfi, in Puglia (1042), sotto la guida di **Roberto il Guiscardo** riuscirono a espandere enormemente la loro zona di influenza. Nello scontro con l'esercito inviato dallo Stato della Chiesa, preoccupato dall'infittirsi delle azioni militari ai suoi confini, i Normanni conseguirono un'importante vittoria (1053) e costrinsero papa Leone IX a riconoscere **Roberto il Guiscardo** come suo vassallo, investendolo ufficialmente del titolo di «**duca di Calabria e di Puglia**».

Ottenuto l'appoggio della Chiesa, tra il 1060 e il 1075 Roberto il Guiscardo **completò la conquista dell'Italia meridionale**, mentre il fratello **Ruggero I**, al termine di una guerra durata trent'anni (1061-1091) **riuscì a strappare agli Arabi la Sicilia**.

Il regno normanno nel Sud Italia (che verrà unificato nel 1130 da **Ruggero II**) riunì **popoli diversi** per religione, tradizioni e lingua: i conquistatori, tuttavia, seppero organizzare un **sistema amministrativo efficace**, in grado di garantire un **governo stabile** pur nella tolleranza delle differenti culture.

L'incontro e la convivenza tra le culture araba, greca e latina che si realizzò nell'Italia meridionale dominata dai Normanni diede vita a un'originale **mescolanza di civiltà**, che all'epoca non aveva uguali in nessun'altra regione europea.

Verifica immediata

1 Indica per ciascuno dei seguenti personaggi le imprese che lo resero celebre.
   1 Alfredo il Grande: ....
   2 Knut il Grande: ....
   3 Guglielmo il Conquistatore: ....

2 Ricostruisci le tappe dell'invasione normanna dell'Italia indicando per ciascuna delle seguenti date il rispettivo avvenimento storico.
   1 1015: .... 3 1053: ....
   2 1042: .... 4 1061-1091: ....

3 Esegui una ricerca approfondita su una o più testimonianze artistiche normanne nell'Italia meridionale (cattedrale di Cefalù; duomo di Monreale; Cappella palatina a Palermo). Puoi rintracciare notizie e informazioni in testi di storia dell'arte, enciclopedie specifiche, guide turistiche o tramite Internet.

Come facciamo a sapere

I Normanni
Le fonti scritte relative all'espansione normanna sono essenzialmente di genere letterario: brani di cronisti occidentali e racconti epici contenuti nelle saghe nordiche. Al primo genere appartengono la cronaca irlandese (scritta nel XII secolo) *La guerra dei Gaeli contro gli stranieri*, che rievoca l'occupazione vichinga dell'isola nel IX secolo, gli *Annali di Saint Bertin* (che coprono il periodo 830-882) e gli *Annali di Saint Vaast* (873-900), ricchi di testimonianze relative alle incursioni normanne in Francia. Tra i testi di origine vichinga ricordiamo *Il libro degli insediamenti*, redatto da Sturla Thordharson nel XIII secolo, la *Saga di Erik il Rosso* e la *Saga dei Groenlandesi*, che narrano della colonizzazione dell'Islanda e della Groenlandia.

Ungari e Saraceni
Resoconti delle incursioni ungare e saracene si trovano nell'*Antapodosis* del vescovo e storico Liutprando da Cremona (920-972), opera che ricostruisce con cura le principali vicende della storia dell'Occidente europeo dall'883 al 962. Tracce delle distruzioni subite a causa delle scorrerie arabe sono contenute in numerosi documenti monastici, come la *Distruzione del monastero di Farfa* scritta dall'abate Ugo nell'881.

Francia e Italia nell'età post-carolingia
Sulle vicende attraversate dalla Francia occidentale tra il IX e il X secolo si è soffermato il monaco Rodolfo il Glabro (985-1047), autore dei cinque libri delle *Storie*, una cronaca universale del periodo compreso tra il 900 e il 1046. La già citata *Antapodosis* di Liutprando è la fonte privilegiata per ricostruire i conflitti politici che hanno contraddistinto il regno d'Italia in epoca post-carolingia insieme ai numerosi atti ufficiali, i *Diplomi*, emanati dai sovrani che si sono succeduti sul trono italico, in particolar modo da Berengario I.

L'impero «tedesco»
Una preziosa fonte di informazioni sul rafforzamento della dinastia sassone in Germania e sull'ascesa di Ottone I al trono imperiale è l'opera *Gesta dei Sassoni*, redatta tra il 968 ed il 973 dal principale storico tedesco dell'epoca, il monaco Widukindo di Korvey. La storia della dinastia sassone sino al 1018 è ricostruita anche dalla *Cronaca* di Tietmaro di Merseburgo. Alle imprese di Ottone I è inoltre dedicato il volume *Gesta di Ottone*, composto tra il 964 e il 965 da Liutprando da Cremona su espresso incarico dell'imperatore. Per comprendere più a fondo il sogno di restaurazione imperiale di Ottone III è interessante la lettura del *Libro sulla ragione e l'uso della ragione* scritto nel 998 dall'arcivescovo di Reims Gerberto d'Aurillac, suo consigliere, proprio per infondere nel sovrano il desiderio di ricostruire la grandezza dell'antico impero di Roma.

Le invasioni dei secoli IX e X

Nave da guerra vichinga, miniatura del X secolo.

Tra il IX e il X secolo l'Occidente europeo fu teatro di ripetute invasioni da parte di Normanni, Ungari e Saraceni. Provenienti dalla Scandinavia, i Normanni compirono numerose incursioni in Inghilterra, Irlanda, Scozia, Francia, Germania e sulle coste del Mediterraneo, dove impiantarono insediamenti stabili. Le loro spedizioni li condussero a colonizzare l'Islanda e a raggiungere terre ignote come la Groenlandia e, forse, lo stesso continente americano.
Violente furono anche le scorribande degli Ungari provenienti dalle pianure russe: agli inizi del IX secolo penetrarono profondamente in Italia, flagellando poi l'intera Europa occidentale per oltre mezzo secolo.
Dal Mediterraneo giunse, infine, la minaccia dei Saraceni, che colpì in particolare le coste di Italia e Francia. I pirati musulmani penetrarono nella terraferma razziando città e monasteri e furono sconfitti e debellati soltanto verso la fine del X secolo.

Francia e Italia nell'età post-carolingia

Nell'888, alla morte dell'ultimo esponente della dinastia carolingia, il trono del regno di Francia passò ai Capetingi, che lo ressero sino al XIV secolo. Il re esercitava la propria autorità soltanto su una limitata area intorno alla città di Parigi e sulle terre del proprio patrimonio personale, poiché nel resto del Paese il potere apparteneva ai vari signori locali. Ancora più instabile era la situazione nei territori del regno italico, dove tra il IX e il X secolo ebbe luogo una lunga lotta per il potere tra le principali famiglie aristocratiche. Dell'instabilità politica approfittò nel 951 il re di Germania Ottone I, che intervenne militarmente e assunse la corona del regno.

Ottone I incoronato dalla Vergine, X secolo.

L'impero «tedesco»

Corona imperiale di Ottone I, manifattura tedesca del X secolo. Vienna, Kunsthistorisches Museum.

Nei territori dell'attuale Germania l'età post-carolingia vide un notevole rafforzamento dei grandi ducati regionali. Il ruolo della monarchia rimase di scarso rilievo sino a quando, nel 936, ascese al trono Ottone I di Sassonia, che seppe rafforzare l'autorità regia e che assunse il titolo di imperatore d'Occidente. Promulgò il Privilegio di Ottone, che riconosceva i diritti e le proprietà ecclesiastiche ma stabiliva che il papa dovesse giurare fedeltà all'imperatore. Anche Ottone III cercò di rafforzare il ruolo imperiale, ispirandosi al modello romano (la cosiddetta «renovatio imperii»): il tentativo suscitò l'ostilità dei nobili che si ribellarono e lo costrinsero alla fuga. Neppure Enrico II fu in grado di porre un freno alla progressiva dispersione del potere fra le numerose autonomie locali. Alla sua morte, nel 1024, l'ascesa al trono di Corrado II il Salico segnò la fine della dinastia sassone.

I Normanni in Inghilterra e in Italia

La presenza normanna nell'Europa occidentale assunse una forma ampia e stabile, tra il X e l'XI secolo, in Inghilterra e in Italia. Già nel IX secolo i Danesi erano riusciti a conquistare buona parte dell'isola britannica, dove avevano dato vita al regno del Danelaw. Dopo la riscossa sassone, nel 1016 i Normanni riassunsero il controllo dell'Inghilterra con Knut il Grande; in seguito, la dominazione divenne definitiva con Guglielmo il Conquistatore, che nel 1066 sbarcò sull'isola e assunse la corona del regno.
Un regno normanno si costituì anche nell'Italia meridionale, dove nell'XI secolo i cavalieri normanni della famiglia degli Altavilla, giunti per combattere al servizio dei signori locali, acquisirono progressivamente territori e potere. Dopo aver strappato agli Arabi la Sicilia, nel 1130 i Normanni unificarono l'intero Sud Italia.

Fanti e cavalieri sul campo di battaglia di Hastings, particolare dell'arazzo di Bayeux, XI secolo.

Il sistema feudale

- **IX secolo** — Inizia il fenomeno dell'incastellamento
- **877** — Capitolare di Quierzy
- **1037** — Constitutio de feudis
- **XII secolo** — Nasce la letteratura cavalleresca
- **XI secolo** — Affermazione del feudalesimo

800 d.C. — 1200 d.C.

1. L'ordinamento signorile

? Quali fattori determinarono la progressiva autonomia delle signorie feudali?

La nascita della signoria territoriale Nei territori dell'impero carolingio Carlo Magno e i suoi successori, per governare, avevano fatto ampio ricorso ai **rapporti vassallatico-beneficiari** (vedi p. 195). Nel corso di una cerimonia solenne, chiamata «investitura», il sovrano concedeva un possedimento terriero (detto «**beneficio**» o «**feudo**») a un vassallo, che acquisiva il diritto di amministrarlo direttamente, in cambio del giuramento di fedeltà personale verso il sovrano.
Tale sistema si rivelò efficace e funzionale finché durarono l'unità, la stabilità e il prestigio della monarchia; finché, cioè, l'autorità esercitata dal sovrano fu in grado di coordinare e controllare i numerosi signori locali tra i quali egli aveva suddiviso il potere. Quando però, nel corso del IX secolo, l'impero cominciò a disgregarsi, **l'autorità regia si indebolì** progressivamente e **i grandi feudatari acquisirono sempre maggiore autonomia**, sino a impadronirsi a titolo personale di quei poteri pubblici che avevano ricevuto soltanto in delega dall'imperatore.
Duchi, **conti** e **marchesi** cominciarono a **considerare le cariche e i feudi** di cui erano stati investiti **come proprietà** a tutti gli effetti, appartenenti a pieno titolo al proprio patrimonio personale. Contemporaneamente, divenne sempre più forte la spinta a **intendere in senso ereditario i benefici** in genere e la carica di conte in particolare. Questa tendenza trovò un riconoscimento ufficiale nell'877, quando l'imperatore **Carlo il Calvo** emanò il **Capitolare di**

Le parole della storia — Feudo / feudatario

Nell'Alto Medioevo il termine «feudo» indicava un beneficio (perlopiù un territorio, ma anche una carica o altro) concesso in godimento da un signore a un suo subalterno in cambio di determinate prestazioni e rappresentava la manifestazione materiale di un vincolo di fedeltà stretto tra i due soggetti. Il termine designava anche il territorio stesso su cui si esercitava il potere di un feudatario, che in qualità di vassallo riceveva beni e protezione da un potente in cambio della sottomissione. In base a un giuramento di fedeltà, il feudatario era tenuto a pagare un tributo al proprio signore e a fornire in caso di guerra un contingente di soldati. A partire dall'XI secolo, sempre più sovente i feudatari cominciarono a sottrarsi ai vincoli nei confronti dei signori più potenti e ad assumere in maniera autonoma e indipendente l'autorità sui propri feudi, frammentando il panorama politico.

Miniatura del XII secolo raffigurante un re che riceve l'omaggio dei suoi vassalli.

Quierzy, che concesse ai feudatari maggiori (conti e marchesi) il diritto di trasmettere in eredità il proprio feudo ai figli, ponendo fine all'obbligo di restituirlo all'imperatore al momento della morte dei titolari dell'investitura.

La disposizione fu promulgata in occasione della spedizione militare in Italia diretta ad assumere la corona imperiale, per tutelare i diritti dei vassalli impegnati al seguito dell'imperatore: in caso di morte di un vassallo, veniva riconosciuto il passaggio del suo feudo al figlio. La norma aveva un carattere provvisorio, ma fu interpretata dalla grande aristocrazia come una completa legittimazione dell'ereditarietà dei benefici e degli incarichi pubblici ricevuti. A partire dagli ultimi anni del IX secolo i **grandi feudatari** iniziarono così a **esercitare sui loro territori funzioni pubbliche al di fuori di qualsiasi controllo e legittimazione dall'alto**.

I feudi maggiori si trasformarono in vere e proprie **signorie territoriali**, governate in maniera autonoma da **dinastie aristocratiche** dotate di tutte quelle prerogative che in precedenza appartenevano esclusivamente sovrano. Il potere cessò di derivare dall'investitura da parte di un'autorità superiore e iniziò a fondarsi su quegli elementi concreti che consentivano di esercitarlo materialmente: la disponibilità di un **vasto patrimonio terriero** e di un **ampio numero di seguaci armati**. Questi ultimi venivano reperiti attraverso l'estensione dei rapporti di vassallaggio all'aristocrazia minore: conti e marchesi, infatti, potevano a loro volta concedere benefici e cariche ai nobili che risiedevano all'interno della loro signoria, trasformandoli in **vassalli minori** (**valvassori**) e affidando loro, in cambio della fedeltà e dell'appoggio militare, la gestione amministrativa di determinate porzioni del territorio.

Signorie ecclesiastiche e signorie fondiarie

> **?** In che modo le signorie fondiarie si trasformarono in signorie territoriali?

La formazione di signorie territoriali indipendenti dal potere centrale non riguardò soltanto contee e marchesati: un'evoluzione analoga conobbero i grandi **domini vescovili e monastici** come le abbazie, che godevano dell'immunità (vedi p. 196) e che approfittarono della crisi dell'autorità imperiale per iniziare ad agire come centri autonomi di potere. Altre signorie territoriali presero infine forma per iniziativa autonoma di alcuni **signori fondiari** che, non avendo ricevuto alcuna investitura ufficiale che li elevasse al rango di feudatari, in teoria non avrebbero potuto svolgere alcuna funzione amministrativa, né detenere una qualsiasi forma di potere pubblico. Come abbiamo visto nell'unità precedente, nei territori dell'impero esistevano **grandi possedimenti terrieri** in cui i proprietari, grazie alla loro posizione economica, esercitavano comunque poteri di comando, di coercizione e di giustizia inferiore sui contadini che vi risiedevano. Nel corso del IX secolo queste grandi aziende agrarie si erano di fatto trasformate in importanti **centri di potere a dimensione locale** e i signori fondiari avevano preso a emulare, tanto nello stile di vita quanto nell'effettivo esercizio delle funzioni pubbliche, le figure dei feudatari maggiori, fino ad estendere la loro **giurisdizione** anche alle terre situate al di fuori dei confini della *curtis*, dando vita al cosiddetto *dominatus loci* (vedi p. 206). Con la dissoluzione dell'impero carolingio, e in maniera sempre più diffusa tra il X e l'XI secolo, anche queste **signorie fondiarie** assunsero tutte le caratteristiche della signoria territoriale, conquistando una **piena autonomia**.

Il tratto comune a tutti questi tipi di signoria territoriale fu infatti l'esercizio del cosiddetto **potere di banno** (dal termine di origine germanica *ban*), ovvero non solo il controllo economico sulla popolazione sottoposta, ma anche il diritto di emanare ordini in campo militare, giudiziario e fiscale e di punire coloro che non vi obbedivano. Questa facoltà, un tempo riservata ai sovrani, intorno all'XI secolo era ormai diventata prerogativa di ciascuna delle numerose signorie in cui era suddiviso l'Occidente europeo.

> **?** Quali scopi aveva la costruzione di castelli e fortezze?

L'incastellamento Un aspetto fondamentale del processo che, nei secoli centrali del Medioevo, condusse alla frammentazione del potere in innumerevoli signorie territoriali fu la **costruzione di fortezze e castelli**. Il fenomeno prese il via nel IX secolo, quando emerse con urgenza la necessità di difendersi dalle invasioni di Normanni, Ungari e Saraceni: di fronte all'evidente incapacità da parte del potere centrale di garantire la sicurezza, i feudatari e i grandi proprietari – sia laici sia ecclesiastici – assunsero l'iniziativa di innalzare fortificazioni, mura e torri in grado di proteggere i propri territori e i loro abitanti.

La costruzione di fortezze, che proseguì anche dopo la fine delle invasioni, assunse anche un **significato politico**: i signori, sfruttando le condizioni di timore e di insicurezza in cui si trovava la popolazione, si servirono dei castelli per **rafforzare il loro potere**. Se per i feudatari maggiori il castello divenne essenzialmente l'**emblema del proprio prestigio** e dell'indipendenza ormai definitivamente strappata a un sovrano, per i signori fondiari costituì un efficace **strumento per estendere la loro autorità** al di fuori

Il documento

Il Capitolare di Quierzy

Alla vigilia della partenza per l'Italia, dove andava a ricevere la corona imperiale assegnatagli da papa Giovanni VIII, Carlo il Calvo emanò il Capitolare di Quierzy-sur-Oise: esso non istituì espressamente l'ereditarietà dei feudi maggiori, ma prese atto di una situazione di fatto.

Se sarà morto un conte, il cui figlio sia con noi, nostro figlio, insieme con gli altri nostri fedeli disponga di coloro che furono tra i più familiari e più vicini al defunto, i quali insieme con i ministeriali[1] della stessa contea e col vescovo amministrino la contea fino quando ciò sarà riferito a noi. Se invero [il defunto] avrà un figlio piccolo, questo stesso insieme con i ministeriali della contea e il vescovo, nella cui diocesi si trova, amministri la medesima contea, finché non ce ne giunga notizia. Se invece non avrà figli, nostro figlio, insieme con i rimanenti nostri fedeli, decida chi, insieme con i ministeriali della stessa contea con il vescovo, debba amministrare la stessa contea, finché non arriverà la nostra decisione. E a causa di ciò nessuno si irriti se affideremo la medesima contea a un altro, che a noi piaccia, piuttosto che a colui il quale fino ad allora la amministrò. Ugualmente, dovrà essere fatto anche dai nostri vassalli. E vogliamo ed espressamente ordiniamo che tanto i vescovi, quanto gli abati e i conti, o anche gli altri nostri fedeli cerchino di applicare le stesse regole nei confronti dei loro uomini. Se qualcuno dei nostri fedeli, dopo la nostra morte, [...] vorrà rinunciare al mondo, lasciando un figlio o un parente capace di servire lo stato, egli sia autorizzato a trasmettergli i suoi *honores*[2]. [...]

E se vorrà vivere tranquillamente sul suo allodio, nessuno osi ostacolarlo in alcun modo né si esiga da lui null'altro che l'impegno di difendere la patria.

(*Capitolare di Quierzy-sur-Oise*, 877, in *Antologia delle fonti altomedievali*, cit.)

1 **i ministeriali:** agenti incaricati di gestire per conto del signore parti dei suoi possedimenti.
2 **honores:** i titoli e i benefici concessi dal sovrano al vassallo.

Il castello di Harlech nel Galles nord-occidentale, XIII secolo.

I CASTELLI

A partire dal IX secolo, castelli e fortezze iniziarono a sorgere in tutto l'Occidente europeo. Le originarie costruzioni in legno presenti in ville e villaggi furono quasi ovunque sostituite da edifici in pietra, imponenti e robusti.

Pur molto diversi a seconda delle regioni e delle epoche in cui sorsero, i castelli avevano in comune alcuni elementi caratteristici. Un profondo fossato, talvolta riempito d'acqua, circondava una robusta cinta di mura, alta tra i sei e i dieci metri, in laterizi o costituita da blocchi di pietra. Lungo le mura si ergevano delle torri, più alte e imponenti agli angoli della cinta e nei pressi del portone d'ingresso; quest'ultimo, di legno massiccio, era spesso rinforzato dalla presenza di saracinesche in ferro. Sul bordo interno delle mura, protetto dall'esterno da piccoli ripari rettangolari detti «merli», trovava spazio un lungo corridoio in legno o in mattoni o in pietra detto «camminamento di ronda», sul quale prendevano posto le sentinelle e, in caso di attacco, gli arcieri.

All'interno delle mura si aprivano vari cortili in cui si trovavano le scuderie, i magazzini, le abitazioni dei soldati e degli inservienti, i laboratori artigianali, la chiesa. L'abitazione vera e propria del signore era situata nel «torrione», un grande edificio quadrato a più piani: al pianterreno erano collocate le cucine, la cantina e altri locali di servizio; al primo piano trovava posto un salone, dove si svolgevano cerimonie pubbliche come i banchetti e le udienze; i piani superiori ospitavano gli appartamenti privati del signore, dei suoi familiari e della servitù.

---

dei confini della grande proprietà terriera e giungere a sottomettere non soltanto i contadini dipendenti economicamente dal latifondo, ma tutti gli abitanti della zona.

Analogamente si comportarono, nelle città, i **vescovi**, che a partire dal X secolo provvidero a dotare gli insediamenti urbani in cui risiedevano di mura e fortificazioni, accentuando nello stesso tempo il loro **ruolo di capi politici** nei confronti delle comunità cittadine.

La *Constitutio de feudis* Il rafforzamento dei poteri e delle autonomie signorili compì un ulteriore passo in avanti nel 1037, quando l'imperatore **Corrado II il Salico** emanò la *Constitutio de feudis* («Costituzione dei feudi»). Intenzionato a **favorire i vassalli minori** per assicurarsene la fedeltà, l'imperatore decretò l'**irrevocabilità** e l'**ereditarietà** dei loro feudi, stabilendo che nessun conte o vescovo potesse privare un valvassore del beneficio ricevuto senza un grave motivo. Fu inoltre vietato ai grandi feudatari di togliere o cedere ad altri le cariche concesse ai valvassori senza il loro consenso. In questo modo, **la feudalità minore fu posta sullo stesso piano di quella maggiore** e ciò, a dispetto delle intenzioni dell'imperatore, finì per allentare ulteriormente i legami di dipendenza fra i signori locali e la corona. Anche i vas-

Albero genealogico di un feudatario di epoca altomedievale.

salli minori, da quel momento in poi, poterono reclamare e conseguire un'**indipendenza analoga a quella ottenuta dai grandi aristocratici**.

> ? Quali sono le principali caratteristiche del sistema feudale?

L'affermazione del feudalesimo Alla fine dell'XI secolo dunque, a una forma di organizzazione politica fondata su una forte autorità centrale capace di controllare e amministrare un vasto territorio (quale era l'impero carolingio) si era ormai sostituito un **sistema caratterizzato dalla frammentazione del potere** in numerose **unità politico-territoriali**: i **feudi**. Gli storici hanno chiamato questo **sistema «feudale»**.

L'intero territorio dell'impero d'Occidente risultava frantumato in un **mosaico di signorie**, dotate di una più o meno vasta **autonomia politica, economica e militare**, che non avevano più nulla in comune con gli originari distretti carolingi: ai **grandi feudi appartenenti a conti e marchesi si mescolavano signorie territoriali di dimensioni minori ma con caratteristiche simili**, rette da valvassori, da grandi proprietari terrieri o da alti prelati (abati, vescovi). Non di rado accadeva che una determinata zona si trovasse a **dipendere da più poteri signorili**: poteva succedere che alcuni villaggi fossero sottoposti contemporaneamente all'autorità di un feudatario maggiore e a quella di un altro signore territoriale; lo stesso individuo poteva essere soggetto a più signori e dovere, a ciascuno, diversi pagamenti e prestazioni.

I poteri signorili Ai sudditi ciascun signore poteva imporre – oltre alle *corvées*, che consistevano nella lavorazione delle terre signorili – turni di guardia, **lavori di manutenzione** del castello e di altri edifici,

Il documento

La *Constitutio de feudis*

Nell'anno 1037, durante l'assedio di Milano, l'imperatore Corrado II emanò l'editto Constitutio de feudis *(Disposizioni sui feudi), un provvedimento teso a livellare le forze feudali allo scopo di rafforzare il proprio potere.*

Nel nome della santa ed indivisibile Trinità, Corrado II per grazia di Dio augusto imperatore dei Romani. 1. Vogliamo sia reso noto ai fedeli della Santa Chiesa di Dio e ai nostri sudditi, così presenti come futuri, che noi, al fine di riconciliare gli animi dei signori e dei vassalli, sì che si possano vedere sempre gli uni concordi con gli altri e servano devotamente con fedeltà e perseveranza noi e i loro signori, ordiniamo e decidiamo con fermezza: che nessun vassallo di vescovi, abati e badesse, di marchesi o conti o chiunque altro che abbia un beneficio dai nostri beni pubblici o dalle proprietà ecclesiastiche o che lo abbia avuto, anche se adesso lo abbia perso per ingiustizia, sia che appartenga ai nostri vassalli maggiori, sia ai loro valvassori, non perda il suo beneficio senza colpa certa e dimostrata e se non secondo le costituzioni dei nostri predecessori e il giudizio dei loro pari.
2. Se avverranno contese fra signori e vassalli, benché i loro pari abbiano giudicato che il vassallo debba essere privato del beneficio, se egli dirà che ciò fu deciso ingiustamente e per odio, terrà il beneficio stesso sino a che il signore e chi ha fatto l'accusa coi pari suoi si porteranno alla nostra presenza e qui la causa sarà decisa secondo giustizia. Se tuttavia i pari dell'incolpato verranno meno ai signori, egli manterrà il beneficio sino a quando verrà in nostra presenza col suo signore e i pari. Invece il signore o il vassallo incolpato che deciderà di venire da noi, renderà nota la sua decisione sei settimane prima di mettersi in viaggio. E ciò sarà rispettato dai vassalli maggiori.
3. Per i minori, invece, nel regno le cause saranno discusse di fronte al signore o al nostro messo.
4. Comandiamo inoltre che quando un vassallo maggiore o minore muoia, suo figlio ne erediterà il beneficio. Se il vassallo non avrà figli ma lascerà un nipote figlio del suo figlio, questi avrà parimenti il beneficio con l'osservanza dell'uso seguito dai vassalli maggiori, per quanto attiene la consegna dei cavalli e delle armi ai loro signori. Se egli non lascerà un nipote ma un fratello legittimo e consanguineo, se questi avesse offeso il signore e volesse fare ammenda diventando suo vassallo, avrà il beneficio che fu già di suo fratello.

(Constitutio de feudis, 1,45, in *Antologia delle fonti altomedievali*, cit.)

Il giudice (un conte) ascolta i testimoni e l'imputato durante un processo. Miniatura dal *Codice sassone*, XIII secolo.

di strade, canali e argini fluviali. Poteva pretendere il **pagamento di tasse** tradizionalmente dovute al potere pubblico, come ad asempio l'*albergaria* (un versamento in natura per provvedere all'alloggiamento del re e del suo seguito) e alcuni pagamenti per il diritto di utilizzare ponti, pozzi, porti e boschi. Altre imposizioni erano più tipiche della dimensione locale e collegate direttamente alle funzioni svolte dal signore nei confronti della comunità contadina che viveva sulle sue terre: era questo il caso della *taglia*, dovuta in cambio della protezione militare ricevuta, oppure dei numerosi tributi richiesti per consentire l'utilizzo di mulini, forni, frantoi e pascoli, dei quali il signore aveva il totale monopolio.

In questo aggrovigliato intreccio di poteri la coesistenza, sovente difficile, era di solito regolata dal criterio dell'**amministrazione della giustizia**: l'alta giustizia, relativa ai reati più gravi, competeva ai principati più estesi, mentre quella minore, legata alla vita quotidiana nelle campagne, era esercitata dalle signorie più piccole contenute all'interno di quelle maggiori. Ciò non impediva che in numerose circostanze tra i signori feudali si scatenassero aspri contrasti, destinati a sfociare in **violenti conflitti e guerre**.

Verifica immediata

1 Completa la mappa concettuale con le informazioni richieste.

> Effetti derivanti dalla disgregazione dell'impero:
> ....

> Nuovo atteggiamento dei duchi e dei marchesi rispetto ai feudi:
> ....

> Riconoscimenti ufficiali sui feudi maggiori e minori con relative date e contenuti:
> ....

2 Scegli l'alternativa corretta, quindi spiega in che cosa consisteva il potere di banno.

Il potere di banno:
- **a** fu abolito per volontà dell'imperatore.
- **b** rimase saldo nelle mani dei sovrani.
- **c** allargò notevolmente il potere dei feudatari.
- **d** fu prerogativa delle signorie ecclesiastiche.

3 Esponi i motivi per cui la costruzione di fortezze proseguì anche dopo la fine delle invasioni.

4 Quali erano i diversi tipi di signorie e da chi erano rette?

2. La società feudale

? Quali erano le tre classi in cui era divisa la società feudale?

Una società tripartita

Lo sviluppo del sistema feudale fu accompagnato da profonde **trasformazioni nella società**, che nell'Alto Medioevo assunse una fisionomia particolare e decisamente nuova rispetto ai secoli precedenti. La ricerca della protezione di un potente per sfuggire alla povertà e alla paura, l'affermazione di vincoli di dipendenza da uomo a uomo e la diffusione della pratica del vassallaggio condussero a una **società fortemente gerarchizzata** e sostanzialmente **ripartita in tre ordini**, secondo una distinzione operata fin dall'XI secolo da Adalberone, vescovo di Laon, nel poema *Carme per il re Roberto* (composto intorno al 1031): **sacerdoti**, **guerrieri** e **lavoratori**.

I tre ordini della società feudale, miniatura del XIII secolo.

Il documento

La società dei tre ordini

Adalberone di Laon, *Carme per il re Roberto*

Vescovo, poeta e intellettuale, Adalberone di Laon scrisse nel 1031 quest'opera per il re capetingio Roberto II il Pio che gli aveva chiesto un'opinione sulla composizione della società del tempo. In essa è contenuta la celebre teoria dei tre ordini, ovvero della divisione della società del Medioevo in tre classi sociali (sacerdoti, guerrieri, lavoratori).

La società dei fedeli[1] forma un solo corpo, ma lo Stato[2] ne comprende tre. Perché la legge umana distingue altre due classi: nobili e servi, infatti, non sono retti dallo stesso regolamento. Due personaggi occupano il primo posto: uno è il re, l'altro l'imperatore; dal loro governo vediamo assicurata la solidità dello Stato; il resto dei nobili ha il privilegio di non essere soggetto ad alcun potere, purché si astenga dai crimini che reprime la giustizia regale. Essi sono i guerrieri, protettori delle chiese; sono i difensori del popolo, dei grandi come dei piccoli, di tutti, insomma, e garantiscono al tempo stesso la propria sicurezza. L'altra classe è quella dei servi: questa razza infelice non possiede nulla se non al prezzo della propria fatica. Chi potrebbe, con i segni dell'abaco[3] fare il conto delle occupazioni che assorbono i servi, delle loro lunghe marce, dei duri lavori? Denaro, vesti, cibo, i servi forniscono tutto a tutti; non un uomo libero potrebbe vivere senza i servi. La casa di Dio[4], che si crede una, è dunque divisa in tre: gli uni pregano, gli altri combattono, gli altri infine lavorano. Queste tre parti coesistono e non sopportano di essere disgiunte; i servizi resi dall'una sono la condizione delle opere delle altre due; e ciascuna a sua volta s'incarica di soccorrere l'insieme. Perciò questo legame triplice è nondimeno uno; così la legge ha potuto trionfare e il mondo godere della pace.

(Adalberone di Laon, *Carme per il re Roberto*, in *Antologia delle fonti altomedievali*, cit.)

1 **società dei fedeli:** la comunità dei battezzati, che hanno fede in Cristo.
2 **lo Stato:** la società civile.
3 **con i segni dell'abaco:** l'abaco era uno strumento di calcolo, già noto presso le civiltà antiche, molto usato nel Medioevo. Adalberone vuole dire che le operazioni richieste ai servi sono incalcolabili.
4 **casa di Dio:** la società umana.

La suddivisione faceva riferimento alle **funzioni svolte da ciascuno** dei tre ordini: la **preghiera per i sacerdoti**, il **combattimento per i guerrieri** e il **lavoro per contadini e artigiani**; ogni gruppo era incaricato di svolgere le attività necessarie per la sopravvivenza degli altri, come prevedeva l'ideale cristiano.

Il **clero** era situato **al primo posto** della scala gerarchica, poiché la religione cristiana rivestiva una posizione preminente nella società del tempo. Al **secondo posto**, con compiti di difesa della Chiesa e del popolo, si collocava l'ordine dei guerrieri, che Adalberone faceva coincidere con la **nobiltà**. Si trattava in realtà di un gruppo sociale dalla composizione abbastanza varia, che riuniva insieme esponenti della feudalità maggiore (sovrani, duchi, marchesi, conti) e di quella inferiore (i vassalli minori). All'ultimo gradino della scala sociale vi erano i **lavoratori**, una categoria che comprendeva **contadini** (la maggioranza) ma anche **artigiani**, **mercanti**, **funzionari statali**.

> **?** Qual era il ruolo sociale della nobiltà?

La nobiltà Nei secoli centrali del Medioevo il requisito fondamentale per appartenere all'aristocrazia era il **possesso della terra**. L'aristocrazia terriera si trasformò però in **nobiltà** vera e propria solo quando al possesso di beni fondiari poté unire, grazie all'investitura da parte di un potere superiore, un **titolo** o una **carica ufficiale** e, successivamente, la **possibilità di trasferire agli eredi i propri privilegi**. Nell'età feudale la categoria si restrinse dunque ai soli **vassalli**.

Tra il X e l'XI secolo, i vassalli assunsero inoltre il **monopolio dell'attività militare**. Mentre, in precedenza, l'arruolamento dei combattenti, chiamati **cavalieri**, avveniva anche tra le fila delle persone di umili origini, durante il feudalesimo il dovere di prestare servizio militare a fianco del signore di rango più elevato – che nella mentalità dell'epoca rappresentava un importante privilegio – divenne compito esclusivo dei vassalli. Soltanto i ricchi aristocratici, infatti, potevano permettersi il costoso equipaggiamento militare richiesto, che comprendeva, oltre al cavallo, armature, elmi, scudi, spade e lance. La figura del nobile finì così per coincidere con quella del cavaliere e il gruppo sociale della **nobiltà combattente** diventò un'**élite abbastanza ristretta**, che prese il nome di **cavalleria** (vedi p. 242).

Quando i signori ottennero il diritto all'ereditarietà dei feudi, l'**ingresso nella cavalleria** divenne l'**unica possibilità di affermazione sociale per i figli minori** delle grandi famiglie aristocratiche: poiché la discendenza ereditaria era riservata ai primogeniti, i «**cadetti**» (così erano chiamati gli altri figli) ricercavano potere e prestigio personale distinguendosi in operazioni di guerra o in avventure e scorribande. Sovente si riunivano in compagnie che si spostavano di corte in corte, partecipando a combattimenti e tornei. Se avevano successo, potevano essere reclutati da un signore tramite l'istituto del vassallaggio e ottenere così un possedimento fondiario, che permetteva loro di divenire signori territoriali.

Combattimento tra soldati, da una *Bibbia* miniata del XIII secolo. Montpellier, Musée Atger.

capitolo 2 Il sistema feudale

Contadini al lavoro nei campi, da un'edizione miniata della *Bibbia* dell'XI secolo. Città del Vaticano, Biblioteca Apostolica Vaticana.

? Qual era la condizione dei contadini?

I contadini Fino al X secolo i contadini che vivevano e lavoravano nel grande possedimento fondiario, la *curtis*, godevano di condizioni giuridiche e sociali abbastanza differenziate: come abbiamo visto nell'unità precedente, oltre ai **servi** (distinti in «servi casati», cioè quei contadini che possedevano un'abitazione, e «servi prebendari», incaricati di coltivare le terre signorili in cambio di vitto e alloggio) vi erano infatti i **coloni indipendenti**, piccoli proprietari che coltivavano i loro poderi in regime di semilibertà.
Man mano che il signore assunse funzioni più ampie e le corti si trasformarono in signorie fondiarie e, poi, in vere signorie territoriali, il **rapporto di subordinazione dei contadini** nei confronti del signore **si accentuò**. I contadini si ritrovarono ad appartenere a due sole categorie giuridiche: i servi e i liberi, anche se, di fatto, la distinzione non era così marcata e i confini tra le condizioni di libertà e di servitù si fecero sempre più incerti.
I **servi**, privi di ogni diritto, si trovavano in uno stato di **dipendenza assoluta dal padrone**. Erano di proprietà del signore come qualsiasi altro bene, facevano parte del suo patrimonio personale e come tali potevano essere venduti o ceduti in eredità ai suoi successori. Lavoravano sui terreni del signore, oppure potevano gestire un podere come servi casati, ma non potevano lasciare la terra se non in seguito all'affrancamento. Per questa ragione in passato gli storici avevano coniato per tale categoria sociale la definizione di **servi della gleba** (che significa «servi della terra»).
I **contadini liberi** beneficiavano della libertà giuridica, ma come i servi erano soggetti alle **angherie** del signore e la loro condizione economica non era

migliore: servi e liberi erano accomunati dal medesimo tenore di vita, prossimo alla pura sussistenza. In molti casi, inoltre, i piccoli proprietari erano costretti a cedere le loro terre ai signori, finendo per smarrire del tutto la loro indipendenza.

Il clero Il modello sociale proposto da Adalberone dava risalto alla classe sociale degli *oratores*, coloro che pregano. Con questo termine intendeva tutta la categoria dei religiosi, composta dai **chierici** (che operavano nelle chiese vescovili, nelle cattedrali e nelle parrocchie) e dai **monaci**. Ad essi spettava l'importante compito di predicare la fede cristiana, di evangelizzare la popolazione, di celebrare le funzioni religiose e di gestire e amministrare la comunità ecclesiastica.

? Come era composto il clero? Qual era la sua funzione sociale?

L'ordine ecclesiastico costituiva un ceto a parte, dotato di **tradizioni e leggi proprie** (i sacerdoti, ad esempio, avevano il diritto di essere giudicati da un tribunale religioso e non da quello civile) e rigorosamente diviso sulla base di un **criterio gerarchico**. I membri di rango più elevato, che affiancavano la nobiltà nel comando e nell'organizzazione del lavoro nelle campagne e nelle città, provenivano solitamente dalle principali famiglie aristocratiche, che spesso avviavano i figli cadetti alla carriera ecclesiastica per estendere il loro potere. Nel periodo della decadenza delle città, infatti, i vescovi diventavano sovente l'**unica autorità politica** e si comportavano di conseguenza come **signori territoriali**. Parallelamente, anche nelle campagne le comunità religiose si trovarono a esercitare poteri pubblici e a rivestire ruoli sociali di prestigio.
Gli individui di condizione più umile, invece, potevano aspirare al massimo a diventare modesti preti di campagna oppure «conversi» nei monasteri, cioè frati di livello inferiore (in chiesa occupavano un posto vicino alla porta, lontano dall'altare) destinati a svolgere attività pratiche, a differenza dei monaci veri e propri, impegnati essenzialmente in attività di preghiera, di meditazione e di studio.
Per diventare sacerdote era richiesto un lungo perio-

Miniatura del XII secolo che ritrae l'offerta di denaro ad alcuni religiosi per far entrare uno studente in collegio.

do di preparazione, articolato in sette tappe. Più agevole era il percorso per diventare monaci: dopo un periodo di prova, il candidato era ammesso a pronunciare i voti solenni di povertà, di castità e di obbedienza all'abate e alla regola dell'ordine.

Verifica immediata

1 Leggi il documento *La società dei tre ordini* a p. 239, quindi:
  1. sottolinea i componenti delle prime due classi;
  2. indica come vengono definiti i contadini;
  3. sottolinea le funzioni dei tre ordini;
  4. esprimi le tue valutazioni sull'ultima parte del testo, in particolare in merito all'idea di pace espressa dall'autore.

2 Quali erano i gruppi che componevano l'ordine cavalleresco e quali i loro compiti?

3 Nella gerarchia ecclesiastica quali evidenti differenze correvano fra i membri di rango più elevato e gli individui di condizione più umile?

3. La cavalleria

Natura e composizione della cavalleria. In età feudale, la **cavalleria** – ovvero l'ordine militare che comprendeva i combattenti a cavallo – era costituita da un gruppo privilegiato e ristretto di guerrieri che coincideva ormai con la nozione stessa di «nobiltà». Ne facevano parte i **vassalli**, che essendo legati a un signore da un vincolo di fedeltà erano tenuti a servirlo militarmente (i cosiddetti *milites casati*, cioè «accasati», poiché risiedevano sulle proprie terre), ma anche una schiera di **cavalieri domestici** posti più direttamente, e in permanenza, alle dipendenze del potente (i *milites castri*, ovvero «accampati»): nutriti e alloggiati presso il castello, questi cavalieri, più o meno numerosi a seconda del rango del signore, ne costituivano la **guardia personale** e formavano il nucleo principale delle sue truppe. Sovente erano parenti, amici, piccoli proprietari provenienti dalle vicinanze o figli cadetti di altri importanti aristocratici.

A partire dall'XI secolo si diffuse un terzo tipo di cavalieri: i **guerrieri mercenari** che, non essendo né vas-

Un cavaliere, in ginocchio, rende omaggio al sovrano, miniatura da un manoscritto del XIV secolo. Parigi, Bibliothèque Nationale.

L'EQUIPAGGIAMENTO DEI CAVALIERI

Per svolgere la loro funzione ordinaria, che consisteva nel combattere con la lancia e la spada in campo aperto, i cavalieri erano dotati di un equipaggiamento complesso e costoso: portavano cotte di maglia formate da sottili anelli di metallo intrecciati, che ricoprivano il busto dalle spalle alle ginocchia; sopra la cotta indossavano una corazza, sostituita verso la metà del XIV secolo da un'armatura articolata che rivestiva tutto il corpo. Sul capo veniva posto un elmo cilindrico o conico chiuso, provvisto di fessure per gli occhi e fori per l'aerazione.
La protezione era fornita da uno scudo, il cui uso scomparve quando furono introdotte le armature complete. Tra l'XI e il XII secolo, negli scontri armati i cavalieri utilizzavano una spada leggera, lunga circa un metro e una lancia di circa due metri e mezzo; tali armi si allungarono e si appesantirono nei secoli successivi. Anche il cavallo era protetto da coperture in maglia di ferro e, sovente, era rivestito da una bardatura colorata in stoffa.

Il giuramento di fedeltà al sovrano durante la cerimonia di investitura di un cavaliere. Pagina miniata da un codice del XIV secolo.

salli né cavalieri domestici, non erano tenuti a servire militarmente un particolare signore e potevano offrire le loro armi a chiunque fosse in grado di ricompensarli adeguatamente con beni, terre o cariche feudali.

La cerimonia dell'investitura Diventare cavaliere richiedeva un lungo **apprendistato**: fin da bambini, i candidati venivano affidati a un appartenente all'ordine, presso il quale prestavano servizio prima come **paggi** e quindi come **scudieri**, per apprendere le **tecniche militari** e il **codice di comportamento** proprio della cavalleria. Una volta raggiunta l'età e acquisite le capacità richieste, il futuro cavaliere poteva accedere ufficialmente alla carriera delle armi. Fino a tutto il XII secolo, l'ingresso nella cavalleria non prevedeva un rituale particolarmente accurato. L'evento era celebrato semplicemente con la **consegna delle armi** da parte del signore: con questo atto veniva sancito l'ingresso di un individuo nella «professione» di cavaliere, ma non gli veniva concesso un particolare titolo onorifico.
Il **cerimoniale dell'investitura**, chiamato nei testi francesi *adoubement*, divenne più complesso e ricco di gesti simbolici a partire dal XIII secolo, quando la cavalleria si trasformò definitivamente in un **gruppo sociale privilegiato**, composto da pochi eletti di origine nobile: da allora, infatti, soltanto a coloro che potevano vantare almeno quattro nobili o cavalieri tra i propri antenati fu consentito di entrare nella cavalleria.

La **vestizione** si arricchì di **elementi rituali** per sottolineare l'accresciuta importanza dell'evento. L'iniziato doveva vegliare la propria armatura posta su un altare per un'intera notte; all'alba, dopo un bagno purificatore (equivalente a una sorta di battesimo), la indossava e si recava dal principe. In ginocchio, l'aspirante giurava di onorare Dio, la religione e la cavalleria; il principe gli batteva quindi sulle spalle tre colpi di spada, consacrandolo cavaliere. La cerimonia era seguita da una festa e da un torneo in suo onore.

Tornei, giostre e armi I **tornei** e le **giostre** erano il passatempo preferito dei cavalieri. Consistevano in **combattimenti a squadre o individuali**, nel corso dei quali i guerrieri mettevano alla prova il loro valore e l'abilità nell'uso delle armi.
Introdotti agli inizi dell'XI secolo in Francia, in un primo momento i **tornei** presero a modello le vere battaglie: si svolgevano nelle campagne situate tra due città di relativa importanza e prevedevano la partecipazione di due piccoli eserciti, formati da cavalieri ma anche da scudieri, fanti, arcieri e pedoni. Il confronto durava parecchi giorni e culminava in una furiosa mischia il cui scopo, a differenza della guerra vera e propria, consisteva nella cattura del maggior numero possibile di avversari. Poiché il bottino di armi e cavalli sottratti ai contendenti veniva poi diviso tra i membri della squadra vincitrice, i

I sovrani e alcune dame assistono a una giostra di cavalieri.

tornei rappresentavano – oltre che un utile allenamento al combattimento – un modo per arricchirsi.
A poco a poco, nel corso del XII secolo, questa attività si trasformò in un'**occasione di incontro mondano**. Gli scontri, che assunsero il nome di **giostre** e sovente presero a svolgersi nelle corti durante particolari festività e celebrazioni, permettevano ai cavalieri di avvicinarsi alla vita di corte e di stringere legami personali e alleanze.
I confronti iniziarono a svolgersi tra singoli cavalieri, che si affrontavano con regole precise allo scopo di disarcionare lo sfidante; i campioni migliori venivano invitati a combattere nelle giostre più importanti e la loro fama si diffondeva di castello in castello.

? A quali ideali era improntato il codice di comportamento cavalleresco?

L'ideale cavalleresco e l'«amore cortese»

Diventare cavaliere non significava soltanto abbracciare il mestiere delle armi, ma comportava l'adesione a un particolare ideale di vita, a un **codice di comportamento** comune a tutti i membri dell'ordine. I cavalieri condividevano un **insieme di valori** quali l'**onore**, il **coraggio**, la **lealtà**, la **generosità** verso i bisognosi; dovevano essere sempre pronti a combattere per la giustizia e per la difesa della religione cristiana.
Questi modelli di comportamento tra il XII e il XIII secolo divennero il tema principale di uno specifico genere letterario, la **letteratura cavalleresca**. Riprendendo alcuni aspetti delle «chansons de geste», poeti e romanzieri francesi, tedeschi e anglonormanni iniziarono a celebrare nelle loro opere le virtù non soltanto guerresche dei cavalieri, ma anche i loro valori morali: la nobiltà d'animo, la generosità, l'umanità. Prese così forma un ideale, quello del «**cavaliere cortese**» (cioè dell'uomo di corte), che si diffuse in tutto l'Occidente medievale e fu fatto proprio dal ceto nobiliare.
Tra le virtù fondamentali del cavaliere assunse un rilievo crescente l'**amore**, inteso come profonda devozione verso una nobile e irraggiungibile dama: un **amore platonico**, contraddistinto da riservatezza, pudore e costantemente sospeso tra il desiderio e il suo appagamento. Il cavaliere compiva nobili imprese per conquistare il cuore dell'amata, ma ciò che contava era soprattutto il sentimento che egli provava: l'amore veniva considerato un valore in sé, capace di nobilitare e di elevare l'animo di chi lo nutriva. Interprete esemplare di questo «amore cortese» è il personaggio di **Lancillotto** che, tanto nelle opere epico-cavalleresche del cosiddetto «**ciclo bretone**» – dedicate alle imprese di **re Artù** – quanto nel romanzo di Chrétien de Troyes *Chevalier à la charrette*, rappresenta il modello del perfetto cavaliere, audace in battaglia ma amante assiduo e devoto della **regina Ginevra**. Lancillotto nutre una passione assoluta e senza riserve per la donna ma, nel contempo, serve fedelmente il proprio signore Artù: fra le due cose non vi è incompatibilità, poiché l'amore per Ginevra ha una qualità tutta spirituale, che sprona il cavaliere a nobili imprese e ne perfeziona l'animo.

La cavalleria e la Chiesa

Tra i valori che costituivano l'ideale cavalleresco occupava un posto importante la **fede cristiana**. La Chiesa, che temeva e stigmatizzava le guerre, le violenze e i saccheggi che caratterizzavano l'età feudale, si sforzò in vari modi di **instillare nei cavalieri i valori cristiani**, e di **porli al proprio servizio**, persuadendoli a usare la loro forza per proteggere i deboli, le donne e i bambini dalle ingiustizie e dai soprusi. Tuttavia, nonostante un'adesione generica a queste richieste, evidente in numerose formule di giuramento nelle quali i guerrieri si impegnavano a **servire Dio** e a **difendere la Chiesa**, nella mentalità del tempo l'uso della forza e della violenza non venne mai considerato disdicevole.

Tre cavalieri, di ritorno da un torneo, si spogliano delle loro armature per entrare in convento. Codice miniato del XIV secolo.

La Chiesa cercò allora di limitare la violenza istituendo – per la prima volta nel 989 – la cosiddetta «**pace di Dio**», un giuramento solenne cui il cavaliere era obbligato a sottostare, che proibiva, pena la scomunica, di attaccare il clero e in generale gli inermi: pellegrini, mercanti, contadini, donne e fanciulli. Intorno alla fine dell'XI secolo, alla pace di Dio si aggiunse la «**tregua di Dio**», che vietò l'uso delle armi dal giovedì sera al lunedì mattina (in ricordo dell'arresto, della passione e della resurrezione di Cristo). Circa un secolo più tardi, questo periodo di tregua fu esteso anche a quattro settimane prima di Natale e a oltre due mesi in prossimità della Pasqua. La difesa della pace, tuttavia, non impedì alla Chiesa di ritenere alcune guerre – combattute a sostegno della fede – come giuste e, nel caso delle **crociate**, a **legittimare** pienamente **i cavalieri a combattere nel nome di Dio**.

Verifica immediata

1 **Elenca le peculiarità delle seguenti componenti della cavalleria feudale.**
   1 *Milites casati*: ....
   2 *Milites castri*: ....
   3 Guerrieri mercenari: ....

2 **Immagina di assistere alla cerimonia d'investitura di un cavaliere e descrivine la varie fasi sotto forma di racconto o di cronaca giornalistica.**

3 **Quali erano le qualità del cavaliere cortese?**

4 **Spiega perché furono istituite e in che cosa consistevano la «pace di Dio» e la «tregua di Dio».**

Come facciamo a sapere

L'ordinamento signorile e la società feudale

Il tema della formazione e dell'esercizio dei poteri signorili nelle campagne e dei rapporti sociali tra i ceti è stato affrontato soltanto dalla storiografia moderna e non esistono cronache a cui attingere direttamente.
La teoria della divisione della società feudale in tre ordini è contenuta nel *Carme per il re Roberto*, scritto nel 1031 dal vescovo Adalberone di Laon; per il resto, gli storici indagano documenti dell'epoca, come gli atti e i diplomi attraverso cui sovrani e imperatori hanno concesso immunità e diritti ai loro vassalli (ad esempio, il *Capitolare di Quierzy* e la *Constitutio de feudis*), le convenzioni stipulate tra signori e popolazioni locali, i patti riguardanti le concessioni di terre, le cause e le controversie giudiziarie circa la legittimità dei diritti signorili esercitati, i registri catastali.

La cavalleria

Le maggiori informazioni sullo stile di vita, gli ideali e le imprese dei cavalieri provengono dalle opere letterarie della *chanson de geste*, composte da poeti e romanzieri francesi come Guillaume de Lorris e Chrétien de Troyes. Anche la *Chanson de Roland*, attribuita al francese Turoldo (XII secolo), fornisce un prezioso quadro della mentalità del tempo, intrisa di senso dell'onore e di profondo spirito religioso.
A partire dal XII secolo iniziò la pubblicazione dei manuali di cavalleria, opere in cui venivano date indicazioni sul comportamento e sulla morale dei perfetti cavalieri: tra questi, il *Policraticus* del filosofo ed ecclesiastico inglese Giovanni di Salisbury, pubblicato nel 1159, e il *Libro dell'ordine della cavalleria*, scritto verso la fine del XIII secolo dal monaco catalano Raimondo Lullo.

L'ordinamento signorile

Nel corso del IX secolo l'autorità regia si indebolì progressivamente e i grandi vassalli iniziarono ad assumere una crescente autonomia, sino a impadronirsi a titolo personale delle cariche e dei feudi che avevano ricevuto.
Nell'877 il Capitolare di Quierzy, emanato da Carlo il Calvo, concesse ai feudatari maggiori il diritto di trasmettere in eredità il proprio feudo ai figli. I feudi maggiori si trasformarono così in vere e proprie signorie territoriali, governate in maniera autonoma dalle dinastie aristocratiche. Nel 1037, la *Constitutio de feudis* emanata da Corrado II, estese anche ai vassalli minori l'irrevocabilità e l'ereditarietà dei feudi, concedendo di fatto anche ad essi l'indipendenza.
Alla fine dell'XI secolo il sistema feudale si era ormai affermato in tutto il territorio dell'impero d'Occidente, che risultava frammentato in un mosaico di signorie, dotate di autonomia politica, economica e militare. Tratti comuni a queste signorie territoriali furono l'esercizio del potere di banno – ovvero il diritto di emanare ordini in campo militare, giudiziario e fiscale e di punire coloro che non vi obbedivano – e la costruzione di castelli e fortezze, che divennero il simbolo dell'indipendenza e del potere raggiunti.

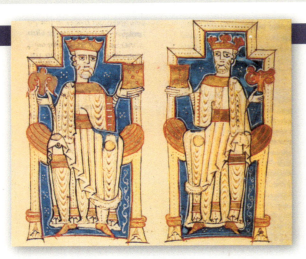

Un sovrano (a destra) e un grande feudatario, miniatura spagnola del XII secolo.

La società feudale

Lo sviluppo del sistema feudale fu accompagnato da profonde trasformazioni nella società, che assunse una fisionomia nuova rispetto ai secoli precedenti; essa era ripartita in tre ordini: sacerdoti, guerrieri e lavoratori.
Il clero, situato al primo posto della scala sociale, comprendeva anche chierici e monaci e aveva il compito di predicare la fede cristiana tra la popolazione, di celebrare le funzioni religiose e di gestire la comunità ecclesiastica.
Al secondo posto si collocava l'ordine dei guerrieri, che a partire dall'XI secolo venne a coincidere quasi totalmente con la nobiltà, a cui era riservato il monopolio dell'attività militare. Ad esso toccava la difesa armata della Chiesa e del popolo. All'ultimo gradino della scala gerarchica vi erano infine i lavoratori, che esercitavano le attività produttive e che erano sottomessi all'autorità degli altri due ordini.

Un vassallo rende omaggio al suo signore, XII secolo.

La cavalleria

In età feudale l'ordine militare della cavalleria era formato da un gruppo ristretto di guerrieri che coincideva con la nobiltà. Ne facevano parte i vassalli, i cavalieri domestici posti direttamente alle dipendenze di un signore e i guerrieri mercenari, che combattevano in cambio di una ricompensa. Anche quando non era in guerra, il cavaliere trascorreva molto tempo a combattere, partecipando a tornei e giostre.
Diventare cavaliere comportava l'adesione a un particolare ideale di vita, a un insieme di valori quali l'onore, il coraggio, la lealtà, la generosità: valori che, tra il XII e il XIII secolo, divennero il tema principale della letteratura cavalleresca.

Miniatura trecentesca raffigurante un torneo di cavalieri.

Il problema: tiriamo le fila

Il nodo del problema

Quali fattori, tra il IX e il X secolo, concorsero a innescare il processo storico che condusse alla definitiva affermazione dei poteri locali, inaugurando la stagione del feudalesimo?

Conclusioni

Il processo di frammentazione del potere in numerose unità politico-territoriali che ebbe luogo in Occidente tra il IX e il X secolo fu avviato dalla **disgregazione dell'impero carolingio**, iniziata con le suddivisioni del territorio tra i successori di Carlo Magno, che indebolì progressivamente l'autorità dei sovrani sulle aristocrazie locali. Un'ondata di invasioni da parte di Normanni, Ungheresi e Arabi rese questa crisi irreversibile: **l'autorità regia si indebolì** a tal punto che i grandi feudatari iniziarono ad acquisire sempre maggiore autonomia, sino a impadronirsi di gran parte dei poteri pubblici che avevano ricevuto in delega dall'imperatore.

Contemporaneamente divenne sempre più forte tra i nobili la spinta a trasformare in ereditari i benefici e le cariche che avevano ottenuto: il Capitolare di Quierzy (877) prima, la *Constitutio de feudis* in seguito (1037), finirono per accelerare questo processo e per riconoscere l'**ereditarietà dei feudi**. I feudi maggiori si trasformarono in **signorie territoriali** e il potere dei signori si svincolò da qualsiasi legame con un'autorità superiore, potendo contare sulla disponibilità di un vasto territorio, sulla creazione di un esercito personale e sull'estensione dei rapporti di vassallaggio nei confronti della nobiltà di rango minore.

La conquista dell'indipendenza politica riguardò inoltre i grandi **domini religiosi**, che approfittarono della crisi dell'autorità imperiale per trasformarsi a loro volta in centri autonomi di potere, e **alcune grandi aziende agricole** (le *curtis*) in cui i proprietari, grazie alla loro posizione economica, giunsero a esercitare un'enorme autorità sui lavoratori e sugli abitanti del posto.

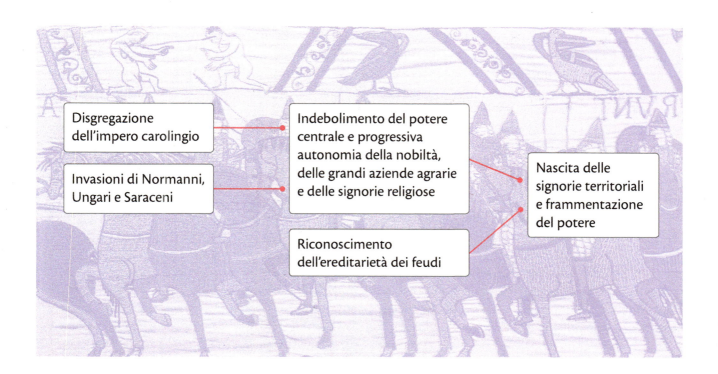

Il feudalesimo

Fatti e fenomeni

Il Sacro romano impero Incoronato nell'800 imperatore del **Sacro romano impero d'Occidente**, **Carlo Magno** creò un sistema amministrativo centralizzato e divise l'impero in circa 250 **contee**, affidate a funzionari chiamati **conti**. I conti erano rappresentanti del re e si occupavano di amministrare la giustizia, riscuotere le tasse, arruolare l'esercito e mantenere l'ordine pubblico. Nelle zone di confine furono costituite aree chiamate **marche**, che erano sede di eserciti ed erano governate da ufficiali, i **marchesi**, che dipendevano direttamente dall'imperatore. Vennero istituiti, infine, i **ducati**, che corrispondeva-

Un vassallo riscuote le tasse dovute al suo feudo.

no a regioni conquistate da poco tempo. Per assicurarsi la fedeltà di conti e marchesi, Carlo Magno si servì del **vassallaggio**. Si trattava di un patto stipulato tra due nobili: uno dei due, il **vassallo**, si impegnava a fornire **servizi militari**, l'altro dava in cambio la gestione di una proprietà terriera (detta *beneficium* o *feudum*). Il rapporto di vassallaggio era fondato su un legame morale, oltre che legale, e veniva stabilito con una cerimonia solenne, l'**investitura**.

Il sistema feudale A Carlo Magno succedette al trono, nell'814, il figlio Ludovico il Pio. Dopo la morte di quest'ultimo, nell'840, l'impero fu diviso fra i suoi tre figli, Carlo il Calvo, Ludovico il Germanico e Lotario. Privo di un forte potere centrale, l'**impero si avviò alla dissoluzione**. Nell'Europa occidentale cominciò un processo di frazionamento che, nel giro di due secoli, portò alla formazione del **feudalesimo**: un sistema politico caratterizzato dalla **frammentazione del potere** in numerose unità politico-territoriali, i **feudi**. L'intero territorio dell'impero d'Occidente finì frantumato in un mosaico di **signorie**, dotate ognuna di **autonomia politica, economica e militare**: ai grandi feudi, appartenenti a conti e marchesi, si mescolavano **signorie territoriali**, più piccole ma con caratteristiche simili, rette da nobili meno importanti, da grandi proprietari terrieri o da abati e vescovi. Un territorio poteva anche trovarsi a dipendere da più poteri signorili: poteva succedere che alcuni villaggi fossero sottoposti contemporaneamente all'autorità di un signore fondiario e a quella di un signore più importante e dovere, a ciascuno, diversi pagamenti e prestazioni.

I poteri signorili Ai sudditi ciascun signore poteva imporre le *corvées* («obblighi»), come la lavorazione delle terre signorili, turni di guardia, lavori di manutenzione di edifici, strade e canali; poteva pretendere il **pagamento di tasse** tradizionalmente dovute al potere pubblico, come pedaggi stradali e pagamenti per il diritto di utilizzare ponti, pozzi e boschi. Altre tasse erano dovute in cambio della protezione militare o per l'utilizzo di mulini, forni e pascoli, dei quali il signore aveva il totale monopolio. In questo intreccio di poteri, la coesistenza, sovente difficile, era di solito regolata dal criterio dell'**amministrazione della giustizia**: l'alta giustizia, relativa ai reati più gravi, competeva ai principati più estesi, mentre quella minore, più legata alla vita quotidiana nelle campagne, era esercitata dalle signorie più piccole, contenute all'interno di quelle maggiori. Ciò non impediva che, in numerose circostanze, tra i signori feudali si scatenassero aspri contrasti, destinati a sfociare in **violenti conflitti e guerre**.

VERSO LE COMPETENZE ✱   unità 6   L'età feudale e l'affermazione dei poteri locali

Attività

1 Completa la tabella distinguendo le caratteristiche dei tre tipi di territori amministrativi in cui Carlo Magno divise l'impero e indicando da chi erano governati.

TERRITORI	CARATTERISTICHE	GOVERNATI DA...

2 Completa la tabella indicando quali poteri assunsero i signori feudali nei diversi ambiti.

OBBLIGHI IMPOSTI AI CONTADINI	
GIUSTIZIA	

3 Rispondi alla seguente domanda, poi confronta la tua ipotesi con la successiva spiegazione.

In che modo la crisi del Sacro romano impero favorì lo sviluppo del feudalesimo?

SPIEGAZIONE

Carlo Magno e i suoi successori, per governare, avevano fatto ricorso ai rapporti di vassallaggio, cioè alla concessione di un possedimento terriero a un vassallo, che otteneva il diritto di amministrarlo in cambio di un giuramento di fedeltà personale verso il sovrano. Tale sistema si rivelò efficace finché durarono l'unità e il prestigio della monarchia; finché, cioè, l'autorità esercitata dal sovrano fu in grado di controllare i numerosi signori locali tra i quali aveva suddiviso il potere. Quando, nel corso del IX secolo, l'impero cominciò a disgregarsi, l'autorità regia si indebolì e i grandi feudatari iniziarono ad acquisire sempre maggiore autonomia, sino a impadronirsi a titolo personale di quei poteri pubblici che avevano ricevuto in delega dall'imperatore. Duchi, conti e marchesi cominciarono a considerare le cariche e i feudi di cui erano stati investiti come proprietà, appartenenti a pieno titolo al proprio patrimonio personale.

4 Analizza i seguenti documenti, svolgi le attività richieste e infine rispondi a questa domanda:

Quali furono le cause che portarono alla nascita e all'affermazione dei feudi in Europa?

> **DOCUMENTO 1.** **L'ereditarietà dei feudi nel Capitolare di Quierzy**   G. Piccinni, *Il Medioevo*
>
> *Il Capitolare di Quierzy, emanato dall'imperatore Carlo il Calvo nell'877, rappresenta una tappa fondamentale nel processo storico che condusse all'affermazione delle autonomie feudali nel Medioevo.*
>
> Il feudo era, almeno in teoria, non una proprietà ma un bene revocabile che il signore avrebbe dovuto poter riprendere quando – per tradimento o per morte del vassallo – fosse venuto a cadere il legame di fedeltà stretto fra loro. In realtà, si trattò di una possibilità più teorica che reale, perché i vassalli manifestarono presto la tendenza a considerarlo una proprietà a tutti gli effetti, e gli stessi re ebbero ben presto chiaro che, se volevano assicurarsi la fedeltà dell'aristocrazia che amministrava le terre, dovevano accondiscendere a questa tendenza. […] Poi, con il Capitolare di Quierzy-sur-Oise emesso da Carlo il Calvo (877 d.C.), tutti i feudi comitali furono dichiarati ereditari in caso di assenza del re, aprendo la strada all'ereditarietà come soluzione normale.
>
> (G. Piccinni, *Il Medioevo*, Bruno Mondadori, Milano 2004)

unità 6 — L'età feudale e l'affermazione dei poteri locali

VERSO LE COMPETENZE

1 Che cosa stabiliva il Capitolare di Quierzy?
....
....

2 In che modo il Capitolare di Quierzy favorì l'affermazione del feudalesimo?
....
....
....

DOCUMENTO 2. **Verso la signoria fondiaria** — *Codice diplomatico amiatino*

Il seguente documento è un esempio di «contratto» tra un grande proprietario e un coltivatore, una forma di affitto della terra, tipica delle campagne italiane nell'Alto Medioevo.

Io Pietro abate, *uomo venerabile*, rettore del monastero di San Salvatore al Monte Amiata, ho stabilito – per nostro accordo e mediante questo livello – di confermare te, Waliprando, figlio del fu Liudifredo, nella casa e nei beni che sono situati nel casale *Iusterna* (tutto quello che tu oggi hai già nelle mani), e che sono di proprietà di San Salvatore; e ho aggiunto a questa porzione un altro pezzo di terra nel medesimo casale, di cui ora definisco i confini […]. All'interno di questi confini confermo integralmente a te Waliprando e ai tuoi figli ed eredi tanto la casa con il suo piano superiore, la corte, gli orti, le terre e le vigne, i prati, le selve, i rivi e i pascoli, i beni mobili e quelli immobili, tutto ciò che nel suddetto casale e nelle sue dipendenze appartiene per legge a quella porzione e a quella che ho aggiunto; la confermo integralmente a te Waliprando a titolo di livellario; a queste condizioni, che tanto tu che i tuoi figli ed eredi per la suddetta casa e i suoi beni dovete fare delle *corvées*, e cioè lavorare manualmente una settimana su tre per il monastero (o per una sua dipendenza), e inoltre vi impegnate a migliorare le condizioni della casa e a non peggiorarle; e dovrete anche venire ai nostri comandi nel comitato di Chiusi per l'amministrazione della giustizia – sempre che noi vi giudicheremo secondo la legge – e niente altro. E se voi farete tutte queste cose, e io Pietro o i miei successori vi imporremo con la violenza qualcosa in più, allora io con i miei successori prometto di pagare a te Waliprando o ai tuoi figli ed eredi una multa di cento solidi; e voi potrete uscire da questa casa con tutti i beni mobili, perché così si è stabilito fra noi. Ugualmente prometto io Waliprando, con i miei figli ed eredi, a te Pietro e ai tuoi successori di rispettare in tutto queste norme che avete stabilito […]. Se non le rispetteremo in tutto, o lasceremo la casa e i suoi beni, allora prometto […] di pagare una pena simile di cento solidi; e usciremo dalla suddetta casa e dai suoi beni senza nulla, perché così è stato stabilito tra di noi.

(*Codice diplomatico amiatino*, 165)

---

3 Quali sono gli obblighi reciproci, stabiliti dal contratto, tra grande proprietario e coltivatore?
....
....

4 Quale parte del contratto concede al proprietario terriero un potere simile a quello di un vero e proprio feudatario?
....
....
....

VERSO LE COMPETENZE

unità 6 L'età feudale e l'affermazione dei poteri locali

> **DOCUMENTO 3. Il rafforzamento dei feudatari minori** — *Constitutio de feudis*
>
> *Nell'anno 1037, l'imperatore Corrado II emanò questo editto per limitare il potere dei feudatari maggiori.*
>
> Nel nome della santa ed indivisibile Trinità, Corrado II per grazia di Dio augusto imperatore dei Romani.
> 1. Noi [...] ordiniamo che nessun vassallo di vescovi, abati e badesse, di marchesi o conti o chiunque altro che abbia un beneficio dai nostri beni pubblici o dalle proprietà ecclesiastiche o che lo abbia avuto, anche se adesso lo abbia perso per ingiustizia, sia che appartenga ai nostri vassalli maggiori, sia ai loro valvassori, non perda il suo beneficio senza colpa certa e dimostrata.
> 2. Se avverranno contese fra signori e vassalli, benché i loro pari abbiano giudicato che il vassallo debba essere privato del beneficio, se egli dirà che ciò fu deciso ingiustamente e per odio, terrà il beneficio stesso sino a che il signore e chi ha fatto l'accusa coi pari suoi si porteranno alla nostra presenza e qui la causa sarà decisa secondo giustizia. [...] E ciò sarà rispettato dai vassalli maggiori. [...]
> 4. Comandiamo inoltre che quando un vassallo maggiore o minore muoia, suo figlio ne erediterà il beneficio. Se il vassallo non avrà figli ma lascerà un nipote figlio del suo figlio, questi avrà parimenti il beneficio con l'osservanza dell'uso seguito dai vassalli maggiori, per quanto attiene la consegna dei cavalli e delle armi ai loro signori.
>
> (*Constitutio de feudis*, 1, 45)

5 Che cosa stabiliva la *Constitutio de feudis*?
....
....

6 In che modo la *Constitutio de feudis* favorì l'affermazione del feudalesimo?
....
....

Conclusioni

La nascita della signoria territoriale Mentre la dissoluzione del Sacro romano impero favoriva la conquista di sempre maggiore autonomia da parte di conti, marchesi e signori fondiari, nello stesso tempo divenne sempre più forte la spinta a considerare come **ereditabili** le terre ottenute dai vassalli. Questa tendenza ebbe un riconoscimento ufficiale nell'877, quando Carlo il Calvo emanò il **Capitolare di Quierzy**, che concesse ai feudatari maggiori (conti e marchesi) il diritto di trasmettere in eredità il proprio feudo ai figli. A partire dagli ultimi anni del IX secolo, i grandi feudatari iniziarono così a esercitare sui loro territori **funzioni pubbliche** al di fuori di qualsiasi controllo da parte del sovrano. I feudi maggiori si trasformarono in vere e proprie **signorie territoriali**, governate in maniera autonoma da famiglie aristocratiche dotate di tutte quei poteri che in precedenza erano monopolio dell'imperatore. I rapporti di vassallaggio vennero via via estesi anche all'aristocrazia minore: conti e marchesi, infatti, potevano a loro volta concedere terre e cariche ai nobili che risiedevano all'interno della loro signoria, trasformandoli in **vassalli minori** (valvassori) e affidando loro, in cambio della fedeltà, la gestione di certe parti del territorio.

Signorie ecclesiastiche e signorie fondiarie La formazione di signorie territoriali indipendenti dal potere centrale non riguardò soltanto contee e marchesati: un'evoluzione analoga conobbero i grandi **domini vescovili e monastici**, come le abbazie, che approfittarono della crisi dell'autorità imperiale per iniziare ad agire come centri autonomi di potere. Altre signorie territoriali presero infine forma per iniziativa autonoma di alcuni **proprietari terrieri** che, non avendo ricevuto alcuna investitura ufficiale come feudatari, in teoria non avrebbero potuto svolgere alcuna funzione amministrativa né detenere una qualsiasi forma di potere pubblico. Nei grandi possedimenti terrieri i proprietari, grazie alla loro posizione economica, esercitavano ugualmente poteri di comando, di coercizione e di giustizia inferiore sui contadini che vi risiedevano.

Nel corso del IX secolo, queste grandi aziende agrarie si erano di fatto trasformate in importanti **centri di potere locale** e i signori fondiari avevano preso a imitare i feudatari maggiori, tanto nello stile di vita quanto nell'esercizio delle funzioni pubbliche. Dopo la dissoluzione dell'Impero carolingio anche queste **signorie fondiarie** assunsero le caratteristiche della **signoria territoriale**, conquistando una piena autonomia e sviluppando una serie di poteri tipici della sfera pubblica.

La *Constitutio de feudis* Il rafforzamento dei poteri e dell'autonomia dei signori fece un ulteriore passo in avanti nel 1037, quando l'imperatore Corrado II il Salico emanò l'editto ***Constitutio de feudis***. Intenzionato a **favorire i vassalli minori** per assicurarsene la fedeltà, l'imperatore decretò l'**irrevocabilità** e l'**ereditarietà** dei loro feudi, stabilendo che nessun conte o vescovo potesse privare un valvassore del beneficio ricevuto, senza un grave motivo. Fu inoltre vietato ai grandi feudatari di togliere o cedere ad altri le cariche concesse ai valvassori senza il loro consenso. In questo modo, i feudatari più piccoli furono posti sullo stesso piano di quelli maggiori e anche i vassalli minori, da quel momento in poi, poterono reclamare e ottenere un'indipendenza analoga a quella ottenuta dai grandi aristocratici.

Verifica

1 Completa lo schema relativo alle conseguenze del Capitolare di Quierzy.

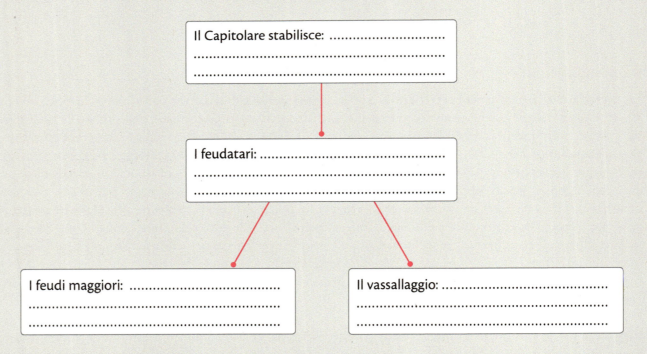

VERSO LE COMPETENZE

unità 6 — L'età feudale e l'affermazione dei poteri locali

2 Ricostruisci il processo che trasformò le grandi proprietà terriere in signorie territoriali inserendo nello schema gli avvenimenti elencati.

1. I contadini vanno a vivere nelle ville.
2. Crisi dell'Alto Medioevo.
3. Il signore fondiario impone la sua autorità ai contadini.
4. Si crea un rapporto di dipendenza tra i contadini e il signore.
5. Il signore fondiario assume anche poteri di banno.

3 Inserisci nella tabella i tre diversi tipi di signorie territoriali che si sviluppano nell'età feudale e le rispettive caratteristiche.

SIGNORIE TERRITORIALI	

Storia settoriale 2

Produzione, macchine, energia
1. Le attività artigianali nell'economia curtense
2. Produzione, energia e tecniche nell'Alto Medioevo

Mercati, capitali, imprese
1. Il commercio nell'Alto Medioevo
2. Moneta e credito nell'Alto Medioevo

Viaggi e trasporti
1. Viaggi, pellegrinaggi e percorsi commerciali
2. I trasporti nell'Alto Medioevo

Ambiente e territorio
1. Terra e lavoro agricolo nelle grandi proprietà medievali
2. L'alimentazione nel mondo medievale
3. Architettura e urbanistica: castelli e monasteri

1. Le attività artigianali nell'economia curtense

Il ruolo dell'artigianato nel sistema curtense

Il sistema economico curtense, che nell'Alto Medioevo ebbe come centro la grande proprietà fondiaria, pur basandosi essenzialmente sull'agricoltura, integrava le risorse provenienti dalla terra con varie **attività manifatturiere**. Rispetto al passato la **decadenza delle città**, tradizionali centri di produzione artigianale, determinò il trasferimento di tali attività all'interno di ville e corti. Nell'organizzazione delle signorie terriere l'**artigianato** rivestiva un **ruolo decisivo**: la tendenza all'autosufficienza e la scarsità degli scambi con l'esterno rendevano infatti indispensabile che ciascuna corte fosse in grado di produrre tutto ciò che le era necessario, dai tessuti alle calzature, dagli strumenti di lavoro agli utensili domestici.

L'artigianato nelle signorie laiche

Alla produzione dei beni non agricoli provvedevano non soltanto i contadini ma anche i servi posti alle dirette dipendenze del signore fondiario. I **servizi in lavoro** imposti ai coltivatori (*corvées*) riguardavano sovente attività di tipo artigianale: opere di carpenteria, di edilizia, di manovalanza nei laboratori manifatturieri di corte. Le famiglie contadine erano inoltre obbligate a consegnare periodicamente al signore una certa quantità di **prodotti lavorati** (pali, attrezzi, pezze di stoffa). Le attività artigianali impegnavano anche **personale apposito**: tra i servi che vivevano sul *dominicum* erano quasi sempre presenti veri e propri artigiani. In età carolingia, lo stesso Carlo Magno raccomandava che le proprie tenute ospitassero tali lavoratori. Così prescriveva un articolo del *Capitulare de villis* (IX secolo):
«Ogni intendente abbia presso di sé dei buoni artigiani, e cioè fabbri, orefici, argentieri, calzolai, conciatori, carpentieri, fabbricanti di scudi, pescatori, uccellatori, fabbricanti di sapone, persone che sanno fare la birra, il sidro, la bevanda di pere o altre bevande, panettieri che facciano il pane bianco per il nostro uso, persone che sappiano fare le reti per la caccia, per la pesca e per prendere gli uccelli, e tutti gli altri artigiani che sarebbe troppo lungo ora enumerare».

A partire dal secolo IX è attestata anche la presenza di veri e propri **laboratori curtensi**, cioè di luoghi

Operai impegnati nella costruzione di una torre, miniatura da un'edizione del 1023 del *De universo* di Rabano Mauro.

dove il titolare della corte faceva lavorare direttamente dai dipendenti stoffe, tegole e oggetti di ceramica. Questi prodotti rimasero tuttavia, nei grandi complessi fondiari, meno importanti dei manufatti realizzati dall'artigianato domestico contadino.

L'artigianato nelle signorie ecclesiastiche

Analogamente erano organizzati i **latifondi ecclesiastici**. Le regole dei principali ordini monastici (ad esempio i Benedettini) prescrivevano ai monaci di associare alla preghiera i **lavori manuali**, saliti con il Cristianesimo a una dignità precedentemente sconosciuta; la sopravvivenza della comunità li rendeva d'altra parte indispensabili. Ogni grande monastero aveva i suoi **laboratori** per la lavorazione del ferro, del cuoio, del legno. Nell'822 presso l'abbazia di Corbie, in Francia, lavoravano 6 sarti, 6 fabbri, 4 muratori, 3 fonditori, 2 orefici, 2 armaioli, 2 calzolai, 1 follatore (lavorante tessile), 1 fabbricante di pergamena. Nei centri monastici principali sovente gli **operai** – monaci ma anche laici – erano **riuniti in**

PRODUZIONE, MACCHINE, ENERGIA

1. Le attività artigianali nell'economia curtense

Miniatura con monaci in preghiera e al lavoro nei campi, XII secolo. Cambridge, University Library.

colo del *Capitulare de Villis*, dove si ordina agli intendenti di «dare, a tempo debito, ai laboratori femminili, secondo l'uso stabilito, i prodotti necessari per il lavoro, cioè lino, lana, gualdo, tintura in rosso, pettini per la lana, cardi, sapone, grasso, vasi e tutti gli altri oggetti necessari».

La **specializzazione** delle attività manifatturiere tuttavia, al di là delle divisioni per sesso o di particolari capacità presenti in alcuni individui, durante l'Alto Medioevo **non doveva essere molto sviluppata**. È opinione di alcuni storici che le varie forme di artigianato fossero scarsamente differenziate le une dalle altre e che i medesimi artigiani svolgessero indifferentemente più lavori a seconda delle necessità. Soltanto gli addetti alla **produzione di oggetti di lusso** si distinguevano per rango e competenza. Articoli in oro e argento, tessuti pregiati e armi erano destinati alle élite sociali del tempo: per questa ragione la loro qualità era più elevata e notevole era il prestigio dei pochi artigiani in grado di fabbricarli. Questi vivevano e lavoravano presso le corti più importanti d'Europa e godevano di una condizione di privilegio sconosciuta al resto del mondo artigiano altomedievale.

gruppi che lavoravano alle dipendenze di un sovrintendente. In tali casi prendeva forma una struttura abbastanza simile all'organizzazione di uno stabilimento: nel IX secolo, ad esempio, nel monastero di Bobbio, in provincia di Piacenza, un sovrintendente si occupava, oltre che di dirigere i lavori, anche di fornire agli artigiani le materie prime e gli attrezzi.

La scarsa divisione del lavoro artigianale

Le attività artigianali impegnavano sia uomini sia donne. La **manodopera femminile** era utilizzata in prevalenza per lavori di filatura, di tessitura e di ricamo. Che tale settore fosse ampiamente sviluppato nelle corti medievali è testimoniato da un altro arti-

Una preziosa *fibula* in oro, filigrana e zaffiri, XI secolo.

Verifica immediata

1 Quali cause determinarono il passaggio dell'attività artigianale dai laboratori cittadini all'interno di ville e corti?

2 Scegli l'alternativa corretta.
Nelle signorie laiche al lavoro artigianale provvedevano:
a i contadini e i servi.
b i servi e gli artigiani.
c gli artigiani specializzati.
d contadini, servi e artigiani.

3 Nelle signorie ecclesiastiche chi provvedeva al lavoro artigianale?
....

4 Collega opportunamente le voci della colonna di sinistra con quelle della colonna di destra.
1 Lavori di filatura, tessitura, ricamo   a Artigiani prestigiosi
2 Operai specializzati   b Donne
3 Produzione di oggetti di lusso   c Scarsità di numero

2. Produzione, energia e tecniche nell'Alto Medioevo

La crisi della tecnologia in Occidente

Con la caduta dell'impero romano d'Occidente e le invasioni barbariche, i sistemi produttivi e l'equipaggiamento tecnologico del mondo occidentale conobbero una lunga **fase di decadenza**. Le più importanti innovazioni in campo tecnico, in quest'epoca, furono elaborate dalle **civiltà orientali**, in particolare quella **bizantina** e **musulmana**.

Persino alcuni degli strumenti e delle tecniche di produzione noti ai Romani smisero di essere utilizzati: il tornio dei vasai, ad esempio, nei primi secoli del Medioevo scomparve e i vasi vennero nuovamente fabbricati a mano da un blocco unico di argilla, e per molti decenni anche la lavorazione dei metalli subì un forte rallentamento.

Anche nel campo della **produzione energetica** non si registrarono progressi significativi: oltre allo sfruttamento dell'energia umana e di quella animale,

Mulino ad acqua in una miniatura del XV secolo.

Il documento

La tecnica della follatura
T. Panduri, Tessuti e tessitori in età medievale

La follatura della lana, in età medievale, rappresentò un'importante novità nel campo della produzione tessile, che consentì di ottenere tessuti più morbidi, compatti e resistenti.

Per quel che riguarda la lavorazione della lana, un importante elemento di novità in età medievale è costituito dall'uso delle gualchiere. La follatura o gualcatura dei tessuti di lana fu uno dei più importanti usi a cui la ruota idraulica venne adattata. Si trattava di un procedimento al quale, dopo la tessitura, venivano sottoposti i panni, più volte piegati su se stessi, e immersi in bacini detti *pilae* e in una soluzione composta da acqua, sapone, argilla e talvolta anche urina. Battendo continuamente i tessuti per molte ore se ne provocava l'infeltrimento, le fibre si ritiravano serrandosi l'una all'altra, rendendo la stoffa più compatta, morbida, resistente e in parte anche impermeabile. Nell'antichità questa operazione veniva eseguita dagli schiavi, immersi nella soluzione infeltrente e costretti a battere i panni di lana con i piedi. Per mezzo della gualchiera idraulica si riuscì a meccanizzare proprio questa importante e faticosa operazione. Ricostruire nei dettagli la struttura materiale di una gualchiera medievale non è semplice, considerando che questi tipi di strutture hanno lasciato pochi dati archeologici. Inoltre, se ne conoscono rare raffigurazioni iconografiche e purtroppo nessuna anteriore al XVI secolo. Dai pochi dati disponibili si riesce però a capire che una ruota idraulica verticale azionava un albero motore, sul quale erano montate delle camme, queste ultime sollevavano i folloni (una specie di grandi martelli verticali rovesciati a coppie che poi ricadevano sulle pezze da gualcare) che un lavorante bagnava continuamente con il liquido infeltrente riscaldato in apposite caldaie. L'azione dei magli poteva essere più o meno veloce a seconda della corrente d'acqua. Le macchine usate per la canapa avevano due pistoni di legno anch'essi azionati da un albero a camme, che si sollevavano e si abbassavano in modo alterno. La prima testimonianza scritta di una gualchiera risale al X secolo, esattamente al 962, in Abruzzo. Quando dopo il Mille le gualchiere cominciarono a diffondersi, appartenevano a ricche famiglie o ad enti ecclesiastici, considerando che le spese di costruzione e di gestione ne facevano, infatti, impianti di esclusiva portata di gente facoltosa.

(T. Panduri, *Tessuti e tessitori in età medievale*, in «Gradus», anno V, n. 1, luglio 2010)

la società medievale ricavava energia essenzialmente dalla **legna** – di cui disponeva in grandi quantità grazie alla vastità delle foreste che ricoprivano l'Europa – e, in misura più limitata, dal **carbone**, la cui estrazione iniziò in Inghilterra nel IX secolo, ma raggiunse uno sviluppo significativo soltanto dopo il Mille.
Per tutto l'Alto Medioevo proseguì inoltre la **produzione dell'energia idraulica** impiegando i **mulini ad acqua** già noti ai Romani, che furono largamente impiegati per azionare segherie, frantoi, mantici delle fornaci, per fabbricare la carta e per follare i panni. Gli Ostrogoti introdussero una particolare varietà di **mulino**, quello **galleggiante**, costituito da una ruota idraulica posta tra due imbarcazioni che veniva collocata sul corso di un fiume o in mare.
Pur nella loro modestia, le ruote idrauliche offrivano un notevole **contributo energetico** per le condizioni del tempo: un mulino aveva un rendimento cinque volte superiore a quello di due uomini che usassero mole manuali, e doppio rispetto a una macina azionata da un animale.
I signori feudali, laici o ecclesiastici, uno dopo l'altro fecero costruire sui propri possedimenti un mulino, obbligando i contadini a utilizzarli per la **macinazione del grano**. Presso l'abbazia di Saint-Germain-des-Prés, nell'815, erano in funzione 59 mulini, mentre alla fine dell'Alto Medioevo, in tutta l'Inghilterra, ne furono censiti ben 5624.
Nel IX secolo in Francia vi erano mulini ad acqua usati per **preparare il malto** necessario alla fabbricazione della birra: l'adattamento del mulino a questo tipo di lavorazione implicò l'introduzione di nuovi meccanismi, in particolare di una serie di martelli verticali attivati da camme, inseriti su uno degli assi del mulino.

La metallurgia

Soltanto in età carolingia la **lavorazione dei metalli riprese vigore**, grazie anche alle conoscenze provenienti dal mondo arabo e bizantino. Gli attrezzi in ferro del Medioevo includevano gli strumenti agricoli, gli arnesi degli artigiani e le armi, costruiti perlopiù con le tecniche tradizionali. Grande cura venne posta nel **forgiare le spade** e altre armi da taglio, con l'impiego di **processi di saldatura** che venivano utilizzati per eseguire disegni e decorazioni sulle lame, e nella realizzazione di armature a maglie intrecciate, la cui tecnica costruttiva fu importata dall'Oriente. Le migliori spade venivano forgiate in Italia settentrionale e in Germania, area quest'ultima da cui provenivano anche attrezzi agricoli di ottima fattura e qualità.

Miniatura raffigurante l'interno di una fonderia. Firenze, Biblioteca Riccardiana.

I fabbri medievali si dedicarono inoltre alla costruzione di **canne** di rame o bronzo **per gli organi** collocati nelle chiese cristiane, il cui uso si diffuse soprattutto in Francia, Germania e Inghilterra; l'enorme organo posto nella cattedrale londinese di Winchester era fornito di 400 canne di bronzo azionate da ben 26 mantici. A partire dall'VIII secolo si affermò anche la fusione di **campane in bronzo**, che a causa delle loro dimensioni, sempre più grandi, iniziarono presto a essere realizzate nelle immediate adiacenze delle cattedrali, nei cosiddetti «campi delle campane».
Le **tecniche di fusione** poterono contare sul contributo di conoscenze provenienti dal mondo germanico, da cui giunsero anche grandi quantità di **materie prime** come il ferro della Stiria, il rame svedese, il piombo e lo stagno della Britannia. In particolare si diffuse e trovò larga applicazione il **forno tedesco** chiamato *stückofen*, in cui il processo di fusione era facilitato dall'uso di magli azionati dall'energia idraulica che frantumavano il minerale.

Produzione e conservazione dei libri

Mentre fino al III secolo d.C. i libri venivano prodotti esclusivamente con la carta ricavata dal papiro, nell'Alto Medioevo si diffuse l'impiego della **pergamena** e della cosiddetta **carta *bombycina*** o di stracci, di origine vegetale e assai simile al papiro per aspetto e consistenza. La pergamena aveva origini antiche e si ricavava dalla **pelle degli animali** (dalla pecora in particolare), che veniva **trattata con calce** e **pietra pomice** per renderla bianca, morbida e sot-

Codice medievale miniato realizzato con fogli di pergamena.

tile. Dopo questo trattamento la pergamena si prestava a divenire un ottimo supporto per la scrittura. Nei conventi e nelle chiese si allestirono **scuole scrittorie** dove i copisti trascrivevano i codici antichi in bella calligrafia su fogli di pergamena. Questi ultimi, tinti con appositi inchiostri (purpurei o in argento e oro), erano scritti a mano su entrambe le facciate e poi raccolti con la legatura. Spesso i **codici** erano finemente decorati con illustrazioni di piccolo formato: le **miniature**, dette così dal colore rosso-arancione dei pigmenti più usati. Talvolta i monaci cancellavano vecchi codici, tenendo a bagno la pergamena per una notte nel latte e levigandola il giorno dopo con la pomice, e riscrivevano sulle pergamene nuovi testi.
Per migliorare la **conservazione del codice** lo si teneva racchiuso fra due assi della stessa misura dei fogli, in modo da formare un blocco. Le assi erano cucite al codice facendo passare attraverso i fori i fili che tenevano uniti i vari fogli, dopodiché venivano foderate di pelle di camoscio o di cervo. La **chiusura del libro** era assicurata da un **fermaglio**, costituito da piccole strisce di cuoio, fissato all'asse anteriore che si andava ad allacciare tramite un gancio a un occhiello situato sull'asse posteriore. Le **legature** erano riccamente ornate con impressioni a secco, talvolta dorate. Per proteggere ulteriormente il libro talvolta sugli assi si applicavano delle **borchie metalliche**, anch'esse lavorate. Queste tecniche laboriose rendevano **costosissimi i libri**, veri e propri tesori: è stato calcolato che un libro di legge poteva costare come il mantenimento di una persona per più di un anno.

Scienza e tecnica nel mondo islamico

La **civiltà islamica** raccolse l'eredità culturale scientifica e tecnica del mondo greco e orientale e, attraverso la sua espansione, ne trasmise le conoscenze all'Occidente. Il più importante e prezioso apporto degli Arabi alla tecnologia medievale fu l'**alchimia**, ovvero la scienza da cui derivò la **chimica** moderna. Conosciuta e praticata in Egitto fin dal II secolo a.C., l'alchimia si proponeva la manipolazione e la **trasformazione dei metalli**, e in particolare la loro possibile trasmutazione in oro o in rimedi per il prolungamento della vita. Pur rimanendo distante dalla chimica vera e propria, che comporta una misura quantitativa degli elementi e una precisa compren-

Raffigurazione di un alambicco tratta da un volume arabo di alchimia.

PRODUZIONE, MACCHINE, ENERGIA

2. Produzione, energia e tecniche nell'Alto Medioevo

sione delle reazioni che avvengono combinando differenti elementi, la scienza alchemica aprì la strada alla conoscenza di **un gran numero di sostanze** che in precedenza erano ignote, e introdusse una serie di strumenti di fondamentale importanza per i futuri sviluppi della chimica.

Furono gli Arabi a trascrivere per primi la composizione di quella miscela incendiaria conosciuta col nome di «**fuoco greco**», un'arma devastante che i Bizantini impiegarono durante l'assedio arabo di Costantinopoli (674). Si trattava di una mistura di nafta, zolfo, catrame, resina oli e grassi animali, lanciata mediante tubi di metallo, dagli effetti terribili, soprattutto sulle navi nemiche.

Uno dei più famosi alchimisti musulmani, **Geber**, vissuto nell'VIII secolo, lasciò la descrizione di utili **preparazioni chimiche** come quella dell'acido nitrico, dell'ammoniaca, di numerosi coloranti e vernici; **Al-Razi**, scienziato del IX secolo, scoprì varie sostanze medicinali e illustrò, in un trattato, una lunga serie di strumenti chimici come storte, alambicchi, forni, filtri, mortai, crogioli.

Le notevoli conoscenze arabe in campo astronomico e meccanico furono alla base dell'**impiego della bussola**, che la civiltà islamica importò probabilmente dai Cinesi e che contribuì a fare degli Arabi degli abili navigatori. In questo campo, essi diffusero in tutto il Mediterraneo l'uso della **vela latina** triangolare e **nuovi tipi di imbarcazioni** come l'**acazia** (una nave dallo scafo molto basso, attrezzata con due

Miniatura da un codice arabo che raffigura una nave dotata di vela triangolare, XIII secolo.

o tre alberi) e l'**usciere** (dotata di ampi sportelli da carico che si aprivano a poppa).

Il mondo islamico raggiunse eccelsi risultati, inoltre, nella fabbricazione della **porcellana**, un composto di argilla e caolino inventato dai Cinesi, nell'arte del **vetro** e nella lavorazione del **cuoio**; infine, introdusse in Occidente le tecniche di fabbricazione del **sapone**, prodotto utilizzando olio d'oliva e carbonato di sodio, e dello **zucchero**, estratto dalla canna mediante bollitura e spremitura.

Verifica immediata

1. **Quali furono gli effetti della decadenza tecnologica in Occidente dopo la caduta dell'impero romano?**

2. **Elenca i diversi impieghi dei mulini ad acqua.**

3. **Indica i prodotti della metallurgia medievale nei seguenti settori.**
   1. Arnesi lavorativi: ....
   2. Strumenti di guerra: ....
   3. Manufatti destinati alle chiese: ....

4. **Definisci i seguenti termini relativi al settore dei libri medievali.**
   1. Pergamena: ....
   2. Carta *bombycina*: ....
   3. Scuole scrittorie: ....
   4. Miniatura: ....

5. **Precisa l'apporto degli Arabi negli ambiti della chimica, della medicina e della navigazione, citando gli esempi più significativi.**

1. Il commercio nell'Alto Medioevo

Il commercio locale

La rappresentazione del mondo economico altomedievale come di un mondo completamente chiuso agli scambi non corrisponde alla realtà, perché l'economia curtense sfociava non di rado in un'**economia di mercato**. La maggior parte degli storici, tuttavia, è concorde nell'affermare che, tra il V e il X secolo in Europa la **circolazione delle merci** si sia profondamente **contratta**. La ruralizzazione dell'economia, la decadenza delle vie di comunicazione e delle città, il peggioramento delle capacità produttive e l'inclinazione verso l'autosufficienza del sistema curtense furono altrettante cause della riduzione dei commerci. Tale contrazione riguardò sicuramente il volume dei traffici e la quantità dei beni immessi sul mercato, nonché il numero delle persone coinvolte nell'attività di scambio: per tutto l'Alto Medioevo questi valori rimasero molto bassi anche se il commercio, inteso come attività organizzata e non sporadica, non smise di animare il panorama economico europeo.

La produzione agricola e artigianale delle ville e delle città sopravvissute alla crisi urbana alimentava, senza dubbio, un **circuito di compravendita locale**, fatto di fiere e di piccoli mercati frequentati dai contadini del circondario. Gli scambi che vi avvenivano

Mercanti ritratti mentre utilizzano delle bilance per pesare i prodotti del loro commercio, miniatura dal *De Universo* di Rabano Mauro, IX secolo. Montecassino, Archivio dell'Abbazia.

erano assai limitati per quantità e per varietà dei prodotti trattati (in genere beni alimentari, panni, qualche strumento di lavoro), ma per i coltivatori rappresentavano l'unica, preziosa fonte attraverso cui integrare e differenziare le proprie risorse.

L'**importanza del commercio locale** era ben nota alle autorità, che non mancavano di occuparsene per stimolarlo e regolamentarlo: nel 744 il re carolingio Pipino chiedeva ai vescovi di fare in modo che in ogni diocesi si tenesse regolarmente un mercato, mentre nell'864 un editto di Carlo il Calvo ordinava ai vassalli di censire i mercati presenti nel loro distretto amministrativo e di sopprimere quelli che, eventualmente, fossero ritenuti superflui; risale al 952 un'ordinanza con cui l'imperatore Ottone I concedeva al monastero milanese di Sant'Ambrogio un'area in cui tenere il mercato cittadino (una piazza nella quale sistemare botteghe, banchi, carri, magazzini coperti).

Il commercio internazionale con l'Oriente

Fonti e documenti testimoniano anche, per tutto l'Alto Medioevo, la sopravvivenza di **traffici a lunga distanza**. I rapporti commerciali **tra Occidente e Oriente**, ad esempio, non vennero mai meno. Alcune **merci orientali** rimasero costantemente in uso in Europa: **prodotti di lusso** come seta, porpora, spezie, aromi, avorio, papiro, destinati a soddisfare le esigenze delle classi superiori, ma anche generi ali-

Un venditore di pesce, miniatura dal *De Universo* di Rabano Mauro, IX secolo. Montecassino, Archivio dell'Abbazia.

mentari come olio d'oliva, frutta, vini, miele. In cambio l'Occidente esportava schiavi, ferro, legname, tessuti. Il commercio internazionale presupponeva l'esistenza di mercanti di professione: almeno fino al VI secolo gli scambi con l'Oriente vennero assicurati soprattutto da **negozianti orientali**, noti con il nome di *syri*; successivamente emerse una classe di intermediari e **agenti di origine europea**, soprattutto ebrei e italiani. È probabile che tali professionisti del commercio venissero spesso assunti direttamente da signori e sovrani, disposti a compensarli adeguatamente dei rischi che correvano nei loro lunghi viaggi. Seguendo la tradizione romana, Teodorico ordinò frequentemente ai mercanti italiani di effettuare *coemptiones*, di comprare, cioè, a prezzi massimi e di trasportare a uso dello Stato i generi alimentari necessari alla sua amministrazione e al suo esercito. Mercanti ebrei nominati dai re merovingi esercitavano le stesse funzioni, rifornivano di merci la corte e, in cambio, ottenevano privilegi fiscali per i loro traffici e intermediari analoghi erano responsabili del rifornimento della corte longobarda.

Carovana di mercanti in viaggio verso l'Oriente, miniatura dall'atlante catalano di Carlo V di Francia del 1375 ca. Parigi, Bibliothèque Nationale.

Il documento

La circolazione dei beni nell'Alto Medioevo

M. Bloch, *L'età feudale*

Nel brano seguente lo storico M. Bloch sostiene che, nell'Alto Medioevo, forme elementari di commercio non cessarono mai di essere praticate.

Certamente, nell'Occidente «feudale», la moneta non fu mai completamente assente dalle transazioni, anche tra i ceti agricoli. Soprattutto non cessò mai di adempiervi la funzione di misura degli scambi. Spesso il debitore pagava in derrate; ma in derrate, solitamente, «apprezzate» a una a una, in modo che il totale di tali valutazioni coincidesse con un prezzo stipulato in lire, soldi e danari. Evitiamo dunque il termine, troppo sommario e troppo vago, di «economia naturale». Meglio parlare semplicemente di carestia monetaria. [...] Gli scambi, pertanto, non mancavano; solo erano estremamente irregolari. La società di quel tempo non ignorava certamente né la compera né la vendita. Ma non viveva come la nostra di compera e di vendita. Il commercio, anche nella forma di baratto, non era il solo, né forse il più importante dei canali attraverso i quali avveniva allora, attraverso gli strati sociali, la circolazione dei beni. Un gran numero di prodotti passava di mano in mano sotto forma di canoni, rimessi a un capo come compenso della sua protezione o semplicemente come riconoscimento del suo potere. Allo stesso modo per quell'altra merce che è il lavoro umano: la *corvée* forniva più braccia dell'assoldamento di mano d'opera. In breve, lo scambio, in senso stretto, occupava senza dubbio nella vita economica meno posto che la prestazione: e poiché era raro, e nondimeno solo gli indigenti potevano rassegnarsi a vivere della loro sola produzione, la ricchezza e il benessere sembrava fossero inseparabili dal potere. Ciononostante, una economia così costituita non metteva, in fin dei conti, a disposizione dei potenti che mezzi d'acquisto singolarmente limitati. [...] Grandi e miseri vivevano alla giornata, obbligati ad affidarsi alle risorse del momento e quasi costretti a consumarle subito.

(M. Bloch, *L'età feudale*, Einaudi, Torino 1949)

Il commercio interregionale in Europa

Gli scambi con l'Oriente non erano l'unica forma di commercio a distanza dell'Alto Medioevo. Altri **itinerari di traffico** collegavano tra loro le varie regioni europee, snodandosi essenzialmente per vie terrestri e fluviali. Mentre il Mediterraneo andava perdendo il ruolo di asse principale dei commerci a lunga distanza rivestito in età romana, acquistarono sempre più importanza le comunicazioni **attraverso i fiumi e i laghi**: il Po, il Rodano, la Senna, il Reno, la Mosa, l'Elba e il Danubio divennero le arterie principali di un sistema fluviale attraverso cui viaggiava la maggior parte delle merci europee. In **due aree**, soprattutto, tra il V e il X secolo paiono essersi sviluppati circuiti commerciali particolarmente trafficati e vitali: una nel **nord-ovest europeo**, l'altra nell'**Europa meridionale**. Queste due aree erano situate ai punti d'incontro fra il mare e le principali arterie del sistema fluviale europeo: attraverso la Senna, la Mosa, il Reno e il mare del Nord, la prima area si apriva su Paesi scarsamente civilizzati che funzionavano quali preziosi mercati di schiavi; attraverso il Po, che conduceva sino all'Adriatico, la seconda area si apriva su spazi economici assai prosperi, da cui provenivano merci di lusso di alta qualità, tessuti raffinati e costose spezie.

Oltre ai prodotti di lusso anche cereali, vini, sale, olio e prodotti dell'allevamento costituivano la base di questo commercio interregionale che presentava, infine, una **zona intermedia** nella quale venivano a contatto e si incrociavano i flussi di scambio provenienti dalle due aree che abbiamo identificato: la **Francia centro-orientale** (in particolare, la regione della Champagne).

Portus e fiere

Lungo tutti gli itinerari di traffico esistevano luoghi appositi dove i mercanti esponevano le proprie merci. Questi luoghi, chiamati ***portus***, erano diffusi soprattutto nell'Europa nord-occidentale e funzionavano come **veri e propri mercati stabili**, controllati da funzionari reali cui spettava di amministrare la giustizia fra i mercanti e di riscuotere i tributi dovuti in cambio della protezione del sovrano. Nell'VIII secolo erano assai attivi, nel nord della Francia, i *portus* di Duurstede, Quentovic, Amiens e Verdun.

Altri punti di scambio erano le **fiere**, il cui svolgimento è documentato in varie parti d'Europa. Sovente i luoghi dove si tenevano erano gli stessi in cui avevano normalmente luogo mercati locali; in certi periodi dell'anno alcuni di questi crescevano di importanza e richiamavano gente anche da molto lontano, stabilendo in tal modo contatti tra regioni solitamente isolate l'una dall'altra.

I MERCATI ITALIANI IN ETÀ CAROLINGIA

Nell'Italia centro-settentrionale esistevano, nel periodo carolingio, tre categorie principali di mercato, che si differenziavano per il luogo in cui sorgevano e per il bacino commerciale a cui facevano riferimento: mercati rurali, mercati rurali posti in prossimità di importanti vie di comunicazione e mercati urbani. Alla prima categoria appartenevano i mercati periodici posti nelle corti delle grandi proprietà monastiche. I contadini della zona vi si recavano per scambiare prodotti agricoli e artigianali e per procurarsi la moneta necessaria per pagare canoni, tasse, ammende e alcuni di quei beni che non producevano direttamente. In questi mercati gli abitanti della zona potevano inoltre trovare alcuni prodotti d'importazione, ma di largo consumo, come il sale, mentre i grandi proprietari terrieri che potevano vi indirizzavano una parte delle eccedenze prodotte delle loro aziende. Alla seconda categoria appartenevano alcuni mercati di campagna posti in corrispondenza di importanti vie di comunicazione fluviale, lacustre e terrestre e, dunque, sulle strade del commercio regionale e internazionale. Posti in corrispondenza di importanti percorsi terrestri erano anche alcuni mercati che venivano allestiti in occasione di qualche festività religiosa in prossimità di un luogo di culto, oppure nei pressi di santuari in cui si trovava esposta una santa reliquia capace di richiamare numerosi pellegrini. I mercati appartenenti alla terza categoria si trovavano nelle città e costituivano il punto di convergenza dei traffici regionali, interregionali e, soprattutto, internazionali. In città come Pavia, Piacenza, Mantova e Cremona convergevano stoffe, spezie e altri preziosi prodotti orientali, nonché merci provenienti dai porti della costa nord adriatica e dalle grandi proprietà dell'Italia settentrionale, oltre a quelli derivanti dal commercio interregionale, come il sale.

Venditore di cannella, miniatura del XV secolo. Modena, Biblioteca Estense Universitaria.

La **fiera parigina di Saint Denis**, dedicata in particolare al vino, era una delle più popolari: si svolgeva, a partire dal 634, ogni anno a ottobre. A questo appuntamento nel 775 ne venne aggiunto un altro, a febbraio. Ben cinque erano le fiere, di durata variabile da uno a diciassette giorni, che si svolgevano nel IX secolo a **Piacenza**. Nello stesso periodo in **Borgogna** si tenevano fiere annuali in tutti i capoluoghi della regione e presso i principali monasteri.

In molti casi, poi, le correnti di scambio su scala interregionale erano **stimolate dai signori**, laici ed ecclesiastici. Come accadeva per il commercio con l'Oriente, spesso sovrani ed abati ricorrevano ai mercanti per il rifornimento delle loro corti.

Il quadro degli scambi a lunga distanza tra il V e il X secolo risulta, in conclusione, abbastanza vario e articolato. La loro importanza non va però sopravvalutata. Essi coinvolgevano **fasce limitate della popolazione**: le masse rimasero sostanzialmente estranee al grande commercio e a beneficiarne furono soprattutto i membri di una ristretta élite aristocratica.

Miniatura raffigurante la fiera presso Saint Denis, XIV secolo. Castres (Francia), Biblioteca Municipale.

Verifica immediata

1 **Elenca le cause che originarono la contrazione della circolazione delle merci nell'Alto Medioevo.**

2 **Quali raffinate merci orientali rimasero in uso in Europa soprattutto nelle classi più elevate?**

3 **Indica le merci importate in Europa provenienti dalle seguenti regioni geografiche.**
   1 Oriente: ....
   2 Europa del Nord: ....
   3 Europa meridionale: ....

4 **Definisci la differenza fra *portus* e fiere.**

2. Moneta e credito nell'Alto Medioevo

La funzione della moneta nell'Alto Medioevo

Numerosi ritrovamenti archeologici provano che, durante i primi secoli del Medioevo, **le monete continuarono a essere usate e a circolare**. Monete d'oro, d'argento e di bronzo sono state rinvenute un po' ovunque in Europa, nelle tombe e tra gli oggetti preziosi della nobiltà. Questo fatto, tuttavia, non è sufficiente per rispondere alla domanda che tutti gli storici si sono posti a proposito della moneta nel Medioevo: quale uso se ne faceva realmente e quale funzione svolgeva nell'economia del tempo?

Nel sistema economico altomedioevale gli scambi erano estremamente ridotti e riguardavano soprattutto merci di lusso, oggetto di un traffico a media e lunga distanza. La scarsa rilevanza del commercio lascia supporre che la **circolazione monetaria** abbia conosciuto una **profonda riduzione**, pur senza scomparire mai del tutto. Come osserva Jacques Le Goff, «non solamente la Chiesa e i signori hanno sempre potuto disporre di una certa riserva monetaria per la soddisfazione delle spese di prestigio, ma il contadino stesso non poteva vivere completamente senza compere in denaro: il sale per esempio, che non produceva, non riceveva e raramente poteva pagare con baratto, doveva essere acquistato a prezzo di denaro» (J. Le Goff, *La civiltà dell'Occidente medievale*, Einaudi, Torino 1981). Anche se presente ovunque, la **moneta era scarsa** e rivestiva un ruolo limitato nel movimento degli scambi. Documenti risalenti al VII secolo dimostrano che valutazioni e prezzi erano espressi in termini monetari: ciò prova che gli uomini riconoscevano ancora la moneta come simbolo di valore ma non che i pagamenti avvenissero in denaro. Negli atti che registrano le vendite, i prezzi sono espressi in valori monetari, ma il più delle volte l'acquirente saldava il pagamento cedendo oggetti di sua proprietà desiderati dal venditore.

A partire dal VI secolo, inoltre, tra le monete circolanti nell'Occidente europeo risultano **assenti quelle di piccolo taglio**, adatte a compravendite di modesta entità. Il denaro in circolazione era d'oro (il *solidus*) o d'argento (il *denarius*): le monete, coniate dalle zecche statali di tutti i principali regni romano-barbarici soprattutto per ragioni di prestigio (l'emissio-

Ufficiali preposti alla riscossione delle tasse, miniatura inglese del 1130.

ne di moneta era considerata un attributo fondamentale della sovranità), avevano un valore legale molto alto e potevano dunque servire ben poco nella vita di ogni giorno. Le monete erano impiegate per i grandi traffici a lunga distanza commissionati direttamente dai sovrani, oppure per il pagamento di imposte e pene pecuniarie, non nelle transazioni commerciali.

L'affermazione della moneta d'argento

Una svolta nella storia monetaria europea si verificò tra il VII e l'VIII secolo con la progressiva **diffusione** e **affermazione della moneta d'argento** su quella aurea. Tra le ragioni che portarono a questa evoluzione, gli storici segnalano il probabile esaurimento delle scorte d'oro europee e l'intensificazione dei traffici commerciali con il mondo arabo, la cui moneta (il *dírham*) era anch'essa d'argento. La contrazione degli scambi, riducendo la domanda di moneta, aveva reso superflua la maggior parte delle monete più pregiate, che avevano un potere d'acquisto troppo alto rispetto all'entità delle transazioni; la coniazione di monete d'oro divenne sempre più modesta ed esse sparirono dalla circolazione per essere trasformate in gioielli, tesaurizzate o esportate. Nell'VIII e IX secolo, ad esempio, non vi è più traccia d'oro in Italia, ad eccezione della Sicilia araba e dei territori meridionali ancora bizantini, dove continuavano a essere usate le monete auree dell'Islam, o di Bisanzio.

La riforma monetaria di Carlo Magno

Tra il 781 e il 790 il re franco Carlo Magno, futuro imperatore del Sacro romano impero, abolì ufficialmente la coniazione di monete d'oro e impose un **sistema monometallico a base argentea**, destinato a durare per molti secoli in tutto l'Occidente europeo. Tale sistema, finalizzato a dare uniformità e omogeneità alla circolazione monetaria all'interno dell'impero carolingio affinché i commerci fossero agevolati, prevedeva l'esistenza di una unità di conto, ovvero di una moneta virtuale impiegata per indicare il valore dei beni, la **lira** (divisa in 20 soldi e in 240 denari); soltanto il **denaro**, in argento, di cui era stabilito rigidamente il peso (1,71 grammi) e la composizione

Denaro in argento raffigurante Carlo Magno, IX secolo. Parigi, Gabinetto Numismatico della Biblioteca Nazionale.

Il documento

Carlo Magno e la riforma del sistema monetario
Capitularia regum Francorum

Il seguente capitolare emanato da Carlo Magno fa riferimento alla riforma monetaria compiuta dall'imperatore del Sacro romano impero d'Occidente, che introdusse in circolazione un nuovo denaro.

Sulla moneta: nessuno dopo le calende d'agosto osi dare o accettare quei denari che aveva prima; se qualcuno lo farà, paghi la nostra ammenda. Per quanto concerne i denari, vi sia noto senza possibilità di dubbio il nostro editto: in ogni luogo, città o mercato abbiano egualmente corso questi nuovi denari e siano ricevuti da tutti. Se qualcuno offre in pagamento una moneta con il nostro nome, di argento puro e del peso dovuto e qualcun altro gliela rifiuta, in qualsiasi luogo e in qualsiasi negozio di compera o vendita, costui, se è un uomo libero, paghi il suo torto con 15 soldi a favore del re; se è di condizione servile, nel caso che stesse conducendo in proprio il negozio, perda l'oggetto contrattato o sia pubblicamente flagellato, legato nudo a un palo; nel caso invece che stesse agendo per comando del signore, allora il signore paghi il suo torto con 15 soldi, se aveva data la sua approvazione.

(*Capitularia regum Francorum*, in *Monumenta Germaniae Historica*, 1883)

(doveva contenere 1,62 grammi circa di argento fino), veniva però realmente coniato e messo in circolazione, unitamente a un suo sottomultiplo, l'**obolo** (mezzo denaro). In seguito a questa riforma, i centri autorizzati alla coniazione delle monete diminuirono da 100 a 30.

Rinasce l'economia monetaria?

Resta da valutare se il crescente impiego delle monete d'argento nel mondo medievale corrispondesse anche a un **aumento del commercio locale** e alla **rinascita dell'economia monetaria**. Secondo alcuni studiosi, l'affermazione del denaro in argento rappresentò un adeguamento alla riduzione della circolazione del denaro e della ricchezza, ovvero fu la conseguenza dell'affermazione di un'economia quasi esclusivamente agricola, a un regresso dell'economia monetaria. Altri ipotizzarono invece che esso potesse essere il segno di una graduale espansione degli scambi commerciali e che la moneta d'argento, di basso valore, fosse considerata come uno strumento più pratico in una società che stava abituandosi all'uso del denaro per una sempre maggiore varietà di transazioni.

È certo che in età feudale **aumentarono in gran misura i centri di coniazione delle monete**, parallelamente alla disgregazione di un forte potere centrale, verificatasi dopo la morte di Carlo Magno, e alla nascita di numerose autonomie locali.

Molti signori, laici ed ecclesiastici, si impadronirono del **diritto di battere moneta**, allontanandosi sempre di più dagli standard stabiliti dall'imperatore. Questi signori emettevano denari d'argento molto diversi tra loro per peso e valore, ma sostanzialmente sempre più leggeri e di bassa lega. Tali caratteristiche non potevano agevolare l'impiego della moneta nelle attività commerciali, poiché ne rendevano impossibile l'attribuzione di un valore stabile e riconosciuto da tutti. È presumibile, dunque, che nell'Alto Medioevo l'**impiego** della moneta come strumento di scambio sia stato nel complesso assai marginale.

Il cambiavalute, miniatura da un'edizione del 1023 del *De Universo* di Rabano Mauro.

Verifica immediata

1 **Scegli l'alternativa corretta.**

L'uso della moneta nell'Alto Medioevo:
- a scomparve del tutto.
- b rimase inalterato.
- c aumentò considerevolmente.
- d non scomparve mai del tutto.

2 Quali furono le ragioni dell'affermazione delle monete d'argento su quelle d'oro?

3 Definisci i seguenti termini relativi alla riforma monetaria di Carlo Magno.
1. Lira: ....
2. Denaro: ....
3. Obolo: ....

4 Dopo la morte di Carlo Magno, per quale motivo aumentarono i centri di coniazione delle monete?

VIAGGI E TRASPORTI

1. Viaggi, pellegrinaggi e percorsi commerciali

L'ambiente sfavorevole non impedisce gli spostamenti

Il **mondo medievale** è stato a lungo rappresentato come un **universo immobile**, caratterizzato dalla scarsità degli spostamenti e delle comunicazioni tra gli uomini. Fenomeni quali la diminuzione della popolazione e degli scambi, l'avanzamento dello spazio naturale a danno di strade e città e la contemporanea affermazione di un sistema di vita basato sull'organismo tendenzialmente isolato e autosufficiente della villa sembrerebbero sufficienti a giustificare tale visione. Almeno sino al X secolo l'Occidente europeo si presenta davvero, dal punto di vista geografico, come una **vasta distesa di foreste e di terre disabitate** che circondano rari e dispersi insediamenti umani. Eppure, come osserva lo storico Jacques Le Goff, «se la maggior parte degli uomini dell'Occidente medievale ha per orizzonte, talvolta per tutta la vita, il confine di una foresta, non bisogna immaginare la società medievale come un mondo di sedentari, di immobili, di votati al proprio angolo di terra circondato da boschi. La mobilità degli uomini del Medioevo è stata estrema, sconcertante» (J. Le Goff, *La civiltà dell'Occidente medievale*, cit.).

Migrazioni, viaggi individuali e spedizioni commerciali

L'Alto Medioevo fu teatro di grandi spostamenti di massa, come le **migrazioni** dei popoli di origine germanica che tra il V e il VI secolo si riversarono sull'Europa meridionale e quelle di Ungari, Saraceni e Normanni nel IX-X secolo; fu attraversato da **eserciti** impegnati nella conquista di un feudo e da **signori** che, con il loro seguito, si trasferivano dall'uno all'altro dei loro possedimenti per sorvegliarli o per consumare direttamente sul posto i prodotti. Percorrevano lo spazio, inoltre, anche gruppi meno numerosi e **individui isolati** che si mettevano in

Il documento

Le comunicazioni a corto e a lungo raggio
M. Bloch, *La società feudale*

Nel seguente brano lo storico M. Bloch ricostruisce lo stato delle comunicazioni nell'Alto Medioevo.

Confrontata con quanto ci offre il mondo contemporaneo, la rapidità degli spostamenti umani, in quel tempo, ci appare infima. Tuttavia, non era sensibilmente più debole di come doveva restare sino alla fine del Medioevo, o sino all'inizio del secolo XVIII. A differenza di quel che ci è oggi dato osservare, era di gran lunga più forte sul mare. Da cento a centocinquanta chilometri al giorno non costituivano, per un naviglio, un record eccezionale: per poco, naturalmente, che i venti non fossero troppo sfavorevoli. Per via di terra, il normale percorso giornaliero pare raggiungesse una media di trenta o quaranta chilometri, certo per un viaggiatore senza fretta: carovane di mercanti, gran signori in viaggio di castello in castello o di abbazia in abbazia, esercito con le sue salmerie. Un corriere, un pugno di uomini risoluti, potevano, mettendoci il massimo impegno, fare il doppio o di più. […] Cattive e malsicure, queste strade e queste piste non erano tuttavia deserte: tutt'altro! Dove i trasporti sono difficili, l'uomo assume più facilmente l'iniziativa di quanto non la subisca. Nessuna istituzione, soprattutto nessuna tecnica, poteva supplire al contatto personale tra gli esseri umani. Sarebbe stato impossibile governare lo stato dal fondo di un palazzo: per reggere un paese, non esisteva altro mezzo che cavalcarlo senza tregua, in tutti i sensi. […] Gli ostacoli e i pericoli della strada non impedivano per nulla gli spostamenti. Ma ognuno costituiva un'impresa, quasi un'avventura. Se dunque gli uomini, sotto l'assillo della necessità, non temevano di intraprendere viaggi molto lunghi – forse lo temevano meno che non in secoli a noi più vicini – esitavano dinanzi a quel ripetuto andirivieni a corto raggio, che in altre civiltà costituisce quasi la trama della vita quotidiana: soprattutto, quando si trattava di gente umile, sedentaria di professione. Da ciò una struttura per noi strabiliante del sistema dei collegamenti. Si può dire che non esistesse angolo di terra che non avesse qualche contatto. […] Le relazioni tra due vicine agglomerazioni erano invece assai più rare, il distacco umano, oseremmo dire, infinitamente più considerevole che ai nostri giorni.

(M. Bloch, *La società feudale*, Einaudi, Torino 1949)

1. Viaggi, pellegrinaggi e percorsi commerciali

VIAGGI E TRASPORTI

La flotta navale normanna attraversa la Manica, particolare dell'arazzo di Bayeux dell'XI secolo.

fiera dell'anno, dove ha un giro d'affari stabilito: i primi giorni frequenta la fiera dei tessuti, poi quella del pellame e della pelliccia, Infine quella cosiddetta delle "merci che si vendono a peso", soprattutto spezie. Gli ultimi giorni li dedica ai pagamenti. Ha giusto il tempo di tornare in patria, vendere i prodotti del Nord, rifornirsi al Sud ed è pronto per partire per la seconda fiera che si tiene in Quaresima, a Bar sur Aube. Seguono poi la terza in maggio, a Provins alta, la quarta in luglio-agosto a Troyes, la quinta in settembre a Provins bassa. La sesta in ottobre, a Troyes, chiude il ciclo dell'anno e il mercante può finalmente lasciare la Champagne e fare ritorno a casa.» (G. Piccinni, *Per mare e per terra*, in «Medioevo», luglio 1997)

viaggio per diverse ragioni. Sovente la spinta decisiva al viaggio era fornita dalla necessità. Si muovevano ed emigravano i **contadini**, alla ricerca di terre migliori o per sottrarsi a condizioni di vita particolarmente difficili, determinate da periodi di carestia o da uno sfruttamento signorile troppo pesante. Viaggiavano i **mercanti**, diretti alle località in cui si svolgevano fiere e mercati o impegnati in spedizioni verso l'Oriente o il Nord Europa per rifornire di merci rare e pregiate i sovrani e i signori che li assumevano per tale scopo.

I **viaggi commerciali erano lunghi e rischiosi**. Le aree in cui si tenevano le fiere più importanti erano il nord della Francia, la Borgogna e la Champagne: per giungervi, la maggior parte dei negoziatori **si muoveva in carovane** che riunivano chi aveva la stessa meta, per far fronte insieme alle spese e ai pericoli del viaggio. Date le distanze, i mercanti dell'Alto Medioevo trascorrevano gran parte della loro vita sulla strada, in un continuo andirivieni tra la loro terra di provenienza e le località europee nelle quali si svolgevano, periodicamente, le varie fiere stagionali. La storica Gabriella Piccinni fornisce un'interessante ricostruzione dell'anno tipo di un commerciante italiano che frequentava gli appuntamenti di scambio della Champagne:

«Possiamo seguire con la fantasia un mercante italiano mentre passa le Alpi con i suoi prodotti tra dicembre e gennaio, percorre la via di Marsiglia e del Rodano e arriva a Lagny sur Marne, in tempo per la prima

I pellegrinaggi

L'uomo dei Medioevo viaggiava inoltre per **motivi religiosi**. Fin dalle origini era presente, nella religione cristiana, l'idea del **pellegrinaggio** verso i luoghi sacri come periodo di penitenza necessario per poter riacquistare la salute del corpo e dell'anima. A partire dal IV secolo si diffuse in Occidente il desiderio di **visitare Gerusalemme** e i luoghi del martirio di Cristo: uomini di Chiesa, nobili e gente comune iniziarono a viaggiare verso la Palestina e la pratica si intensificò sino al VII secolo, quando diminuì drasticamente in seguito alla conquista della Terra Santa da parte degli Arabi, per poi riprendere dopo il Mille (quando i pellegrinaggi divennero un fenomeno di massa e si estesero a numerose altre località, tra le quali Roma e Santiago de Compostela, in Spagna).

Anche nell'Alto Medioevo esistevano alcuni altri poli di grande prestigio che attiravano l'interesse dei cristiani: **Roma** accoglieva folle di pellegrini, che si recavano presso la tomba di Pietro e Paolo e potevano poi proseguire il loro cammino verso il **santuario dell'arcangelo Michele** nel Gargano, passando per Montecassino. Altri santuari ricchi di attrattiva erano **San Michele della Chiusa** in Piemonte, **Mont-Saint-Michel** in Normandia e **San Martino di Tours** nella Francia centro-occidentale.

Gli **itinerari** seguiti per recarsi in queste località di culto, solitamente terrestri, erano talmente frequentati che videro sorgere, lungo il percorso, numerosi **luo-**

VIAGGI E TRASPORTI

1. Viaggi, pellegrinaggi e percorsi commerciali

Pellegrini presso il reliquiario di sant'Edoardo a Westminster: i fori permettono di avvicinarsi al corpo del santo. Miniatura del XIII secolo.

I viaggi terrestri e l'accoglienza

Nell'Alto Medioevo muoversi lungo itinerari di terra era scomodo, pericoloso e difficoltoso per tutti. Le cattive condizioni delle strade, che potevano essere rapidamente ricoperte di vegetazione se non erano usate e che le precipitazioni potevano trasformare in pantani impraticabili, rendevano i **viaggi lenti** e **disagevoli**. Gli uomini si spostavano **a piedi**; le cavalcature erano impiegate soltanto dai membri delle classi superiori o, come bestie da soma, dai mercanti. I viaggi richiedevano più tappe e la percorrenza media giornaliera variava tra i 25 e i 60 km al giorno.

Il viaggio a piedi era molto faticoso e richiedeva **luoghi attrezzati per il riposo**, solitamente gestiti da monaci e, dopo il X secolo, anche locande e taverne private. Ogni edificio religioso offriva un ospizio, detto **xenodochia**, dove qualunque viandante veniva accolto e sfamato, con particolare cura nei confronti dei pellegrini: ciò avveniva tanto per dovere di carità quanto per incoraggiare i pellegrinaggi. In città questi xenodochia erano collocati nei pressi delle chiese e dei monasteri, mentre nel territorio rurale erano le pievi e gli stessi monasteri, disposti lungo i principali tracciati viari, che svolgevano il ruolo di luoghi di sosta.

Per effettuare una pausa durante questi lunghi viaggi, oltre agli xenodochia i viandanti disponevano di luoghi di sosta adatti allo sviluppo dei commerci, detti «**volte mercantili**» per l'esistenza di cortili e stanze a volta, utili al ricovero dei muli e all'immagazzinamento delle merci trasportate. Strutture di questo tipo erano diffuse soprattutto nel Nord Italia e sorgevano nel retroterra dei principali porti, oppure nei borghi disposti lungo le maggiori vie di traffico terrestre. Vi erano, inoltre, ospizi situati in prossimità dei passi e dei valichi di montagna, gli «**ospedali da passo**», allestiti per dare appoggio ai viaggiatori impegnati nella difficile impresa di superare le catene montuose attraverso i valichi.

Nel **mondo germanico** era abituale l'ospitalità nei confronti dei viandanti e degli stranieri, che si configurava come un vero e proprio dovere sociale e com-

---

Il documento

Il viaggio del monaco Richer (991 d.C.)

G. Duby, *Le origini dell'economia europea*

In questo brano lo storico Georges Duby riporta la testimonianza del viaggio compiuto in Francia da un monaco medievale verso la fine del X secolo d.C.

«Cacciatomi con i miei due compagni in un labirinto di scorciatoie tra i boschi, fummo esposti ad ogni specie di sventure. Ingannati da una biforcazione della strada, percorremmo 6 leghe più del necessario». Morto il cavallo da soma, prosegue il monaco, «lasciai là il servitore con il bagaglio, dopo avergli insegnato che cosa doveva dire ai passanti, e [...] arrivai a Meaux. La luce del giorno mi permetteva appena di vedere il ponte su cui avanzavo; quando lo esaminai più attentamente, vidi che mi ero imbattuto in nuove calamità [...] Dopo aver cercato una barca in ogni direzione senza trovarne, il mio compagno tornò al pericoloso passaggio del ponte ed ottenne dal cielo che i cavalli potessero attraversarlo senza incidenti. Dove c'erano interruzioni, a volte piazzava il suo scudo sotto le loro zampe, a volte ravvicinava le assi che si erano disgiunte; ora chinandosi, ora stando ritto, ora avanzando, ora ritornando sui suoi passi, egli riusciva ad attraversare il ponte con i cavalli, e io lo seguivo».

(G. Duby, *Le origini dell'economia europea*, Laterza, Bari 1975)

portava un **preciso rituale**: l'ospite, dopo aver deposto le armi sulla soglia, era accolto nella dimora e veniva invitato a brindare per sancire l'ospitalità. Il padrone di casa gli offriva inoltre dei vestiti puliti e, per la notte, gli metteva a disposizione un giaciglio e, sovente, la compagnia di una donna, che poteva anche essere un membro della famiglia. Il legame che si instaurava era molto profondo, tanto da comportare per l'ospitante la responsabilità penale per qualsiasi atto illecito commesso dall'ospite durante il soggiorno.

Una locanda per l'accoglienza dei viandanti, miniatura da un manoscritto inglese del XV secolo.

I viaggi fluviali e marittimi

Più agevoli erano gli **spostamenti via fiume e via mare**, ampiamente utilizzati da coloro che per ragioni commerciali avevano necessità di muoversi su lunghi itinerari che attraversavano l'Europa. Le **vie fluviali** rimasero molto attive durante l'Alto Medioevo. Il cronista Sidonio Apollinare narrò che, durante un viaggio da Lione a Roma, dopo aver varcato le Alpi si imbarcò sul Po nei pressi di Pavia e su un battello giunse fino a Ravenna.

Più complessi, per una civiltà terrestre come quella medievale, furono i **viaggi marittimi**. La navigazione avveniva essenzialmente **lungo le coste, a vista** (in mancanza di bussola); spingersi in mare aperto consentiva maggiore velocità ma esponeva a pericoli come tempeste, bonacce, attacchi di pirati ed erano pochi i mercanti disposti a correre simili rischi. Persino i pellegrinaggi in Terra Santa e, dopo il Mille, le crociate si svolgevano preferibilmente via terra, seguendo un itinerario che lungo il Danubio giungeva a Costantinopoli e, attraverso l'Asia Minore, a Gerusalemme.

Verifica immediata

1 Individua i protagonisti dei seguenti tipi di spostamenti.
   1 Migrazioni: ....
   2 Alla conquista dei feudi: ....
   3 Alla ricerca di terre migliori: ....
   4 Viaggi commerciali: ....

2 Qual era lo scopo dei pellegrinaggi e quali le principali mete di questi viaggi?

3 Quali antichi pellegrinaggi sono praticati ancora oggi? Aggiungi ad essi altre mete di pellegrinaggi odierni che conosci.

4 Definisci i seguenti termini.
   1 Xenodochia: ....
   2 Volte mercantili: ....
   3 Ospedali da passo: ....

5 Quali pericoli correva chi intraprendeva viaggi marittimi?

VIAGGI E TRASPORTI

2. I trasporti nell'Alto Medioevo

La crisi dei trasporti stradali

Gli sconvolgimenti materiali determinati dalla caduta dell'impero romano e il profondo clima di insicurezza che si diffuse in tutto l'Occidente provocarono un forte **arretramento nell'utilizzazione dei mezzi di trasporto** e, di conseguenza, nella loro costruzione. Il progressivo **degrado della rete stradale romana**, rovinata dalle invasioni e dalla mancanza di manutenzione regolare a causa della carenza di risorse e di tecnici, contribuì in particolare alla **diminuzione del traffico delle vetture a due ruote**, resa ancora più difficoltosa dall'istituzione, lungo i percorsi, di **numerosi pedaggi** imposti dai signori locali.

In età romana era lo Stato che organizzava e gestiva la costruzione e la manutenzione delle strade e, nei primi secoli del Medioevo, i poteri pubblici continuarono a esercitare questa funzione, anche se il fabbisogno e le tecnologie costruttive erano completamente mutate. Alla fine del periodo carolingio (secoli IX-X) lo Stato rinunciò alla partecipazione ai lavori di manutenzione e controllo delle strade, dei ponti e dei porti e la gestione delle infrastrutture passò quindi **nelle mani dei poteri locali**, che ne approfittarono per lucrare tributi e gabelle di vario tipo.

Una **nuova rete viaria**, fatta di strette strade locali e di sentieri privi di pavimentazione, provvide a collegare tra loro ville e città, ma al di fuori di un disegno complessivo e razionale della viabilità. Si trattava di percorsi paralleli che consentivano al viaggiatore di regolarsi secondo le necessità del momento, di scegliere il tracciato meno avventuroso, o di cercare di evitare i territori controllati dai numerosi potentati locali o i luoghi che sapeva infestati dai briganti, talvolta riuniti in bande.

Più sicure e meno bisognose di manutenzione erano le **vie d'acqua interne**, che divennero uno strumento di comunicazione fondamentale in tutta l'Europa medievale e sulle quali furono costruiti imbarcaderi, dighe e banchine.

I mezzi di trasporto terrestri

Il mezzo di trasporto per eccellenza per i personaggi più facoltosi era il **cavallo** – talvolta sostituito dal **mulo**, assai utilizzato dal clero – che in epoca feudale iniziò a essere **sottoposto alla ferratura**, migliorandone decisamente l'efficienza, facilitando la pro-

Miniatura di scuola tedesca raffigurante un carro per il trasporto di passeggeri trainato da cavalli, XIV secolo.

gressione dell'animale e proteggendone gli zoccoli. Gli spostamenti in vettura erano generalmente considerati come un segno di debolezza fisica e di vecchiaia, ma non venne meno l'impiego di **carri trainati da buoi**, più lenti dei cavalli ma assai più potenti e, dunque, capaci di sopportare grossi carichi. Nell'impero franco queste vetture erano molto diffuse e, secondo lo storico Eginardo, i sovrani carolingi erano soliti effettuare i loro spostamenti su un *carpentum*, il carro trainato da buoi e condotto da un vetturino, di origine romana.

In età carolingia vennero impiegati anche altri mezzi di trasporto di derivazione romana, come le **vetture a cassone sospeso** – carri larghi, dotati di una struttura sospesa a quattro pali collegati all'assale, poco adatti però ai lunghi spostamenti a causa della loro andatura basculante – e mezzi di derivazione germanica, come le **vetture ad avantreno girevole**, nelle quali l'asse anteriore era dotato di ruote di diametro inferiore a quelle dell'asse posteriore.

2. I trasporti nell'Alto Medioevo

Navi e trasporti marittimi

Nel Medioevo le **navi del Mediterraneo** conobbero poche evoluzioni rispetto all'epoca romana. Gli scafi delle navi mercantili somigliavano ancora a quelli romani a doppia punta, con una poppa più arrotondata e dotati di remi laterali, mentre le innovazioni costruttive più importanti giunsero dalle regioni del Nord, dove i **Vichinghi** si distinsero per l'abilità nel realizzare imbarcazioni (i *drakkar*) dotate di una vera chiglia e di uno scheletro formato di tavole sovrapposte, elastico e leggero. I carpentieri del Nord usavano l'accetta per ricavare una tavola da ogni mezzo tronco, e queste tavole venivano disposte parallelamente, in modo da sormontarsi parzialmente, e fissate con legature. In seguito venivano inseriti i rinforzi fissati al fasciame, con l'aiuto di incastri intagliati nelle tavole al momento della loro realizzazione. Le navi vichinghe erano inoltre equipaggiate con **un solo remo di governo fornito di timone** e con una **vela quadrata** issata su un solo albero posto a metà della nave, che in caso di bonaccia era sostituita da due file di remi che potevano ospitare fino a sessanta rematori per parte.

Di decisiva importanza fu l'introduzione in Occidente della **vela triangolare**, la cosiddetta «vela latina», che fu fatta conoscere ai navigatori mediterranei dagli Arabi e che, a differenza delle velature quadrate, consentiva di prendere il vento su entrambe le facce e, dunque, di navigare controvento.

Nei primi secoli del Medioevo si affermarono anche **velieri a due o tre alberi**, con altrettante vele, installate sull'albero maestro oppure sotto il bompresso (l'albero montato a prua).

I cantieri arabi riprodussero le navi fabbricate nei Paesi conquistati, imbarcazioni egiziane, siriache e soprattutto bizantine, come i **dromoni**. Si trattava di navi molto veloci, grazie alle quali i Bizantini dominarono a lungo il Mediterraneo: erano delle biremi, simili alle galere romane, sulle quali potevano essere imbarcati da cento a duecento uomini.

Una nave drakkar impressa su una moneta vichinga. Stoccolma, Historiska Museet.

Verifica immediata

1 Completa lo schema indicando le cause dei fenomeni elencati.

- .... → Minore utilizzazione dei mezzi di trasporto
- .... → Degrado della rete stradale romana
- .... → Imposizione di pedaggi, tributi e gabelle

2 Quale innovazione consentì un miglior utilizzo dei cavalli?
....

3 In che cosa consisteva il *carpentum*?
....

4 Collega opportunamente le voci della colonna di sinistra con quelle della colonna di destra.

1. Drakkar
2. Vela triangolare
3. Velieri
4. Dromoni

a. Vento su entrambe le facce
b. Due o tre alberi
c. Navi vichinghe
d. Veloci biremi bizantine

AMBIENTE E TERRITORIO

1. Terra e lavoro agricolo nelle grandi proprietà medievali

L'impiego degli schiavi

Fin dalla loro origine, nel IV-V secolo, le vaste concentrazioni terriere delle ville posero ai loro proprietari il **problema della manodopera**. In una prima fase la conduzione delle grandi aziende si basò essenzialmente sull'**impiego degli schiavi**, che vivevano nella corte mantenuti dal signore fondiario. I lavori agricoli erano però distribuiti in maniera irregolare durante l'anno: a stagioni morte si alternavano periodi, come l'aratura e la mietitura, che richiedevano un notevole aumento della forza lavoro. Mantenere per tutto l'anno squadre di servi dimensionate in base alle esigenze di questi periodi di punta dell'attività sarebbe stato antieconomico per i proprietari terrieri. In alcuni casi il problema fu risolto trattenendo un numero ridotto di schiavi e facendo ricorso, quando il lavoro aumentava, a **manodopera salariata**.

La concessione di mansi

A partire dal VII secolo la manodopera schiavile cominciò decisamente a declinare, anche in seguito alla cessazione delle guerre di conquista e delle invasioni barbariche, e fu adottata una soluzione che contribuì alla nascita della **struttura aziendale tipica della villa**, basata sulla suddivisione delle terre fra *dominicum* e *massaricium*. In sostanza, i grandi proprietari scoprirono che sistemare una parte dei loro servi su **determinati appezzamenti** (mansi), lasciando loro la responsabilità di coltivarli, era più conveniente. Tale soluzione **riduceva i costi** di mantenimento del personale e, inoltre, stimolava l'interesse al lavoro da parte dei servi e ne aumentava la produttività.

Altri poderi furono affidati a **coltivatori liberi**. Nel complesso le superfici coltivate direttamente dal signore iniziarono a diminuire, mentre aumentarono quelle lavorate in concessione. Nel IX secolo, in una tenuta di Farfa, nel Lazio, a fronte di un gruppo di 93 schiavi era accertata la presenza di oltre 1400 conduttori dipendenti; anche negli immensi possedimenti del monastero di Santa Giulia a Brescia, all'inizio del X secolo, si contavano soli 741 schiavi contro circa 4000 contadini.

Miniatura raffigurante alcuni lavori agricoli, da un manoscritto del *De Universo* di Rabano Mauro del 1023.

Miniatura che illustra la raccolta e la pigiatura dell'uva.

Le *corvées*

I coloni, oltre a doversi occupare dei loro mansi, erano obbligati a collaborare alla **lavorazione delle terre signorili**: in questo modo i proprietari recuperavano la manodopera che era loro necessaria in sostituzione del lavoro degli schiavi. I **servizi in lavoro** (*corvées*) erano imposti a tutti i concessionari di mansi. Di regola sui mansi di origine servile gravavano però oneri maggiori.

Così li definiva la legge alemanna, risalente agli inizi dell'VIII secolo: «Gli uomini servi forniranno le prestazioni di lavoro, metà per conto proprio, metà sulla terra dominicale e, se rimarrà tempo sufficiente, faranno come gli schiavi delle proprietà ecclesiastiche: tre giorni per conto proprio, tre giorni sulla terra dominicale» (G. Duby, *Le origini dell'economia europea*, Laterza, Bari 1975).

I **sovrintendenti** della villa provvedevano a radunare i contadini e ad assegnare loro qualsiasi lavoro fosse necessario. Definiti con maggiore precisione erano invece i compiti cui dovevano provvedere i **coltivatori** che vivevano sui mansi liberi. Di norma essi erano trattenuti per periodi meno lunghi al servizio del signore; si occupavano di recintare i campi e la corte, coltivare lotti del *dominicum*, trasportare merci e messaggi, provvedere alla manutenzione degli edifici.

Questo sistema di organizzazione del lavoro, che si mantenne tale sino alla fine del feudalesimo, era funzionale alle esigenze dei grandi proprietari, ai quali garantiva enormi riserve di manodopera cui attingere in caso di necessità. È probabile tuttavia che tale sistema abbia costituito anche un **freno allo sviluppo economico**: potendo disporre di forza lavoro gratuita e illimitata, infatti, i signori non avevano necessità di stimolare il miglioramento della produzione e il perfezionamento delle tecniche.

Le grandi proprietà medievali rimasero così ancorate a un'**agricoltura di tipo estensivo**, praticata su vaste estensioni di terreno con scarso impiego di mezzi e strumenti tecnici, dunque povera e scarsamente produttiva. Nel complesso, nell'Alto Medioevo ebbe luogo un **forte arretramento dell'agricoltura** di origine romana e la conversione, in certe zone, anche a causa dell'influenza germanica, dell'agricoltura in **pastorizia**.

Scarsi progressi tecnologici

Probabilmente in nessun settore della vita medievale come in quello agricolo una tipica caratteristica della mentalità del tempo, il **disprezzo della novità**, agì come ostacolo al progresso tecnico. Per molti secoli il Medioevo occidentale non produsse **nessun trattato tecnico**, perché la mentalità comune giudicava tali argomenti indegni di essere studiati.

Le conseguenze del **mediocre equipaggiamento tecnico** si fecero sentire in primo luogo **nel settore agricolo**: l'attrezzatura rimase molto rudimentale, le arature erano poco profonde, la terra veniva lavorata male. L'aratro antico, a vomere simmetrico di legno temperato al fuoco o rivestito di ferro, adatto ai suoli superficiali e accidentati delle regioni mediterranee, continuò a essere impiegato a lungo anche dove la sua funzionalità era assai scarsa. L'aratura era fatta una sola volta prima della semina ed era estremamente superficiale; spesso le zolle venivano frantumate a mano con una mazza. La terra avrebbe potuto ricostituirsi solo con l'impiego ripetuto di sostanze fertilizzanti, ma il concime più conosciuto e utilizzato era essenzialmente il **letame**, di cui non vi era grande disponibilità poiché andava in gran parte perduto, dal momento che sovente il bestiame pascolava la maggior parte del tempo allo stato brado o viveva nella foresta.

Raccolta delle ghiande, da un codice miniato del XIV secolo.

AMBIENTE E TERRITORIO

Il documento

Il regno della foresta e dell'incolto

G. Cherubini, *Gli uomini e lo spazio coltivato*

Il paesaggio europeo dell'Alto Medioevo era dominato dalla foresta, che nella vita del tempo assunse una rilevante funzione economica.

Nei primi secoli il paesaggio era dominato dalle foreste, che ricoprivano gran parte del continente. Nei paesi mediterranei, per la verità, il clima secco e il degradamento del suolo avevano in molti casi impedito che rinascessero i grandi boschi distrutti nell'antichità. Ma alcune zone della Spagna come il sud-ovest e l'Algarve costituivano un'immensa pineta; in Italia il Piemonte era ricoperto di boschi; nella pianura Padana una enorme foresta copriva, ad esempio, gran parte del territorio veronese, fra i fiumi Tartaro e Menago. [...] Il vero regno della foresta era comunque più a nord. Nella Gallia la conquista romana aveva dato il via a una intensa distruzione di foreste, soprattutto nella parte meridionale. Nelle regioni settentrionali, meno romanizzate, foreste ed economia forestale avevano alla fine dell'impero un ruolo molto importante. Più boscosa era alla stessa data la Germania. Tuttavia le foreste meglio studiate sono quelle dell'Inghilterra. Un fitto mantello ricopriva il Kent, il Sussex, l'Essex, l'East-Anglia. Gli alberi circondavano da presso anche la regione di Londra. Altre grandi distese esistevano un po' ovunque.

Lontana dall'essere abbandonata a se stessa, la foresta, almeno nelle zone più vicine ai nuclei abitati, occupava nella vita del tempo un posto economico di rilievo. Gli uomini la vedevano in modo abbastanza diverso da noi. I pinastri erano considerati alberi da frutto. Le pigne erano particolarmente adatte per accendere il fuoco e in Provenza si facevano seccare i semi che servivano come cibo. L'albero più pregiato era tuttavia la quercia, che forniva ottimo legname da costruzione e cibo per i maiali. Legno pregiato era anche quello del castagno, i cui frutti fornivano in molte regioni la base dell'alimentazione.

Nella foresta si potevano raccogliere i frutti, si poteva pescare negli stagni e cacciare la selvaggina. Lì si trovava il miele, unica sostanza edulcorante del tempo. Ma la foresta era soprattutto preziosa per il pascolo, particolarmente per quello dei maiali, ghiotti di faggiuole e di ghiande. La carne di maiale, il lardo soprattutto, era parte essenziale del nutrimento. Il legno infine, oltre che materiale da costruzione, era l'unica sorgente di calore contro il freddo invernale che minacciava gli uomini nelle loro fragili capanne, spesso fatte solo di frasche intrecciate.

(G. Cherubini, *Gli uomini e lo spazio coltivato*, www.rm.unina.it)

Verifica immediata

1 Scegli l'alternativa corretta.

Il numero degli schiavi lavoratori della terra fu ridotto perché:
a lavoravano malvolentieri.
b si ribellavano ai padroni.
c era costoso mantenerli.
d fuggivano in gran numero.

2 Spiega in che cosa consisteva la suddivisione delle terre in *dominicum* e *massaricium* ed esponi i vantaggi che ne trassero i proprietari.

....
....

3 Completa la seguente asserzione scegliendo l'alternativa corretta.

I coltivatori di mansi liberi erano *più / meno* gravati da compiti lavorativi. Infatti il loro apporto durava *meno a lungo / più a lungo* di quello *degli schiavi / dei coloni*.

2. L'alimentazione nel mondo medievale

La fame nel Medioevo

La crisi economica e sociale che segnò il passaggio dall'Impero romano al Medioevo ebbe forti ripercussioni su tutti gli aspetti della vita materiale. Significativi cambiamenti riguardano, in tale ambito, le **abitudini alimentari**, tanto dal punto vista quantitativo quanto da quello della qualità del cibo.

L'Occidente medievale dovette fare a lungo i conti con il problema della sopravvivenza e, dunque, della **fame**. Le guerre e le devastazioni conseguenti alle invasioni barbariche, unitamente al progressivo impoverimento delle capacità produttive, determinarono almeno fino al VI-VII secolo una situazione di vera e propria **emergenza alimentare**. Lunghi periodi di carestia si alternavano a momenti di maggiore stabilità delle risorse durante i quali, tuttavia, la fame era sempre in agguato, come spiega Jacques Le Goff: «Non solo di quando in quando il rigore eccezionale del clima genera una catastrofe alimentare quale una carestia; ma abbastanza regolarmente ovunque, ogni quattro o cinque anni, una penuria di frumento produce una scarsità dagli effetti limitati, meno drammatici, meno spettacolari, ma tuttavia micidiali» (Le Goff, *La civiltà dell'Occidente medievale*, cit.).

Bottega di macellaio, miniatura da un'edizione del 1023 del *De Universo* di Rabano Mauro.

Un nuovo regime alimentare

La scarsità di cibo fu una delle ragioni che indussero le comunità umane a modificare il proprio regime alimentare. Il **modello tramandato dai Romani**, basato sui consumi vegetali e in particolare sui cereali panificabili e sul vino, rimase a lungo in vigore nell'Occidente europeo. La regola dei monaci benedettini, risalente al VI secolo, ad esempio, prescriveva di servire piatti composti di erbe, radici e legumi accompagnati da pane e vino, mentre Georges Duby ricorda che «i poveri mantenuti negli ospizi di Lucca ricevevano ogni giorno, nel 765, una pagnotta, due misure di vino e una scodella di legumi cotti nel lardo e nell'olio» (G. Duby, *Storia delle donne in Occidente*, Laterza 1990).

Date le condizioni dell'agricoltura, però, e il periodico scatenarsi delle carestie, non era possibile soddisfare il bisogno di cibo soltanto con le risorse offerte dalla coltivazione. Accanto ad esse acquistarono così via via importanza, nella dieta, alimenti quali la **carne** e i **grassi animali**: in altre parole, i **prodotti del bosco** (cacciagione) e **delle terre incolte** (allevamento). In un ambiente fisico caratterizzato dalla prevalenza di boschi e terreni non coltivati, l'utilizzo delle risorse alimentari fornite dalle aree selvatiche divenne una componente fondamentale dell'alimentazione quotidiana. Anche nella mentalità del tempo lo **sfruttamento delle foreste e dei prodotti naturali** acquisì una dignità e un valore fino allora sconosciuti; nella civiltà romana, infatti, tale pratica era associata a un'immagine di povertà e di marginalità. Sfruttare la foresta divenne invece nell'Alto Medioevo un'attività abituale ed economicamente apprezzata, così come erano apprezzati coloro che la esercitavano. I **boschi** vennero insomma assunti a pieno titolo al rango di **luoghi produttivi**.

Diffusione delle tradizioni alimentari barbariche

A questo cambiamento delle abitudini alimentari contribuì, inoltre, l'**incontro della civiltà romana con la cultura germanica**: le invasioni barbariche del V-VI secolo misero in contatto le popolazioni dell'Europa sud-occidentale con genti dalle tradizioni alimentari assai diverse. I popoli provenienti dal centro e dal nord dell'Europa erano caratterizzati da un modo di vita basato sul nomadismo: non praticavano l'agricoltura e si procuravano il cibo attraverso la caccia, la pesca e l'allevamento. Il loro *regime nutritivo* era quindi **incentrato sulla carne e sul latte**; non bevevano vino ma birra e sidro; non condivano con l'olio ma con burro e lardo.

Le due diverse culture alimentari andarono progressivamente integrandosi. L'affermazione politica e sociale dei barbari contribuì a dare rilievo ai loro modelli culturali e a diffondere i loro costumi; a loro volta le genti germaniche, fondendosi con le popolazioni conquistate, ne adottarono in parte gli usi. La **carne** divenne l'**elemento centrale della dieta medievale**, anche se il suo consumo si fece consueto e frequente essenzialmente tra le classi dominanti, mentre fra i ceti umili i cibi di provenienza vegetale continuarono a mantenere una posizione di primo piano.

Un'alimentazione differenziata

La dieta quotidiana dell'Alto Medioevo fu comunque caratterizzata da un'**ampia varietà** anche tra i ceti popolari e i contadini europei fruirono di una dieta più equilibrata di quanto non sia dato di riscontrare per altre epoche. **Suini** e **ovini** rappresentarono la principale riserva di carne, particolarmente adatta anche alla lunga conservazione; il consumo di **bovini**, impiegati largamente nel traino di carri e aratri, fu minore ma non assente, mentre un ulteriore apporto di cibi animali proveniva dall'allevamento del **pollame** e dalla **caccia**, che fino al IX-X secolo fu un'attività consentita a tutti gli abitanti delle ville per poi trasformarsi, in età feudale, in privilegio riservato all'aristocrazia.

Il **formaggio**, essenzialmente ovino e caprino, era presente su tutte le mense europee. Tra i **cereali**, acquistarono importanza a scapito del frumento i grani inferiori (segale, avena, orzo, miglio, sorgo), più redditizi e meno bisognosi di cure; ampio era il consumo di **legumi** (fave, fagioli, ceci) e **verdure** (rape, cavoli, cipolle, insalata). I **cereali** erano solitamente impiegati, a chicchi interi o ridotti in farina, per cuocere zuppe o polente, oppure per preparare pani, cotti sotto la cenere o su lastre di terracotta, simili a focacce e non lievitati. Tra le bevande si affermò decisamente il **vino**, affiancato – soprattutto nelle regioni settentrionali del continente e nelle aree dove più intensa fu la presenza germanica, come in Spagna – dalla **birra**.

L'aristocrazia e la carne

Se nella dieta contadina la **carne**, pur presente, rappresentava un complemento a un'alimentazione dominata in gran parte dai vegetali, essa possedeva l'assoluto **primato sulle tavole della nobiltà**, e rivestiva anche un valore fortemente simbolico. Per l'aristocrazia guerriera dell'Alto Medioevo la carne era associata alla caccia, una pratica nella quale trovavano espressione valori tipicamente guerrieri come la forza, la scaltrezza e l'uso delle armi.

L'alimentazione in età feudale

In età feudale le **differenze** tra il regime alimentare delle élite sociali e quello di servi e contadini diventarono ancora **più profonde**. Da un lato la maggiore stabilità politica e una certa ripresa demografica determinarono la messa a coltura di nuove terre; dall'altro lo sviluppo dei poteri signorili comportò, per gli abitanti dei feudi, l'imposizione di restrizioni e divieti sullo sfruttamento di foreste e terre incolte. A questo proposito, va osservato che l'esclusione dei ceti sociali più umili dall'accesso alle risorse boschive ben rispondeva alla volontà dell'aristocrazia terriera di costringerli sempre più al ruolo di contadini, di semplici produttori (*laboratores*). La **foresta** fu trasformata in uno **spazio riservato ai potenti** e ciò, unitamente all'ampliamento delle terre coltivate, fece sì che i consumi di cibo delle classi inferiori tornassero a orientarsi essenzialmente sui **prodotti ve-**

Miniatura raffigurante una donna intenta alla raccolta dei fagioli.

getali: cereali minori (il pane di frumento era riservato ai ricchi e ai religiosi), legumi e verdure.

Alla povertà alimentare dei contadini si opponevano le **mense sfarzose** e **varie** dei nobili, per i quali l'abbondanza alimentare divenne anche un **simbolo di prestigio** e di potere: carni fresche e selvaggina di giornata, sovente condite con **spezie** provenienti dall'Oriente, erano presenti in grande quantità sulle tavole dei signori. In un mondo dominato dalla paura della fame, l'aristocrazia medievale ricorreva all'ostentazione del cibo come segno di distinzione sociale. A ben guardare, come osserva lo storico Jacques Le Goff, anche il comportamento dei nobili testimonia quanto la fame fosse il problema più terribile e temuto per l'uomo del Medioevo:

«Questa ossessione della fame si ritrova per contrasto presso i ricchi, per i quali il lusso alimentare, l'ostentazione del nutrimento, esprime – a questo livello fondamentale – un comportamento di classe. D'altronde i predicatori non si sbagliavano facendo della ghiottoneria, o come meglio si diceva nel Medioevo, della gola, uno de peccati tipici della classe dei signori» (J. Le Goff, *La civiltà dell'Occidente medievale*, cit.).

Per la nobiltà dell'Alto Medioevo **pranzi** e **banchetti** erano occasione per fondare e ribadire la propria diversità e superiorità rispetto alla massa della popolazione, costantemente alle prese con il problema della sopravvivenza quotidiana. Proprio per questa ragione, invitare a un banchetto (e accettare un invito) rappresentava per l'aristocrazia guerriera il principale segnale di concordia, di amicizia e di fedeltà:

Alcuni cuochi preparano spiedini di carne, particolare dall'arazzo di Bayeux dell'XI secolo.

Il documento

La carne, la forza e il potere

J. Flandrin-M. Montanari, *Storia dell'alimentazione*

Nell'Alto Medioevo il consumo di carne, tradizionalmente riservato ai ceti nobiliari, era indissolubilmente associato alla forza fisica e al possesso del potere.

Soprattutto gli arrosti esprimono il legame strettissimo tra la nozione di consumo di carne e quella di forza fisica, un legame che, peraltro, pervade la cultura medievale in ogni suo aspetto: la scienza dietetica del tempo, informata alla tradizione antica ma significativamente aggiustata nella valorizzazione nutrizionale e sociale del consumo di carne, non ha dubbi nel ritenere quest'ultimo il più adatto a nutrire la fisicità dell'uomo, i suoi muscoli, la sua – appunto – *carne*. Se un medico latino come Cornelio Celso poteva scrivere, in accordo con la tradizione di pensiero e di cultura dei classici greci, che il pane è l'alimento perfetto e più consono all'uomo «poiché contiene più materia nutritiva di ogni altro cibo», i medici medievali [...] riservano attenzioni di gran lunga preferenziali ai valori nutritivi delle carni. Aldobrandino da Siena compendierà tale inversione culturale scrivendo che «fra tutte le cose che danno nutrimento all'uomo, la carne è quella che lo nutre di più, e l'ingrassa e gli dà forza».

Nel caso specifico della selvaggina, alla nozione base della forza – genericamente collegata al consumo di carne – si aggiungeva l'immagine bellicosa e veramente militare dei modi e delle tecniche con cui la nobiltà procedeva alla sua acquisizione. Carne come strumento di forza, dunque; e poiché nella mentalità guerriera una seconda inevitabile equazione era quella tra forza e potere (perché il comando si legittimava e giustificava anzitutto come prestanza fisica e valore militare), quasi per proprietà transitiva ne conseguiva una terza identità tra carne e potere.

(J. Flandrin-M. Montanari, *Storia dell'alimentazione*, Laterza, Roma-Bari 1996)

quasi un reciproco riconoscimento di valore e di potere fra individui di pari rango, manifestato in maniera visibile a tutti.
Il **banchetto tra nobili**, che durava più giorni e prevedeva spesso uno scambio di doni e lo svolgimento di attività collaterali quali spettacoli di danza, esibizioni di musicisti e giocolieri, battute di caccia, divenne anche **uno dei principali riti sociali** del tempo, funzionale a stabilire accordi, patti e alleanze. Con tali forme di vita sociale e mondana si crea un clima di confidenza e di fiducia, ci si accertava che il nuovo interlocutore condividesse il proprio desiderio di pace e la capacità di mantenerla e ci si obbligava anche per il futuro a tenere il medesimo comportamento.

La mensa dei signori, miniatura da un'edizione del 1023 del *De Universo* di Rabano Mauro.

Giocoliere sui trampoli.

Verifica immediata

1 **Quali condizioni determinarono la trasformazione dei boschi in luoghi da cui trarre risorse alimentari?**

....

2 **Indica le varietà delle seguenti categorie alimentari consumate nel mondo medievale.**

   1 Carne: ....
   2 Formaggio: ....
   3 Cereali: ....
   4 Legumi: ....
   5 Verdure: ....
   6 Bevande: ....

3 **Scegli l'alternativa corretta.**

   Nell'età feudale il divario alimentare fra i potenti e le classi inferiori:
   a divenne sempre più profondo.   **c** rimase invariato.
   b andò attenuandosi.   **d** fu soggetto a fasi alterne.

AMBIENTE E TERRITORIO

3. Architettura e urbanistica: castelli e monasteri

La fortificazione di ville e corti

Un aspetto caratteristico dell'insediamento umano nell'Alto Medioevo è rappresentato dalla costruzione di **grandi edifici** come i **castelli** e i **monasteri**. La loro diffusione testimonia materialmente i profondi cambiamenti sociali ed economici avvenuti in quest'epoca. Il progressivo rafforzamento delle grandi aziende agricole e la successiva affermazione del feudalesimo portarono la maggior parte della popolazione europea a concentrarsi nelle vaste proprietà fondiarie costituite da ville e feudi. Chiunque avesse un feudo da mantenere aveva bisogno di una fortificazione difensiva in cui gli abitanti potessero rifugiarsi in caso di pericolo e in cui potesse trovare spazio, adeguatamente protetta, la residenza del signore e dei suoi familiari. Fin dal V secolo, così, si diffusero in Europa **villaggi fortificati** e **corti signorili recintate** da mura o palizzate.

I castelli

Le **fortificazioni** diventarono via via sempre più solide e complesse fino a raggiungere, in epoca feudale, l'aspetto di **veri e propri castelli**. A tale fenomeno contribuì anche la progressiva assunzione di potere politico autonomo da parte dei feudatari e il conseguente indebolimento dell'autorità statale: l'aumento dei centri di potere indipendenti, infatti, faceva crescere la possibilità di scontri e guerre tra i vari feudi e ciò rendeva necessarie **strutture difensive** più efficaci; inoltre la costruzione di un castello conferiva al signore **prestigio** e ne raffigurava simbolicamente la grandezza e la potenza. A partire dal IX-X secolo castelli e fortezze iniziarono a sorgere in tutto l'Occidente europeo. Le originarie costruzioni in legno presenti in ville e villaggi vennero quasi ovunque sostituite da edifici in pietra maestosi e robusti.

Chiese e monasteri

Anche la religione fu un forte stimolo per le costruzioni. Nei villaggi rurali e nelle città vescovili **chiese** e **cattedrali** vennero edificate fin dal VII secolo, anche se fu soprattutto dopo il Mille che tale fenomeno assunse il maggiore sviluppo con un'intensa opera di rinnovamento, ampliamento e nuova costruzione degli edifici di culto.

Castello e villaggio di epoca altomedievale.

LA STRUTTURA DEI CASTELLI MEDIEVALI

I castelli, costruiti di solito in posizione elevata, sui fianchi o sulla sommità delle colline da cui dominavano boschi, pianure e villaggi, erano circondati da maestose mura, spesso coronate da merli che servivano per riparare i soldati che difendevano la fortificazione nel caso di assalto nemico. Le opere più perfezionate disponevano di un triplice ordine di difese: muro di cinta, antemurale e fossato. Il muro, alto da tre a dieci metri, raggiungeva uno spessore di due o tre metri e sulla sommità era munito di un cammino di ronda. All'esterno del muro si snodava l'antemurale, che creava così uno spazio riservato al rifugio delle popolazioni e degli animali. Di fronte all'antemurale si sviluppava il fossato, che si poteva attraversare soltanto quando veniva abbassata un'alta porta, che si trasformava in un ponte levatoio.

All'interno delle mura vi erano talvolta case murate e di legno, ordinate su più strade parallele e separate fra loro da terreni a orto, piazze, chiese e cimiteri. Nei castelli in cui risiedevano i signori più potenti o i sovrani è attestata la presenza di edifici architettonicamente più complessi, confortevoli e forse anche lussuosi, destinati al soggiorno del signore: una fortezza vera e propria, che poteva essere costituita da una o più torri a pianta circolare o quadrangolare, che fungeva anche da secondo elemento difensivo interno rispetto alla cerchia periferica. Su un vasto cortile si aprivano infine gli alloggi dei servi e degli artigiani, le stalle, i magazzini, i forni per la cottura del pane e le cantine dove si conservavano le provviste.

Nella costruzione delle chiese si distinsero in particolare i Bizantini, che agli inizi del VI secolo eressero a Costantinopoli la grande **cattedrale di Santa Sofia**, dotata di una straordinaria cupola pendente, e, in Italia, la chiesa di **San Vitale** a Ravenna. Numerosi ed imponenti già nei primi secoli del Medioevo erano i **monasteri**, che anche esteriormente riflettevano l'importanza che avevano nella vita economica e sociale del tempo. In Francia oltre 200 centri monastici furono fondati nel solo VII secolo; Italia e Germania possedevano alcuni dei più grandi e prestigiosi monasteri dell'epoca, come Santa Giulia, Bobbio, Farfa, Montecassino, Nonantola, Fulda, San Gallo.

Una pergamena conservata a **San Gallo**, risalente al IX secolo, ci consente di ricostruire il progetto originario del monastero: esso presentava un nucleo centrale, formato dalla chiesa e dalle abitazioni dei monaci, intorno al quale si sviluppavano decine di fabbricati destinati a diversi usi: farmacia, infermeria, erboristeria, scuola, locali per l'amministrazione. Altri edifici erano adibiti ad abitazione per artigiani, domestici, ospiti, pellegrini, giardinieri; altri ancora a granai, cantine, magazzini, laboratori artigianali, forni.

Materiali da costruzione e manodopera

La realizzazione di complessi architettonici come i castelli e i monasteri era un'impresa che presentava notevoli difficoltà, data la scarsità di risorse tecniche e umane dell'epoca. Il reperimento dei **materiali da costruzione** avveniva perlopiù nella zona stessa dei lavori; in caso di necessità venivano acquistati altrove e fatti giungere ai cantieri attraverso il trasporto su acqua. Per molti secoli gli edifici, sia pubblici che privati, furono costruiti in **legno** e in **pietra**, mentre fu quasi del tutto dimenticata l'antica arte romana della fabbricazione dei mattoni.

Anche il problema della **manodopera**, soprattutto quella non specializzata, veniva risolto su base locale e i signori potevano costringere i loro sudditi a partecipare ai lavori. Più complesso era il reperimento di **artigiani qualificati** come carpentieri, fabbri, idraulici, muratori, vetrai: è probabile che essi venissero reclutati in aree molto vaste e che la loro mobilità fosse notevole. D'altra parte tali lavoratori avevano scarse possibilità di lavorare stabilmente nei loro villaggi formati da case in legno, canne, intonaco. Nel caso delle grandi costruzioni gli operai venivano così riuniti sul posto in cui avrebbero lavorato, sotto la direzione di un mastro muratore cui competeva la progettazione degli edifici e l'organizzazione e il controllo dei lavori, mantenuti e alloggiati fino al termine dell'opera.

Lavori di costruzione del duomo di Modena, Archivio Capitolare della città.

Verifica immediata

1 Leggi il testo *La struttura dei castelli medievali* a p. 282 e completa le seguenti informazioni.
   1. I castelli sorgevano ....
   2. I castelli erano difesi da ....
   3. L'antimurale era ....
   4. Il signore risiedeva ....
   5. I servi e gli artigiani risiedevano ....

2 Elenca i principali monasteri e chiese italiani e stranieri, associando, dove possibile, le date di costruzione e le località in cui sorgevano. Puoi ricorrere a Internet per ottenere notizie precise.

3 Associa alle seguenti attività i rispettivi lavoratori nel settore delle costruzioni.
   1. Costruzione degli edifici: ....
   2. Lavoratori artigianali qualificati: ....

Le parole della storia

Il presente glossario è la raccolta delle *Parole della storia* che compaiono nei due volumi del corso.

Anarchia

Termine di derivazione greca che indica una condizione di assenza di comando e di governo, di grande debolezza delle istituzioni politiche e spesso anche di disordine e caos.
A partire dall'Ottocento, indicherà anche una dottrina politico-sociale mirante a sostituire il potere dello Stato, e in genere ogni principio di autorità costituita, con una forma di associazione basata sulla libertà degli individui.

Aristocrazia

Il termine deriva dalle parole greche *àristos*, «migliore», e *kràtos*, «potere», e indica pertanto letteralmente «il governo dei migliori». In senso storico sta a indicare un gruppo limitato di persone che godono di alcuni fondamentali privilegi e che possono influire in modo determinante sulle decisioni politiche. Si definisce aristocratico quello Stato in cui l'aristocrazia esercita direttamente un ruolo di governo. Nelle società indoeuropee si era formata una classe aristocratica costituita dai capi dei gruppi familiari dell'ordinamento tribale, che godevano di alcuni privilegi come il possesso della terra e l'esercizio del mestiere delle armi.
Caratteristica dell'aristocrazia nel mondo antico era la trasmissione ereditaria dei privilegi che tendevano a fare di questa classe un gruppo chiuso e limitato. In tutto il mondo antico, sia greco sia romano, il concetto di aristocrazia occupa un posto di primo piano, tanto per indicare un gruppo sociale quanto per definire una forma di governo contrapposta a quella della democrazia, intesa come governo del popolo.
In età moderna l'aristocrazia rappresentò una categoria privilegiata fino alla Rivoluzione francese del 1789, quando iniziò lentamente il suo declino a favore della borghesia, che divenne protagonista indiscussa della società occidentale.

Assolutismo e dittature

L'assolutismo (dal latino *absolutus*: «privo di legami») è una particolare forma politica di tipo monarchico fondata sul principio secondo il quale il potere del sovrano è al di sopra di qualsiasi altra autorità e non può essere sottoposto ad alcun limite o controllo. Il sovrano è libero da ogni vincolo, concentra nella sua persona la pienezza del potere e la sua stessa volontà è legge. L'origine del termine risale al diritto romano del III secolo d.C., quando il giurista Ulpiano teorizzò la figura di un principe collocato per sua natura al di sopra delle leggi e in possesso di un potere assoluto. Durante il Medioevo l'idea di sovranità assoluta si contrappose a quella di sovranità feudale, nella quale l'autorità del re era limitata dai privilegi che egli stesso aveva concesso ai feudatari. In seguito, la scienza giuridica del tardo Medioevo elaborò in maniera articolata il concetto di assolutismo affermando l'autonomia dello Stato di fronte ai poteri universalistici (Chiesa e Impero) e il diritto del sovrano, in quanto rappresentante di Dio in terra, a esercitare con pienezza il governo. Il termine tra la fine del Settecento e i primi decenni dell'Ottocento venne quindi utilizzato per indicare le monarchie europee dell'età moderna (in particolare la Francia di Luigi XIV nella seconda metà del Seicento), contrapponendosi al concetto di monarchia parlamentare, dove l'operato del re viene controllato dal Parlamento (che rappresenta una parte dei cittadini). Nell'età contemporanea il modello politico assolutistico si è presentato in varie parti del mondo sotto forma di dittatura, un tipo di governo autoritario in cui il potere è accentrato in un solo organo o nelle mani di un unico dittatore, che si impone con la forza e non è limitato da leggi o costituzioni. I regimi autoritari contemporanei hanno assunto molteplici forme, che gli storici hanno classificato in dittature autoritarie, cesaristiche e totalitarie. Le prime si fondano sul controllo dell'esercito, della polizia e della magistratura e sul loro impiego come strumenti di repressione del dissenso; le seconde gravitano intorno alla figura di un capo carismatico, che governa con il consenso e il sostegno di gran parte del popolo, mentre le dittature totalitarie (tra le quali i casi più noti nel Novecento sono stati quelli della Germania nazista, dell'Italia fascista e dell'Unione Sovietica stalinista) sono caratterizzate sia dal controllo esercitato sui tradizionali apparati di potere sia dal culto del capo carismatico e, inoltre, dall'impiego capillare della propaganda per indottrinare le masse all'ideologia del regime e dal ricorso generalizzato alla violenza e al terrore contro gli avversari politici. In questa forma di dittatura non vi è alcun pluralismo politico e la vita della nazione è dominata da un partito unico.

Burocrazia

Il termine «burocrazia» deriva dal francese *bureau* (che significa «scrittoio», luogo dove lavorano i funzionari) e dal greco *kràtos* (che significa «potere»); indica il complesso degli uffici che hanno il compito di gestire l'amministrazione di uno Stato e sono strutturati in modo gerarchico. Il termine è stato coniato in epoca moderna ma viene esteso anche alla storia antica per significare le strutture (anche semplici ed elementari) su cui si regge lo Stato e a cui un sovrano ricorre per gestire il potere nelle sue varie forme.

Si può parlare di burocrazia per l'antico Egitto (in particolare per il Nuovo regno), ma soprattutto a partire dall'epoca imperiale di Roma, dal I secolo d.C., quando la nascita di un impero dai confini molto estesi e suddiviso in province, implicò la comparsa di una vera e propria categoria di «burocrati». Il momento di massima espansione della burocrazia nel mondo antico coincide con la creazione dell'impero romano d'Oriente (IV secolo d.C.), che aveva la capitale a Bisanzio, dove era adottato un complicatissimo cerimoniale, al punto che nella lingua di oggi si parla di «bizantinismo» come sinonimo di astrusità e cavillosità.

Notevole impulso alla crescita della burocrazia si è avuto con le riforme operate nel primo decennio dell'Ottocento da Napoleone e poi lungo tutto l'Ottocento e il Novecento, quando gli Stati hanno assunto il volto della modernità e hanno rivendicato incombenze e compiti prima delegati ad altre istituzioni (private o religiose).

Casta

Il termine «casta» indica un gruppo di persone che hanno in comune un'attività oppure la razza, l'origine, la nascita, la religione, a cui appartengono per discendenza ereditaria. Inoltre questa espressione, riferita originariamente alla società indiana, in senso più esteso designa oggi un gruppo sociale chiuso che ha come scopo la difesa dei propri interessi e privilegi: in questo senso si parla, ad esempio, di casta religiosa, casta politica, casta professionale. In Italia negli ultimi anni il termine ha assunto, nel dibattito politico, un significato dispregiativo riferito a gruppi di persone che godono di privilegi ingiustificati ed è usato sovente per connotare, in senso critico e polemico, l'insieme degli esponenti del mondo politico.

Caste, il sistema delle

La società indiana è conosciuta ancora oggi per la divisione in caste. Negli antichi testi dei *Veda*, tale divisione era intesa come un mezzo per consentire all'uomo di esprimere al meglio le proprie qualità e potenzialità: ciascun individuo veniva valutato e inserito in una casta che corrispondesse alle proprie attitudini. Furono i sacerdoti (i *brahamani*) a rendere rigide e immutabili le caste, allo scopo di preservare la purezza della loro. Erano considerati fuori casta innanzitutto i *paria*, ovvero coloro che svolgevano lavori ritenuti ignobili, come i macellai, i cacciatori, i boia, poiché la loro attività contravveniva alla filosofia indù, rispettosa di ogni forma di vita. Anche gli stranieri, chiamati *mleccha*, erano posti al di fuori del sistema castale. I più emarginati tuttavia erano i *chandala*, che vivevano in villaggi a parte e dovevano restare separati dal resto della popolazione, poiché si pensava che potessero contaminarla. Perché ciò accadesse era sufficiente che un uomo li guardasse; se questo accadeva, era necessario ricorrere immediatamente a riti purificatori come bagnarsi gli occhi con acqua profumata e astenersi dal cibo e dai liquori per tutto il giorno.

In tempi moderni, il sistema delle caste venne sfruttato dagli Inglesi, che colonizzarono l'India nel Settecento, come mezzo per esercitare il controllo sociale: si allearono con la casta dei *brahamani* e ripristinarono alcuni privilegi che erano stati abrogati dai governanti musulmani nei secoli precedenti. Tuttavia gli Inglesi resero illegittime, giudicandole discriminatorie, alcune usanze riguardanti le caste inferiori. Nel Novecento fu Gandhi a battersi per i diritti dei fuori-casta, inserendo nel suo programma l'abolizione dell'intoccabilità e successivamente, con la nascita di un'India indipendente (1947), furono fatti alcuni passi in questa direzione: la Costituzione indiana, infatti, contiene l'esplicito riferimento alla creazione di «una società senza caste né classi». L'introduzione di un sistema parlamentare democratico assicurò a tutti uguali opportunità di partecipazione politica, mentre per porre freno all'emarginazione sociale degli intoccabili furono riservati loro seggi in parlamento, posti nelle scuole e nella pubblica amministrazione. Oggi le norme contro la contaminazione sono sempre più ignorate, tuttavia il sistema castale è ancora un'istituzione molto diffusa.

Colonizzazione

Con il termine «colonizzazione» si intende la riduzione a ruolo di «colonia», cioè la sottomissione e lo sfruttamento di uno Stato o di un territorio con i suoi abitanti. Il Paese colonizzatore può favorire l'insediamento di parte della propria popolazione sul territorio sottomesso.

I primi popoli colonizzatori furono i Fenici e poi, soprattutto, Greci e Romani.

Le colonie mantenevano uno stretto legame con la madrepatria che interveniva per proteggerne la sicurezza, pretendendo però in cambio privilegi nei rapporti commerciali.

Nelle colonie, grazie ai rapporti con la madrepatria, si diffondeva la civiltà del popolo colonizzatore, sovrapponendosi o affiancandosi a quella locale. Proprio a causa dei legami con le colonie, come vedremo, scoppiarono alcune guerre sia in Grecia sia a Roma.

In epoca moderna, per colonizzazione (e per «colonialismo») si intende lo sfruttamento delle risorse agricole e minerarie da parte delle potenze europee ai danni delle popolazioni dell'Africa, dell'America Latina e dell'Asia. Il colonialismo, che si affermò – anche con il ricorso alla forza – nel XIX secolo, si è concluso con la «decolonizzazione» avvenuta nella seconda metà del Novecento.

Comunità

La comunità è costituita da gruppi di persone legate da vincoli di solidarietà. In una comunità vi è coincidenza tra fine individuale e fine collettivo: il bene dell'individuo è lo stesso del bene del gruppo nel suo complesso. Le comunità cristiane, prima dell'inserimento dei cristiani nelle strutture dell'impero, hanno queste caratteristiche. Sono infatti tenute insieme dalla fede in Dio e dalla partecipazione a comuni valori. Il termine che viene contrapposto a comunità è società, che è costituita da individui e gruppi che si associano per comuni interessi, in modo stabile o temporaneo.

Confederazione

Il termine «confederazione» deriva dal latino *foedus* che significa «alleanza». I Greci per indicare le leghe da loro costituite usavano piuttosto il termine *symmachìa*, che significa «alleanza militare». Tale era appunto la qualità di entrambe le confederazioni promosse da Sparta e da Atene.
Oggi, in senso più generale, «confederazione» è sinonimo di «associazione», mentre in senso specifico designa un tipo di associazione tra Stati. Ciò che distingue la confederazione da una semplice alleanza è che gli Stati confederati danno vita a un organismo politico composto dai loro rappresentanti, a cui è attribuito il compito di prendere decisioni comuni. Esiste una fondamentale differenza fra la confederazione tra le città greche e gli Stati moderni. Nel primo caso è dominante l'aspetto militare, nel secondo prevale quello politico.
Oggi il termine si contrappone al termine «federazione». Nel caso della confederazione gli Stati membri mantengono una piena sovranità e indipendenza, lasciando agli organi confederati il compito di perseguire interessi comuni, mentre nella federazione ogni Stato rinuncia alla propria sovranità e si riconosce in un governo federale comune, pur conservando alcune competenze. È quello che accade, per esempio, negli Stati Uniti, che sono una federazione di Stati.
Nel mondo greco le confederazioni non si trasformarono mai in federazioni, perché le città-stato non confluirono mai in uno Stato unitario, anche se nell'ambito della confederazione furono costrette a riconoscere l'egemonia di quelle più forti: Sparta e Atene.

Diaspora

Diaspora in greco significa «dispersione» e si riferisce al periodo che ebbe inizio dopo il 70 d.C., quando i Romani proibirono agli Ebrei di risiedere in Palestina, costringendoli a rifugiarsi in Babilonia, Persia, Asia Minore, nei Balcani, ma soprattutto in Africa e poi in Spagna. Pur lontano dalla loro Terra, le comunità ebraiche riuscivano a tenere vive le proprie tradizioni culturali e religiose; nei Paesi che li ospitavano gli Ebrei seppero mantenere una propria identità nazionale.
Accolti talora in modo positivo, altre volte furono perseguitati e cacciati. L'ultima, terribile persecuzione fu quella messa in atto da Hitler e conclusasi con lo sterminio di 6 milioni di Ebrei. Dal 1948 gli Ebrei poterono finalmente tornare in Palestina, dove venne fondato lo Stato di Israele.
Il termine «diaspora» oggi si applica anche alla dispersione degli Armeni per sfuggire al genocidio compiuto dai Turchi (1915-16).

Dittatura

Per i Romani la parola «dittatura» indicava una magistratura che si poteva assumere in casi eccezionali e andava poi abbandonata quando la situazione d'emergenza fosse decaduta. Durante l'epoca repubblicana, nell'antica Roma si ricorreva alla dittatura in caso di guerra, quando erano richieste unità di comando e rapidità di decisioni. Il dittatore veniva nominato dal senato e rimaneva in carica per non più di sei mesi. Egli aveva quindi un ampio potere, ma ristretto a un periodo di tempo limitato. In compenso le sue prerogative erano superiori a quelle degli altri magistrati: aveva il pieno comando militare e i suoi decreti avevano valore di legge, benché non potesse cambiare la costituzione, imporre tasse o dichiarare guerra.
Questa magistratura fu poi abbandonata quando le guerre divennero più lunghe e impegnative, lontane dal territorio romano, e ritornò, ma con significato diverso, al tempo delle guerre civili e di Cesare.
Oggi per dittatura si intende invece una forma di governo che travolge l'ordine esistente e non è compresa né prevista da leggi costituzionali. La sua durata non è circoscritta nel tempo e si caratterizza per la sospensione delle libertà fondamentali dei cittadini. Anche quando non si realizza attraverso una conquista violenta del potere, ma utilizza mezzi democratici come le elezioni, il dittatore, una volta insediatosi, limita profondamente i diritti dei cittadini che non godono più delle libertà di parola, di stampa, di riunione, di associazione, di informazione. Chi esercita oggi la dittatura concentra su di sé tutti i poteri e non è sottoposto ad alcun controllo da parte di altri organi dello Stato. Può fare le leggi, farle eseguire e punire chi le trasgredisce; in altri termini, detiene il potere legislativo, quello esecutivo e quello giudiziario, che in uno Stato democratico sono invece divisi: il primo è attribuito al parlamento, il secondo al governo, il terzo alla magistratura.

Le parole della storia

Eresia / ortodossia

Il termine eresia (dal greco *hairesis*, «scelta») indica una posizione in campo dottrinale contraria a quella espressa dalla Chiesa cattolica e, per estensione, a qualsiasi sistema religioso (o ideologico) ufficiale e si contrappone all'ortodossia (dal greco *òrthos*, «corretto» e *dòxa*, «opinione»), ovvero la totale adesione a tali dottrine e credenze. Secondo la teologia cristiana, l'eresia consiste nella negazione di un dogma ma anche soltanto in un dubbio, se esso è tale da ridurre la certezza delle affermazioni della Chiesa a una semplice opinione. Le prime eresie si manifestarono sin dalle origini del Cristianesimo ma fu soprattutto nel Medioevo, tra XII e XIV secolo, che si diffusero, assumendo anche i connotati di un'aspra critica al modo di vita del clero, lontano dalla povertà e dalla semplicità predicate dal Vangelo. Queste posizioni si affermarono anche tra le masse popolari, mettendo in grave pericolo l'autorità e l'influenza della Chiesa, che le affrontò con dure e violente persecuzioni. Nel XVI secolo in Germania e in Svizzera sorse il movimento protestante, che diede origine a un cristianesimo non cattolico che si separò dalla Chiesa romana ed è oggi diffuso soprattutto nell'Europa centrale e settentrionale. Nell'età contemporanea il concetto di eresia è andato progressivamente perdendo il proprio significato originario, in particolare perché la progressiva espansione di una mentalità e di una cultura laiche hanno fatto sì che ampi settori della società siano giunti a non porsi neppure la questione dell'autorità della Chiesa, o a respingerla integralmente. L'ultimo conflitto dottrinario in seno al cattolicesimo è emerso negli anni Sessanta del Novecento quando, in contrasto con la decisione del Concilio Vaticano II (1962-1965) di riconoscere la legittimità di ogni religione e di rinnovare profondamente la pratica liturgica, il vescovo francese Marcel Lefebvre fondò il movimento della «Fraternità sacerdotale San Pio X» allo scopo di mantenere i riti tradizionali cattolici. Nel 1976 fu sospeso *a divinis* (ovvero gli fu imposto il divieto di celebrare i sacramenti) e nel 1988, quando Lefebvre ordinò di propria iniziativa quattro vescovi, fu scomunicato (tale provvedimento è stato annullato da papa Benedetto XVI nel 2009).

Feudo / feudatario

Nell'Alto Medioevo il termine «feudo» indicava un beneficio (perlopiù un territorio, ma anche una carica o altro) concesso in godimento da un signore a un suo subalterno in cambio di determinate prestazioni e rappresentava la manifestazione materiale di un vincolo di fedeltà stretto tra i due soggetti. Il termine designava anche il territorio stesso su cui si esercitava il potere di un feudatario, che in qualità di vassallo riceveva beni e protezione da un potente in cambio della sottomissione. In base a un giuramento di fedeltà, il feudatario era tenuto a pagare un tributo al proprio signore e a fornire in caso di guerra un contingente di soldati. A partire dall'XI secolo, sempre più sovente i feudatari cominciarono a sottrarsi ai vincoli nei confronti dei signori più potenti e ad assumere in maniera autonoma e indipendente l'autorità sui propri feudi, frammentando il panorama politico.

Fisco

È l'insieme delle norme e degli strumenti utilizzati per reperire e riscuotere le pubbliche entrate. Durante la crisi dell'impero il sistema fiscale romano divenne più repressivo perché, terminate le guerre di conquista, non era più possibile contare su nuove entrate, derivanti dai popoli sottomessi. Inoltre, essendo diminuiti i redditi delle attività produttive, come agricoltura e artigianato, e aumentate le spese di mantenimento dell'esercito e dei funzionari imperiali, era sempre più urgente provvedere a introiti sicuri e sufficienti. Nella tradizione romana il fisco era distinto dall'erario: il primo era la cassa pubblica gestita direttamente dall'imperatore mentre il secondo costituiva la cassa dello Stato. Oggi il fisco ha tra i suoi fini principali il sostegno delle politiche sociali e il mantenimento delle strutture stesse dello Stato.

Guerra civile

La guerra civile è un conflitto interno allo Stato, durante il quale i cittadini combattono gli uni contro gli altri sostenendo progetti e interessi contrapposti. I Romani sperimentarono un periodo di guerra civile lungo e sanguinoso, iniziato con Silla nell'83 a.C. e conclusosi con la vittoria di Ottaviano contro Antonio nel 31 a.C. Essi considerarono la guerra civile frutto dell'ambizione di singoli personaggi che anteponevano le loro pretese al bene comune. In realtà, anche se fu di notevole peso la volontà di affermazione personale da parte di personaggi di grande carattere e di eccezionali capacità politiche e militari come Mario e Silla, Cesare e Pompeo, Antonio e Ottaviano, non si può ridurre la guerra civile soltanto a motivazioni legate alle mire personali dei protagonisti. Alla base del conflitto in età repubblicana vi fu una radicale crisi istituzionale, che avrebbe portato alla trasformazione della repubblica in impero. Era in gioco quindi la stessa struttura dello Stato romano, e gli uomini che si batterono in questo periodo avevano in mente diverse concezioni di Stato di cui si facevano sostenitori. In epoca imperiale si avrà poi un'altra forma di guerra civile di cui saranno protagoniste le legioni e, in genere, gli ambienti militari.

Le guerre civili non furono un'esclusiva del mondo romano: si verificarono sia nel Medioevo sia nell'Età moderna e contemporanea. Quasi sempre oggetto della contesa furono il potere e gli ordinamenti interni dello Stato.

Imperialismo

Con il termine «imperialismo» si intende la politica di espansione che i Romani condussero per volontà di conquista. La guerra imperialistica non ha ragioni difensive, di sicurezza del territorio o di soluzione di un singolo problema militare, ma esprime l'esigenza di costruire un dominio quanto più vasto possibile, sotto la spinta di fattori diversi, di natura ideologica, culturale, economica, politica e militare.

Vi furono nel corso della storia altri Stati, prima e dopo Roma, a cui si deve la costruzione di imperi, frutto di una politica di espansione e di conquista, ma nessuno ebbe la durata plurisecolare di quello romano. I Romani contarono soprattutto sui metodi di governo e sulla progressiva estensione della cittadinanza che gradualmente assimilò vincitori e vinti. Essi favorirono un processo di integrazione tra popoli diversi che fece dell'impero un unico organismo dove la discriminante non passava tra le varie etnie e le differenti culture o lingue, ma tra gli individui più ricchi e i gruppi sociali più poveri ed emarginati.

L'uso moderno della parola «imperialismo» mantiene i suoi connotati di conquista violenta, ma si allontana dal significato che è stato attribuito a quello romano perché lascia sussistere una differenza netta tra i popoli vinti e la potenza imperialistica, tra i quali è escluso ogni processo di integrazione.

Impero

Per «impero» si intende, in generale, un'organizzazione plurietnica, composta cioè da popoli diversi, di cui uno solo esercita la funzione di comando sugli altri, fornendo il personale politico e militare. Gli antichi imperi comprendevano popoli e città diverse sottoposti a un regime di tributi versati in forma di metalli preziosi, o in natura, o in prestazioni di lavoro gratuito, oppure, come accadeva nell'impero assiro, in tutte queste forme insieme. Il governo era esercitato in modo dispotico, perché il re era un sovrano assoluto che giustificava il proprio potere attribuendolo alla volontà di dio: comandava gli eserciti, emanava le leggi, amministrava la giustizia.

Lo sfruttamento delle popolazioni soggette permetteva a una minoranza di vivere nel lusso e di dedicare parte delle risorse accumulate alle opere pubbliche che nelle città erano l'immagine stessa del potere e del prestigio. Questa cerchia ristretta di privilegiati era costituita dai membri della famiglia reale, dai funzionari che governavano le città, dai sacerdoti che amministravano i templi, dai comandanti militari dei vari reparti dell'esercito, dai nobili che si dedicavano al mestiere delle armi.

La parola «impero» ricorre molto spesso nella storia, anche in altre epoche. A partire dal XVI secolo il termine assume un significato prevalentemente economico, come sfruttamento delle risorse locali di un Paese da parte di uno Stato più potente. Si parla di «impero commerciale» per significare un primato nel campo del commercio, o di «impero coloniale» per indicare l'assoggettamento, da parte di alcuni Stati europei, di Paesi asiatici e africani. Nel XX secolo, con i totalitarismi (fascismo, stalinismo, nazismo) il termine «impero» ha acquisito un significato soprattutto politico di «imperialismo», cioè di affermazione della superiorità di una nazione a scapito delle altre.

Indoeuropei

Sono noti come «Indoeuropei» i popoli che risiedevano nelle grandi pianure dell'Europa centro-settentrionale. Formati da etnie diverse, diedero inizio a un vasto movimento migratorio che li portò, alla fine del II millennio a.C., a stanziarsi in Europa occidentale, in India e in alcune aree del Vicino Oriente.

Originariamente i popoli indoeuropei avevano in comune una civiltà di carattere nomade, anche se conoscevano l'allevamento e la coltivazione dei cereali. La loro organizzazione sociale era fondata su un'aristocrazia guerriera e il cavallo era l'animale più importante sia nella guerra, sia nei frequenti spostamenti. Adoravano gli dei del cielo e i fenomeni della natura.

Ciò che caratterizza questi popoli, disseminati in una così vasta area, è l'appartenenza a un unico ceppo linguistico. Oggi la maggior parte delle lingue parlate in Europa – tranne il basco (parlato nella zona dei Pirenei), il finnico, l'estone e l'ungherese – e in India rivela infatti un insieme di elementi comuni di lessico e di sintassi.

Jihad

Nella cultura islamica il termine arabo *jihad*, traducibile come «sforzo, impegno in nome di Allah», assume due significati. Il primo corrisponde alla lotta interiore che ciascun fedele deve compiere contro il male, il peccato e l'ignoranza (*al-jihad al-akbar*); il secondo alla «guerra santa» contro gli infedeli (*al-jihad al-asghar*), dovere di tutti i musulmani fino a che l'intera umanità sarà sottomessa alla religione islamica, considerata la più perfetta delle religioni.

Ebrei e cristiani, che con l'Islam condividono la rivelazione della Bibbia, potranno mantenere la loro fede, pur piegandosi al governo islamico, mentre gli altri popoli, ritenuti «pagani», dovranno convertirsi o essere giustiziati.

Mecenate / mecenatismo

Il termine «mecenatismo» deriva dal nobile romano Gaio Mecenate (65-8 a.C.), amico e consigliere di Augusto, che svolse un'importante opera di protezione e di stimolo degli intellettuali dell'età augustea, e indica la promozione e il sostegno dell'arte e della cultura svolta da un individuo, da un'istituzione o dallo stesso Stato. Nell'antichità il mecenatismo fu esercitato sovente da membri del potere politico, allo scopo di ottenere consenso o di celebrare se stessi. Nel Medioevo furono mecenati gli imperatori, la Chiesa e i suoi membri di rango elevato, i principi, i signori e anche le autorità cittadine e i ricchi privati, mentre a partire dall'età industriale la funzione iniziò a essere svolta dai membri della grande industria e dell'alta borghesia. Oggi il termine è riferito anche all'attività di finanziamento che alcune imprese private, sovente a scopi pubblicitari, svolgono a favore di iniziative artistiche o culturali di alto livello (spettacoli teatrali e musicali, esposizioni, ricerche scientifiche, restauri di opere d'arte). Si parla inoltre di «mecenatismo di Stato» quando sono gli enti governativi e le istituzioni politiche a sovvenzionare, con denaro pubblico, programmi culturali, artistici o di intrattenimento. In Italia dal 1985 esiste il Fondo Unico per lo Spettacolo (FUS), un apposito capitolo di spesa impiegato dal governo per regolare il finanziamento pubblico a enti, istituzioni, associazioni e imprese operanti nei settori del cinema, della musica, della danza, del teatro e per promuovere iniziative artistiche e culturali di rilevanza nazionale in Italia o all'estero. Nell'anno 2013 la dotazione finanziaria di questo fondo è stata fissata a 390 milioni di euro circa.

Mito

Il mito, dal greco *mýthos* («racconto») è una narrazione solo in apparenza fantastica, che ha lo scopo di fornire risposta agli interrogativi più importanti e decisivi dell'umanità: l'origine del mondo e della nostra stessa vita; il significato dell'esistenza e il mistero della morte; le radici della vita comune della collettività; il fondamento del potere e dei riti religiosi. Si tratta quindi di narrazioni fortemente simboliche che tentano di offrire un'interpretazione della realtà. Nell'antichità i racconti mitologici erano ritenuti veri e rappresentavano le credenze comuni di un popolo. Proprio perché essi facevano parte della vita, non erano immutabili e fissi, ma potevano contenere delle varianti, degli arricchimenti; erano una sorta di racconto a puntate che si arricchisce via via di nuovi personaggi e nuove storie.
Il mito è molto lontano dalla nostra attuale mentalità, educata al metodo scientifico, che intende spiegare ciò che accade ricercandone le cause. Un racconto mitico non spiega, ma «fonda»: ciò significa che costruisce un modello posto a fondamento di un'idea, di un problema, di una situazione. Nel mito si possono rintracciare anche elementi storici, ma rielaborati e trasformati. Ad esempio, il racconto del labirinto, dove è imprigionato il Minotauro, si riallaccia alla forma intricata del grande palazzo di Cnosso.

Monachesimo

Il monachesimo è una particolare scelta di vita religiosa che comporta la rinuncia alla vita nella società e un certo grado di isolamento, per dedicarsi alla preghiera e alla meditazione al fine di raggiungere un'elevata condizione di purezza e di perfezione spirituale.
La vita monastica si articola in due modelli fondamentali: quello eremitico, in cui i monaci conducono una vita solitaria e isolata in un luogo fisso (l'eremo), oppure spostandosi continuamente (monaci itineranti); quello cenobitico, in cui i monaci conducono una vita comunitaria, abitando uno stesso edificio (il monastero) e svolgendo alcune attività in comune (preghiera, lavoro, studio). I monaci si votano a pratiche ascetiche, che mettono in risalto la loro scelta di allontanamento dal mondo, come la castità, la rinuncia al possesso di beni, la limitazione del riposo notturno, dei cibi e delle bevande, dell'uso della parola (silenzio monastico).
L'adesione al monachesimo è comunemente regolata da particolari procedure di ordinazione, che sovente prevedono un periodo più o meno lungo di apprendistato (il noviziato) e il pronunciare pubblicamente specifici voti. L'appartenenza a un determinato ordine monastico è segnalata dall'adozione di uno speciale abbigliamento (in genere tipico delle persone più semplici), e da altri segni, come capelli rasati, barba lunga, piedi scalzi.

Monarchia

La monarchia a Roma comparve fin dalla nascita della città nella leggenda di Romolo, considerato il primo re. I suoi caratteri fondamentali erano la sacralità e l'elettività. Il re aveva funzioni religiose in quanto rappresentava la comunità cittadina presso le divinità. Il suo potere non si trasmetteva di padre in figlio; la monarchia romana non era ereditaria e non diede origine a una dinastia.
La monarchia è una forma di governo molto diffusa nella storia, sia prima sia dopo l'età antica. Naturalmente non ha avuto sempre la stessa funzione e le stesse caratteristiche, ma è cambiata con il modificarsi della vita politica. Oggi in Europa esistono delle monarchie ereditarie, ma con un potere molto limitato. In Inghilterra, ad esempio, il monarca non esercita poteri di governo, che sono invece affidati al Primo ministro, né emana le leggi, che sono opera del Parlamento, ma si limita a rappresentare l'unità della nazione inglese.
Negli attuali Paesi organizzati come monarchie, il potere del sovrano è definito dalla costituzione, la legge fondamentale dello Stato; per questo si dicono monarchie costituzionali. Nella Roma antica, invece, pur essendo eletto, il re esercitava poteri notevoli, di carattere legislativo, giudiziario, esecutivo e militare.

Monoteismo

La parola «monoteismo» (dal greco *mònos*, «unico», e *theòs*, «dio») significa fede nell'esistenza di un solo dio e si contrappone a «politeismo», credenza in più divinità. Nel Vicino Oriente sono nate tre grandi religioni monoteiste: l'ebraica, la cristiana, la musulmana.

La professione di fede ebraica si trova nella Bibbia ed è espressa così: «Ascolta Israele, Jhwh è il tuo Dio. Jhwh è unico». Princìpi fondamentali della fede ebraica sono l'unità di Dio creatore, la sua eternità e incorporeità. Il monoteismo ebraico si fonda sul concetto di alleanza tra il popolo di Israele e Dio, l'obbedienza assoluta, la credenza nel suo intervento nella storia, il divieto di raffigurarlo con immagini. Il concetto di alleanza si definisce nel momento in cui Mosè riceve da Dio le Tavole dei comandamenti sul monte Sinai e, in cambio della rinuncia al politeismo, il popolo ebraico diventa «popolo eletto». Per gli Ebrei, Dio conosce le azioni di ogni uomo e darà un premio o un castigo nel momento della resurrezione finale. Gli uomini hanno il dovere di onorare Dio nell'attesa che egli invii il suo salvatore.

Il Cristianesimo si basa sulla figura di Gesù Cristo, considerato messia e figlio di Dio. Il fondamento della fede cristiana sta nella resurrezione di Cristo (morto e risorto per manifestare la volontà di Dio Padre di portare a termine le promesse contenute nell'Antico Testamento) e nella predicazione contenuta nei Vangeli.

La religione islamica o Islam (che significa «sottomissione a Dio») ha avuto origine dalla predicazione di Maometto (VII secolo d.C.), considerato il profeta per eccellenza. Egli è il testimone di Allah, unico dio, che è trascendente, eterno e ha creato il mondo e l'uomo, il quale gli deve obbedienza e devozione. La fede islamica si fonda rigorosamente sul *Corano*, il libro sacro che contiene la «rivelazione» di Dio e rappresenta la legge a cui attenersi in ogni situazione di vita.

Nomadismo

Il nomadismo rappresentò il modo di vivere delle prime comunità umane di cacciatori e raccoglitori, stanziate tra il Nord Africa e il Vicino Oriente. Questi gruppi erano costretti a spostarsi di continuo, alla ricerca di risorse naturali spontanee o al seguito delle migrazioni compiute dai branchi di animali. Le loro abitazioni erano per lo più tende, capanne e altri rifugi temporanei o mobili. I rapporti tra popoli nomadi e popoli sedentari caratterizzarono la storia antica per millenni. Le nostre fonti di conoscenza, oltre a quelle archeologiche, risalgono agli scritti dei sedentari che ci offrono un'immagine negativa dei nomadi, definiti «incivili» perché non posseggono gli elementi fondamentali della cultura, ribelli perché non accettano l'autorità dello Stato, aggressivi perché vanno in cerca di cibo e sono pronti a rubarlo dove lo trovano. Questa valutazione negativa è stata superata dai recenti studi di antropologia, che hanno dimostrato come il sistema di vita dei nomadi comporti un buon adattamento a un ambiente ecologico specifico che richiede spostamenti ritmati secondo il susseguirsi delle stagioni (per inseguire gli animali se si tratta di cacciatori, o per cercare pascoli se si tratta di pastori). Il bagaglio tecnologico (dal tipo di abitazione, agli strumenti di lavoro), l'organizzazione sociale, la concezione religiosa, le strutture politiche sono coerenti con questo sistema di vita e quindi necessariamente diversi da quelli dei sedentari.

Fino al II millennio a.C. gli studiosi parlano di seminomadismo legato alle esigenze del pascolo in rapporto al clima; il nomadismo si sviluppò invece all'inizio del I millennio a.C. Il seminomadismo è un modello di vita che alterna periodi stanziali a periodi di spostamenti in rapporto al clima (e ciò vale sia per i pastori sia per i cacciatori). Il nomadismo corrisponde a spostamenti ricorrenti ed è proprio dei commercianti in continuo viaggio attraverso le vie carovaniere che attraversano deserti e aree scarsamente popolate.

Oggi il termine indica prevalentemente lo stile di vita degli zingari, che vivono secondo le regole della loro cultura, ma nei confronti dei quali è difficile realizzare un rapporto di integrazione di tipo interculturale, che riconosca cioè la diversità culturale del loro modello di vita senza emarginarli dall'accesso ai servizi e ai beni della nostra civiltà di sedentari. Tribù nomadi e seminomadi sono tuttora presenti anche in Africa e in Asia.

Politica

La parola «politica» deriva dall'aggettivo «politico» (in greco *politikòs*) che significa «tutto ciò che si riferisce alla città» e quindi «cittadino», «civico», «civile». È stata tramandata fino a noi per influsso dell'opera del filosofo greco Aristotele (384-322 a.C.), intitolata appunto *Politica*, in cui era affrontato il problema dello Stato e delle varie forme di governo.

In epoca moderna la parola è stata impiegata per indicare quell'insieme di attività che hanno come riferimento lo Stato, con particolare attenzione al problema del potere, inteso come la capacità dell'uomo di determinare e condizionare la condotta di altri uomini. Questa relazione, tra chi comanda e chi ubbidisce, viene espressa in diversi modi: come relazione tra governanti e governati, tra sovrani e sudditi, tra Stato e cittadini. Può fondarsi sull'uso della forza, della persuasione o del consenso liberamente espresso. Può essere regolata dalla legge a cui tutti devono ubbidire, anche chi comanda, oppure porsi al di sopra della legge (in questo caso il potere si dice «assoluto», sciolto cioè da ogni vincolo, limite e controllo).

Nelle diverse epoche e situazioni sono state sperimentate differenti forme di potere ed elaborate diverse idee della politica. Prima dei Greci esisteva lo Stato, ma non una riflessione sulla politica. Quest'ultima nacque in Grecia perché fu qui, nella *pólis*, che gli uomini fecero esperienza diretta dell'arte del governo, divennero soggetti di diritti e di doveri, stabilirono le regole per l'accesso alle cariche pubbliche che permettevano l'esercizio del potere. Tutto ciò divenne materia di riflessione proprio perché era oggetto di concreta esperienza. In Grecia non esisteva, come nel Vicino Oriente, una classe sacerdotale che detenesse il monopolio del sapere e che in nome di questo possesso esclusivo avesse il privilegio del comando o gli strumenti per giustificare il potere dei re in nome della divinità. La conoscenza di ciò che è bene e di ciò che è male era piuttosto il frutto di idee che permeavano la vita dei cittadini, si manifestavano nei discorsi pubblici, diventavano materia di elaborazione teorica.

È dai Greci, quindi, che abbiamo imparato la riflessione critica sulla politica e la ricerca del miglior modo di conciliare la libertà di ciascuno con l'obbedienza di tutti, attraverso la legge.

Potere temporale

L'espressione «potere temporale» è sinonimo di autorità politica esercitata su un determinato territorio. Nel Medioevo il concetto definiva in generale il potere politico, proprio di sovrani e prìncipi e per sua natura effimero, temporaneo in quanto relativo alle cose del mondo, in opposizione al «potere spirituale» che era esclusivo della Chiesa. Si riteneva tuttavia che il pontefice dovesse detenere entrambi, poiché il potere temporale era considerato un presupposto indispensabile affinché il papa fosse in grado di esercitare in maniera autonoma ed efficace l'autorità spirituale. Soltanto così, infatti, la Chiesa avrebbe potuto mantenere indipendenza e unità, difendendosi da coloro (sovrani, imperatori) che avrebbero voluto assumerne il controllo per motivi politici. Il fondamento del potere temporale della Chiesa fu a lungo ritenuto l'atto noto col nome di «Donazione di Costantino» (315 d.C.), con il quale l'imperatore romano avrebbe attribuito al papato la sovranità su tutte le terre occidentali dell'impero romano e stabilito la superiorità del potere papale su quello imperiale. Questo atto fu smascherato come falso nel XV secolo. L'esercizio di un effettivo potere temporale da parte del papato iniziò con la donazione di Sutri del 728 d.C., con cui si costituì ufficialmente lo Stato della Chiesa, e proseguì durante il Medioevo con ulteriori donazioni compiute da sovrani e imperatori e dal crescente intreccio tra il potere imperiale e quello ecclesiastico. Nel XII secolo le due autorità universali iniziarono poi un aspro conflitto per la supremazia – la cosiddetta lotta per le investiture – che si concluse con una sostanziale separazione dei due poteri. La fine del Medioevo coincide con il tramonto di entrambi i poteri universali e la formazione degli Stati territoriali, futuri nuclei delle nazioni contemporanee che non ammettevano la subordinazione del regno ad alcuna autorità superiore, ridusse sensibilmente il potere temporale della Chiesa. Nel 1309 il papato fu trasferito dal sovrano francese Filippo IV ad Avignone e da allora le aspirazioni teocratiche del pontefice risultarono irreversibilmente ridimensionate. Il potere temporale dei papi cessò definitivamente nel XIX secolo in seguito alla formazione dello Stato italiano. Per costruire un'Italia unita, infatti, era inevitabile smembrare lo Stato della Chiesa, che attraversava le regioni centrali della penisola, dal Tirreno all'Adriatico. Nel 1870 l'esercito italiano entrò a Roma attraverso la breccia di Porta Pia e annesse al regno i territori pontifici, mettendo fine all'autorità temporale dei papi. Il governo italiano riconobbe al pontefice, oltre a un assegno annuo di 3,5 milioni di lire (che fu rifiutato), la proprietà esclusiva dei palazzi vaticani al fine di garantire le funzioni spirituali della Chiesa. Nel 1929 il governo fascista, con l'approvazione dei Patti Lateranensi, sancì la nascita dello Stato del Vaticano, che è ancora oggi uno Stato sovrano (il più piccolo d'Europa) e costituisce l'ultima manifestazione materiale del potere temporale della Chiesa.

Principe / principato

Con riferimento alla storia dell'antica Roma, i termini «principe» e «principato» indicano la prima fase dell'età imperiale, ovvero il particolare tipo di governo che, alla fine del I secolo a.C., Augusto attuò fondendo l'assetto costituzionale tradizionale, proprio della repubblica, con le nuove istanze di tipo monarchico che ne avevano segnato la crisi. Fino alla seconda metà del III secolo d.C., dunque, Roma fu retta da un *princeps* che, pur lasciando formalmente intatte le istituzioni del passato, si sovrappose ad esse fino quasi a svuotarle della loro autorità effettiva, governando di fatto lo Stato in prima persona. Nel Medioevo il principe divenne il signore che rivestiva il potere sovrano all'interno del proprio dominio territoriale (il feudo) ed era sottoposto soltanto all'imperatore, mentre in Italia – nel Basso Medioevo – il termine «principato» venne a indicare la costruzione, da parte delle signorie cittadine, di organismi politici che andavano al di là del semplice territorio urbano e che successivamente si trasformarono in veri e propri Stati regionali. In epoca moderna, il titolo di principe designa i membri di una casa reale, a partire dal principe ereditario. In Europa la forma di governo monarchica è presente ancora oggi in numerosi Paesi (Gran Bretagna, Spagna, Danimarca, Belgio, Lussemburgo, Andorra, Monaco, Liechtenstein, Paesi Bassi, Svezia e Norvegia), ma si tratta di monarchie costituzionali, ovvero di forme di governo nelle quali il potere del re è fortemente limitato dalla presenza di un parlamento e di una costituzione, fino a rendere in alcuni casi il sovrano una figura puramente rappresentativa. Nel resto del mondo vi sono altri quaranta Stati monarchici circa, la maggior parte dei quali situati in Asia (ad esempio il Giappone, in cui il potere appartiene a un imperatore) e in Africa.

Repubblica

Nella tipologia delle forme di governo il termine «repubblica» è contrapposto a «monarchia». Con l'espressione *res publica* (la «cosa pubblica») i Romani definirono la nuova forma di organizzazione del potere dopo la cacciata dei re. L'espressione vuole indicare il bene comune, la comunità, la «casa» del popolo.
Si deve a Cicerone (106-43 a.C.), uomo politico e scrittore romano, vissuto alcuni secoli dopo l'istituzione della repubblica, la precisazione del concetto. Egli infatti scrisse che per repubblica si deve intendere «non qualunque insieme di uomini in qualsiasi modo associati, ma l'organizzazione di una moltitudine unita in base al consenso della legge e alla condivisione dell'utilità». L'interesse comune dunque, insieme all'ordinamento giuridico che si esprime nell'adesione alle leggi, costituisce il concetto di repubblica quale venne tramandato anche nei secoli successivi.
Nell'Età moderna il concetto di repubblica spesso si trova unito a quello di democrazia e si contrappone non a monarchia, ma a dispotismo, ossia al governo tirannico e assoluto di uno solo. Ai nostri giorni uno Stato repubblicano è dotato di una costituzione che stabilisce la struttura del potere e si fonda sull'idea che la sovranità appartenga al popolo e non a un re.

Rito di fondazione

Nelle civiltà antiche esistevano i «riti di fondazione», perché la nascita di una città rivestiva un carattere sacro, dal momento che richiedeva il consenso degli dei. I Romani fondarono molte città, e seguirono sempre il rito che la tradizione attribuisce a Romolo e che aveva un valore di buon auspicio per il futuro. È comprensibile che il momento dell'origine di una città fosse ricostruito in modo leggendario, immaginando situazioni ed eventi che indicavano difficoltà superate, ma anche le qualità che un popolo voleva attribuirsi. Il fatto che Romolo e Remo fossero creduti figli di Marte, dio della guerra, legittimava l'immagine che i Romani avevano di sé, quella di un popolo di soldati, e l'idea che fossero discendenti dell'eroe troiano Enea conferiva importanza alla loro stirpe.
Troviamo all'origine delle città questi riti di fondazione non solo nell'età antica ma anche in altri periodi storici, medievali e moderni, quando una comunità intende presentarsi unita da un evento che accomuna tutti. Per queste ragioni il rito viene ricordato, celebrato, fissato nella memoria anche attraverso feste e celebrazioni.

Secessione

Il termine «secessione» deriva dal verbo latino *secedere* che significa «allontanarsi, separarsi», ed è un termine usato per indicare l'atto con cui la plebe si ritirò sui colli situati fuori dal pomerio, il limite sacro della città. Questa forma di protesta era un atto di disobbedienza civile, per ottenere determinati risultati politici dai patrizi che governavano tramite il senato e i consoli; secondo la tradizione, vi furono diverse secessioni; la più nota fu la prima, nel 494 a.C.
Il termine «secessione» con il suo originario significato di «separazione» venne usato in molte altre situazioni storiche, anche recenti. Differente è stata la funzione attribuita alla secessione in epoche e contesti diversi. Non sempre infatti fu uno strumento di protesta per ottenere qualche cosa in cambio, ma assunse talvolta il significato di una volontà di definitivo distacco. Si parla di secessione, infatti, anche quando, per diverse ragioni, popoli che erano uniti decidono di separarsi, oppure uno solo di essi reclama la propria indipendenza, staccandosi definitivamente dall'altro (o dagli altri).

Tirannide

In greco la parola «tirannide» deriva da *týrannos* che significa «signore» e inizialmente non aveva alcun connotato negativo. I tiranni in Grecia rappresentarono una fase di alleanza tra un esponente dell'aristocrazia, il tiranno appunto, e alcune classi sociali, quali mercanti, artigiani, contadini, di cui si proteggevano gli interessi. Il tiranno riceveva da loro il consenso necessario per attuare la sua politica al di fuori dei vincoli e dei controlli istituzionali.
Alcune figure di tiranni furono particolarmente elogiate dagli antichi, come ad esempio Periandro di Corinto, considerato tra le persone più sagge dell'umanità. Conclusasi questa esperienza, la parola «tirannide» assunse tra i pensatori greci un significato decisamente negativo.
Il filosofo Platone (427-347 a.C.) la identifica come l'espressione più bassa e corrotta di degenerazione del potere. Anche Aristotele (384-322 a.C.) riprende questo giudizio ponendo la tirannide tra le forme degenerative del potere.
Nell'Età moderna – con il filosofo francese Montesquieu (1689-1755) – il concetto di tirannide si identifica con quello di dispotismo e indica una forma di monarchia illegittima e corrotta.

Cittadinanza e Costituzione

- L'amministrazione statale: centralizzazione e decentramento
- L'amministrazione della giustizia
- Tolleranza
- L'idea di Europa dalle origini alla UE
- Diritti ieri e oggi

Appunti

Appunti

Appunti

Appunti

Appunti

Appunti

Appunti

Appunti

Petrini

internet: deascuola.it
e-mail: info@deascuola.it

Member of CISQ Federation
RINA
CERTIFIED MANAGEMENT SYSTEM
ISO 9001

Il Sistema di Gestione per la Qualità
di De Agostini Scuola S.p.A. è certificato
per l'attività di "Progettazione, realizzazione
e distribuzione di prodotti di editoria scolastica"

Redattore responsabile:	Alessandro Roccia
Redazione multimediale:	Selene Zanca
Tecnico responsabile:	Stefano Garzaro
Progetto grafico:	Veronica Paganin, Maura Santini
Copertina:	Simona Corniola, Maura Santini
Impaginazione:	Quadri folio
Ricerca iconografica:	Laura Fiorenzo
Art Director:	Nadia Maestri

Gli Autori ringraziano Attilio Dughera per la preziosa collaborazione.

Proprietà letteraria riservata
© 2014 De Agostini Scuola SpA – Novara
1ª edizione: gennaio 2014
Printed in Italy

Foto di copertina: Taglio e trasporto di legname, Calendario anglosassone, XI sec., Londra, The British Library/Lessing/Contrasto.

Le fotografie di questo volume sono state fornite da: DeA Picture Library; Giraudon/The Bridgeman Art Library/Archivi Alinari; DeA Picture Library/A. Dagli Orti; DeA Picture Library/C. Sappa; Iberfoto/Archivi Alinari; Album/Prisma/Contrasto; Aisa/The Bridgeman Art Library/Archivi Alinari; DeA Picture Library/G. Dagli Orti; Archivio Seat/Archivi Alinari; Archives Charmet/The Bridgeman Art Library/Archivi Alinari; DeA Picture Library/M. Seemuller; The Bridgeman Art Library/Getty Images; Mary Evans/BeBa/Iberfoto/Archivi Alinari; Fototeca Storica Nazionale Ando Gilardi; DeA Picture Library/Icas94/Veneranda Biblioteca Ambrosiana; British Library Board. all Rights Reserved/The Bridgeman Art Library/Archivi Alinari; Mondadori Portfolio/AKG Images; Universal Images Group/Getty Images; DeA Picture Library/J.E. Bulloz; J. Bedmar/Iberfoto/Archivi Alinari; World History Archive/TipsImages; DeA Picture Library/M. Carrieri; Foto Scala, Firenze; Shutterstock; DeA Picture Library/S. Amantini; E. Lessing/Contrasto; J.G. Berizzi/RMN- Grand Palais (Musée du Louvre); DeA Picture Library/A. De Gregorio; Interfoto/Alamy; Foto Scala, Firenze-su concessione Ministero Beni e Attività Culturali; DeA Picture Library/E. Meyer; The Bridgeman Art Library/Archivi Alinari; DeA Picture Library/V. Pirozzi; DeA Picture Library/G. Veggi; Czartoryski Museum, Cracow, Poland/The Bridgeman Art Library/Archivi Alinari; DeA Picture Library/G. Carfagna; Foto Werner Forman Archive/Scala, Firenze; Gerard Degeorge/The Bridgeman Art Library/Archivi Alinari; Photos 12/Alamy; Dea Picture Library/ E. Lessing; White Images/Scala, Firenze; DeA Picture Library/G Nimatallah; Image Broker/Alamy; DeA Picture Library/L. Pedicini; The Art Archive/Alamy; DeA Picture Library/M. Borchi; North Wind Picture Archives/Alamy.

L'Editore dichiara la propria disponibilità a regolarizzare eventuali omissioni o errori di attribuzione.

Nel rispetto del DL 74/92 sulla trasparenza nella pubblicità, le immagini escludono, ogni e qualsiasi possibile intenzione o effetto promozionale verso i lettori.

Tutti i diritti riservati. Nessuna parte del materiale protetto da questo copyright potrà essere riprodotta in alcuna forma senza l'autorizzazione scritta dell'Editore.

Fotocopie per uso personale del lettore possono essere effettuate nei limiti del 15% di ciascun volume dietro pagamento alla SIAE del compenso previsto dall'art. 68, commi 4 e 5, della legge 22 aprile 1941 n. 633. Le fotocopie effettuate per finalità di carattere professionale, economico o commerciale o comunque per uso diverso da quello personale possono essere effettuate a seguito di specifica autorizzazione rilasciata da CLEARedi, Centro Licenze e Autorizzazioni per le Riproduzioni Editoriali, Corso di Porta Romana, 108 – 20122 Milano - e-mail: *autorizzazioni@clearedi.org* e sito web *www.clearedi.org*.

Eventuali segnalazioni di errori, refusi, richieste di chiarimento di funzionamento tecnico dei supporti multimediali del corso o spiegazioni sulle scelte operate dagli autori e dalla Casa Editrice possono essere inviate all'indirizzo di posta elettronica info@deascuola.it

Stampa: Rotomail Italia S.p.A. – Vignate (MI)

Ristampa:	3	4	5	6	7	8	9	10	11	12
Anno:	2019		2020		2021		2022		2023	